U0949822

高校经管类应用与创新规划教材

统计学案例分析

Statistical Case Analysis

肖丹桂　郑敏华　毛莹　潘传快　编著

WUHAN UNIVERSITY PRESS
武汉大学出版社

图书在版编目(CIP)数据

统计学案例分析/肖丹桂等编著.—武汉：武汉大学出版社，2022.1(2024.8 重印)

高校经管类应用与创新规划教材

ISBN 978-7-307-22853-5

Ⅰ.统… Ⅱ.肖… Ⅲ.统计学—案例—高等学校—教材 Ⅳ.C8

中国版本图书馆 CIP 数据核字(2022)第 011303 号

责任编辑:聂勇军　　责任校对:李孟潇　　版式设计:马　佳

出版发行：**武汉大学出版社**　(430072　武昌　珞珈山)

(电子邮箱：cbs22@ whu.edu.cn　网址：www.wdp. com.cn)

印刷:武汉邮科印务有限公司

开本:787×1092　1/16　印张:17.25　字数:420 千字　插页:1

版次:2022 年 1 月第 1 版　2024 年 8 月第 2 次印刷

ISBN 978-7-307-22853-5　定价:46.00 元

前　　言

在2016年召开的“科技三会”上，习近平总书记强调：“科技创新、科学普及是实现创新发展的两翼，要把科学普及放在与科技创新同等重要的位置。”培养人才、科学研究和服务社会是高校的职责，用科普讲好统计故事，提升广大公众的科学素养也是高校教师义不容辞的责任。在大学学习期间，不少同学与我们一样，对统计学这门课程有相当的畏难情绪。在从事高校统计学课程教学20多年的岁月里，我们也明显感觉到经济管理类专业的一些学生对统计学教科书的畏惧：大量的公式和计算让人望而生畏。因此，编写一本兼顾实用性和可读性的统计学读物，一直是我们多年的愿望和努力的目标。

随着大数据的概念不断深入人心，大数据及其应用无处不在，数据成为数字经济的生产要素，数字经济风起云涌。统计学作为研究数据的工具、作为大数据和人工智能等数字技术的基础，不仅得到在校学生的青睐，而且也受到社会各界人士的普遍关注，越来越多的人希望了解统计思想和掌握统计方法，以便更好地解读和分析数据。在高校，统计学课程的教学内容也日益丰富，教学方式愈加灵活，教学资源多姿多彩。本书作为一本统计学入门读物，在内容安排上主要具有以下特色：

(1)注重理论与案例的有机结合。为了将丰富的统计学理论方法通过现实生活中鲜活的案例加以呈现，在统计学教学中我们选择以理论要点的突破为核心，通过精选案例和做好案例分析，帮助学生掌握理论要点，并训练其数据分析能力，在案例的阅读和分析中学习统计学的理论方法，破解其重点和难点问题。本书就是围绕统计学的各章理论要点收集、编写和分析案例，促进学生对理论知识的系统了解。

(2)案例的选择兼顾实用性和可读性。每个案例都明确对应一个或多个理论要点，通过案例内容和案例分析，助力于理论要点中的重点和难点问题的理解和消化。在可读性方面，案例的选择注重知识性和故事性，案例涉及的内容有内涵有看点、有主旨有细节，并更多地选用具有新时代气息、与社会经济发展同步、与大众日常生活密切相关的事例作为案例。案例行文生动明快，具有阅读美感，我们力求将抽象的统计学理论还原为简洁明了的事理常规和耳熟能详的生活图景。

(3)案例分析重视对统计过程的解读和对统计结果的直观解释。一方面，虽然现代统计教学借助统计软件，可以完成数据的复杂计算过程并直接呈现计算结果，但是我们仍然要关注计算过程，关注计算过程也就是关注计算结果的来龙去脉，这有助于我们真正掌握统计理论方法的精髓。另一方面，只有将统计结果用文字直白地表达出来，并淡化纯理论的抽象说明，使数学符号和统计数据的实际含义得到直观的解释，才有助于我们更好地理解计算结果。霍金曾开玩笑说，一本科普书，多一个方程式就能降低一半的销量。尽管如此，必要的公式展示仍是不可或缺的。当然，有时跳过公式也不影响阅读。各个案例的分析均代表编者本人的看法和观点，一些分析和结论并不一定是最合适的或最恰当的，但就对案例本身的学习和解读而言，其针对性十分明确，其作用也是很明显的。

(4)在每章后面提供了拓展阅读资料或阅读线索，作为案例分析的补充、延伸或深化，以加深对理论要点难点问题的理解，或进一步了解相关理论方法的实际应用情况。

本书以统计实践活动的四个基本环节“统计设计—统计调查—统计整理—统计分析”为线索确定内容框架，包括统计与数据、指标与指标体系、数据的获取与整理、数据的形式与应用、抽样与推断、相关分析与回归分析、时间数列分析与预测、指数的编制与分析等八章，基本涵盖数据设计、数据收集、数据整理和数据分析等内容，依据各章理论要点，组织案例和分析案例，全书共计有 41 个案例及案例分析。

每章内容主要包括：(1)理论要点。主要阐述该章理论要点所包含的主要内容，为后面的案例选择和案例分析提供理论依据。(2)案例正文与案例分析。案例正文提供与统计学有关的一个事件、一个情节、一个过程、一个结果或一个研究问题、一个热门话题等，为后面的案例分析提供素材和信息。在案例分析中，首先指出案例中包含的理论要点或案例中有待解决的问题，然后结合统计理论方法进行具体分析。(3)本章小结。主要对案例分析中所得出来的重要结论进行总结或强调。(4)拓展阅读。提供相关阅读资料或阅读线索。(5)思考与讨论。提出若干问题，用于思考、讨论或练习，检验学习效果。

由于本书主要针对非统计学专业的读者编写，因此，主要涵盖统计学的常用方法，并适当介绍一些不常用的方法和新方法。本书既可以作为高校经济管理类专业相应课程的教材单独使用，也可作为相关课程的教学辅助教材使用，还可以供对数据分析感兴趣的社会公众阅读参考。

我们感恩这个日新月异的时代，特别感谢为本书提供案例素材的作者，本书的案例或阅读资料主要来源于报纸、期刊、书籍、微信公众号等已发表文章的精彩篇章，案例分析也参考了相关文献，在此对相关作者深表谢意。感谢武汉纺织大学经济学院对本书出版的大力支持。感谢武汉大学出版社的编辑，正是他们的不懈鼓励和辛勤付出，使得本书得以较快面世。

由于水平有限和时间仓促，书中不妥或错漏之处在所难免，敬请读者批评指正。

肖丹桂

2021 年 10 月

目　录

第一章　统计与数据

第一节　理 论 要 点

对“统计学”概念的正确理解，是学习统计学的基本前提。关于“统计学”，首先需要了解和明确以下几个方面问题。

一、什么是统计学

对“统计”一词通常有三种理解，即统计活动(统计工作)、统计资料(统计数据)、统计科学(统计学)。

统计活动是根据研究目的对现象的数量方面进行调查研究的实践活动，又称统计工作。

统计资料是统计活动的直接成果，是对研究现象的特征进行描述、计量或记录的结果，主要表现为统计数字及相关文字、图片、视频、音频等。统计资料又常称为统计数据，这是狭义理解上的数据。因为，进入大数据时代后，人们趋向于把所有存储在计算机上的记录，无论是数字、文字还是音乐、视频等都统称为数据。现在，人们对数据的理解更加宽泛，广义的数据是一切事物的记录。而从统计学的视角讲，凡是可以被量化处理和分析的有关研究现象特征的记录，都可以认为是数据。我们常见的数据一般是已经量化的数字。

统计科学简称统计学。统计学是研究数据的一门学问，它是一门收集、处理、分析、解释数据，并从数据中得出结论的科学。统计学是一套有效从事统计工作或统计活动的理论和方法，是定量分析的重要工具。它把数据研究活动的程序和组织、数据的获取和展示、数据分析的途径和方法经过总结、归纳、概括，形成系统的理论体系。如果说在实际工作和生活中，数据研究活动是直接调查研究现象的数量方面，那么统计学则是为其提供有效研究数据的理论和方法，即统计学为研究数据提供应该遵循的一系列原理、规则和数据处理方法，研究如何有效地获取数据、整理数据、展示数据、分析数据和解读数据。统计学为实践中的统计研究活动提供理论和方法指导。

统计活动和统计数据是过程与成果的关系，统计活动和统计学是实践与理论的辩证关系。

统计研究具有四个特点：一是数量性，即统计研究是围绕现象的数量方面做文章的，它关注的是现象的数量多少、数量关系、数量界限以及数量特征和数量规律，主要对现象进行定量研究。二是总体性，即统计研究的出发点和落脚点是总体现象而非个体现象，通过对总体中个体现象数量的汇总、综合，以表现总体数量特征和数量规律。三是具体性，即总体的数量是在具体时间、地点和条件限定下的数量，是具体现象的数量表现，这要求在实际应用中应根据具体研究对象选择恰当的统计方法。四是社会性，统计学作为通用的数据研究工具，广泛应用于各行各业的各个研究领域，适用于研究各种现象，由于研究现象的复杂性和研究者的社会性，导致在统计应用中有时会出现数据误用或数据造假现象。掌握统计学的基本理论和方法，有助于鉴别数据误用和数据造假。

二、统计学的学科分类

(1)按统计方法，统计学分为描述统计学和推断统计学。描述统计学又称统计描述法，它通过对现象总体进行调查或观察，将得到的大量数据资料进行整理归类，编表绘图，并计算出各种能反映总体数量特征的综合指标，再对综合指标加以分析得出结论。统计描述是统计研究的基础。推断统计学又称统计推断法，它是应用概率理论，在随机抽样的基础上，根据样本数据资料推断总体数量特征的理论方法。通常实际观察到的只是总体中的一部分个体，而需要判断的则是整个总体。由部分推断总体，有一个推断结论的可信度问题。比如通过对部分产品的实际检测，推断整批产品的质量；通过对某市部分居民收入的实际调查，推断全市所有居民的收入状况等，需要说明推断结果有多大程度的可靠性。解决这些问题的方法就是统计推断法，其主要内容包括抽样及抽样指标的概率分布、参数估计、假设检验、回归分析等。

(2)按统计方法的应用领域，统计学形成服务于不同领域的各个统计学科，总的来说，有两大分支，即理论统计学、应用统计学。理论统计学包括统计学与数理统计两门课程，阐述的是各个领域应用的通用方法，其中，统计学侧重阐述数据的收集、整理与分析的一般方法；数理统计侧重研究随机现象的数量规律，揭示统计方法的理论基础和数学依据。二者的基本原理可以在自然现象和社会经济现象中得到广泛应用，由此形成各门应用统计学(又称专业统计学)。理论统计学的基本原理在自然界和工程技术领域的应用，形成自然技术统计学，如生物统计学、气象统计学、地质统计学、自然资源统计学、统计力学等；理论统计学的基本原理在社会经济领域的应用，形成社会经济统计学，如国民经济统计学、金融统计学、工业统计学、农业统计学、商业统计学、旅游统计学、房地产统计学、人口统计学、教育统计学、企业统计学等。可以说，各门应用统计学是理论统计学的基本原理与各个应用领域的专业知识、业务活动相结合的产物。

三、为什么要学习统计学

至少有下面几个理由需要我们学习统计学：

——数据无处不在，现代公民需要具备鉴别和理解数字化信息的能力。

——为学习各门专业课程，提供数量分析方法。

——为在实际工作中做出最优决策，提供数据分析方法。

——为在日常生活中更好地进行投资理财，提供量化思维方式。

第二节　案例正文与案例分析

案例一　用数据说话

【案例正文】

[案例A] 中国高铁

高铁是中国的一张靓丽名片。

高速铁路简称"高铁"，在不同国家不同时代及不同的科研学术领域有不同的标准。中国国家铁路局将中国高铁定义为设计时速250千米以上(含预留)，初期运营时速200千米以上的客运列车专线铁路。

时间到了1993年，国家经济增速势如破竹，GDP增速达13.9%。然而当时全国近6万千米的铁路上，火车的平均时速只有48千米，与高歌猛进的经济增速大相径庭，与30多年前就达到平均时速166千米、最高时速200千米的日本新干线相比更是相形见绌。

改革开放之后，全国的人口流动规模空前。在庞大的客流面前，缓慢的铁路运力越发捉襟见肘。特别在春运期间，即便加开数百对临时列车，也难以改变"一票难求"局面。铁路系统在客运需求压力激增时，不得不"压货保客"，致使铁路货运形势同样严峻。随着高速公路和民航产业异军突起，缓慢的铁路几无招架之力，客流纷纷涌向公路和机场，铁路市场岌岌可危。

如何让步伐缓慢的铁路追上快速发展的社会？对现有线路提速改造成为当时人们的首选。1997年4月1日，中国铁路第一次大提速吹响号角。以京广、京沪、京哈三大干线为主，78列"朝发夕至"的列车全新登场，将最高运行时速提升至140千米。这一次提速在第二年就扭转了铁路客流量下降的趋势，为铁路系统扳回重要一局。此后，第二、三、四次大提速分别在1998年、2000年和2001年相继完成，提速线路达1.3万千米，占全国铁路里程近20%，最高运行时速达160千米。

2004年4月18日，铁路系统进行第五次大提速，在京广、京沪、京哈、陇海4条大干线上货运线路的最高运行时速突破160千米大关，客运线路则开通"Z"字头直达列车，最高运行时速提升至200千米，离高速铁路只有一步之遥。更激动人心的是，在这一年，"四纵四横"客运专线规划问世，一幅宏伟的中国高铁蓝图展现在世人面前。2007年，中国铁路第六次大提速开启，家喻户晓的"和谐号"动车组横空出世，它在18条铁路干线上呼啸奔驰。一夜之间，中国大地上有超过6000千米的铁路干线，以超过200千米的时速投入运营，部分路段的时速甚至可达250千米。

至此，历时10年的提速改造落下帷幕，中国铁路的格局焕然一新。"再快一点儿"的使命，将交给一个全新的高铁时代。

2008年北京奥运会开幕前夕，在北京南部、距离城市中轴线不到2千米处，一座玻璃穹顶的车站拔地而起，即北京南站。与之一同亮相的，还有中国铁路史上第一条设计时速达350千米的高速铁路。它连通北京和天津两座城市，单程用时仅30分钟。京津城际铁路初露锋芒，中国自此迈入时速300千米以上的高铁时代，高铁建设更是“日行千里”。

2009年底，横向的石家庄到太原、合肥到武汉，纵向的宁波经温州到福州、武汉到广州等多条高速铁路相继通车。其中的武广高铁，以超过1000千米的长度、350千米的时速，成为领跑全球的高铁大干线。经由这条线路，武汉至广州坐高铁仅需3小时，而在70年前，粤汉铁路单程的耗时就长达44小时，今非昔比可见一斑。

继武广高铁之后，时速350千米梯队中迎来3位新成员，即郑州至西安、上海到南京和上海到杭州的高铁。“四纵四横”的“先驱者”悉数登场，中国高铁的宏伟目标清晰可见。在“四纵四横”的8条骨架线路中，京沪高铁率先全线落成。北京至上海沿线，人口密集，经济发达，老京沪铁路运行长达半个世纪，早已不堪重负，无论是客运还是货运密度，均超过全国平均水平数倍，高铁的开通势在必行。这条高铁线路最终不负众望，不仅一度在实际运营的线路上跑出486.1千米的试验时速，更是在建成后的第三年，客运量便突破1亿人次。

此后随着京广高铁北京至武汉段通车，哈大高铁开通，以及沿着东南海岸线蜿蜒前行的杭福深客运专线开通运营，中国高铁的“四纵”主骨架基本形成。与此同时，“四横”骨架的建设同样如火如荼。四条东西干线平行延伸，或跨过西南的高山峡谷，或溯长江而上，或穿过千里戈壁，或越过太行连通海洋，中国东西部的连接更加快速、便捷。而“四纵四横”干线间的连接线路也毫不逊色。2014年底通车的贵广高铁，穿越溶洞遍布的喀斯特地貌区域，施工条件异常艰难，2017年底通车的西成高铁(西安至成都)，拥有11条超过10千米长的隧道，爬升坡度几乎接近设计上限，是首条贯穿秦岭的高速铁路。

到2017年底，我国的高铁里程达2.5万千米，占世界高铁里程总量的66.3%，“四纵四横”高铁网提前3年宣告建成。中国高铁建设并未就此止步，规划者们更进一步，一张“八纵八横”的远大图景开始酝酿和实施，这堪称中国铁路史上最雄心勃勃的建设计划。在这项计划中，预计到2030年，将包括4.5万千米的高速铁路在内，共计约20万千米长的铁路在中国大地上铺开，将全国拥有20万以上人口的城市相连。国家铁路局《2020年铁道统计公报》显示，到2020年末，中国高铁营业总里程达3.8万千米，是世界上唯一高铁成网运行的国家。截至2020年底，“八纵八横”高铁网络的主骨架已搭建近七成，预计到2030年完成建设目标。

回想一个多世纪前，孙中山曾言道：“今日之世界，非铁路无以立国。”而彼时，中国铁路仍在风雨飘摇中筚路蓝缕。一个多世纪后，在中国大地上，钢铁脉络纵横交错。借由密集、便捷、高效的钢铁之网，2019年，约有36.6亿人次前往天南海北，也有43.89亿吨货物补送到四面八方。

（案例来源：节选自星球研究所：《这里是中国2》，中信出版社2021年版，第71~78页。）

［案例 B］清洁能源天然气

时间回到 1999 年，当时中国的 GDP 以近 8%的速度迅猛增长。为了支撑日新月异的经济发展，这一年中国消耗的煤炭高达 13 亿吨，同时有 1100 万吨烟尘、1800 万吨硫氧化物和 1100 万吨氮氧化物被排放到空气中。

也是在这一年空气污染物让全国超过 60%的城市的空气质量无法达到国家二级标准。排入空气的硫氧化物和氮氧化物进一步给环境造成危害，它们溶入雨水并发生反应，形成的酸雨腐蚀着地表上的一切，植被、建筑、土壤、水体，无一幸免。

污染的发生并非偶然。作为一个煤炭资源大国，煤炭在我国能源中的地位几乎无可撼动，其占比至今仍达 60%。而在清洁能源利用普及之前，粗放的煤炭利用使脆弱的生态不堪重负，高速发展的中国从未如此迫切地渴望一场能源变革。于是许多煤炭清洁利用研究纷纷被提上日程，人们也在马不停蹄地寻找更加清洁的替代能源。

此时天然气进入了人们的视野。这种以甲烷为主的气体燃料，燃烧时主要产生二氧化碳和水，几乎不排放硫氧化物和烟灰。另外，在产生相同热量的情况下，天然气的二氧化碳排放量仅是煤炭的 56%，是石油的 71%。既清洁又低碳的特性，让天然气在化石能源中脱颖而出，被世界各国竞相开发利用，它在世界能源结构中的地位也越发重要。历经近 20 年的发展，天然气走进了中国的工厂和家庭，涉及社会的方方面面。2020 年，全国的天然气消费量达 3259 亿立方米，相当于 58 个太湖的水容量。如此大量的天然气从何而来？这也得益于“西气东输”国家巨型工程的实施与建成。

（案例来源：节选自星球研究所：《这里是中国 2》，中信出版社 2021 年版，第 258 页。）

［案例 C］三孩时代如何优生优育？

为实施一对夫妻可以生育三个子女政策（三孩生育政策）及配套支持措施，《中共中央国务院关于优化生育政策促进人口长期均衡发展的决定》于 2021 年 7 月 20 日公布，从提高优生优育服务水平等多个方面出台了覆盖全生命周期的一揽子支持举措。

武汉大学中南医院妇儿医院院长张元珍教授，就三孩时代的孕产女性健康、家庭保健等诸多方面给出了专业解读。

问：如果一个家庭计划要三个宝宝，孩子们的间隔怎么安排算“最优”？

答：怀孕、分娩、哺乳，一般这就需要 1~2 年，还要给自己一个喘息，职业女性还得兼顾职业发展。所以三个孩子至少每个间隔在两三年比较好，这就意味着，如果要三个宝宝，差不多是一个十年计划。

问：一些生育两个孩子的妈妈，可能此前选择了剖宫产。如果再孕育第三个孩子，影响大吗？

答：统计数据中，生二孩的妈妈有 72%的剖宫产史，这都是与一孩时期图省事图安全有关，当时不少人想着反正只生一个嘛。除了剖宫产会给子宫留下瘢痕，还有子宫肌瘤等手术也会留下瘢痕，这些都会给再次妊娠、分娩带来更多风险。所以一般来说，第一次剖宫产或做了肌瘤剔除术以后，最好能至少等两年再怀孕。如果第一孩是顺产，二孩顺产的概率就会比较高。但如果一孩是剖宫产，二孩 80%以上出于安全起见也会剖宫产，第三个孩子就更不用说了。所以我们从现在就应该呼吁，生第一个孩子尽量尝试顺产。

问：现在女性的结婚时间普遍比较晚，如果想要三个孩子，很可能就会面临“高龄”。女性们非常关心，如果想要三个孩子，健康上的代价大不大？

答：从年龄上看，生一孩在25~29岁年龄段占比最高，为46.3%；生二孩占比最高的年龄段是30~35岁，占67.6%。按这个规律，现阶段生三孩的孕妇年龄超过35岁的比例就会很高了。在这样的现实情况下，从医学角度上讲，女性需要充分考虑多方面因素。首先，年龄与生育力绝对呈正相关，尤其是女性，生育力最佳是24~29岁年龄段，30岁以后逐渐降低，35岁以后明显下降，40岁以后几率就很小了，即使能怀上，发生流产、葡萄胎、畸形及染色体异常的几率高；其次，高龄女性的基础疾病也会增加，如糖尿病、高血压、子宫肌瘤、子宫内膜异位症等，会不利于妊娠和分娩。

（案例来源：《湖北手机报》，2021年7月21日。）

【案例分析】

统计学是关于定量研究的理论方法，统计学研究的是现象总体的数量方面。这里的“数量方面”包括数量多少、数量关系、数量界限以及数量特征和数量规律等。在上述案例中，涉及定量研究的各种数量方面。

数量多少反映的是现象发展的总规模、总水平、工作总量等总体总量。上述案例中提到的总量指标有：到2017年底，我国的高铁里程达2.5万千米；2020年末，中国高铁营业总里程达3.8万千米；预计到2030年，将包括4.5万千米的高速铁路在内，共计约20万千米长的铁路在中国大地上铺开；借由密集、便捷、高效的钢铁之网，2019年，约有36.6亿人次前往天南海北，也有43.89亿吨货物补送到四面八方；1999年，中国消耗的煤炭高达13亿吨，同时有1100万吨烟尘、1800万吨硫氧化物和1100万吨氮氧化物被排放到空气中；2020年，全国的天然气消费量达3259亿立方米。

数量多少常常以总和、总量、总数、总值、总额等形式表现出来。例如，2020年，中国国内生产总值突破100万亿元；每年我国主要工农业产品总产量(粮食总产量、棉花总产量、钢铁总产量、煤炭总产量、石油总产量等)、全国人口总数、总产值(工业总产值、农业总产值、一二三产业总产值)、商品进出口总额、固定资产投资总额、居民储蓄存款余额、职工工资总额等，这些都是说明我国经济总体数量多少的总量指标。

数量关系包括现象的内外关系和纵横关系。现象内部的数量关系指的是现象总体内部的结构比例关系。案例A中，提到中国高铁“八纵八横”的规划：“截至2020年底，‘八纵八横’高铁网络的主骨架已搭建近七成，预计到2030年完成建设目标。”从2018年至2020年，只用3年时间就完成了70%，那么在以后10年时间里完成剩下的30%，应该是没有问题的。再如，在案例B中，关于中国空气污染的原因，主要是因为作为非清洁能源的煤炭在中国能源中占了绝大的比重，至今仍达60%。还有案例C中，提到“从年龄上看，生一孩在25~29岁年龄段占比最高，为46.3%；生二孩占比最高的年龄段是30~35岁，占67.6%”。再如，中国国内生产总值占世界经济的比重，由改革开放之初的1.8%上升到2012年的11.5%，2020年超过17%，比重是说明总体结构的数据，比重的攀升，不仅反映了中国经济的快速发展，而且也说明中国经济在世界经济这个总体中所处的地位和所起的作用越来越大。

外部关系指的是现象之间的横向对比关系、相互依存关系和因果关系等，用于反映现象联系的强度、密度、优劣程度。为什么说天然气是清洁能源？因为“天然气的二氧化碳排放量仅是煤炭的56%，是石油的71%”，与煤炭和石油比较，天然气当然是清洁能源。2020年全国的天然气消费量相当于58个太湖的水容量，这也是一种横向对比关系。而诸如“万元GDP能耗”“工业增加值能耗”“万元工业增加值废水排放量”等关于节能减排和经济绿色发展的相关指标，说明的则是现象之间的依存关系。2010年中国经济总量超过日本，成为世界第二大经济体。这是中国与世界各国横向对比的结果，经济总量排位靠前，显示了中国在全球的经济实力。排序也是一种横向对比关系。1979—2012年中国经济增长的速度是世界经济增长平均水平的3.5倍，这个3.5倍就是横向对比的结果。

如果说横向数量关系是一种静态对比关系的话，那么纵向数量关系则是一种动态对比关系，它反映的是现象自身发展变化的方向和程度。例如，1979—2012年，我国GDP年均实际增长9.8%，而同期世界经济年均增速为2.8%左右，即2012年与1979年相比，中国经济年均发展速度为109.8%，同期世界经济年均发展速度为102.8%，这里的发展速度就是纵向对比的结果。

现象既有量的方面也有质的方面，是质与量的统一体。现象的变化总是从量变开始的，量变到一定程度会发生质变。把握现象性质变化的数量界限，我们对现象的发展变化进行分析比较才有统一参照的标准。案例A中涉及“高铁”标准，高铁“在不同国家不同时代及不同的科研学术领域有不同的标准。中国国家铁路局将中国高铁定义为设计时速250千米以上(含预留)，初期运营时速200千米以上的客运列车专线铁路。”

案例B中说到空气质量标准：“空气污染物让中国超过60%的城市的空气质量无法达到国家二级标准”，是依据什么判断的呢？翻开中国《环境空气质量标准》(GB3095—1996)，就知道城市空气质量按照空气污染指数(API)分为五级：①(API)0~50，为国家空气质量日均值一级标准，空气质量为优，符合自然保护区、风景名胜区和其他需要特殊保护地区的空气质量要求。②(API)51~100，为国家空气质量日均值二级标准，空气质量良好，符合居住区、商业区、文化区、一般工业区和农村地区空气质量的要求。③(API)101~200，为三级标准，空气质量为轻度污染。若长期接触本级空气，易感人群病状会轻度加剧，健康人群出现刺激症状，符合特定工业区的空气质量要求。④(API)201~300，为四级标准，空气质量为中度污染。接触本级空气一定时间后，心脏病和肺病患者症状显著加剧，运动耐受力降低，健康人群中普遍出现不良症状。⑤(API)大于300，为五级标准，空气质量为重度污染。健康人运动耐受力降低，有明显症状并出现某些疾病。该分级标准是城市空气质量预报的实施标准，也是进行城市环境功能分区和空气质量评价的主要依据。1999年，空气污染物让中国超过60%的城市的空气质量无法达到国家二级标准，也就是说当年一半以上城市的空气质量至少为轻度污染。

近年来，各种媒体都在评说中国人口老龄化，什么是人口老龄化？肯定有一个数量标准。按照国际通行惯例，一个国家或地区60岁以上人口占总人口的10%或65岁以上人口占到7%，即为人口老龄化。2003年7月统计数据显示，中国60岁以上人口有1.3亿，占总人口的比重达到10%，表明中国早已进入人口老龄化阶段。另据第七次全国人口普查结果，截至2020年11月1日，中国60岁及以上人口占比为18.70%，这表明中国人口老龄化程度在进一步加深，必须有力应对人口老龄化带来的挑战。

又如，习近平总书记在天安门城楼上庄严宣告：2020年，中国脱贫攻坚战取得全面胜利，困扰中华民族几千年的绝对贫困问题得到历史性解决。这里就隐含着中国贫困户脱贫的标准。关于脱贫标准，国务院扶贫办党组书记、主任刘国富在2016年10月17日接受央视网采访时指出：脱贫指标有定性的，有定量的。定量的就是说到2020年人均脱贫的标准为四千元以上，这是最低的年均，是一个最基本的最低的标准，有的地方可能是七千、八千、一万元。另外定性的标准就是"两不愁三保障"，不愁吃、不愁穿，基本医疗、义务教育和住房安全有保障。这个是我们的国家标准。也就是说，贫困户的脱贫，中国的定量标准是到2020年人均年收入最低达到4000元以上，并且做到"两不愁三保障"，即不愁吃、不愁穿，基本医疗、义务教育和住房安全有保障。

通过对现象各种数量方面的综合分析，可以归纳现象发展变化的特点，进而得出相应的分析结论。天然气是"以甲烷为主的气体燃料，燃烧时主要产生二氧化碳和水，几乎不排放硫氧化物和烟灰。另外，在产生相同热量的情况下，天然气的二氧化碳排放量仅是煤炭的56%，是石油的71%"，因此，在案例B中，与煤炭和石油比较，得出天然气具有"清洁又低碳的特性"。在案例C中，张元珍教授建议优生优育"如果要三个宝宝，差不多是一个十年计划""生第一个孩子尽量尝试顺产""生育力最佳是24~29岁年龄段"，上述观点的提炼形成，离不开相应数据的支撑，正因建立在数据分析的基础之上，所以很有说服力。

案例二　感悟数据

【案例正文】

[案例A] 对同一数据为何会有不同反应

某城市统计局在媒体上公布了该市人均年收入为8700元的信息之后，官方政府首脑和有关机构感觉此数偏低，其理由是，和其他类似同等城市的人均年收入相比有较大差距，从而怀疑8700元这个数字是不是有漏算的因素在内。当然也不排除政府首脑有夸张政绩和"安抚"百姓之嫌。然而百姓们对这个8700元的反应要冷淡得多，他们或是对这个数字不屑一顾，或是发牢骚式地抱怨，越来越多的下岗者，怎么会有这么高的人均收入。

实际上这种截然不同的感觉，反映出统计数字受各种不同的立场、观点、方法和角度的影响。对经济统计数字的认识和使用存在着立场、观点的影响是一个不争的事实。同样的收入差异分布，有人认为还不够大，还有容忍的空间，况且收入的差异还具有刺激效率、提升经济的积极意义；另一些人则认为如此之大的收入差异已经构成了对社会稳定的威胁，如不及时采取政治的、政策的、行政的、经济的手段加以调节，则会反过来影响经济的进步和增长。

导师们指出，问题论证中的引证，几乎百分之百可以做到引证到位，然而能否做好系统的引证，是受到引证者立场、观点的影响的。这个论断同样适用于统计数字的使用。任何统计数字在表明了其所描述的事物特征的同时，也具有片面性这一特点，即它不能给出这个事物本身以外其他进一步的深化的信息。因此统计专家告诫人们，一般情况下，特别是对复杂问题的量化分析中，要采用一套指标体系的方法，用一系列的统计数据来进行“系统的引证”，以抑制个别统计数字的片面性。这种片面性的危害，可以通过数据群的方法予以“风险化解”。

除了立场、观点、方法之外，数据使用和分析者的角度和对事件背景的了解程度，也会对数据产生偏颇看法。仍以对人均年收入数字的看法为例，百姓们也好，官方首脑也好，有可能对统计局界定人均年收入的口径不甚了解。从信息获取的能力来看，百姓一方在一般情况下是处于劣势的，不论是对数字搜集方法的了解，还是对数字及时性的获取方面都是如此。因此就这个 8700 元而言，仅有数字的公布还是不够的，最好对数字的背景，特别是统计方法多一些普及介绍为好。

实际上对同一统计数据的使用和分析，不仅仅在黎民百姓和专家之间存在反差，甚至在专家内部，其意见也不一致。这几年时兴的年度统计报告和年度经济展望，恐怕已达近 10 个版本。其中的各机构，不论是官方统计部门，还是咨询研究机构，还是有众多的“相佐”数字的出现。

然而只要是这种数字不具有本质的差异和完全截然相反的观点，人们大可睁只眼闭只眼，因为它毕竟代表了不同主体的“声音”。即便是大相径庭的话，也最好视其为几份风味各异的“菜肴”罢了，它至少可以丰富我们观察社会的窗口景观，只是盼望其不要过乱、过滥！

（案例来源：孙宪华：《统计视线中的社会和经济》，中国统计出版社 2001 年版。）

[案例 B] 数字出官，官出数字

新华社北京 3 月 11 日电，“地方 GDP 增速数字汇总竟超出全国 3.9%”，国家统计局局长李德水委员在政协大会上斥责地方统计数据注水。部分人大代表反映，有时“不编假数字，难过考核关”。

东部某县的一位人大代表说，比如经济发展速度，从上到下层层递增，到了乡镇就会高达 20%以上。乡镇一级经济实际上增长非常缓慢，要增长 20%，除了闭着眼吹“数字泡泡”，别无他法。

一位在基层当了六七年书记的人大代表说：“现在有些地方，把‘乌纱帽’和数字挂钩，不完成高指标就要‘摘帽’，就要一票否决，能不造假吗?”全国人大代表王维忠说，据他了解，有的乡镇人均收入明明很低，上报时却大量“注水”，事后就有人因“政绩”突出而升迁。这真是“报假喜者得真喜，讲真忧者得真忧”。

代表们认为，这些问题的存在，与目前干部的政绩考核体制有关。一是“唯 GDP 论”，考核干部的标准中，所谓“经济建设成就”所占比例过大，甚至成为实质上的

“唯一”；二是缺乏有力的制裁体制，即所谓“吹牛不犯法”，见过领导干部因贪污腐化倒台的，没见过因“数字注水”而“出事”的。

（案例来源：《武汉晚报》2005 年 3 月 12 日，中国新闻版。）

［案例 C］宝洁因夸大产品功效被处罚

近日，天眼查 APP 上广州宝洁有限公司新增一条行政处罚。事由为宝洁生产销售的“舒肤佳柠檬清新型香皂”产品外包装上，将没有充分科学论证的“去除 99% 细菌”进行突出的标注。最终处罚结果为罚款 20 万元人民币，并责令停止违法行为。

（案例来源：《长江日报》公众号，2021 年 8 月 24 日。）

［案例 D］用哪个数据有利

对于大多数人来讲，平均值就是将所有的数值相加然后再除以数值的个数所得到的。因此，如果一个房地产开发商告诉客户某一公寓的住宅售价的平均值是 15 万美元，我们就认为 15 万美元是所有住宅的代表性售价。但是假定公寓中一共有 5 套住宅，它们的售价分别为 5 万美元、5 万美元、6 万美元、9 万美元和 50 万美元，我们可以说 15 万美元确实是住宅售价的平均值。但是 15 万美元真的是一个“典型性”售价吗？你是否还希望知道售价在 6 万美元以上的住宅数与 6 万美元以下的住宅数是否相同，以及 5 万美元是出现最为频繁的售价吗？那么到底哪个售价是最具有“典型性”的呢？这个例子表明平均值可能具有误导性，因为它可以是用来代表一组数据的好几个值中的任何一个。没有一个客观的评价标准告诉我们在何种情况下应该使用哪一个平均值。我们希望帮助你成为能够判断一个个人或组织将会怎样呈现一个对他们有利的数值而排除不利数值的数据使用者。

几年前，某电视系列广告称“被调查的牙医中有 2/3 表示会向自己的病人推荐×牌牙膏”，其隐含的意思就是全部牙医中近 67% 的人会向病人推荐该产品。其伎俩就在于牙膏的生产商以每 3 位牙医为一组，调查了许多组，但只公布其中有 2 个牙医表示会推荐×牌牙膏的那一组的调查结果。毫无疑问，调查对象的数目超过 3 个是十分必要的，同时还必须保证预计概率结果的无偏差性和对牙医总体的代表性。

有些时候，数字本身也可以具有欺骗性。佛罗里达的坦帕地区上月住宅的平均售价为 134891.58 美元，这看上去是一个非常精确的数值，使人很容易对其准确性产生信任。如果将平均售价表示为 135000 美元就不会给人带来这种非常准确的感觉。但是，即便是保留到小数点后面 5 位甚至 10 位的统计数字也不一定就是准确的。

统计信息产生欺骗性的方式还有许多种。许多书籍都专门探讨了这一问题，其中最为著名的是达雷尔·赫夫（Darrell Huff）所著的《如何用统计数字说谎》。了解这些有助于你成为一位更好的统计信息使用者，并帮助你免受那些试图误导者的欺骗。

（案例来源：道格拉斯·A. 林德、威廉·G. 马歇尔、罗伯特·D. 梅森：《商务与经济统计技术》，易丹辉、陈立杰、宋丽等译，中国人民大学出版社 2005 年版，第 17 页。）

【案例分析】

统计数据本应该是客观现象的真实反映，而在现实生活中，统计数据往往被质疑、被篡改和被误用。表现何在？原因何在？上述 4 个案例就具体揭示了这一问题。案例 A 分析了人们对同一统计数据产生不同反应的原因，案例 B 反映了部分地方政府为显示政绩而在统计数字上弄虚作假，案例 C 反映了企业的数字造假，案例 D 列举了统计数字误用误导的主要表现形式。这些案例中出现的问题，都是对统计不真实性的具体折射。

统计研究具有社会性，统计的社会性体现在两个方面：一方面是统计研究的现象具有社会性。统计研究的社会经济现象，就是人类社会活动的条件、过程和结果，包括政治、经济、文化、教育、卫生、法律、道德等，它们都是人类有意识的社会活动及其产物，都与人的利益密切相关，即使表现为人与物的关系，背后隐藏的也是人与人的关系。另一方面是统计研究的主体是人、集团或组织，也具有社会性。统计是人们所进行的一种社会认识活动，而人们总是生活在一定的社会环境之中，必定要受到一定的社会、经济观点的影响，并为一定的利益集团服务。一旦统计数字与自身利益相冲突，则统计数字就有被篡改和歪曲的可能，统计数字的真实性会或多或少地受到人为的干扰。特别值得一提的是，政府统计工作是为一定的政治集团服务的，这一点在世界各国莫不如此。各国政府利用统计数据，或表明社会经济发展状况，或作为制定社会经济政策的依据，或作为对地方官员考评的依据，或作为政治竞争的筹码，体现了十分明显的社会倾向性。另外，实际从事统计工作的人员，既受政府法律法规的约束，也受个人主观意识偏好的支配，在统计数据的搜集、整理、分析过程中，往往存在较大的主观倾向。有时为了迎合消费者心理，一些企业主观上利用数字弄虚作假的现象也时有发生。比如，2021 年 8 月 23 日中国搜索公众号就曝光了虚标袜子含棉量的新闻。纯棉和含棉量高的袜子一般比较受消费者欢迎，因为它吸汗、舒服、透气性好。除了在实体店购买，在电商、直播平台上也很容易就能购买到。然而，江苏省市场监管局对 95 批次袜子进行监督抽查，结果显示有 16 批次不合格，其中一些电商和直播平台销售的袜子，存在棉含量严重不足、纤维含量不合格、部分染料致癌物超标等质量问题。某电商平台销售的一款“男士/女士纯棉袜”，店家宣称用 50 元 1 公斤特级棉纱生产，江苏省监督抽查的检测结果却显示，纤维含量不合格，其中，棉含量仅为 4.9%，聚酯纤维超过 56%。也就是说，这款袜子的棉含量不到 5%，90%以上是化纤材料。

可以说，人的社会性决定了统计的社会性，人为的干扰有时是统计数字失真最主要的原因。充分认识统计的社会性特点，可以让我们正视社会矛盾，并想方设法去解决它。

也正是由于统计的社会性，所以对于同一统计数据，不同的人往往站在不同的立场和角度去解读、去感受、去评说，产生不同的反响应属正常现象。况且对于某些统计数字，由于信息的不对称，许多人尤其是普通的老百姓，并不知道其来龙去脉，对相关背景、统计方法所知甚少，因此统计数字自然就容易引起人们的质疑。这个问题可以通过普及统计知识、提高国民的统计素质来解决。

统计是我们认识客观世界的一种工具，是进行各项管理的重要手段，作为认识工具和管理工具，统计具有统计信息、统计咨询、统计监督三种功能。统计信息功能是指统计人把有关统计资料提供给决策部门和公众，说明实际情况，起仪表指示器的作用。统计咨询功能是指统计信息可为决策部门提供用于决策的备选方案，起参谋作用。统计监督功能就是运用统计手段对社会、经济、科技等各方面进行定量检查、监督和预警，起警报器的作用。要充分发挥统计的上述作用，统计数字的真实可靠是基本要求。如果在统计数字上弄虚作假，搞数字游戏，就会歪曲事实真相，导致错误结论。虚假的统计数字或误导公众或引致决策失误，其危害之大不可小视。可以说，真实是统计的根本准则，是统计的生命线。

政府统计数据中的"水分"，除了客观测量和计算汇总产生的技术性误差之外，主要是人为的"注水"。有一副对联揭示了数据注水的本质，上联：上级压下级，层层加码，马到成功；下联：下级骗上级，层层掺水，水到渠成；横批：数字出官，官出数字。国家统计局公布的数据显示，仅 2001 年至 2003 年，全国立案查处统计违法案件达 3.92 万件，虚报、瞒报、伪造、篡改统计资料的超过半数。数据显示，2016 年，国家统计局直接查处的 15 个案件中，包括一些重大统计违法案件，涉及 9 个省区市，每案处理的人都在 10 人以上，内部通报的违法违纪案件达 20 多项。与其他造假手段相比，"数字造假"成本低廉，一旦谎言通过，获得的利益异常可观：发财的发财，升官的升官。

如何遏制地方 GDP 数据造假?

第一就是要严惩。防范惩治统计造假，国家已采取多项措施。2016 年 10 月中央深改组第 28 次会议通过《关于深化统计管理体制改革提高统计数据真实性的意见》。国家统计局 2017 年 4 月宣布成立统计执法监督局，充分发挥统计执法监督利剑作用，维护统计数据的真实准确性。2017 年 6 月 26 日召开的中央深改组第 36 次会议审议通过了两个重要文件：《地区生产总值统一核算改革方案》《统计违纪违法责任人处分处理建议办法》，完善和从严实施统计考核。《中华人民共和国统计法》是我国唯一的一部统计法律，于 1983 年 12 月 8 日由第六届全国人民代表大会常务委员会第三次会议通过，1996 年 5 月 15 日经第八届全国人民代表大会常务委员会第十九次会议修正，2019 年 6 月 27 日再次经第十一届全国人民代表大会常务委员会第九次会议修订通过，于 2020 年 1 月 1 日起施行。《中华人民共和国统计法》是政府统计工作的根本大法，是规范政府统计活动的基本准则。新修订后的统计法，也会对数据造假和统计偏差进行追责，对遏制统计数据注水发挥了重要作用。数据失真带来的危害是严重的，会影响政府科学决策的各个层面，影响中国经济高质量发展进程，所以国家统计局对数据造假的责任人，包括主观的造假和客观的能力不足造成的数据偏差，都是采取零容忍的态度。

第二，进行地区生产总值统一核算改革。除了严惩之外，国家统计局在 2019 年实施了地区生产总值统一核算改革。改革后，各省(自治区、直辖市)生产总值核算从原来的各省区市统计局负责，改革为由国家统计局组织领导、各省区市统计局共同参与的统一核算，从严审核地区生产总值数据，从而确保地区生产总值数据与国内生产总值数据基本衔接。

第三，绩效考核淡化 GDP 考核指标。中国经济已经从高速增长阶段转向高质量发展阶段，我们要追求的不是经济规模的扩张，更多的应该是经济质量的提升、效益的改善、结构的优化、效率的提高以及更多的绿水青山和更和谐的社会氛围。对于盲目追求速度，甚至是不惜主观干预统计数据来追求速度的行为，容忍度越来越低，打击力度也会越来越大。各级地方政府也在行动，2017 年 12 月以来陆续召开的多省经济工作会议都在淡化 GDP 考核，淡化 GDP 增速。原来的政绩目标主要是追求经济增长，为拔高政绩难免有“注水”的现象。现在淡化 GDP 的考核，政府的目标导向转变了，增长方式也在转变，从绝对值的增长转向质量的提升。

数据不会说谎，但说谎者会借用数据。有的数据误用可能是无知或粗心(如案例 D 中对平均值的误用)，而有些数据误用则是别有用心(如案例 D 中，选择其中一组牙医的调查结果予以公布，企图以偏概全，抬高牙医推荐该品牌牙膏的比例)。别有用心者往往强调支持其观点和有利其利益的数据，而故意遗漏不利其观点和有损其利益的数据，以期达到误导读者谋取不当利益的目的。而学习统计学，可以帮助我们提高鉴别数字化信息的能力，有助于识别数据误用和数据造假。在阅读新闻，了解时事，关注各种统计数据或统计图表时，为避免误导，要多问几个为什么。

案例三　你知道这些统计规律吗?

【案例正文】

[案例 A] 什么是统计的规律性

统计的规律性就是某种现象在大量重复试验或观察中，通过统计资料所呈现出的反映事物本身所固有的规律性。例如，在相同条件下，抛掷同一枚硬币，其结果可能会是花面朝上，也可能是数字朝上，而且不论你怎样控制抛掷条件，在每次抛掷之前是无法肯定抛掷的结果的；但是，为了掌握花面出现的可能性的大小，我们可以将同一枚硬币抛 N 次，观察在 N 次试验中花面出现的次数。有资料表明，该试验以前有统计学家做过，其得出的数据资料如表 1-1 所示。在表中，N_1表示在 N 次试验中花面出现的次数，$N_1/N=F(N_1)$，从而在这个试验中得出出现花面的概率。

表 1-1　硬币抛掷数据

试验者	N	N_1	$F(N_1)$
蒲丰	4040	2048	0. 5069
卡·皮尔逊	12000	6019	0. 5016
雷·霍尔	24000	12012	0. 5005

表 1-1 表明：当试验的次数逐渐增多时，$F(N_1)$总是在 0.5 附近摆动，并逐渐稳定于 0.5。这个数值反映了出现花面的可能性大小。也就是说，抛硬币出现花面或数字的可能性是相同的，即它们的概率各为 0.5。这也就是我们研究的统计资料的数量规律性，或者说是统计规律性。

再如，新生婴儿的男女性别比为 107∶100，这一比例是具有统计规律性的。古今中外，这一性别比大致相同。从单个家庭来看，新生婴儿的性别可能是男性或女性，在不实行计划生育的情况下，有的家庭的几个小孩可能都是男孩，也有的家庭的几个小孩都是女孩，似乎新生婴儿的性别比没有任何规律。如果我们对大量家庭的新生婴儿的统计资料进行观察和研究分析，则会发现新生男婴儿数稍微多于新生女婴儿数，即大约每出生 107 名男婴儿，相应就出生 100 名女婴儿。这是由人类自然发展的内在规律所决定的……

再比如，中外证券市场(股票市场)，在某一特定时期如一星期、一个月或一年，其总指数可能是上升，也可能是下降，或保持平衡状态。但是，如果我们从一段较长时期来看证券市场股票价格指数的统计资料的话，其股指一定是逐浪上升的。这也是一种统计规律性。因此，我们掌握了这一统计规律之后，就可以顺应这一统计规律，使自己立于不败之地。例如，许多证券投资基金名曰"指数基金"，就是将资金投资于模拟指数的股票之中，使基金跟随股票价格指数上涨，从而获取利益。

(案例来源：王晓林：《统计学》，经济科学出版社 2001 年版，第 3 页。)

[案例 B] 恩格尔定律

1857 年，德国统计学家恩格尔通过对德国工人家庭进行大量和长期的观察，发现了一个有规律的现象，即随着个人或家庭收入的增加，消费支出也会增加，但是在消费支出总额中，用于食品方面的消费支出所占比例会逐步下降。这就是著名的恩格尔定律。反映恩格尔定律的指标叫恩格尔系数。恩格尔系数=食品支出总额/生活消费支出总额。目前，恩格尔系数成为评价一个国家或地区居民生活水平的重要统计指标之一。一般来讲，恩格尔系数越高，居民生活水平越低；恩格尔系数越低，则居民生活水平越高，二者成反向变动关系。根据联合国粮农组织的标准，恩格尔系数分为小于 30%、30%~40%、40%~50%、50%~60%、60%以上共五个区间，它们所对应的居民生活水平评价分别为"最富裕""富裕""小康""温饱""贫困"。2000 年底，我国居民的恩格尔系数为 46%，由此判断我国居民生活水平，在该指标上达到了"小康水平"。2010 年和 2020 年，中国居民的恩格尔系数分别为 39. 76%、30. 2%，我国居民生活水平，在该指标上达到了"富裕"水平。

(案例来源：作者编创。)

[案例 C] 通货膨胀

近代经济发展史证明，通货膨胀已成为世界经济发展的共生现象，通货膨胀率居高不下。据世界银行统计，1980—1992 年全世界加权平均后的年通货膨胀率为 17. 2%。长期以来西方发达国家的政府无不受到通货膨胀的困扰，不仅如此，通货膨胀还是"晴雨表"，反映出经济运行的状态，甚至衬映出世界政治风云的动荡。通货膨胀在发展中国家呈现上升态势，年均通胀率指标在 20 世纪 70 年代为 26. 2%，80 年代到 90 年代上升到 46%，亚洲通货膨胀率为 39. 5%。特别是处在经济转型时期的国家通货膨胀的升幅更加明显。随着世界各国之间经济的联系日趋紧密，通货膨胀现象早已越出国界，成为全球经济的共同现象。通货膨胀是一个世界性问题，它困扰着各国政府的经济工作，影响着人民的经济生活。

一般认为，通货膨胀是货币发行过多，超过了商品流通的正常需要，从而引起物价上涨、货币贬值的一种经济现象。它干扰正常的经济秩序，扩大财政赤字规模，增加居民负担，特别是对低收入居民的生活影响最大，给社会带来不稳定因素。因此，各国政府都把抑制和克服通货膨胀作为一种政策目标。通货膨胀率(inflation rate)是反映通货膨胀程度的重要指标，通常用居民消费价格指数(物价指数)来换算。

当年通货膨胀率＝环比居民消费价格指数－100

累计通货膨胀率＝定基居民消费价格指数－100

表 1-2　2001—2019 年中国通货膨胀率

年份	居民消费价格指数(上年＝100)	当年通货膨胀率(%)	居民消费价格指数(1978 年＝100)	累计通货膨胀率(%)
2001	100.7	0.7	436.9	336.9
2002	99.2	-0.8	433.5	333.5
2003	101.2	1.2	438.7	338.7
2004	103.9	3.9	455.8	355.8
2005	101.8	1.8	464.0	364.0
2006	101.5	1.5	471.0	371.0
2007	104.8	4.8	493.6	393.6
2008	105.9	5.9	522.7	422.7
2009	99.3	-0.7	519.0	419.0
2010	103.3	3.3	536.1	436.1
2011	105.4	5.4	565.0	465.0
2012	102.6	2.6	579.7	479.7
2013	102.6	2.6	594.8	494.8
2014	102.0	2.0	606.7	506.7
2015	101.4	1.4	615.2	515.2
2016	102.0	2.0	627.5	527.5
2017	101.6	1.6	637.5	537.5
2018	102.1	2.1	650.9	550.9
2019	102.9	2.9	669.8	569.8

数据来源：国家统计局：《中国统计年鉴—2020》，中国统计出版社 2020 年版。

(案例来源：改编自徐国祥：《金融统计学》(第二版)，格致出版社、上海人民出版社 2016 年版，第 62 页、第 66 页。)

【案例分析】

统计规律是大量随机现象所表现出来的一种稳定的性质。统计规律是通过应用大量观察法、综合指标法、动态分析法等统计方法对大量的统计数据进行整理、分析、研究后，得出的现象发展的基本特征和规律性。上述案例反映了统计方法与统计规律的密切关系。

为什么统计方法可以分析研究现象内在的规律性？这是因为任何现象都是必然性和偶然性的对立统一体，都有质与量两个方面。每个统计数据都是必然性和偶然性的综合表现。必然性反映现象的本质特征，而偶然性反映现象在表现形式上的差异。正是由于偶然性的影响，使现象的必然性不太容易显现出来，因而人们就不那么容易认识和把握现象的规律性。如果只看单个家庭或少数家庭的婴儿出生性别，就不可能认识整个人类男女的性别比例关系；只看几次抛掷硬币的结果，是不可能确定硬币出现正反两面的概率都是 0.5 的；只分析单只股票的走势，或只看股指在短期内的形态，是不会发现股票价格指数逐波上扬这一规律的；只短期观察少数家庭或个人的消费支出，是难以看出居民食品支出结构变化的规律性的；只看短期少数国家的通货膨胀，也不能得出通货膨胀是世界经济发展的普遍现象这个结论。因此，我们对现象的数量方面，对现象的数据资料，要借助统计分析方法进行观察、整理、分析、研究，排除偶然因素的影响，找出内在规律性。

统计学作为一门搜集数据、整理数据、展示数据、分析数据、解释数据的科学，可以提供对各种客观现象，包括社会现象、经济现象和自然现象的数量方面进行数据处理的一系列方法，以便人们能够更好地探索和展示现象的内在规律性。应用什么样的统计方法，关键要看其能否达到统计分析与研究的目的。比如，人类自身繁衍问题就是一个很复杂的课题，应用简单的大量观察法对人口各个时期的性别进行观察和显示，就可以总结出男女的性别比这一重要比例，进而不必担心人类繁衍发展的问题。再如，赌博的输赢问题，好像是一个比较简单的课题，不是输就是赢。但要对其进行研究分析，就不是应用简单的统计方法就能解决的问题。统计方法在社会、经济、自然等各个领域都得到了广泛应用，而统计方法真正要发挥其揭示现象规律性的作用，还必须与各领域、各行业、各专业的业务知识相结合，从而形成各门应用统计学。统计方法与人口理论和人口统计业务相结合，形成人口统计学；统计方法与金融理论和金融业务相结合，形成金融统计学；统计方法与气象理论和气象统计业务相结合，形成气象统计学，等等。只有掌握了相关应用领域中扎实的专业知识，才能得心应手地运用统计方法为实际工作服务。

案例四　“黄金周”该不该退出历史舞台

【案例正文】

[案例 A] “黄金周”拉动内需效应在减弱

内地“黄金周”一直以拉动内需作为其存在的重要理由，但根据调查，“黄金周”拉动内需的效应在递减。

（一）长假过后现"后遗症"。记者采访时看到，"黄金周"热旺的背后是让消费者提前预支了他们的消费需求，节日过后，商场将有可能陷入旺季不旺、淡季更淡的现象；此外，日益火爆的"黄金周"被一些违规商家视为狠赚一把的"好机会"，虚假销售、提高价格、出售假冒伪劣商品等肆意欺宰顾客行为在节日期间尤显突出。殊不知这些促销手段极大地影响了消费者的消费心理，当消费成了"销废"，消费者只会对消费望而却步。

北京市统计局进行的一项社情民意专项调查显示，有78.1%的北京人表示"黄金周"期间不准备外出旅游。大多数北京人希望"黄金周"能成为在精神和身体上真正放松的愉快假期。留守于都市的休闲生活成了众多都市人的共同选择。一些业内人士认为，"黄金周"多年的发展，使一些消费者越来越理性和冷静，而众多单位"带薪休假"制度的推广，也使广大都市人可以选择在旅游淡季出门，以避开"黄金周"热潮。

国家统计局出版的《中国统计摘要2005》表明，1998年至2004年的人均可支配收入增速是8.6%。而国内出行人数逐年趋于平衡，人均旅游花费支出在个人收入逐年增加的同时并没有得到大幅提升（如表1-3所示），可见"黄金周"拉动内需的效应已渐渐减弱。

表1-3　"十一黄金周"统计数字

年份	1999	2000	2001	2002	2003	2004
旅游收入（亿元）	141	228	249	300	346	397
人均支出（元）	503	383	390	377	384	393

数据来源：国家旅游局和国家统计局联合发布的统计报告。

（二）"细水长流"刺激消费。专家指出，从国外经验看，其他国家通过刺激消费拉动内需采取的都是"细水长流"的方法。欧洲国家的政府和相关部门首先致力于推进旅游休闲的日常化和计划性，也就是说把目前中国存在的"黄金周"扩展成"黄金月""黄金季"甚至"黄金年"。这样，旅游和消费细水长流，提高了假日经济对宏观经济景气增长的贡献度。有专家指出，以"黄金周"为主的假日经济也需要向深度和广度开拓，否则"黄金周"的含金量会越来越低。

（案例来源：曲秋艳：《香港文汇报》2005年10月9日。）

［案例B］全国假日办回应黄金周质疑：不会取消黄金周制度

据新华社北京电，在"带薪休假"覆盖面小且实施不充分，周末双休日短暂无法长途旅游等众多因素制约下，以覆盖全体公民为基本特征的黄金周公众假期符合人民群众的实际需要，因此需要不断完善和坚持下去。这是在2005年"十一"黄金周到来之际，全国假日旅游部际协调会议在部署有关工作时明确表示的。

国家旅游局副局长张希钦说，黄金周制度在促进旅游经济发展的同时，为相关产业的共同发展提供了重要机遇。据统计，截至目前，黄金周期间全国累计有10.7亿人次出游，实现旅游收入4292亿元人民币，不仅为行、游、住、食、购、娱及众多衍生行业提供了巨大的发展机会，也使黄金周休假逐步成为广大群众阖家团聚，举家出行，游历山水的一个民俗。

张希钦还正式回应了对黄金周的质疑。他说，黄金周制度在6年的运行中存在的问题，既有旅游市场供需矛盾较为突出的原因，也有人口基数过大对旅游市场发展不成熟产生的压力，同时也表明假日旅游服务工作离群众要求存在一定的差距，因此需要进一步完善和丰富黄金周的服务。

（案例来源：《武汉晚报》2005年10月2日，第24版。）

[案例C] 黄金周早该退出历史舞台

把为期一周的长假称为“黄金周”，开始于2000年，其目的有二：一是聚集民众休闲时间，为民众出外旅游提供方便；二是刺激当时疲弱的国内经济，扩大内需。从当年情况看，确实达到了这两个目的。也正是从2000年开始，不仅出外旅游的人数迅速增加，而且经过几年的发展，出外旅游逐渐成了民众休闲的一种重要方式。对于扩大内需来说，光是2000年第一个黄金周，国内民众一窝蜂地涌向各旅游点，一些大型商场和旅行社的业务迅速增长（有人估计黄金周的业务量占了他们全年营业额三成以上），也足见其对扩大内需的重要作用。

但是，这种把假期人为地聚集在一起的黄金周所显示的效用是威力不减，还是时过境迁？是利大于弊，还是弊大于利？这几年，随着黄金周一次又一次到来，人们对黄金周的效用与需要性，似乎受到了越来越多的质疑。特别是从今年（2004年）“五一黄金周”开始，网站上对黄金周的质疑更是无可复加了。当然，对于这些质疑，我们的政府该是从整个社会的角度来计算一下黄金周是收益大于成本，还是成本大于收益的时候了。不通过经济学的分析，是无法得出合适的结论的。正是在这种分析的基础上，如果是前者，那么以行政的方式让黄金周延续下来也没有什么不可；如果是后者，政府就应该采取一种替代方式（如带薪假）来取代黄金周。我们应该对黄金周进行更多的反思与检讨，并对这种人为把假期聚集在一起的方式加以修正了。

对于黄金周的成本与收益分析，从成本来说，并非人流大幅度快速流动所带来的接二连三的重大交通事故、旅游网点拥挤、游客在旅游网点被强迫购买高价品就会降低民众的福利水平，因为这些都可以通过交通运输部门、旅游业的收入增长来弥补。在诸如此类的活动中，基本上是一种零和博弈，或正向博弈，即一方受损另一方受益，或一方受益大于另一方的受损。

而黄金周的成本就在于，随着黄金周一直推行，其边际效用越来越减。黄金周已经推行几年了，喜欢或愿意出外旅游的人，都已经去过自己希望去的地方，由于旅游网点人多拥挤，旅游途中艰辛，人们对外出旅游的兴趣逐渐减弱。据调查，目前北京有半数以上的民众在黄金周并不愿意外出而留在家中。还有不少外地的民众，把黄金周看成了回老家“亲情度假”的好机会。可以说，如今的黄金周，人们选择的休闲方式从旅游、健身、读书、游戏转到“亲情度假”，而最初那种扩大内需的目的效用已基本淡化。既然人们的方式已经改变了，把一些假期聚集在一起的黄金周能够有多少作用也就十分令人怀疑了。

黄金周让社会所要承担的最大成本是，一年三次的黄金周，让整个社会的正常活动完全停顿了下来。如政务系统停止办公，金融市场停止运行，新闻媒体停刊与停播等。这些日常经济生活的停顿，给整个社会带来的成本是无以复加的。

首先，在经济全球化的今天，国内经济基本上与国际市场接轨，国际市场的变化需要及时反映到国内市场与经济活动的交往上来。中国实行黄金周，自然与国外通行的惯例无法接轨，给国内有关的国际活动带来种种不便，更可能让国内的企业丧失种种好机会。特别是全球24小时运作不断的金融市场，国内市场停止一周的运行，造成的损失更是难以估算。

其次，黄金周的推行打乱了正常的政府工作秩序。不仅民众与企业不能在正常的工作日到政府相关部门办理有关事务，政府部门也无法以正常秩序来推广各种政令，获得政府所需要的种种信息。比如说，五一国际劳动节政府对国内经济过热推出了一系列政策，对于这些政策，这一个星期来，企业、市场执行如何，民众反应又如何，国人根本就不可能知道。在国内外经济一日千里的今天，政务系统运作停止一个星期，所造成的损失肯定是十分巨大的。

再次，对于金融市场来说，尽管国内的金融市场并没有完全国际化，但是国际市场对国内市场的巨大影响是谁也不可低估的。特别是外汇市场、证券市场及期货市场，国际市场24小时都在快速运转，面对国际上瞬息万变的机会，莫说是停止一周的交易，就是停止一个小时，都有可能造成巨大损失。

最后，尽管黄金周的假期是把临近的周末假日集中起来实现的，并没有真正增加人们休假的时间，但无论是假期前还是假期后，工作面上的负效应十分明显。在假期前，一则不少人为了安排好假期的休息，总要花去不少时间和精力；二则把工作时间安排在平常的休息时间，不仅有事的民众无法立即改变以往的习惯，工作人员的工作效率也由于假期即将开始而大打折扣。假期后，工作人员一上班也无法立即恢复正常工作效率。而这一前一后的负面影响，使得有近10多天无法正常有效地工作。这种工作低效率的成本完全是由整个社会来承担的。

总之，从以上的分析来看，黄金周所要达到的目的早已事过境迁，它给社会带来的收益也是十分有限的，而增加的社会成本却怎么也不可低估。因此，黄金周应该到了退出历史舞台的时候了！

（案例来源：易宪容：《生活中的智慧》，社会科学文献出版社2004年版，第250~253页。）

[案例D] 数据可以改变定性分析的结论

统计学方法的应用中，始终强调了一种定性分析和定量分析要结合的基本原则。两个方面的相互影响关系通常被表示为，定性分析是定量分析的前提，决定了定量分析的性质和基本理论框架；而定量分析则主要是对定性分析的一种补充深化或者是一个新的角度。有时定性分析和定量分析还会以各自相对独立的单纯形式出现，或被简单地概括为理论分析和实证分析。人们在反复的探讨和研究实践中会发现，定量研究的数据也会反过来对定性分析的结论或前提施加影响，有时会改变定性分析的结论。套用一句哲学的话来说，这也只不过是作用和反作用的相互关联罢了，并“不值得”大惊小怪地写篇文章来理论一番。

实际上定性分析和定量分析中存在着大量的矛盾说法。1998年中国南北大地洪水肆虐，当时和事后均将水源上游森林采伐和植被破坏看成是灾害的元凶。而量化研究的森林破坏和森林面积减少的最主要原因竟然不是对森林的砍伐，相反森林虫灾和森林火灾造成的森林损失量已经登上了“金银榜”，而砍伐已经退居第三位。因此，管理层可能会改变以封山为主的操作思路，转而更加重视对虫和火的防范。由于飞机空中作业撒药杀虫的方法，已经不适合于森林防虫和灭虫，故科学家和森林工业已经采用生物技术杀虫，起因是森林中的“现代”虫子不是从外向里吃，而是逆水行舟式地从里向外吃。量化研究的结果还促进了生物技术应用的普及，这可能是统计工作者事先没有考虑到的。

相当长的时期中我们一直认为，高等教育中普遍免费或助学金制度的最大受益群体是穷人家的子女。但是对高等院校在校学生或毕业生的问卷调查表明，低收入家庭子女接受高等教育的比例低于低收入家庭占全部家庭的比例。进一步量化分析的结果显示，中产阶级家庭及其子女是这种教育体制的最大受益者。德国高等教育机构的一项统计调查的结果也表明，即使在高等教育普及率较高和社会保障制度十分健全的发达国家中，中高收入家庭及其子女也是享受政府教育补贴最多的受惠者。

有史以来，可以说人们对生命在于运动的说法是深信不疑的。然而德国柏林科学中心社会研究所的经济学家格特·瓦格纳博士对美国、英国、法国、荷兰等国家所作的统计调查表明，不熟练工人和学徒同高级公务员的平均寿命差大约在8年。良好的教育和较高的收入对寿命的影响，有可能大于单纯体育活动所产生的作用，因此应该说运动对生命至关重要，但生命不仅仅在于运动。美国的一些医学专家也指出，相对于身体运动来讲，沉思冥想更有利于身体健康，可以缓解紧张状态和提高免疫系统的功能。

传统的理论也告诉人们，社会主义社会中的家庭成员关系是平等的，婚姻感觉是幸福的。量化研究却显示50%以上的家庭中存在着或多或少的不幸福婚姻关系，家庭成员之间，包括夫妻之间和父母子女之间的虐待有所上升。而“妻管严”和“小虐大”比重的上升，也改变了以前大量存在的夫欺妻和大打小的格局。家藏娇妻生独子和望子成龙的观念是导致格局变化的主要因素。

政府机构和党政官员大公无私、全心全意为人民服务的公仆形象，也曾被量化分析所显示的大案要案在增加，信访、上访密度在加大等详实的数据所“玷污”。至于串案、窝案、机构法人案等数字的“全线漂红”，可以看出腐败程度之严重。从已经查处的贪污腐败等经济案件来看，几乎都涉及对财务统计数字的篡改和隐瞒，实际上加强制度建设做到源头防腐是避免道德风险和寻租现象的根本方法。

值得注意的是，数据也有两面性，例如信访和集体访件数的上升，可能既是腐败案件增多的表现，也可能是群众敢于向恶势力争斗的反映。如果是后者则显示了反腐败过程的进步，所以不单要看破案率等结果数字，还要看反映反腐败过程的数据“表现”。

关于当代大学生学习积极性的争论，也显示出定性分析与量化研究的反差。很多高校教师有过关于当今学生学习积极性下降的抱怨，实际上，1970 年代末的大学生和新世纪初的大学生所面对的学习环境已经发生了相当的变化，学习渠道的增多，背景的变化和时代的进步，导致了学习方法的改进和提高。当今的大学生们更能也更会读书。精通和浏览都是好的学习方法，关键是因人而异，人在学习上的自主性和个体性趋势在加强，而某种程度上的死啃书本式的学习积极性正在走向反面。数据显示，在校大学生对低水平教师、教材和讲座的抵触率明显上升，而对新方法新事物的认同率正在不断提高。综合各种量化信息，如知识量摄入密度，学习效果提高率，表明大学生们有更实用更有效的学习积极性。

定量分析研究方法带给人们的新启示是，有时定性分析只不过表现为一种理论上的假设，这种假设是否合理或能否成立，在很大程度上要靠定量分析的数据加以验证。定性分析有可能虚构了过去和历史，而恰当的定量分析则一般是对现实生活或实际情况的一种真实映射。因此，我们不妨在实践中将量化分析作为进一步定性分析的一个新的基础“平台”。

（案例来源：孙宪华：《统计视线中的社会和经济》，中国统计出版社 2001 年版，第 171 页。）

【案例分析】

1995 年中国开始实行五天工作制，于是上班族每周周末有个“双休日”，可以休息两天了。1999 年，我国政府又适时地推出延长节日休假的措施，中国老百姓又有了春节、五一、十一这三个“黄金周”。人们在节假日中外出购物、游玩、餐饮、看电影听音乐、歌舞娱乐，抽样调查显示外出消费的人次达到了总人数的一半，也就是说每两个人中就有一个人在假日中走出家门，走向市场走向社会，由此掀起了假日消费的浪潮。不过值得注意的是，黄金周实行了多年，对黄金周的质疑也越来越多，黄金周长假的去留问题在媒体上总能引起热烈的讨论。案例 A、B、C、D 就是该热闹场面中的一些片段或缩影。讨论的结果形成意见明朗的两方：民众和学者们历数黄金周的负面效应，倡议改革黄金周制度，真正启动带薪休假制；政府有关管理部门则充分肯定黄金周的积极作用，认为黄金周的实施利大于弊，需要不断完善和坚持下去。孰是孰非，暂且不论，这里我们最感兴趣的是在黄金周去留问题上的分析，尤其是分析中所用的分析方法。

分析问题的方法习惯上分为两大类：定性分析与定量分析，或称之为理论分析与实证分析。统计学给我们提供的是定量分析。既然现象都是质与量的统一体，那么从性质入手进行定性分析或从数量入手进行定量分析，都能达到认识现象的目的。事物的性质和数量又是彼此关联和密不可分的，因此要更好地研究某种现象，最佳的选择就是把定性分析与定量分析有机地结合起来。在实际应用中，二者的结合常常各有侧重。有的侧重定性分析，所用数据不多，主要从逻辑上进行理论阐述，例如案例 C，作者从国际交流、政府工作秩序、金融市场、民众作息时间安排和工作效率等方面分析了黄金周的负面影响，认为黄金周带来的社会成本大于社会效益，“黄金周应该到了退出历史舞台的时候了”！有的侧重定量分析，援引较多的统计数据，用真凭实据说话。当然，要使分析的问题真正让人心悦诚服，最好是有理又有据，定性分析和定量分析相结合，例如案例 B 和案例 A。案例 C 是作者十几年前的一篇随笔散文，如果有人从经济学的角度作一篇实证论文，对黄金周的利弊进行定量分析，将是一项很有价值的研究，易宪容教授已经搭建好了研究的基本框架，只要加入统计数据和研究方法就能达成目标。

当然，定量分析所需的统计数据不是随随便便就可以信手拈来的。比如黄金周期间的旅游收入，得去查各年的《中国旅游年鉴》，年鉴里面有行、游、住、食、购、娱乐等各项收入的分类数据。如果没有现成的数据可查，就需要自己去调查、搜集、整理了。有些数据的取得非常困难，只能大致估算，比如说黄金周放假了，金融市场停止运作和政府部门停止办公给企业、居民带来的损失，这时就需要把统计学中的相应方法派上用场了。

关于定性分析与定量分析的关系，一般表述为：定性分析是定量分析的前提和基础，定量分析是定性分析的深化和支撑。而在案例 D 中，孙宪华教授给我们提供了一个崭新的视角：数据可以改变定性分析的结论。“有时定性分析只不过表现为一种理论上的假设，这种假设是否合理或能否成立，在很大程度上要靠定量分析的数据加以验证。”可以这样说，理论上的创新需要大胆假设，假设的验证则需要充足的数据支撑。定性分析与定量分析孰重孰轻？应该说二者相辅相成，都很重要，不可偏废。

第三节　本 章 小 结

正确理解“统计学”的含义及其特点，是学好统计学理论的基础前提。然而在现实生活中，由于对“统计学”的一知半解，导致对统计数据的误解、误用、盗用或对统计方法的不善利用等现象可以说并不少见。因此，准确地把握统计学的基本概念和特点就成为本章的一个重要内容。

本章首先介绍了统计学的理论要点，接着选择了四大案例，分别就统计学的数量性、统计学的社会性、统计规律与统计方法、定量分析与定性分析等问题展开讨论。通过案例分析，得出如下结论：

(1)统计是研究现象数量方面的规律，“数量方面”包括数量多少、数量关系、质与量互变的数量界限。通过数量方面的研究，认识现象的数量特征和规律性。

(2)统计具有社会性，因此我们必须具体分析和认真面对实际工作和生活中形形色色的“玩数字”现象。真正的统计是不能玩数字游戏的，统计数字的真实可靠是统计的生命力之所在。

(3)统计规律是通过统计方法和数据揭示出来的现象的内在稳定性质。而统计方法要真正发挥其显示现象规律性的作用，还应与各个研究领域的具体专业知识结合起来。统计方法加实际应用领域的专业知识，才能使统计更好地为各个专业领域服务。

(4)定量分析与定性分析相结合，是分析问题的最佳选择。定量分析既可以是定性分析的深化和延伸，也在很多场合能够推翻定性分析的结论。定性分析与定量分析二者相辅相成，不可偏废。

【拓展阅读】

统计眼看央视春晚

中国中央电视台春节联欢晚会(以下简称“春晚”)，全球华人的“年夜饭”。春晚怎么看？看过春晚，评论如潮。正所谓在什么山头，唱什么歌。俺们这旮旯特产统计。最大的特点是找对方的特点，要认得真、识得准，这五环节少不了。不消说，没这五环节，铁定认不全身心内外的世界，但有了这五环节，也不能打保票说就能将这纷纷扰扰的世界看个真真切切、明明白白，因为人情事理种种复杂多变哪。有聊胜于无，五环节毕竟是经验的总结，是认识的过程，所以不妨在各场合拿来套一套。这儿就与春晚“套”近乎，如有生搬硬套之嫌，先自行贻笑大方了。

统计认识世界的五环节是：设计方案、搜集数据、整理数据、分析数据、提交和反馈信息。以春晚而言，就是先要策划出整台节目的总体方案，然后据此搜罗和增减节目，再静态和动态地分析些个总量、构成什么的，最后由媒体或调查机构将观众反馈来的信息进行汇总分析，并公布调查结果以彰显民意。如此这般忙活，只为来年改进春晚以更好地满足十几亿华人的年夜饭胃口，以图提振风范大国民众的精神底蕴，以便春晚文化源远流长——担子够沉的，总导演，悠着点。

拿统计的五环节来对春晚说事儿，简述如下。

＊设计节目方案。统计设计的重心是设计统计指标体系。这春晚呢，哪几个指标是导演组追求的目标？这些指标能否量化？去年春晚，总导演郎昆就说了，有5个指标决定春晚的成败。

这5个指标就是：能让观众捧腹大笑的喜剧性强的节目有多少？晚会里的歌会不会被大家哼唱？有多少个点被观众记住了？能流传的一句台词是什么？晚会呈现出的整体水准怎么样？

这5个指标能被一一量化。第1个指标：能让观众捧腹大笑的喜剧性强的节目有多少？计划是让观众在4个半小时的节目中至少有十次左右被逗得大笑，单位时间内多增加逗笑的“包袱”。第2、3、4项指标，这是节目播出后在市井留下的痕迹，而流行歌、流行语什么的，都是具体可指的。最后一个指标，也是观众给晚会打分的重要依据。即观众还得看舞台、灯光、字幕、音效、镜头组接、演员化妆、道具、服装、表演等综合效果。

＊搜集整理节目。春晚节目从哪儿来？春晚在摸索中改革。往年，春晚由中央电视台一家包办。从2005年起，由全国各省级电视台直接选送节目到央视参加春晚演出。这次最大的改革，号称“开门办春晚”，春晚的节目无疑是在全国海选。

那么，挑选哪些节目上春晚呢？整理数据的四步是审核、分组、汇总、制图表。春晚的节目，不外乎内容优、形式好的，当然表演时间等也要考虑进去。据悉，央视规定各省级电视台选送的节目有9类，即小品、相声、歌曲、舞蹈、戏曲、曲艺、杂技(含魔术)、民间绝活及其他。经过极为严格的几审几次彩排后，再磨合出了一张万人瞩目的神秘兮兮的春晚节目单。

＊分析方法一览。统计分析数据有静态和动态分析两类方法。在静态分析法中，

常用的有综合指标法(即总量数、相对数、平均数分析法)、抽样推断法；在动态分析法中，常用的有动态相对数、时间数列建模法等。在春晚中，导演组班子、演职员的总量、晚会的总时长、投入多少、广告收入几多、爆笑几次，谁谁露脸最多等，可归于总量一类。在相对数中，包括实际投入的人财物与预计的对比、各类节目所占的比重和比例、各省报送节目入选率的比较等。在平均数中，男女老少题材的分派，还有军民的、民族的、行业的、雅的俗的、省际之间的、南腔北调的、老辣的新来的，一大家子怎么摊派，在吉祥热闹的氛围中，也要用全面兼顾来抹匀。动态相对数更有它施展的拳脚了，凡是本期与往期比较的指标，都可以算它个一展情怀，至于建模来预测春晚的种种，这点显得比较深奥，但好事已近，条件早成熟；这二十多年的资料，不用白不用。如果统计学和计算机的行家，立个把课题或无私奉献，在这方面琢磨一把，定会有些市场效应。

*反馈结果出笼。春晚历史虽弹指一挥间，但春晚犹如进行曲。在其之前、之中、之后，都有谁屁颠屁颠地搜罗民意。春晚味道可好？观众的收视率、满意度上去没？门户网站来网上问卷了，主流媒体来随机访谈了，国内外调查机构来电话抽样了。春晚的调查结果、头衔榜单，就如同另类礼花，绽放在祖国大地的上空。至于前后左右对春晚的看法，那更是滔滔江水呀绵绵不绝。另外，运用历年囤积的春晚信息，再配上计算工具和独具慧眼，好事者又可以在春晚趋势规律方面摆一摆谱了。

（资料来源：节选自邓力：《统计眼看央视春晚》，《中国统计》2006 年 4 月，第 30~32 页。）

思考与讨论

1. 在日常生活和学习中，你了解到哪些统计现象？请至少举三例说明。
2. 除本书案例中提及之外，你还知道哪些统计规律？它们与统计方法有什么关系？
3. 你怎样看待定量分析法的作用？在黄金周的去留问题上你认为如何强化定量分析？需要哪些统计数据？这些统计数据从哪里获取？
4. 经济统计学、科技统计学、社会统计学、经济计量学等与统计学有何联系？
5. 就统计学的作用，谈谈你的体会和理解。你愿意学习统计学的主要目的是什么？

参考文献

1. 吴明礼，黄立山. 统计学[M]. 中国统计出版社，2002.
2. 王晓林. 统计学[M]. 经济科学出版社，2001.
3. 舒波，陈红梅，等. 统计学——原理、应用与商务实践[M]. 清华大学出版社，2019.

第二章　指标与指标体系

第一节　理 论 要 点

对实际问题进行统计研究的基础是拥有相应的数据，获取高质量数据的前提是搞好统计设计，统计设计的中心内容是指标和指标体系的设计。

统计设计是依据统计研究目的和研究对象特点，对整个研究工作的各方面和各环节进行通盘考虑和统筹安排，制定出各种工作方案的活动。统计设计就是要对整个统计研究活动进行总体安排，形成一个工作总计划。所谓“各方面”，指统计研究对象的各个组成部分，比如研究企业的生产经营活动，则包括人、财、物和产、供、销等方面。所谓“各环节”，指研究工作具体进行的各阶段，包括数据的搜集、整理，数据的分析研究，数据的提供、保存和公布等。只有通过统计设计，才能统一统计标准，才能按需要与可能，分清主次，使整个研究工作有序地进行。

统计研究对象的数量方面，是通过指标和指标体系进行的。因此，指标和指标体系的设计成为统计设计的中心内容。

指标(统计指标或变量)是综合反映现象总体(或统计总体)数量特征的概念及其具体数值。在设计指标时，要具体确定指标名称、指标含义、指标计算方法；其后再经过对数据的搜集、整理、计算，最后得到一定时空条件下指标的具体数值。如 2019 年按当年价格计算的中国 GDP 为 994928 亿元，环比增长率为 6.4%。这里有两个指标，指标名称分别为“国内生产总值 GDP”和“GDP 的环比增长率”。

一个指标只能反映现象总体某一方面的特征或某一侧面的情况，要全面、系统、全方位地反映现象总体各个方面的数量特征，有赖于建立科学的指标体系。指标体系是由一系列相互联系、相互制约的指标所组成的整体。只有用指标体系，才能从各个方面的相互联系中反映现象总体的全貌。

指标体系设计的原则有：①目的性原则，即围绕统计研究目的设计指标体系，以满足分析实际问题的需要；②科学性原则，即设计指标体系要有科学的理论指导，并与实际问题相结合，不能凭空设想；③联系性原则，要从整体上全面考虑各个指标之间的联系，避免多个指标的随意组合；④统一性原则，即指标体系的设计既要考虑内部联系，又要考虑外部联系，外部联系主要指指标体系要兼顾计划、统计、会计和业务核算的统一性；⑤可比性原则，即指标体系要考虑各地区、各部门、各时期和国际间对比的要求，满足横向、纵向对比分析的需要；⑥数据可得性原则，即指标要能够得到相应的数据，不能只有指标名称或概念。

统计表不仅是展示数据的一种形式，而且是统计研究活动中的常用工具，指标体系中的各个指标，常常需要合理编排，放到统计表中，以便后续填写指标数值。所以统计表的设计也是统计设计的重要内容。能够用比较规范的统计表展示数据，是对统计学习者的起码要求。

第二节　案例正文与案例分析

案例一　GDP究竟是什么玩意

【案例正文】

中国媒体上"上镜率"最高的官方经济统计数字，几乎可以百分之百地首推GDP指标，虽然在严格意义上，讲统计术语不应该说百分之百，然而事实上可能的确如此。

无论是报纸、电视、电台还是网络，各种媒体向人们"灌输"的经济新闻中，GDP指标在其中是大放异彩的。中国总理的"施政演说"和美国总统的国情咨文都没离开GDP，宣扬政府政绩用到它，经济发展它是主要依据，勾勒人们生活前景它是一个香甜的"诱饵"，甚至是最大众化的"媒体"，百姓们也嘴不离GDP。某日在股票交易厅见一家庭妇女，也在用GDP上涨了几个点之说研判股市的未来之走势，并据此力劝股友们赶紧满仓，以免重蹈踏空之憾。

然而绝大多数国人并不能透彻地了解GDP到底是什么，对这个最常用、最重要的统计数字，我们的扫盲工作还很不到位。那么GDP到底是什么"玩意"，它有什么用呢？

从理论化的统计定义上看，GDP是一个国家在一定时期内国内经济活动最终产品的价值总量。这里的关键词是"最终产品"这四个字，它表明只有汽车、面包、服装等这些可以供最终使用的产品价值才被纳入GDP之中，而钢铁、粮食和棉花等只能被视为中间的消耗性产品，其价值最终能够在汽车、面包、服装这些产品中得到体现。因此为了避免产品价值量的重复计算，GDP抛弃了中间产品，投入了最终产品的"怀抱"。可以说，以国民经济最终成果作为GDP核算的客体对象，是GDP指标的最大特色，因此，GDP准确地反映了具有效率意义的国民经济最终成果。

对GDP概念中"国家"的理解，是按照"经济国土"的原则来确定的，并且考虑到作为国民经济活动主体的各机构单位在这个经济领土上是否具有经济利益中心，也就是说时间是否达到一定长度，是否有固定住所以及是否为独立法人等。它不是按照是否具有国籍这样一个国民原则来定义GDP的核算主体的。尽管某人或某机构不是某国的国民，但在该国具有经济利益中心，也将其所从事的国民经济行为的最终成果纳入GDP的核算之中。

按国土而不按国民的原则来界定GDP的计算，不能说和经济全球化、一体化的趋势无关。因为一个在加拿大出生，具有美国国籍，在日本有别墅的人，可能常在中国投资建厂，并且将成果在欧洲的某个国家销售，所以确定他(她)的国民身份远比确定其所在的国土难得多。同时从经济意义上考虑，该人对投资国国民的贡献要远远大于对其国籍所在国的贡献，例如对某国就业市场和供给关系平衡的贡献。

GDP 指标的特点也带来了指标的抽象性。某个国家某年 5000 亿美元的 GDP，并不能给人们更详细的信息，单凭这个 5000 亿美元，你并不能搞懂其中究竟是黄油面包多一些，还是飞机大炮多一些。而 GDP 中实物内容的比例又和一个国家的经济结构以及经济质量和生活水平有着密切的联系，因此可以通过更细的 GDP 分类指标来弥补总量指标的这一缺陷。

经济发展所带来的实物产品和服务产品的比例变化是巨大的，专家曾预言，在世界发达国家中将在不远的将来达到 2∶8 的比例，也就是说社会全部最终产品中，实物部分仅占 20%，而另外八成的份额则为服务产品。这种变化是社会进步的一个重要标志。所幸的是 GDP 指标在产生之初就可能具有“先见之明”，GDP 的“宣言”已经将服务类产品列入其中。目前 GDP 核算中存在的问题是，如何进一步完善非实物性服务产品最终价值量的核算方法。因为和实物产品相比，服务产品具有无形性、广泛性、生产和使用的同时性等种种特征，使得对其最终价值量的核算难度远远大于对实物产品的核算。

不仅从价值创造方面，而且可以从收入分配和最终产品使用方面来界定 GDP。GDP 的收入分配是由劳动者报酬、生产税净额、固定资产折旧和营业盈余几个部分所构成的。而从最终使用角度观察，则涵盖了消费使用、投资所用和出口占用三个方面。由于在消费和投资中均有可能包含对国外进口品的使用，为了避免国际间的重复计算，也为简化核算过程，统一将出口额和进口额进行相减冲抵，称之为净出口。

实际上 GDP 也并没有将所有的国民经济活动中的最终成果都纳入“视线”范围。较重要的份额是非市场化自给自足经济和非正规的地下经济部分。对于广大发展中国家而言，类似家庭自我服务和自产自用农产品等都有一定规模。然而家长无论多么费时费力为自己的子女辅导课业，其价值也不会反映在 GDP 中，而家庭教师从理论上说，其劳动应被记入 GDP，特别是在中国大城市家教占有一定份额的情况下。也有人曾经戏称，在外面就餐的食品消费行为是对国民经济做出了贡献，原因在于外出就餐哪怕是吃“窝头咸菜”，其价值也被计入 GDP，而家中消费即便是山珍海味也对餐饮业 GDP 没有任何贡献。曾任美国经济学会主席的美国著名经济学教授曾以“保守”的估计评论道，如将家庭中未计算报酬的劳动服务价值计入 GDP 的话，将使美国的 GDP 总值增长 1/3，绝对数将达到几万亿美元之巨，甚至超过了中国的 GDP 总量。美国尚且如此，何况中国。

对于非注册非正规经济的漏算也是日益受到统计和经济专家关注的一个问题。试想现阶段中国城市居民在街头路边未经官方注册的摊贩手中购买的物品，可能会占到您的消费总支出中不小的份额吧，特别是其中的食品消费。然而这些也都未在商业 GDP 中得到反映。对此西欧某欧盟成员国倒是有一重大“发明”，为了达到进入欧元参与国的条件，该国将非正规经济创造的价值按 GDP 总量的一定比例，每年自动记入该国的 GDP。

（案例来源：孙宪华：《统计视线中的社会和经济》，中国统计出版社 2001 年版。）

【案例分析】

GDP(Gross Domestic Product)即国内生产总值，它是世界各国用于反映经济发展规模的重要指标，诺贝尔经济学奖得主萨缪尔森称之为 20 世纪最伟大的发明。这个经济生活中经常用到的统计指标，许多人并不真正清楚它的具体内涵，对它并没有多少具体概念。案例《GDP 究竟是什么玩意》一文对 GDP 作了一番生动风趣的解说。

一、GDP 指标的六要素

作为一个重要的统计指标，GDP 具备了统计指标的六个要素，即指标名称、指标的定义、指标的计算方法、指标的时间限制、指标的空间限制和具体数值。

现实经济生活中需要有一个综合指标，来衡量一个国家或地区的生产总量，全面反映全社会经济活动的总规模，并据此评价一个国家或地区的经济实力。显然这个“生产总量”不应该是实物总量，而应该是价值总量。因为千差万别的产品实物量没有办法加总，只有价值量才能直接加总。该价值总量还得按“国土原则”而非“国民原则”进行核算，故该指标名称为“国内生产总值”而非“国民生产总值”。

国内生产总值(GDP)的规范定义是：一个国家或地区的所有常驻单位在一定时期内生产和提供的最终产品和服务的总价值。“常驻单位”是指在一国政府控制或拥有的地理领土内，具有一定场所(如住房、厂房或其他建筑物)，从事一定规模经济活动，并超过一定时期(一般以一年为操作准则)的单位。该定义确定了 GDP 统计的内容口径。显然，GDP 既包括有形的实物产品的价值量，也包括无形的服务产品的价值量。不仅大米、服装、家用电器、汽车、房屋住宅等实物产品的价值记入了 GDP，而且医生看病、教师讲课、美容理发、导游、快递、物业管理、放电影开音乐会等所创造的服务产品的价值也记入了 GDP。

GDP 有产品、价值、收入三种表现形态。从产品形态看，它是最终使用的货物与服务；从价值形态看，它是所有常驻单位在一定时期内生产的全部货物和服务价值扣除同期投入的全部非固定资产货物和服务价值后的余额；从收入形态看，它是所有常驻单位在一定时期内创造并分配给常驻单位和非常驻单位的初次分配收入之和。

与三种表现形态相对应，GDP 有三种计算方法：生产法、收入法、支出法。它们从不同的角度反映国内生产总值及其构成。

1. 生产法(部门法或增加值法)

它是从生产角度来计算国内生产总值，计算公式为：

$$GDP = 总产出 - 中间投入 = 国民经济各部门的增加值之和$$

式中，总产出指一个国家或地区的常驻单位在一定时期内进行生产活动的总成果(总产值)，中间投入是指在相应生产活动中所消耗的非固定资产货物价值，也称中间消耗(包括中间物质消耗和中间劳务消耗)。GDP 在具体统计中是分部门统计的，因为工业、农业、建筑业及服务业等国民经济各部门各有其特点，在计算部门增加值时的具体方法也有所不同。汇总各个部门的增加值即得一国(或地区)的国内生产总值(或地区生产总值)。

2. 收入法(分配法或成本法)

收入法是从收入或分配的角度来计算国内生产总值。首先，各部门根据生产要素在初次分配中应得到的收入份额来计算增加值，然后再汇总各个部门增加值得到国内生产总值。计算公式为：

GDP＝劳动者报酬+生产税净额+固定资产折旧+营业盈余

上式中，劳动者报酬是指企业等对从事生产经营活动的职工及其他从业人员，以现金和实物形式支付的工资、福利费和社会保险费；生产税净额是指企业在生产和销售产品中应向政府缴纳的税金(利前税)减去生产补贴后的余额；固定资产折旧是为了补偿生产经营中损耗的固定资产而按比例提取的折旧费；营业盈余为总产出中扣除中间消耗、劳动者报酬、生产税净额、固定资产折旧后的盈余部分，是营业利润及其他盈余。

3. 支出法(使用法)

这种方法是从最终使用的角度计算国内生产总值。一定时期内的国内生产总值在本期内的最终使用具体包括总消费、总投资和净出口三个部分，其计算公式为：

GDP＝总消费+总投资+净出口

式中，总消费分为居民消费和社会消费，包括用于最终消费的物质产品和服务的价值；总投资是指一定时期内固定资产投资和库存增加价值的总和；净出口为物质产品和服务出口的价值减去进口价值所得的差额。

用以上三种方法计算的国内生产总值，从理论上讲应当相等，即“三面等值”，但是，由于统计资料来源不同，实际上三种结果往往存在差异，这种差异属于统计误差。

表 2-1　2019 年中国国内生产总值构成表(支出法)

项目名称	金额(亿元)
最终消费(总消费)	551495
固定资产形成	422019
存货变动	6609
货物和服务出口	185210
货物和服务进口	170405
合计	994928

数据来源：国家统计局：《中国统计年鉴——2020》，中国统计出版社 2020 年版。

2019 年中国国内生产总值为 994928 亿元(按当年价格计算)，按支出法计算如下：

国内生产总值 GDP＝总消费+总投资+净出口

＝551495＋(422019+6609))+(185210−170405)

＝994928(亿元)

二、GDP 指标的产生与发展

1934 年，美国经济学家 C. 沃伯顿首次提出了 GDP 的概念，并对这一指标进行了估算。同一年，另一位美国经济学家 S. 库兹涅茨对 GDP 的概念、定义和计算方法进行了规范。由于他对 GDP 的理论与实践做出了突出的贡献，被后人誉为“GDP 之父”，并获得了 1971 年度的诺贝尔经济学奖。1947 年，美国政府的“美国国民收入核算体系”诞生，系统地反映了 20 世纪 30 年代以来经济学家们所提出的关于 GDP 统计的思想和方法。这是第一个由官方编制的从生产、分配、使用等方面系统反映 GDP 核算成果的统计资料。1953 年联合国推出国民经济核算体系(SNA)，GDP 是 SNA 中的核心指标。在联合国等国际组织的倡导和推动下，GDP 及以其为核心的国民经济核算体系逐渐在世界各国推行。

我国从 1985 年开始建立 GDP 核算制度，经过 30 多年的应用，GDP 这一反映国民经济总体的宏观指标，逐渐被各级政府和经济界所认可，成为宏观调控、分析经济发展状况、计算经济增长率、比较国际竞争力的首选指标。我国的 GDP 核算一直采用国家与地区分级核算的方式，因而有“中国的 GDP”“湖北省的 GDP”“上海市的 GDP”等之说，省市 GDP 称为地区生产总值。

在本案例中还提到 GDP 的漏算问题。在实际统计中，由于统计调查和资料搜集的困难，也由于统计制度、方法的缺陷，有时还由于经济理论和指导思想的局限性，一些实际经济生活中发生的经济活动并没有作为国民经济的生产予以核算。可以说 GDP 并非十全十美，它也有许多缺陷与不足之处。各国政府、经济学家、统计学家们也在不断探索完善和发展 GDP 的思路、对策和方案，“绿色 GDP”就是在这种背景下提出来的。

什么是“绿色 GDP”？我们知道，在人类社会工业化的进程中，许多国家都曾犯过经济发展战略中片面追求生产的增长和 GDP 数量扩张的错误，导致自然资源被过度消耗，环境质量恶化，危及人类健康，降低社会福利水平。在国民经济核算中，为了研究经济与环境的关系，正确评价经济增长的质与量，确保经济与环境协调发展，1993 年发布的 SNA 核算体系中，新增了一个附属的环境经济核算子体系，其中的一个核心指标是“经过环境调整的国内生产净值”(Environmentally Adjusted Domestic Product，EDP)，俗称“绿色 GDP”。

EDP 的核算思路是：自然环境是人类赖以生存的条件，人类可以利用它、破坏它，也可以保护它、提高它。自然环境又是一种资产，它是自然界中业已存在的天然财富，而不是人类劳动的产物。自然环境和作为人类劳动结晶的国民财产一样，都参与了社会再生产过程，因此，必须将对环境的消耗成本视同对固定资产的消耗一样，从国内生产净值中予以扣除。

设 Ce 表示国民经济生产中对环境资源的消耗成本，Cf 表示固定资产折旧，国内生产净值表示为 NDP(Net Domestic Product)，则有：

$$EDP = GDP - Cf - Ce = NDP - Ce$$

三、GDP 总量用现价计算，增长速度用不变价计算

为了反映指标的变动情况，在不同的经济研究目的下应该采用不同的价格标准，统计上常用现价和不变价予以区分。现价是指当年的实际价格，用以反映当年的总量规模。按现价计算的指标，在不同年份之间的变动包含价格变动和物量变动两个因素，必须消除价

格变动因素后才能真实反映经济发展动态。扣除价格变动因素后的价格称为不变价格，简称不变价。不变价是以某年份现价作为基期扣除价格变动因素，多用于计算与某指定年份相比的增长速度，如以 2010 年为基期的不变价格。按同一不变价格计算的增长速度可以直接进行动态对比分析。

以 GDP 为例，每年公布的 GDP 总量是现价总量，为了真实反映 GDP 增长情况，GDP 增速为不变价可比增速，扣除了价格因素的变动。GDP 不变价计算目前是以 5 年为一个周期。如 2001—2005 年的不变价编制以 2000 年为基期，2006—2010 年的不变价编制以 2005 年为基期，2011—2015 年的不变价编制以 2010 年为基期，2016—2020 年的不变价编制以 2015 年为基期，2021—2025 年的不变价编制以 2020 年为基期。例如，某地 2011 年和 2012 年，GDP 分别为 2918 亿元和 3327 亿元，如果按照 2010 年的不变价格计算分别为 1511 亿元和 1680 亿元；按照当年价格计算，2012 年的 GDP 增速为 14%，剔除价格因素后，可比增速为 11.2%。

四、地方 GDP 之和及增速为什么高于全国

曾有媒体报道称，根据全国各省(区、市)公布的 GDP 数字，31 个省(区、市)2012 年的 GDP 总和约为 57.65 万亿元，而国家统计局发布的 2012 年全国 GDP 为 51.93 万亿元。地区数据之和超出全国数据 5 万多亿元。此外，绝大部分省份 2012 年 GDP 增速都超过了全国 7.8%的水平。为什么会出现地方 GDP 之和及增速高于全国数据的现象?

我国的 GDP 核算采用分级核算，全国 GDP 由国家统计局负责核算，地区 GDP 由各省(区、市)统计局负责核算。地区核算数汇总与国家核算数据存在差额，主要是由以下几个方面原因造成的：一是技术层面无法消除重复计算，这是由于企业跨地区经营无法确切分割产值而导致的。二是无法利用平衡关系矫正数据。按照国民经济核算原理，总供给与总需求应该是一致的，国家核算可以借助 GDP 支出核算来验证和矫正 GDP 生产核算结果，但到地区层面，核算情况就变得非常复杂。货物和服务在地区之间的交流非常频繁，很难准确核算出支出总量。三是统计制度还有不完善的地方，尤其是当时还未建立统一的服务业统计调查制度，不少地方只能依靠估算服务业产出和增加值，而在实际核算时又难以制定地区与国家统一的估算标准。四是存在一些地方政府对统计数据的干扰，有些地区为了追求政绩，虚报数据。

实际上，地区和国家核算结果不相等，并不是中国所特有的现象，所有开展地区核算的国家都会遇到类似的问题，有些国家的处理方法是人为修整核算结果。我国 GDP 核算起步较晚，基础尚不完备，执行分级核算制度则难以避免地区和国家之间存在核算差额，只要该差额控制在合理误差的范围内，就应该认为核算结果是合理的。

为了缩小地区和国家的核算差距，国家统计局采取了一系列的改革措施：第一，采取抽样调查、超级汇总(由基层单位将统计数据直报国家统计局)等方法提高基础数据质量。第二，统一规范地区 GDP 的核算方法，建立地区季度 GDP 联审制度，地区 GDP 数据未经国家统计局审核不得对外公布和使用。第三，国家统计局利用相关数据平衡关系，如农业增加值与农产品产量之间的关系，工业增加值主要产品产量增长之间的关系，固定资产投资、社会消费品零售总额与 GDP 的关系等。此外还对地区 GDP 进行审核、评估和调整。

案例二　如何正确考评地方政府的政绩

【案例正文】

一、地方政府政绩考评的目的与内容

(一)地方政府政绩考评的目的

地方政府政绩考核的目的不是为了排名次，不是为了打分，不是要给舆论说三道四。对地方政府进行政绩考核的目的只有一个，就是怎样科学评价地方政府的执政能力以及怎样改善政府的作用，切实提高为人民服务水平。因此地方政府政绩考核应当具有以下三个方面的功能，也就是地方政绩考核的三重目的。

第一，信息传递功能。指标体系能够准确、全面地传递政绩信息。通过这些指标人们能够判断出政绩的优与劣。

第二，正确激励功能。指标体系应能引导和激励地方政府创造质量卓越的政绩，追求卓越、追求实效、追求实干、追求创新。

第三，监督功能。政绩指标在正确引导和激励之外，还应能监督地方政府自觉地恪尽职责和求实创新，使地方政府的政绩考核进入良性循环。

(二)地方政府政绩考核的内容

地方政府政绩考核主要考察地方政府在特定时期内的执政能力。根据地方政府的基本职能(经济调节、市场监管、社会管理和公共服务)、时代职能(注重可持续、和谐发展)以及其根本职能(从人民最根本的利益出发)，再结合国家的方针政策、发展目标(实现全面小康和现代化社会)，笔者认为地方政绩考核应把握好三个基本点：一是以经济建设为中心。科学发展观是用来指导发展的，不能离开发展这个主题，任何情况下都要抓住经济建设这个中心不放。政绩考核仍然要把经济发展放在第一位，但要求可持续发展，经济发展要能够促进国民财富的增加。二是以人为本。发展就是要以实现人的全面发展为目标，从人民群众的根本利益出发谋发展、促发展，不断满足人民群众日益增长的物质文化需要，切实保障人民群众的经济、政治和文化权益，让发展的成果惠及全体人民。因此，政绩的考核就是要有促进人的全面发展、提高人民生活水平和生存质量、体现社会公平和正义的指标。三是落实“五个统筹”的要求。在整个指标体系的设置上，既看经济建设成果，又看社会进步；既看城市变化，又看农村变化；既看硬环境的加强，又看软环境的改善；既看当前的发展，又看发展的可持续性；既看经济增长的总量，又看人民群众得到的实惠；既看经济社会发展的成果，又看发展的可持续性和和谐程度。

结合地方政府的基本职能与社会发展目标，笔者认为对地方政府的政绩考核应包括经济发展水平、社会和谐发展水平、资源环境利用水平及人民满意度等四大内容，把定量与定性指标有效地结合在一起进行考评。

二、地方政府政绩考评指标体系的设计

……

社会保障水平用养老保险参保率与医疗保险参保率的几何平均数反映。城乡差异水平利用城乡人均收入差异反映。失业率用城镇登记失业率反映。平安社会指数用每万人治安案件查处数反映。工业废水及废气的综合利用难以统计，暂不作计算。人民满意度的调查目前在许多地方都已开展，在此对该部分内容不进行探讨。调整后的评价指标体系如下表所示(略)。

（案例来源：节选自隗斌贤、范丽娟、季宏：《如何考评地方政府的政绩》，《统计与决策》2006 年 8 月下半月，第 39~41 页。）

【案例分析】

为了反映研究对象的全貌，应从多角度设置统计指标，建立统计指标体系。统计指标体系设计是有原则要求的。本案例中，考评地方政府政绩的统计指标体系，就突出地体现了目的性、联系性和数据可得性这三个设计原则。目的性原则就是要围绕统计研究目的设计指标体系，以满足分析实际问题的需要；联系性原则，即要从整体上全面考虑各个指标之间的联系，避免多个指标的随意组合；数据可得性原则，即各个指标要能够得到具体数据，没有具体数据的指标不用列入指标体系，或者用有具体数据的相近的指标替代。

新考评体系的提出首先考虑到了旧考评体系的缺陷。我国原有的一套地方政府政绩考核指标体系，是以 GDP 为核心指标建立起来的，其片面追求经济增长的倾向与当前强调经济、社会与环境和谐共生的主旋律越来越不相符。虽然 GDP 是十分重要的指标，人均 GDP 是衡量一个国家或地区经济发展实力的重要标志，但是单纯追求 GDP，一切为了 GDP，把 GDP 的增长作为唯一目标，那也是不可取的。另外，经济发展与社会发展是互为前提、互相促进的，经济发展的成果迟早要在社会发展中体现出来，自然环境的破坏或改善也会直接降低或提高人类的福利水平。从 GDP 的计算看，GDP 作为一个指标，不能很好地体现可持续发展：GDP 不能衡量社会成本(尤其是环境成本)，GDP 不能衡量增长方式，GDP 也不能衡量效益和效率，GDP 不能反映社会分配不公，等等。GDP 只是一个反映国家经济货物和服务产出总水平的一个统计指标，而社会和经济发展则是具有丰富内涵的多维度、多层次的概念，不能指望一个统计指标说明全部问题。因此，在现实生活中以 GDP 为核心的考评体系导致的种种弊端明显地表现出来：有些地方政府把“发展是硬道理”理解为“GDP 的增长是硬道理”“经济增长是硬道理”；地方政府为追求短期经济发展速度，违背经济规律，纷纷滥设开发区，严重占用耕地，背负巨额债务；盲目上项目、办企业、搞投资，造成大量低水平重复建设；有些地方不惜以浪费资源、破坏环境为代价来发展经济，造成经济腾飞，环保欠债。

如何正确考评地方政府政绩，第一步要明确考评的目的。正如案例中所说，对地方政府政绩进行考核的根本目的只有一个，那就是要科学地评价地方政府的执政能力，提高政府执政水平，更好地为人民服务。这个根本目的可以具体细化为三个方面：一是信息传递作用，即考评体系能够准确全面地传递政绩信息，并能据此判断政绩的优与劣；二是正确的激励作用，指标体系应能引导和激励地方政府创造质量卓越的政绩；三是有效的监督作用，监督地方政府自觉地恪尽职责和求实创新。

按照考评目的，再结合实际情况，确定考评的具体内容。这个实际情况包括我国地方政府的基本职能(经济调节、市场监管、社会管理和公共服务)、时代职能(注重可持续、和谐发展)和根本职能(从人民最根本的利益出发)。这个实际情况也考虑到当前我国的社会发展目标，即以经济建设为中心，实现人的全面发展，落实“五个统筹”。由此归纳出地方政府政绩考核体系中应该包括的四大内容：经济发展水平、社会和谐发展水平、资源环境利用水平和人民满意度。

依据考评体系的四大内容，构建了考评指标体系中的三大类综合指标：经济发展指数、人文发展指数和绿色发展指数。在每个大类指数下设置若干中类指标，各个中类指标中又设置若干小类指标，各小类指标中再设若干具体指标，这样就形成了一个层次分明、层层细化、相互关联、结构完整的统计指标体系，可以用于对地方政府政绩进行全面、综合的考核。

案例三　我国失业统计指标体系的构建

【案例正文】

一、我国失业统计中存在的问题

劳动力失业率是判断宏观市场经济运行状况三大指标之一，各市场经济国家都十分重视这项统计工作。我国在向社会主义市场经济新体制过渡的同时也在积极进行有关失业统计的改革并取得了一定的成绩，但是由于种种原因，失业统计的理论、制度、方法以及实际操作等方面都还存在着一些有待解决的问题。

(一)我国失业统计概念与国外存在较大差异，不利于国际间的比较

近年来，我国公布的失业率在3%左右，按目前市场经济国家通用的失业率等级标准属于充分就业的国家。然而我们在极低的失业率下感受到的却是失业的沉重和就业的压力，导致这个问题的主要原因是我国与西方国家在失业统计概念与指标的定义等方面存在着诸多差异。全面分析这些差异，改进我国的失业统计，对政府及相关部门研究和制定劳动就业政策有重要意义。为了便于比较，特将主要发达国家以及我国的失业、失业率的定义列表如下(表略)。

从上表的比较中不难发现，按我国的失业定义计算出的失业率要比按发达国家的标准计算出的失业率低，同时也不能真实地反映我国失业的情况，即低估了失业的真实水平。因为我国和国外在失业统计概念上主要存在以下几个方面的差异。

1. 就业与失业界定不清，即统计标准不同

与国际标准的失业统计定义相比，我国的劳动统计中，对一个人在一定时期内从事劳动的时间标准缺乏明确的界定，一个人是否失业并不是以“劳动事实”为依据，而是以“是否登记”作为标准，很显然，其结果必然导致失业统计数据的失真。因为，按“是否登记”作为失业标准，就排斥了以下几种情况：(1)未申报失业而实际无工作的失业人员；(2)有的人虽然在就业服务机构进行了求职登记，但在失业期间仍从事一些零星工作，如做临时工、无证摊贩等，这些“失业人员”其实并非真正失业。

2. 年龄界限不同，我国失业统计年龄限定过窄，与实际有偏差

国际标准对失业人员一般只规定年龄下限，凡有意寻求工作，即使返休后曾经工作，并继续寻找工作者都算失业者。可见，国际标准上的失业人员包括那些已达到或超过退休年龄但符合失业定义的人。而我国对城镇失业人员统计的年龄是男 16~50 岁，女 16~45 岁，对失业者年龄的上下限都作了明确的规定。但就我国目前实际来看，超过了退休年龄的人员中不乏劳动能力并有就业意愿且正在积极寻找工作的人员。因此将他们排除在失业人口之外，与实际有偏差，显然不够合理。

……

为了更全面地反映失业的实际情况，失业统计指标体系中还可包括诸如平均失业时间、失业人员构成、失业人员性别比率、长期失业人员比重等指标作为辅助性指标。

（案例来源：节选自刘娜：《我国失业统计的标准界定与指标体系构建》，《统计与决策》2004 年 7 月，第 64~66 页。）

【案例分析】

在本案例中，我国失业统计指标体系的构建，可以让我们仔细体会统计指标体系设计的科学性原则和可比性原则。科学性原则要求设计指标体系要有正确的理论指导，并与实际问题紧密结合；可比性原则要求统计指标体系能满足对比分析的需要。

随着我国市场经济的迅速发展，我国原有的失业统计既不能全面反映我国失业的实际情况，也不利于国际之间的对照比较。案例中详细列举了我国失业统计中存在的主要问题。例如，我国失业统计概念与国外存在较大差异，不利于国际间的比较，这首先表现在失业统计标准不同，在我国劳动统计中，一个人是否失业并不是以“劳动事实”为依据，而是以“是否登记”为标准；第二表现为我国失业人员只包括登记机构所在地区具有城镇户口的人员，没有计算农村失业人口，而事实上，我国当时农村失业人口远远高于城镇失业人口；第三表现为国际标准的失业年龄界限较宽，我国失业年龄的界限较窄。再比如说，我国现行的失业统计指标（如城镇登记失业率）只反映了显性失业，没有反映隐性失业，而且大量的隐性就业现象也被失业统计所忽略。这就直接导致按我国现行失业标准统计的失业率严重偏低，极低的失业率和沉重的就业压力之间形成巨大的反差，让老百姓不能不对官方公布的失业率数字产生怀疑。

总之，我国的失业统计在失业标准、失业的内容口径等方面存在着许多与社会经济发展实际情况不相适应的问题，难以真实反映我国劳动力的利用状况，因此，参照国际标准，并结合我国具体情况，对失业统计进行改革和完善也就在情理之中了。应重新确定失业人员的统计定义，以“劳动事实”取代“是否登记”作为我国失业统计的标准，明确失业统计的依据，不规定失业人员的年龄上限，拓宽失业统计口径，将农村剩余劳动力纳入失业统计范围，等等。

基于以上分析，重新构建我国失业统计指标体系意义重大。案例中，失业统计指标体系由两个部分组成，即反映失业现状的绝对数指标体系和反映失业水平的相对数指标

体系。

案例四　设计一个规范的统计表

【案例正文】

某天，某商场新来的一位员工，送给销售经理一张统计表，经理过目后，对新来的员工说："这张表要返工，拿一个规范的表来。"下面就是这张表。

表 2-2　2019 年某商场大件电器销售统计表

商品名称	销售量		销售额		2019 年销售额所占比重
	2018 年	2019 年	2018 年	2019 年	
(1)	(2)	(3)	(4)	(5)	(6)
合计			271.2 万元	296.2 万元	100%
1. 洗衣机	250 台	300 台	25 万元	27.3 万元	9.22%
2. 冰　箱	400 台	450 台	80.5 万元	81 万元	27.35%
3. 空　调	380 台	390 台	87.4 万元	93.6 万元	31.60%
4. 彩　电	180 台	200 台	32.4 万元	42.5 万元	14.35%
5. 数码相机	150 个	170 个	45.9 万元	51.8 万元	17.48%

（案例来源：作者编创。）

【案例分析】

显然案例中的这张统计表是不规范的，编表的员工没有掌握设计统计表的基本技能。

统计表是统计活动中用于展示统计资料(统计数据)的常用工具。虽然从外观上看它是由纵横交叉的线条绘制而成的表格，很简单，似乎没有过多的讲究，但是要使统计表清晰、醒目、一目了然地展示统计资料，达到表内主次分明、井然有序，表的外观形式简洁、美观的目的，则需要讲究如何科学、合理地进行设计。统计表是一项体现一定统计技能的表格。

在设计统计表之前，首先必须了解统计表的基本结构。从形式上看，统计表是由纵横交叉的直线绘制的表格，表外上方有总标题，表中左方是横行标题，表中右上方是纵栏标题，表中右下方是统计数据。因此，统计表一般由四个部分组成。

(1)总标题。它是表的名称，表明表中统计数据的基本内容，一般放在表外的正上方。

(2)横行标题。它是表中各行数据内容的名称，编排在表中的左方。统计表的主词一般放在横行标题的位置。表的主词(主栏)也就是统计表要说明的对象，具体表现为对象总体或总体的各个组成部分，或总体中的各个单位。

(3)纵栏标题。它是说明各纵栏数据内容的名称，编排在表中的右上方。统计表的宾词一般放在纵栏标题的位置。表的宾词(宾栏)是说明总体特征的指标名称或说明总体单位特征的名称。

(4)数据资料。它是各横行和纵栏交叉处各单元格的数字，即数据，一般放在表中的右下方。

为了使统计表科学、实用、简明、美观，应注意以下具体要求。

(1)统计表的外观一般为长方形而非正方形，既不要太细长，也不要太粗短。表的左右两端习惯上均不划线，采用开口式，形成开放性的表格，开放性的表格让人感觉敞亮。

(2)表的总标题要简明扼要，能说明表中数据的基本内容、数据所属的时间和空间。

(3)表内各横行标题之间、纵栏标题之间的排列顺序，应按时间先后、数量大小、空间位置等自然顺序合理编排，一般按从小到大、从过去到现在、从低到高的顺序排列。依据分析的需要，横行标题和纵栏标题可以互换位置。

(4)表中的横行“合计”一般列在最后一行(或最前一行)，表中的纵栏“合计”一般列在最后一栏(或最前一栏)。

(5)表内的数据要如实填写，如有相同的数据，应全部重写一遍，不能用“同左”“同右”“同上”“同下”等字样表示。表内各栏数字的位数要对整齐，同类数字要保持统一的小数位数。手动制表时，如统一规定整数后面保留一位小数时，即使小数点后面是零，也应当填上“0”，以表示没有小数(但在电子表格中不会显示小数点后面的0)。没有数字的空格，表示数据不详或无数据，也可填写短横线“—”，以免被人误为漏填；如果有数字但数字很小，达不到规定的计量单位，可用虚线“……”填满，以表示数字太小。数字单元格不能出现文字，不能出现百分号“%”，不能出现计量单位。

(6)编排数字的计量单位也有讲究。如果全表的计量单位相同，如都用“万元”为单位，则应在表外的右上角注明“单位：万元”；如果表中同行的计量单位相同而不同行的计量单位不尽相同，则在各纵栏的左边增加一个计量单位栏，用于表示各行的计量单位；如果表中同栏数字的计量单位相同而不同栏的计量单位不尽相同，则应在各栏标题中注明计量单位，并用小括号括起来，放在纵栏标题的右边或下方；%号也与纵栏的计量单位一样处理。

(7)表中纵栏较多时，为便于阅读和核对数据之间的关系，可以对各栏从左到右编栏号。习惯上非填写数字的各栏分别用(甲)、(乙)、(丙)、(丁)……的顺序编号；而对填写指标数字的各栏分别用(1)、(2)、(3)……的顺序编号。各栏之间如果有计算关系，可以用数字符号表示，如(3)=(1)/(2)，表示第三栏的结果等于第一栏除以第二栏。

(8)如果有相关资料的注解说明，应在表外下方注明，习惯上称之为设计表脚。而表的总标题的设计称之为设计表头，表格及表内内容的设计称之为设计表体。

针对案例中的表2-2，可以看出有如下几处不规范：

(1)总标题中的时间与表内时间不一致。应为“2018—2019年”。

(2)表格两端有划线，成了“闭口”表格，手动制表时最好将表的两端划线拿掉，绘成

"开口"表格。

(3)表内数字填写不规范。首先计量单位和百分号"%"不应放在数字格内；第二，销售额没有保持统一的小数位；第三，销售量的合计没有填写，留有空白，应填上短横线"—"，表示没法合计。

(4)栏号编排有错误，数字栏只有5栏，没有6栏。

(5)"合计"一行最好放在最下一行。

下面就是改正以后绘制的比较规范的一张表，应该让销售经理满意了吧。

表2-3 2018—2019年某商场大件电器销售统计表

商品名称	计量单位	销售量		销售额(万元)		2019年销售额所占比重(%)
		2018年	2019年	2018年	2019年	
(甲)	(乙)	(1)	(2)	(3)	(4)	(5)
1. 洗衣机	台	250	300	25.0	27.3	9.22
2. 冰　箱	台	400	450	80.5	81.0	27.35
3. 空　调	台	380	390	87.4	93.6	31.60
4. 彩　电	台	180	200	32.4	42.5	14.35
5. 数码相机	个	150	170	45.9	51.8	17.48
合计	—	—	—	271.2	296.2	100.00

第三节 本章小结

统计设计是统计研究活动的第一环节，它是依据统计研究目的和研究对象特点，对整个统计活动的通盘考虑和统筹安排。统计研究需要数据，需要一系列的数据，有时甚至是大量的数据，而这些数据资料又要通过一定的形式展示出来，以便于阅读与分析。本章主要围绕统计设计的三个重点内容进行案例选择与案例分析，即指标与指标体系的设计、统计表的设计。通过分析，强调如下要点：

(1)设计指标涉及三个要素：指标名称、指标定义(指标的内容口径)和计算方法。设计以后，再经过对研究对象资料的搜集和整理，得到一定时间、地点条件下的具体指标数值。因此，一个完整的统计指标包含六个要素，即指标名称、指标定义、计算方法、时间、空间和具体数值。一般将此六个要素归结为两个组成部分：指标名称和指标数值。

(2)指标体系不是多个指标的简单拼凑，设计指标体系要遵循目的性原则、科学性原则、联系性原则、可比性原则、统一性原则和数据可得性原则。

(3)设计统计表的基本要求是科学、实用、简明、美观。具体设计时应对总标题、横行标题、纵栏标题、数字资料和计量单位等进行合理编排。只有掌握了统计表设计的技术要点，才能设计出符合规范的统计表。

【拓展阅读】

文化创意产业评价统计指标体系的构建

一、引言

近年来，有不少中外学者致力于文化创意产业评估统计指标体系的研究。迄今为止，以卡内基·梅隆大学研究区域经济发展的专家查理·佛罗里达在2004年与人合作完成的《创意时代的欧洲》报告中所采用的“欧洲创意指数”最为典型。“欧洲创意指数”主要由三方面指标构成：“欧洲人才指数”“欧洲技术指数”“欧洲包容性指数”。

香港创意指数也较受关注。香港创意指数主要是参考国际通行的城市竞争力指数和欧洲创意指数，并结合香港地区教育、科技等多方面实际情况提出来的，包括创意成果、制度资本、人力资本、社会资本、文化资本等5个方面的指数。在内地，上海率先制定了城市创意指标体系，这也是国内首个城市创意指数。2007年北京市也建立了自己的文化创意产业评估指标体系。总之，虽然国内还有较多的城市和地区建立了本区域内的文化创意产业指标体系，可以说是百花齐放，各具特色，但是国家层面的文化创意产业评估统计指标体系尚属空白。

由于我国文化创意产业起步不久，无论在理论方法上，还是统计实践中，对文化创意产业还没有建立权威的统计指标体系，以致对文化创意产业现状无法进行客观准确的把握，更无法对其未来发展趋势做出科学预测，从而影响了政府的科学决策和对产业发展的支撑力度。因此，尽快建立全国统一的文化创意产业评价统计指标体系，针对文化创意产业的发展情况，进行统计调查和统计分析，全面把握文化创意产业在我国的发展现状和发展态势，是目前迫切需要解决的问题。因此，研究我国文化创意产业评价统计指标体系，不仅具有理论意义，而且也是促进我国文化创意产业发展、进行科学管理与决策的现实需要。

二、我国文化创意产业评价统计指标体系的构建

1. 文化创意产业的内涵、范畴、特征

文化创意产业是我国近年来迅速崛起的一个知识密集型的新兴产业，北京、上海、深圳等地区的文化创意产业已经具备了一定规模，其他地区的文化创意产业也蓬勃发展，文化创意产业园方兴未艾。虽然到目前为止，关于文化创意产业的真正内涵，学术界还有不少争论，但在一般研究中，相当多的学者还是比较认同和接受以下两种定义：一个是英国对创意产业的定义，即认为文化创意产业是指依靠创意人的智慧、技能和天赋，借助于高科技，对文化资源进行创造与提升，通过知识产权的开发和运用，产生出高附加值产品，具有创造财富和就业潜力的产业。另一个是北京市统计局在《北京市文化创意产业分类标准》中把文化创意产业定义为：以创作、创造、创新为根本手段，以文化内容和创意成果为核心价值，以知识产权实现或消费为交易特征，为社会公众提供文化体验的具有内在联系的行业集群。本文倾向于后者。

很显然，文化创意产业应该是三个方面结合起来的一个全新的产业。第一，它必须要有深厚的文化底蕴做基础，带有鲜明的文化色彩；第二，它必须要有密集的创意，有很好的创新思维，对文化资源进行深度开发，生成创新成果；第三，就是产业，即好的创意能够与现有的各个产业整合在一起，通过创新创造经济效益和社会效益。

关于文化创意产业的范畴，已有不少研究成果。联合国教科文组织认为，文化创意产业包含文化产品、文化服务与智能产权三项内容。在我国，比较有代表性的是北京市统计局、国家统计局北京调查总队联合制定并于2006年12月对外公布的《北京市文化创意产业分类标准》所划分的标准。《北京市文化创意产业分类标准》依据国民经济行业分类，并根据文化创意活动的特点，对相关类别进行了重新组合。该标准将国民经济行业分类中的82个行业小类和6个行业中类纳入北京市文化创意产业范围，将文化创意产业分为：文化艺术，新闻出版，广播、电视、电影，软件、网络及计算机服务，广告会展，艺术品交易，设计服务，旅游、休闲娱乐，其他辅助服务共9个大类。北京市文化创意产业在范围上涵盖了设计研究、生产制造和传播销售等各个环节的相关行业，包含了上下游产业链的全过程，在范围上跨越了二、三产业的传统分类。本文比较认同北京市对文化创意产业范畴的界定。

文化创意产业具有知识密集、高附加值、高融合性、可持续发展的显著特征。其一，文化创意产业的核心是文化知识和创意，其推崇的是创新和个人创造力。创意产业的主体属于智力型的劳动者，他们主要依靠发挥自己的创造力、思想、才华、技能去开发设计创意产品，毫无疑问文化创意产业是知识密集型产业。其二，创意产品是新思想、新技术的物化形式，其价值不仅局限于产品本身，还在于其所衍生的附加价值。创意具有“化腐朽为神奇”的力量，每个新的念头新的点子都有可能转变成巨大的财富。根据施正荣先生提出的“微笑曲线”，产业的生产环节附加价值最低，而在研发设计环节和销售环节的附加值最高，所以好的产品设计方案和销售方案能够很大程度上提升产品的附加价值。近年来，创意产业已在我国一些大城市如上海、北京、深圳、杭州等地迅速发展，并产生了巨大的经济效益和社会效益。其三，文化作为一种生产力要素，越来越体现产业融合、产业整合的趋势。这种趋势主要体现在两方面：第一是文化产业跟传统产业的融合，比如农业休闲生态园都会有一些文化元素；第二，传统产业正主动用文化作为附加值的方式，通过工业设计、品牌包装、内在打造来提升传统产业的品牌内涵，尤其是文化产业与制造业的融合，正成为一种新的趋势，除提高产品的科技含量外，还提高其文化含量。其四，创意产业立足于人的智力及其创造性活动，立足于对文化资源的深度开发，大大降低对实物资源的消耗，无污染，可以更好地保护生态环境，是资源节约型、环境友好型的可持续发展的绿色产业。

依据文化创意产业的内涵、范畴、特征，遵循统计指标体系设置的科学性、目的性、系统性、可量化性、可比性等基本原则，并借鉴国内外有益的经验，采用层次分析法和结合专家咨询结果，我们最后确定了7个一级指标及25个二级指标，作为对我国文化创意产业进行综合评价的统计指标体系。

表 2-4　我国文化创意产业评价的统计指标体系

一级指标	二级指标	相关指标
1. 产业规模	(1)总产值 (2)增加值 (3)职工人数(从业人员) (4)研发投资总额 (5)年末固定资产净值	
2. 研发水平	(6)高级专业人员占职工的比重 (7)产业研发投入比率 (8)产业研发投入增长率 (9)累计专利申请数 (10)累计专利授权数 (11)自主知识产权实现增加值所占比重	研发支出　增加值 基期投入　报告期投入
3. 政府投入	(12)创意产业政府投资占财政支出比重 (13)创意产业的政府基建投资额	
4. 市场化程度	(14)文化创意产业经费自给率 (15)民间资本占创意产业总投入的比重	自筹经费　产业总支出
5. 增长能力	(16)增加值增长率 (17)总产值增长率	基期增加值 报告期增加值 基期总产值 报告期总产值
6. 经济效益	(18)资金利税率 (19)资金利润率 (20)固定资产收益率 (21)人均增加值 (22)人均利润	利税总额　资产总额 利润总额　资产总额 利润总额　固定资产原值 增加值　职工人数 利润额　职工人数
7. 国民贡献	(23)国民就业贡献率 (24)国民经济贡献率 (25)国际贸易贡献率 (创意产业进出口额所占比重)	创意产业从业人员增量 地区从业人员增量 创意产业增加值增量 地区增加值(GDP)增量 创意产业进出口总额 地区进出口总额

2. 指标体系的构建思路

我国文化创意产业评估的指标体系被分解为 7 个一级指标：产业规模、研发水平、政府投入、市场化程度、增长能力、经济效益、国民贡献。产业规模是反映文化创意产业在人、财、物方面最基本情况的总量指标，它包括总产值、增加值、职工人数、研发投资总额、年末固定资产净值等 5 个二级指标，该类指标是计算其他评价指标的基础指标。研发水平是反映创意产业研发条件和研发成果的一类指标。创意产业的核心价值是创新，是一种源于创新者创意的智力成果，创意产品较高的科技含量必然要求创意产业必须具备较强的研发能力。研发能力的培育和提升，要求企业加强对研发活动的经费投入和人才储备，有效地开发和获取技术并实现其市场价值。因此研发水平下面选取了高级专业人员占职工的比重、产业研发投入比率、产业研发投入增长率、累计专利申请数、累计专利授权数、自主知识产权实现增加值所占比重等6个二级指标。政府投入不仅是文化创意产业发展的原始基础，而且在将来仍然是促进文化创意产业发展的重要力量和保障。为了反映政府支持的力度，为此选择了一个总量指标(创意产业的政府基建投资额)和一个相对指标(创意产业政府投资占财政支出比重)作为其二级指标。市场化程度是考核我国文化创意产业的一个特色指标，因为在我国，文化创意产业有一部分是从1980年代以前的计划经济体制时期的文化事业单位发展起来的，至今其职工工资仍来源于国家财政拨款。随着我国国民经济的市场化，这些单位也逐步走向市场。还有部分文化事业单位进行了体制改革，转制为文化产业单位。融入市场的程度直接关系到产业能否长期健康、稳定发展。市场化程度下面包括文化创意产业经费自给率和民间资本占创意产业总投入的比重两个二级指标。产业产出的增长反映的是产业的发展潜力，发展潜力好的产业成长性好，成长性好的产业更容易吸引更多的社会资源对其给予支持，因此，增长能力指标也作为文化创意产业评估指标体系中的一级指标，它包括增加值增长率和总产值增长率两个二级指标。经济效益类指标是反映产业经营效果的指标，具体反映文化创意产业的生存和发展状态。经济效益好，产业才有良好的发展前途，才有发展的现实动力。否则，其前景堪忧。经济效益一级指标包括5个二级指标，分别为资金利税率、资金利润率、固定资产收益率、人均增加值和人均利润。文化创意产业作为一种新兴的产业形态，虽然在我国出现的时间较短，但是随着创意经济时代的到来，人的创造性成了投入要素，而创意产业成为独立于其他产业，并为其他产业提供智力支持的新兴产业之后，文化创意产业在国民经济中的地位就应该得到客观、真实的反映。国民贡献类指标包括国民就业贡献率、国民经济贡献率和国际贸易贡献率3个二级指标。

三、指标的具体含义及计算方法

下面分别说明25个二级指标的具体含义和计算方法。

(1)总产值。指一定地区一定时期内(通常为一年)文化创意产业单位全部生产活动的总成果，包括新增价值和中间转移价值。

(2)增加值。指一定地区一定时期内(通常为一年)文化创意产业单位向社会提供的可供最终使用的产品或服务的总价值。

增加值=总产值-中间投入

(3)从业人员。指在文化创意产业中工作并取得劳动报酬的全体人员。

(4)研发投资总额。指一定时期内文化创意产业单位用于研究与开发的总费用。

(5)年末固定资产净值。指年末固定资产原值减去已提取折旧后的余额。它反映了固定资产的现有价值。

年末固定资产净值=年末固定资产原值-累计固定资产折旧

(6)高级专业人员占职工的比重。指本专科、研究生学历(包括硕士、博士学历)人数占当年平均职工人数的比重。该比重越高，则从业人员的素质越高，研发能力越强。

(7)产业研发投入比率。指当年研发总支出占当年增加值的比重。该比重越大，每单位增加值中用于研发的费用也就越多。该指标反映产业的研发投入水平。

产业研发投入比率=当年研发总支出/当年增加值

(8)产业研发投入增长率。该指标反映的是研发投入的增长速度。研发投入是正增长且增长率越高，说明产业的研发投入逐年增加，为研发水平的提高提供有力的支撑。

研发投入增长率=(当年研发总投入/上年研发总投入)-1

(9)累计专利申请数。它是指一定时期内向专利行政部门提出专利申请并被受理的件数，是衡量和评价一国或一地区自主创新产出能力的公认的指标。该指标反映产业的研发能力和创新能力，体现产业对知识产权的开发水平和创造财富的潜力。

(10)累计专利授权数。它是指一定时期内由专利行政部门对专利申请无异议或经审查异议不成立的，做出授予专利权决定，发给专利证书，并将有关事项予以登记和公告的专利数。它是衡量创新活动中知识产出水平的一个通用指标，是知识性成果的一种直接反映。专利授权是对发明创造成果法律上的保障，具有排他独占的特性。该指标反映产业的技术核心竞争力，体现产业产出高附加值产品的能力。

(11)自主知识产权实现增加值所占比重。该指标是产业自主知识产权实现的增加值与产业增加值之比。它是企业研发水平在产出上的具体表现。

(12)创意产业政府投资占财政支出比重。该指标是一定时期内(一般为一年)创意产业的政府投资与国家财政支出之比。它反映政府对文化创意产业的投入力度，该比重越大，表明投入力度越大。

(13)创意产业的政府基建投资额。即国家用于文化创意产业的基本建设投资额。该指标反映政府对文化创意产业基本建设的投入力度。

(14)文化创意产业经费自给率。指文化创意产业在一定时期内(一般为一年)的自筹经费与全年经费总支出之比。该指标反映文化创意产业单位的经费自给程度，是说明其市场化程度的重要指标。

(15)民间资本占创意产业总投入的比重。指民间资本与创意产业总投入之比，也是说明创意产业市场化程度的重要指标。

(16)增加值增长率。它等于本年度创意产业增加值与上年度创意产业增加值之比减1。该指标反映创意产业生产能力的增长水平，是评价产业总体发展水平的核心指标。

(17)总产值增长率。它等于本年度创意产业总产值与上年度创意产业总产值之比减1。总产值=增加值+中间投入，总产值增长率越高，产业的成长性越好。

(18)资金利税率。指文化创意产业在一定时期内已实现的利润和税金总额与同期的资产(固定资产净值和流动资产之和)之比。该指标反映产业总体创收的能力，体现产业对国家和地方财政的贡献及产业自身的获利能力。

(19)资金利润率。指文化创意产业在一定时期内已实现的利润总额与同期的资产(固定资产净值和流动资产之和)之比。该指标反映产业自身的获利能力。

(20)固定资产收益率。指文化创意产业当年实现的利润总额与当年平均固定资产原值之比。该指标反映生产用固定资产利用情况，体现固定资产创收能力。

(21)人均增加值。指年增加值与年平均职工人数之比。该指标反映产业经营实力，体现产业单位员工创造价值的效率。人均增加值越高，产业效益越好。

(22)人均利润。指年利润总额与年平均职工人数之比。该指标反映员工创造利润的效率。人均利润越高，则单位员工创利能力越高，产业生存能力也越强，产业的效益也就越好。

(23)国民就业贡献率。指一定时期内创意产业从业人员增长量与该地区从业人员增长量之比。该指标反映文化创意产业在就业方面对国民经济的贡献。

(24)国民经济贡献率。指一定时期内文化创意产业增加值的增长量与该地区同期国内生产总值的增长量之比。该指标反映文化创意产业在经济增长方面对国民经济的贡献。

(25)国际贸易贡献率。指一定时期内文化创意产业进出口总额与该地区进出口总额之比。该指标反映文化创意产业在国际贸易方面对国民经济的贡献。

四、我国文化创意产业评价统计指标体系的综合评分方法

为了反映我国不同时期文化创意产业的综合发展水平，就必须计算整个指标体系的综合分值，指标体系的综合分值称为我国文化创意产业综合评价指数。本文采用加权算术平均法计算综合评价指数。设所选择的各个单项指标分别为 X_1，X_2，…，X_n，由于各指标的计量单位不同，为了使其具有可比性，就需要将各个指标进行无量纲化的转换。设转换后的各指标值分别为 Y_1，Y_2，…，Y_n，对各项指标赋予的权数分别为 W_1，W_2，…，W_n，则综合评价指数为：

$$I = \frac{\sum_{i=1}^{n} y_i w_i}{\sum_{i=1}^{n} w_i}$$

式中，$\sum_{i=1}^{n} w_i = 1$

计算多指标综合评价指数，要解决好两个重要问题：一是单项指标的转换，即无量纲化处理；二是权数的确定。

计算步骤如下：

(1)对各个地区文化创意产业单位的原始数据进行汇总，再依据各个指标的计算公式，分别计算出25个指标的具体指标值。

(2)进行无量纲化处理。选择“定基转换法”，即以某年的数据为基期数据，将之后各年份的数据作为考察期数据，考察期数据与基期数据对比，得到单项指标指数。比如，计算2011年或以后各年我国文化创意产业综合评价指数，选定2010年作为基期，采用国际通用的初始赋值方式，令基期指数为100%，则单项指标指数的计算公式为：

$$Y_i = \frac{X_i}{X_0}$$

其中，X_0和X_i分别表示基期和考察期的实际指标值。

(3)分层确定各个指标的权数。经综合权衡，采用了层次分析法，分别确定了一、二级指标的权数，见表2-5。

表2-5 指标体系中各级指标的权数分配

一级指标的权数	二级指标的权数	
1. 产业规模0.10	(1)总产值	0.10
	(2)增加值	0.20
	(3)职工人数(从业人员)	0.20
	(4)研发投资总额	0.30
	(5)年末固定资产净值	0.20
2. 研发水平0.20	(6)高级专业人员占职工的比重	0.20
	(7)产业研发投入比率	0.20
	(8)产业研发投入增长率	0.05
	(9)累计专利申请数	0.05
	(10)累计专利授权数	0.30
	(11)自主知识产权实现增加值所占比重	0.20
3. 政府投入0.05	(12)创意产业政府投资占财政支出比重	0.50
	(13)创意产业的政府基建投资额	0.50
4. 市场化程度0.05	(14)文化创意产业经费自给率	0.60
	(15)民间资本占创意产业总投入的比重	0.40
5. 增长能力0.10	(16)增加值增长率	0.70
	(17)总产值增长率	0.30
6. 经济效益0.40	(18)资金利税率	0.20
	(19)资金利润率	0.20
	(20)固定资产收益率	0.20
	(21)人均增加值	0.20
	(22)人均利润	0.20
7. 国民贡献0.10	(23)国民就业贡献率	0.30
	(24)国民经济贡献率	0.40
	(25)国际贸易贡献率(创意产业进出口额所占比重)	0.30

(4)分层加权平均，计算综合评价指数。根据表2-5中二级指标的权数和单项指标指数，先分别计算7个加权算术平均数；在此基础上，再根据一级指标的权数，加权计算整个指标体系的综合分值，即得综合评价指数。

如果需要对不同地区进行横向比较分析，就必须分别计算各地区的文化创意产业综合评价指数。各地区指数可以运用各地区内部数据，参照以上指数的计算方法进行计算。

五、结论

文化创意产业作为一个新兴产业，已突破单一的文化产业领域，渗透到国民经济的各个层面，影响到生产经营的各个环节，它能助推经济发展方式转变，加快产业升级，提升产业层级，提高地区的核心竞争力。作为我国成长中的国民经济支柱性产业，文化创意产业的发展日益受到普遍关注，而文化创意产业的发展战略和规划，也越来越得到我国政府的高度重视。

该统计指标体系的建立，将为我国政府管理部门及时、准确地跟踪我国文化创意产业的发展，进行产业分析与监测，科学准确、积极稳妥地对文化创意产业进行整合、调控，促进其发展具有重要的参考价值。通过对指标体系的量化评分，可以显示我国文化创意产业综合发展水平。借助不同区域指标体系的综合得分，可以为各级政府管理部门进行区域比较分析和综合考核提供客观依据，具有很强的操作性。

（案例来源：肖丹桂：《文化创意产业评价统计指标体系的构建》，《统计与决策》2011 年第 20 期，第 32~34 页。）

思考与讨论

1. 简述统计设计的主要内容。

2. 围绕统计指标的六要素，对我们熟悉的统计指标进行具体分析，比如说“恩格尔系数”“就业率”“营业总收入”“工资总额”等。

3. 案例二中，考评地方政府政绩的指标体系的构建，比较突出地体现了指标体系设计的什么原则？

4. 案例三中，我国失业统计指标体系的构建是以什么为突破口？

5. 在财务管理中，企业盈利能力分析是通过多个指标组成的指标体系进行的，包括：(1)与销售收入有关的盈利能力指标：销售毛利率和销售净利率；(2)与资金有关的盈利能力指标：投资报酬率和所有者权益报酬率；(3)与股票数量或股票价格有关的盈利能力指标：普通股每股盈余(每股利润)、市盈率。

该指标体系体现了统计与会计核算的统一性，请具体分析说明。

参考文献

1. 陈允明，刘厚甫，黄书田. 国民经济统计概论[M]. 中国人民大学出版社，1998.

2. 王仁曾，赵彦云. 如何计算和使用 GDP[M]. 中国财政经济出版社，1999.

3. 王宇熹，汪泓，陈心德. 科技型中小企业筛选评价指标设计研究[J]. 科技进步与对策，2009(3).

4. 龚雪. 创意经济时代的产业融合研究[J]. 科技进步与对策，2009(3).

5. 唐金华，姚世斌，蒋海燕，吴军. 社会经济统计学——原理与 Excel 应用案例分析[M]. 西南财经大学出版社，2017.

第三章　数据的获取与整理

第一节　理论要点

数据的获取与整理是数据分析的前提和基础。

根据统计数据获取的途径不同，可以将统计数据分为第一手数据和第二手数据。第一手数据是数据使用者直接向调查单位调查登记的资料，又称直接资料，如原始记录、统计台账、调查问卷答案、访谈录、实验结果等。第二手数据是数据使用者搜集到的由别人调查或实验的数据，该数据经过别人的整理或应用，又称为间接数据，如政府各级机构公布的统计数据，企业内部记录和报告，报纸、期刊、电视、网络上的数据资料等。

第一手数据的获取通过组织统计调查来完成。统计调查必须依据统计任务和研究对象的特点，运用科学的调查方式方法，有组织有计划地进行，而且事先要设计一个周密的调查方案。统计调查的方式主要有普查、抽样调查、重点调查和典型调查等。

第二手数据的获取既经济又方便，如果有现成的二手数据能够满足统计分析的需要，就不必费时费力去调查第一手数据。引用二手数据有时需要进行再整理，而且要注明来源，以尊重他人的劳动成果。

通过统计调查获取的第一手数据只有经过汇总整理，才能转化成说明总体特征的综合数据。统计整理的关键是统计分组，统计分组的关键是如何选择分组标准和如何确定各组界限。数据分组和数据归组要遵循两条基本原则：互斥原则和穷尽原则。

次数分布数列是数据分组后统计各组数据的个数所形成的分布数列，又称频数分布数列，它是统计分组结果的一种重要表现形式。次数分布数列有按品质标志分组形成的品质数列和按数量标志分组形成的变量数列，变量数列又有单项数列和组距数列。组距数列的编制牵涉的问题较多，不仅取决于分组标准的选择是否正确，而且还取决于组距、组数、组限的确定是否合理及数据归组是否正确。

数据经过汇总整理后的结果，常常用统计表和统计图来展示，统计表和统计图是展示和分析数据的重要工具。

统计研究离不开统计软件，数据的图表展示和高效率的数据计算都要借助统计软件来完成。

第二节　案例正文与案例分析

案例一　第一手数据的获取

【案例正文】

[案例 A] 红心鸭蛋查出苏丹红

北京市政府食品安全办公室 14 日下午公布了北京市场红心鸭蛋检测结果，其中 6 个红心鸭蛋样本被检查出苏丹红 B，含量从 0.041PPM(毫克/千克)到 7.18PPM。有关方面已对检测确认含有苏丹红的咸鸭蛋生产企业立案调查，并监督销售单位采取召回措施，对不合格产品实施销毁。产自河北省的红心鸭蛋被曝含有苏丹红后，北京市食品安全和相关部门立即采取措施，迅速组织了抽样检测。被检出苏丹红的 6 个红心鸭蛋样本，有 5 个来自河北，一个来自湖北。此次共检测了北京市场销售的 22 个咸鸭蛋样本，其中红心鸭蛋样本 14 个，其他样本 8 个，主要来自河北、江苏、湖北、山东等地，检测内容涉及苏丹红Ⅰ、苏丹红Ⅱ、苏丹红Ⅲ、苏丹红Ⅳ、苏丹红 B、苏丹红 7B 等 6 个项目。其中，苏丹红 B、苏丹红 IV 为同分异构体，性质及结构十分相近。

据了解，北京市食品安全办已对检测不合格的红心鸭蛋采取了紧急下架控制措施，并加大了排查对象和检测力度，已责令有关单位停止购进、销售和使用检出苏丹红的咸鸭蛋，对已经购买了被检测确定为含有苏丹红的红心鸭蛋的消费者，商业企业和市场主办单位应无条件退货。

据央视《每周质量报告》11 月 12 日报道，一种产自石家庄市平山县等地的红心鸭蛋，畅销在北京物美超市和大洋路农产品批发市场。这种被宣称为是在白洋淀散养的鸭子吃了小鱼小虾后产下的红心鸭蛋，实际上是在鸭子吃的饲料里添加了一种神秘的“红药”。当地人都把这种添加了“红药”的蛋叫“药蛋”，自己从来不吃。

中国检验检疫科学研究院食品安全研究所的检测结果显示，这种添加在鸭饲料里的所谓“红药”，其成分里含有偶氮染料苏丹红 IV 号，这是三类致癌物，对人体可能产生致癌的风险。对河北养鸭基地和销往北京的红心鸭蛋样品进行检测的结果也表明，鸭蛋里同样含有苏丹红，最高达到 0.137 毫克。

食品安全专家指出，“红心蛋”只是一种约定俗成的说法，即使是吃了小鱼小虾散养的鸭子生的蛋也并不一定是红的，一旦发现蛋心太红，就千万别再吃了。

（案例来源：《北京 6 例红心鸭蛋查出苏丹红》，《长江日报》2006 年 11 月 15 日，第 10 版。）

[案例 B] 郑州市大瓶装纯水市场调查的解决方案

1. 研究背景和问题的提出

郑州，这座坐落在黄河岸边的中原古城，因其重要的地理、经济地位而广为人知。然而很多人不知道的是，正因为靠近黄河，饮用水中的含沙含碱问题一直困扰着郑州的广大居民。作为提高生活水平的一个方面，郑州市的许多家庭和单位开始使用大瓶装饮用纯净水。面对巨大的市场潜力，当地的众多商家纷纷推出自己的纯净水，甚至许多外埠的商家也赶来分吃这块蛋糕。在 1997 年之前，郑州市的纯净水市场基本上是由中美纯水有限公司一统天下的。但是到了 1998 年，郑州市可以见到的纯净水品牌一下子猛增到 30 多个。这些品牌纷纷打出了降价的策略来抢占市场，对老品牌中美纯水造成了巨大的冲击。1998 年的春季，也就是夏季用水高峰来临之前，中美纯水的决策层开始面临如下的问题：

(1)面对 30 多家同类企业的竞争，1997 年的市场领先地位 1998 年能否继续保持？

(2)公司计划在 1998 年增加 1.5 万户新用户，这个数字是否科学、实际？郑州的纯水市场容量究竟有多大？潜在的用户究竟有多少？

(3)公司的优势和劣势在哪里？存在的主要问题是什么？

(4)按照公司的经营思路，竞争的实力主要靠纯水的质量和公司的服务，中美纯水要树立起一个名牌，而其纯水的价格比其他品牌的纯水都要高出一些，居民是否接受这样的品牌？也就是说，中美纯水是要继续保持这样的价位和品牌形象呢？还是应该降价或者和其他品牌保持相同的价格水平？在价格问题上应该采取什么策略？

所有这些问题都促使公司决定进行市场调研，希望能够通过认真、客观和科学的市场调研，为公司的领导层提供正确决策的参考依据。为此，中美纯水公司委托北京广播学院调查统计研究所(以下简称 SSI)进行这项调研。SSI 将调研的基本问题概括为：确定郑州市居民用户和单位用户对大瓶装纯水的消费需求、消费行为和消费意向。

2. 解决方案

(1)研究方案的设计

首先是研究方法设计。

对于这样一个大型的调研，研究分为两个阶段：定性研究阶段和定量研究阶段。

第一阶段主要是进行探索性研究。在经过与中美纯水公司客户部等部门以及部分员工广泛的沟通和联系之后，第一阶段采取的主要方法是二手资料分析和深层访谈。二手资料分析的主要内容一方面是郑州市主要报纸近期关于饮用纯净水的报道、消息、广告等信息，另一方面是中美纯水公司提供的本公司和个别其他纯水公司的部分用户资料。经过广泛的接触和分析，研究者开始把很多繁杂的问题确定为几个主要想深入了解的方面，比如价格问题、服务问题等。针对想深入了解的问题，研究者列出了相应的访谈提纲，并在中美纯水公司的配合下，SSI 派出高级访问员，到郑州对消费纯净水的 6 个单位用户和 4 个家庭用户进行了深层访谈。在此基础上，进一步明晰了调研的问题，起草了调查问卷的初稿。

第二阶段开始进行大规模抽样调查。经过第一阶段的研究和与中美纯水公司的沟通，SSI 的研究人员确定了调查想要了解的基本问题和研究对象。在该调查中，调查对象分为两种，一是普通居民(包括现用户、潜在用户、非用户)，另一种是单位(包括现用户、潜在用户、非用户)。因为家庭用户和单位用户的用水量差别较大，其他许多方面都有相当大的不同。针对不同的研究问题和研究对象，研究者初步设计了调查问卷的初稿(针对家庭和针对单位两种)。针对问卷初稿，研究者征询了不同行业专家的意见，包括纯水行业和调查行业等，同时也征求了部分纯水用户的意见；此外还对问卷进行了试调查，经过专家咨询和试调查的测试，再次修改了调查问卷。修改后的问卷经过反复斟酌、推敲以及对少量样本的再次试访，最后定稿和印刷。

其次是定量研究的抽样设计。

抽样设计对家庭和单位两类用户分别进行了设计。

①家庭

调查的总体是郑州市全体居民住户，考虑到研究的精度和时间、财力的要求，确定调查的样本量是800个，即抽取800个家庭，每个家庭访问一位18~75岁的居民。抽样采取多阶段混合抽样法进行。

第一阶段：按照城区分层，根据各城区的人口比例分配各城区的家庭样本量和对应的居委会样本量，然后在各个城区等距抽取共计80个居委会(全市各城区的居委会名单已知)。

第二阶段：每个居委会随机设2个抽样点。

第三阶段：每个抽样点随机抽取5个家庭户。

第四阶段：每个家庭户按照"入户随机数字表"(即问卷中的"入户随机数字表")确定一位调查对象，共计面访800位18~75岁的居民。

②单位

调查的总体是郑州市所有单位。由于经费不足对样本量进行了削减，最后调查的样本量是150个单位的有关负责人。采用分层PPS抽样法。首先，按照企业类型分层(郑州市各单位的统计资料事先已知)，按比例给各类单位分配样本数；其次，在各类单位中用PPS方法共抽取150个单位；最后，在每个单位抽取一位纯水购买的决策者进行访问，共计面访150位有关负责人。

最后是统计分析设计(略)。

(2)数据的采集

深层访谈于1998年5月13-15日实施，由SSI派专门的研究人员访问了中美纯水的6家单位用户和4个家庭用户。大样本的随机抽样调查于5月29日至6月8日实施。

①对调查质量采取了如下控制措施：第一，制定培训手册。培训手册包括常规培训手册和针对每一道题的专门培训手册。第二，培训督导和调查员。调查的实施委托了当地一家调查公司具体执行。从培训开始，SSI就派两位专门人员前往并进行质量监督控制工作。而对当地督导和调查员的培训，就由这两位专门人员组织。调查员都是河南大学的学生，基本上都有过统计调查的经历。经过反复讲解、示范，培训老师还让调查员相互练习模拟访问2个小时，使调查员都熟练掌握了这次实施访问的要领。第三，调查实施的监督。调查实施过程中，SSI派了一位主管每天随时检查：一是调查员在访问中有无遇到问题，如何解决遇到的问题，拒访率如何；二是及时对调查结果进行验收；三是对调查结果及时复核。第四，调查问卷的验收。调查问卷的验收分别进行了3次：调查员自查、当地督导员检查、SSI主管在当地验收。第五，复核调查结果。对验收后的问卷进行了两次复核：当地督导员电话复核或再次面访(复

核率共 50%)；SSI 主管在当地再次进行电话复核(15%)，包括当地已抽到复核和未抽到复核的。

②数据的编码、录入、查错工作：按计划任务书完成。

③数据的统计预处理：按计划任务书完成。

(案例来源：柯惠新、孙江华：《“郑州市大瓶装纯水市场调查”统计应用案例》，节选自《统计学教学案例》，中国统计出版社 2004 年版，第 70~72 页。)

[案例 C] 湖北省第七次全国人口普查的组织实施

2020 年第七次全国人口普查是一次重大国情国力调查，是党和国家工作中的一件大事。第七次人口普查同以往相比，呈现三个方面的新特点：一是首次使用电子化采集设备，变革了数据采集方式。现场采集、实时审核并上报数据，对组织实施、“两员”素质等提出了更高要求。二是首次采集个人身份证号码，严格了数据质量控制。采取联合筛查比对等方式，进一步加强部门行政记录在普查中的应用。三是首次大规模应用大数据进行辅助登记。充分利用户口资料、疫情摸排数据、网格数据和电力大数据辅助普查登记。

面对突发的新冠肺炎疫情，在疫情防控常态化条件下统筹推进人口普查工作，我省面临着诸多挑战：一是时间更紧。受疫情影响，我省普查准备时间更加紧迫，全省各级普查机构、广大普查工作者付出了更大的努力。二是获取信息难度更大。疫情导致小区封控管理更加严格，居民自我保护意识更强，入户调查面临更大挑战。三是对“两员”素质要求更高。疫情防控条件下要求“两员”既要对当地情况比较熟悉，还要能熟练操作电子采集设备，对工作各环节都提出了更高的要求。

作为抗疫主战场，湖北面对严峻挑战，克服疫情影响，顺利组织实施了普查工作，归纳起来主要有以下几点：

第一，加强组织领导。全省各级党委政府均把人口普查工作摆在重要位置，主要领导直接参加，分管领导指挥调度，高位高效有力推进。全省共组建普查机构 29581 个，选聘普查“两员”32 万余人。建立“党建+普查”机制，在基层普查一线组建临时党支部，首次选调各级下沉党员干部积极参与社区人口普查。

第二，加强协作配合。宣传部门持续掀起宣传高潮，“大国点名，没你不行”等口号家喻户晓。公安、卫健、民政、电力、电信等部门大力支持，提供部门行政资料用于普查数据比对核查。各成员单位经常性联络机制顺畅高效，定期研究解决普查中的重大问题，部门配合程度前所未有。

第三，加强工作创新。建立工作包保责任制度，实现包保领导与包保地区工作同进退。推行下沉两级业务培训制度，减少培训层级，提高培训质效。开展大数据技术应用，充分利用户口资料和卡点登记、核酸检测等疫情摸排数据，使用网格数据辅助普查登记。建立疫情期间线上工作机制，调整工作进度安排，提前完成室内准备工作，确保后续工作尽快赶上全国进度。

第四，加强作风保障。实行普查任务清单化管理，建立工作定期报告和通报制度。省人普办多次分赴各地实地调研督办，各地也广泛开展督办检查，层层压实普查责任。32 万多普查“两员”按照区不漏房、房不漏户、户不漏人、人不漏项的原则，逐家逐户实地勘察和入户访查，圆满完成 2000 多万户短表和 200 多万户长表的入户登记工作。

总之，我省普查工作能够顺利组织实施，主要得益于各级党委、政府的坚强领导，得益于各级普查机构的扎实工作，得益于各有关部门和单位的通力协作，得益于广大普查工作者的辛勤工作，特别是全省广大人民群众的配合支持，为普查的成功打下了最重要的基础。在此，我谨代表湖北省统计局和省第七次全国人口普查办公室表示衷心感谢！

（案例来源：朱慧：《湖北省第七次全国人口普查主要数据结果新闻发布会答记者问》，湖北省统计局官网，2021-05-27。）

【案例分析】

第一手数据的获取需要组织统计调查。统计调查的常用方式方法是抽样调查和普查。案例 A、B、C 不仅可以让我们领略抽样调查和普查的具体应用，而且还可以对这两种调查方式的特点有更感性更充分的理解。

抽样调查是实际应用最广泛的一种调查方式和方法，它是按随机原则从研究总体中抽取部分单位组成样本总体，通过对样本的实际调查得到样本数据，然后利用样本数据对总体的有关数量特征做出具有一定可靠程度的估计和推断。抽样调查作为一种非全面调查，与全面调查相比，具有如下特点：

第一，经济性好。这是抽样调查最为突出的优势。由于调查的样本单位通常是总体单位中很小的一部分，调查工作量小，因而可以节省人力、物力、财力和时间，调查费用较低。在案例 A 中，产自河北省的红心鸭蛋被曝含有苏丹红后，北京市食品安全办从北京销售市场共抽检了 22 个咸鸭蛋样本，其中有 6 个样本被检测出含有致癌物苏丹红。

第二，时效性强。抽样调查可以迅速、及时地获得所需要的信息。由于涉及面小工作量少，调查的准备时间、调查登记时间、数据处理时间等都大为缩减，从而提高了数据的时效性。2006 年 11 月 12 日央视《每周质量报告》报道，一种畅销北京市场的红心鸭蛋是因为鸭子吃的饲料里添加了一种神秘的“红药”。时隔两天的 11 月 14 日对红心鸭蛋的抽样检测结果就公之于众。

第三，适应面广。有许多现象是无法进行全面调查的，即使是可以进行全面调查的现象，采用抽样调查，费用更节约结果更可靠。抽样调查适用于对各个领域、各种问题的调查。尤其适合对一些特殊现象的调查，比如产品质量检验、医药的临床实验、庞大总体、无限总体的调查等。

第四，准确性高。抽样调查的数据质量有时比全面调查更高，因为全面调查的工作量大，环节多，登记性误差往往很大，而抽样调查由于工作量小，可以使各环节的工作做得更细致，误差往往较小。虽然用样本数据推断总体数据会有推断误差，但是这种误差的大小是可以计算和加以控制的，因而推断的结果是可靠的。

抽样调查与其他非全面调查比较，也具有自身的优势：一是按随机原则抽选样本单位，排除了个人主观因素的影响；二是对总体中的一小部分单位作深入细致的调查研究，取得数据，并据此从数量上推断总体，结论往往较为可靠。比如通过对郑州市抽中的800户居民和150个单位的实际调查结果，可以推断郑州市的居民户和单位用户对纯水的需求量和所期望的价格。

抽样调查的组织灵活方便，调查项目可多可少，调查范围可大可小，既适用于专题研究(如郑州市纯水市场调查)，也适用于经常性调查(如产品质量的抽查)，因此可以根据需要因时因事因地制宜地组织抽样调查。现在世界各国，无论是自然科学试验，还是社会科学研究，搜集资料获取数据都广泛采用抽样调查方法。在我国，抽样调查已确立了它在统计调查方法中的主体地位。

普查是专门组织的一次性全面调查。它既包括由国家政府组织的宏观普查，也包括由企业、经济单位或各种咨询机构组织的微观普查。为了摸清国情国力，我国政府先后组织了一系列的专项普查，其中，人口普查已进行了7次(1953年、1964年、1982年、1990年、2000年、2010年、2020年)、经济普查已进行了4次(2004年、2009年、2014年、2019年)。人口普查和经济普查都属于全国范围内的大型的宏观普查。而由企业自行组织的内部物料库存普查、由学校自行组织的学生健康状况普查、由市场调查机构组织的某品牌皮具连锁店的普查等，则都是微观普查。2004年我国第一次开展了全国经济普查，将工业、建筑业、第三产业、基本单位等四项普查合并在一起，统称经济普查。《全国经济普查条例》明确规定，经济普查是为了全面掌握我国二三产业的总量规模、结构和效益等情况，为研究制定国民经济和社会发展规划，提高决策和管理水平奠定基础。

普查作为一种重要的调查方式，具有如下显著特点：(1)耗费大。由于普查涉及面广，调查单位多，需要耗费大量的人、财、物和时间。一般不轻易组织普查，同类普查需间隔较长时间进行一次。我国政府就明文规定大型专项普查间隔10年一次，而两次普查之间各年份的数据通过抽样调查取得。(2)组织性强。普查需要专门组织普查机构和普查人员，并需要抽调和培训大批的普查人员。普查的组织工作比较复杂繁重，只有集中领导和协调行动才能顺利完成普查任务。普查又是一种广泛的群众工作，必须把政策、任务、方法向群众宣传解释清楚，以取得群众的支持和配合。(3)调查项目精简。一方面普查项目不能过多过细。调查项目越多，调查工作量越大，误差就可能增大。另一方面调查项目应明了，对各调查项目应有统一的规定和解释，有明确的操作定义和统一的计算公式和计量单位。

案例二 第二手数据的获取

【案例正文】

[案例A] 2019年长三角地区产业结构稳步升级，地区差异不断缩小

2019年，长三角地区产业结构继续呈现稳步优化发展态势，总体表现为地区经济结构中第一产业比重小幅下降，第二产业比重较明显下降，第三产业比重较明显上升。2019年长三角地区生产总值构成中，第一产业增加值约占4.0%，较上年比重下降 0.2 个百分点；第二产业增加值约占 38.8%，较上年比重下降 3.0 个百分点；第三产业增加值比重约占 57.2%，较上年比重上升 3.2 个百分点。

但是，省与省之间产业结构及其变化情况存在较大差异(详见表 3-1)。上海以服务经济为主的产业结构特征鲜明，工业增加值占地区生产总值的比重较上年比重降低 1.3 个百分点。江苏的情况与上海相似，浙江的第二产业占比出现小幅上升，第三产业占比小幅下降。值得注意的是，安徽的第三产业比重首次超过第二产业，这意味着长三角地区三省一市均已形成“三、二、一”型产业结构，第三产业增加值在地区生产总值中的比重超过 50%。

表 3-1　2018—2019 年长三角三省一市地区生产总值结构及与全国比较情况　　单位：%

地区	2018			2019		
	第一产业	第二产业	第三产业	第一产业	第二产业	第三产业
上海	0.3	29.8	69.9	0.27	26.99	72.74
江苏	4.5	44.5	51.0	4.31	44.43	51.25
浙江	3.5	41.8	54.7	3.36	42.61	54.03
安徽	8.8	46.1	45.1	7.86	41.33	50.82
长三角	4.2	41.8	54.0	3.95	38.84	57.21
全国	7.2	40.6	52.2	7.1	39.0	53.9

数据来源：全国及各省市统计公报

(案例来源：节选自杨凡：《2019 年长三角地区产业发展概况》，上海社会科学院长三角与长江经济带研究中心官网，2020-11-20。)

[案例 B] 红安县“打工经济”的调查报告

湖北省红安县农村外出打工人员 10 万余人，占全县农业人口的 21%，占农村劳动力总数的 44%；年创劳务收入近 3 亿元，农民人均 566.2 元，占农民人均纯收入的 32%。外出打工已经成为农民增收致富的一条重要途径，但也给农村工作带来一些新的问题和困惑，这一现象引起人们的广泛关注。如何辩证思维，正确认识“打工经济”的利弊？如何趋利避害，妥善解决“打工经济”存在的问题？如何顺势而动，积极引导“打工经济”健康发展？带着这些问题，我们进行了专题调查，并从理性上进行了一些思考。

(一)基本情况

据统计，到 2005 年底，红安县有 50.7 万农业人口，农村适龄劳动力总数 23.8 万人中，16 岁到 32 岁年龄段的人数为 13.8 万人，其中具有初中文化程度的有 10.17 万人，高中以上的仅 3.5 万人；33 岁到 60 岁年龄段的有 10 万人，其中具有初中文化程度的有 7.4 万人，高中文化程度的为 1.2 万人，文盲半文盲有 1.4 万人。

据有关资料显示，我国目前农民打工人数占全国总人口的12.3%，打工收入对农民人均纯收入的贡献率为42%；湖北省每年外出打工农民约为300万人，占全省总人口的5%，其中80%集中在长江、珠江三角洲和福建、北京等地区，85%集中在纺织、服装、制鞋、机械电子、饮食服务、建筑和高科技农业等行业。从1999年开始，全省外出民工每年通过邮局寄给家乡的资金近100亿元，人均3000多元。全省农民人均打工收入占农民人均纯收入的比重为41.6%，比红安县高出约10个百分点。

从上列数据可以看出，打工收入在红安县农民人均收入中所占比重很大，已经成为农民收入来源的一条重要途径，同时还可以看出，红安县外出打工人员虽然人数较多，但由于文化层次较低，综合素质较差，因此大多数打工者只能从事简单的体力劳动、手工劳动，所获劳务收入相对较少，低于全省平均水平。

（案例来源：红安县政府研究室课题组：《关于我县“打工经济”的调查报告》，节选自《湖北省政府研究系统优秀调研文章选编》，中国言实出版社2006年版，第304~305页。）

[案例C] 上海、武汉、重庆，GDP位居全国主要城市前十

长江经济带，东起上海、西至云南，涉及上海、江苏、浙江、安徽、湖北、江西、湖南、重庆、四川、云南、贵州，包括9个省和2个直辖市。其中，上海、武汉、重庆这三座城市都被列为国家中心城市，也被认定为长江经济带三大核心城市。2016年通过的《长江经济带发展规划纲要》确立了长江经济带“一轴、两翼、三极、多点”的发展新格局。“一轴”即以长江黄金水道为依托，充分发挥上海、武汉、重庆的核心作用。近年来，长江经济带建设坚持生态优先、绿色发展，正在不断焕发新的生机。

日前，各省市上半年主要经济数据陆续发布。作为长江经济带核心城市的上海、武汉和重庆经济发展均取得明显成效，对长江经济带发展起到了良好的带动作用。上海、武汉和重庆三城上半年GDP均位居全国主要城市前十名，具有领先优势。

2021年上半年，上海、武汉、重庆积极把握新发展阶段，贯彻新发展理念，构建新发展格局，着力推动高质量发展，持续巩固拓展疫情防控和经济社会发展成果，经济总体实现了平稳较快发展，充分发挥了区域引领作用。

从总量来看，2021年上半年，上海、武汉、重庆实现地区生产总值分别为20102.53亿元、8251.45亿元和12903.41亿元。三城地区生产总值均位列全国主要城市地区生产总值的前十名。其中，上海地区生产总值在全国主要城市中最高，首次突破了2万亿元关口，较去年同期增加了2745.73亿元。其次，武汉和重庆地区生产总值较去年同期也都有较明显提高，分别增加1956.13亿元和1693.58亿元。

从增速来看，今年以来，随着疫情防控和经济社会发展工作的稳步推进，宏观经济运行稳中加固、稳中向好，经济发展动力进一步增强。上海、武汉、重庆地区生产总值增长均出现显著抬升。由于基数低原因，一季度末三城地区生产总值同比增速均实现了两位数以上的高增长，经济运行呈现全面恢复、快速增长的良好态势。尤其是武汉，增速达到58.40%，实现强势转正。进入二季度，上海、武汉、重庆经济运行态势更加稳固，经济增速逐渐向常态化回归，地区生产总值同比增速较一季度末略有回落，但依然保持了高增长，截至上半年末，增速分别达到12.70%、28.60%和12.80%。

表3-2　2021年上半年GDP排名前十的城市　　单位：亿元

序号	城市名称	2021年6月	2020年6月	同比增量
1	上海	20102.53	17356.80	2745.73
2	北京	19228.00	16205.60	3022.40
3	深圳	14324.47	12634.30	1690.17
4	广州	13101.89	10968.29	2133.60
5	重庆	12903.41	11209.83	1693.58
6	苏州	10684.66	9050.24	1634.42
7	成都	9602.72	8298.63	1304.09
8	武汉	8251.45	6295.32	1956.13
9	天津	7309.25	6309.28	999.97
10	无锡	6499.21	5516.32	982.89
11	郑州	6314.86	5459.60	855.26

来源：wind，新华财经

（案例来源：节选自师邢博、王欣蕾：《上海、武汉、重庆，前十！》，新华社2021-08-16。）

【案例分析】

如果说第一手数据的获取要直接组织调查或科学实验的话，那么第二手数据的获取则可以通过各种媒体、各种出版物、各种渠道对现存的公开的数据进行收集和整理。案例A引用了全国及各省市统计公报和统计年鉴中的数据，案例B引用了历史数据和相关调查数据，案例C中的数据来自wind数据库及新华财经（财经信息和金融数据供应商），它们都是对第二手数据的获取和再利用。

第二手数据资料的获取渠道非常广泛，研究者可以从相关的数据堆里去收集和挖掘对自己研究项目有用的信息。公开的数据包括已经公开出版和公开报道的数据，大致有以下几方面：

1. 政府官方出版物

我们比较熟悉的有国家统计局编辑、中国统计出版社出版发行的《中国统计年鉴》《国民经济和社会发展统计公报》以及各省市统计年鉴、各行业统计年鉴，以及各部委公开出版物等。在《中国统计年鉴》中，有每年中华人民共和国国民经济和社会发展情况各方面的数据资料，包括综合、人口和劳动力、农业、工业、商业、运输业、邮电业、固定资产投资、对外贸易业和旅游业、财政金融、物价、人民生活、教育科学文化、科技发明创造、体育卫生等各行各业的数据资料。我国统计系统特别成立了农村、城市、企业三大抽样调查队，分别专门负责农村、城市、企业的统计数据资料的搜集、整理和公布。我国政府统计机构提供了大量的统计数据，其涉及范围之广、数量之多，堪称世界第一。政府出版物的基本形式有统计月报、年报、统计年鉴、统计公报、普查公报、新闻发言人讲话和各种资料汇编，还有国家市场监督管理总局不定期的产品质量抽查结果的信息资料。我国政府统计的各个行业机构也分部门发布各自专业的统计数据信息，如外贸统计和内贸商业统计汇编、工业统计年报、金融业资金流量表等。政府统计数据提供了有关社会、经济宏观方面的统计数据，是获取第二手数据的主要来源。另外，联合国、世界银行等每年出版的《统计年鉴》、每月出版的《统计月报》上，有全球主要国家或地区的统计数据资料，是我们了解世界的窗口。

2. 法人组织、行业协会出版物

由众多的市场调查机构、信息中心编制出版的统计资料就属于法人组织出版物，而行业协会出版物则包括行业文献、企业年度报告、各专业及贸易协会的公开出版资料、上市公司的财务报表等。此类出版物提供了微观方面的数据资料。

3. 书籍、杂志、报纸等出版物

图书馆的专业书籍、杂志能提供大量国内、国外的市场背景资料及贸易统计数字资料。以报纸为主的各类新闻媒体也刊载了大量的统计数据，数字新闻比比皆是。此外，高等院校的刊物和学报以及各类专业研究报告、专题调查报告、专著、论文等，都可能提供具有参考价值的数据资料。

4. 网上资源

在互联网上查询所需资料也是获取第二手数据的重要渠道。互联网可以让我们进入全球数以万计的网站和数据库，获得比图书馆还要多的信息，而且不受时间和地域的限制。从国内外财经类门户网站也可以收集到大量的相关资讯，是获取比较权威的经济数据的重要路径之一。

数据的真实可靠与数据的来源有密切关系，大家一般认为政府统计数据具有权威性，可信度高。这是因为政府统计数据是在统计法的法定约束下，在统计调查制度的规范构架内，由各级统计部门有组织、有计划完成的工作成果，是公正的可以信赖的。目前，我国政府统计数据的获取途径主要有以下几种：

第一，官方数据平台：国家统计局的中国统计数据库(data. stats. gov. cn)，各部委官网中的数据栏目(如海关总署的“海关统计”、商务部的“商务数据中心”等)；第二，纸质版本的数据刊物，比如《中国统计年鉴》《中国经济景气月报》《中国人民银行季报》等；第三，商用宏观数据库：中经网、CEIC 等。

使用二手数据的好处是显而易见的，与一手数据相比，搜集二手数据省时、省力、省费用，并且操作方便。当然二手数据也有明显的缺陷，因为不是总可以找到现成的二手数据，即使找到了相关数据资料，其真实性、准确性有时很难确定，完整性也难以得到保证。比较有效的方法是事先尽可能多地收集类似的数据资料，再在权威性、真实性、准确性等方面实行“择优录用”。使用二手数据资料还有一个再整理的问题，比如不连续、不完整的数据，需要依据数量关系进行推算；数据资料的展示需要改变表现形式，以切合新的分析要求；需要用新的计量单位进行换算，或对数据的统计范围和统计时间进行调整等。

案例三　数据分组

【案例正文】

［案例 A］全国居民收入分组

现行政府统计所提供的居民收入分组数据都是按五等分或八等分方法计算的。

全国居民五等分收入分组，是指将所有调查户按人均收入水平从低到高顺序排列，平均分为五个等分，每等分为 20%的户数，处于最低收入 20%的家庭为低收入组，以此类推依次为中间偏下收入组、中间收入组、中间偏上收入组、高收入组。

国家统计局统计数据显示，2020 年按全国居民五等分收入分组，低收入组人均可支配收入 7869 元，中间偏下收入组人均可支配收入 16443 元，中间收入组人均可支配收入 26249 元，中间偏上收入组人均可支配收入 41172 元，高收入组人均可支配收入 80294 元。

八等分法则是在五等分法的基础上，进一步将居民家庭划分为最高收入户（10%）、高收入户（10%）、中等偏上收入户（20%）、中等收入户（20%）、中等偏下收入户（20%）、低收入户（10%）、最低收入户（5%）和更低收入户（5%）。

（案例来源：作者编创。）

［案例 B］中等收入者的划分标准及数量界限

在权衡和比较了各种方法后，我们认为，采用居民家庭人均收入水平来划分中等收入者，不仅更符合中等收入者的概念，也符合国际上的通行做法。收入是一项综合性指标，人们能够获得某种程度的收入，往往与他们的职业、文化程度和技能水平有着密切的联系。同时，一定的收入水平在某种程度上还可以决定人们的生活方式、财产积累的能力，甚至思想观念的倾向。另外，之所以采用居民家庭人均收入这一指标来具体反映居民的收入水平，是由于家庭是社会经济生活中最基本的单位，以家庭为单位进行划分，能够真实说明每个居民或每个家庭成员生活与发展的实际条件。

总之，用收入水平确定中等收入者，具有指向准确、概括性强的特点，不仅简便易行，还可以排除各类复杂因素的干扰。在基础数据方面，可以依据城乡居民经常性的住户抽样调查的资料，达到对中等收入者的比重变化情况进行随时监测的目的。

……

计算中等收入者的数量和比重，仅有收入水平的中等标准这一个指标是远远不够的，还需要在这一指标的基础上，进一步界定出中等收入者收入的区间范围，也就是用来具体划分中等收入者的收入上限和下限值。在研究中，我们选择了三种方案，就是分别将中等收入者的收入区间确定在收入中间值的±10%、±15%和±20%以内。根据方案，我们对近几年天津市住户调查资料进行了分组计算，在对比和论证过程中，分别计算了按照以上三种方案划分出的各中等收入组居民家庭的基尼系数。结果表明，将中等收入者的收入区间界定在收入中间值的±15%以内是比较合理的选择。从连续几年的情况看，根据这一方案所确定的中等收入家庭，基尼系数都处在0.21~0.23之间，呈现出组内居民之间收入相对平均、略有差距的状态。

（案例来源：节选自武军定、杨维：《中等收入者与中产阶级》，《中国统计》，2006年第10期，第22页。）

[案例C] 中国中等收入群体划分标准

基于我国收入分配现状，着眼于解读和规划党的十九大报告提出的中等收入群体比例明显提高的任务目标，借鉴比较“相对标准”和“绝对标准”两种思路的优缺点，建议按照“周期性调整的绝对标准”思路来确定中国中等收入群体划分标准。当前到“十四五”期间，以家庭人均可支配收入2.9万~15万元作为全国标准，地方可在此基础上制定地区标准。以后按照社会经济五年规划的周期和节奏，根据经济发展实际情况，周期性调整我国中等收入群体标准。目前我国中等收入群体接近总人口的30%，过去十多年内群体比例平均每年增加2个百分点左右。按照党的十九大报告要求，可将提高中等收入群体比例任务按“三步走”进行规划。当前及今后一段时期，应当以中等收入群体成员及其“后备军”为施策重点，在“稳中”的基础上通过“提低”，来提高中等收入群体规模比例。

（案例来源：节选自王宏：《中国中等收入群体划分标准：综述、比较与现实选择》，《经济研究参考》2020年第1期，第58页。）

[案例D] 疫情背景下湖北高校毕业生就业状况调查

做好高校毕业生等重点群体就业创业工作，对于全面做好“六稳”工作，落实“六保”任务，应对疫情冲击和发展环境变化，具有重要意义。湖北是科教大省，2020年应届高校毕业生达45万人，较上年增加1.3万人。为了了解疫情背景下湖北高校毕业生就业状况，湖北调查总队在武汉、十堰、宜昌、襄阳、荆门、孝感、荆州等地的16所高校随机调查了579名应届毕业生，走访了部分高校等相关部门。调查结果显示：疫情影响下高校毕业生就业压力凸显，就业求“稳”意愿较强。

受访毕业生的就业特征之一是总体就业率不高。579名受访毕业生中，已与就业单位签约、自主创业和灵活就业的共计296名，就业率为51.1%；如果将国内升学和出境留学的93人也纳入就业范畴，就业率为67.2%，见表3-3。

表3-3　受访毕业生就业情况

调查项目	人数(人)	占比(%)	与去年相比(%)
1. 已与就业单位签约	279	48.2	-5.4
2. 已自主创业	4	0.7	-2.5
3. 国内升学	89	15.4	12.9

续表

调查项目	人数(人)	占比(%)	与去年相比(%)
4. 出境留学	4	0.7	−2.9
5. 自由职业	5	0.9	−9.2
6. 其他灵活就业	8	1.4	0.6
7. 正在找工作	101	17.4	1.2
8. 准备自主创业	4	0.7	−0.3
9. 不就业拟升学	45	7.8	5.4
10. 暂不就业	12	2.1	−1.8
11. 其他	28	4.8	2.1
合计	579	100.0	0

受访毕业生的就业特征之二就是求职意愿更加理性。调查结果显示，54.5%的受访者愿意放弃专业选择一个能先解决就业的工作。41.1%的受访者会因专业不对口选择跳槽。在回答择业时考虑的主要因素(多选，下同)时，“行业前景、未来发展”“薪资水平、工作待遇”和“工作稳定、职业保障”排在前三位，占比分别为78.1%、77.7%和56.6%。在回答影响就业最主要的因素时，“专业知识”“社会实践和实习经验”“学校知名度”排在前三位，占比分别为70.3%、59.4%和48.9%。在回答提升自我能力、增加就业机会的方式时，“考取相关证书，参加技能培训”“多参加实习，增加社会经验”“参加求职经验培训，增强应对能力”排在前三位，占比分别为82.4%、76.9%和61.6%，见表3-4。

表3-4　择业时考虑的最主要因素占比

择业时考虑的最主要因素	占比(%)
1. 行业前景、未来发展	78.1
2. 薪资水平、工作待遇	77.7
3. 工作稳定、职业保障	56.6
4. 个人理想、人生规划	29.9
5. 工作环境、离家远近	27.1
6. 专业对口、个人兴趣	26.4
7. 社会地位、企业文化	7.8
8. 其他	1.5

(案例来源：改编自杨琳：《湖北高校毕业生就业压力凸显 面临困难不容忽视》，节选自《湖北民生调研报告2020》，中国统计出版社2021年版，第157~159页。)

【案例分析】

通过统计调查获取的第一手数据，是总体中各单位的个体资料，无法直接对总体进行分析，而通过各种渠道收集的第二手数据，往往由于其在分组方法、总体范围或指标涵义、口径、计算方法等方面与现行研究要求有距离，也难以直接使用。故此，必须经过数据整理，才能成为可用之“材”，才能据以进行统计分析。数据整理的关键是对数据进行分组，即统计分组或数据分组。上述四个小案例中，案例 A、案例 B 和案例 C 涉及数据分组中的基本问题，即分组标准的选择和各组界限的划分；通过案例 D，我们来强调一下数据分组的互斥原则和穷尽原则。

数据分组是根据统计研究的目的，按照一定的标准将总体数据划分为若干个组成部分的统计方法。数据分组将同质总体中性质不同的数据归在不同的组，性质相同的数据归在同一组内，保持组内数据的一致性和组间数据的差异性，以便进一步运用统计方法，对总体的各个组成部分及总体进行分析，从而揭示总体的性质和规律性。比如在人口总体中，就有性别、年龄、民族、文化程度、职业、收入等差别，在企业总体中有地区、行业、生产方向、生产规模等差别。根据研究需要，我们可以从不同角度进行分组，深入研究总体的特征。一个国家或地区的人口分别按性别、年龄、民族、文化程度、职业等进行分组，可以观察和分析这个国家或地区人口的性别分布、年龄分布、民族分布、文化程度分布、职业分布等。数据分组是基本的统计方法之一，它在数据整理和数据分析中都有广泛的应用。分组的好坏直接关系到能否整理出中肯的统计资料，关系到统计分析能否得出正确的结论。可以说，没有好的数据分组，就没有科学的统计整理和统计分析。

数据分组的关键是选择分组标准和划分各组界限。要依据研究目的选择分组标准，在诸多标准中选择最能反映实质内容的标准，要根据历史条件和经济条件选择分组标准等。确定分组标准的这几个要点，在案例 B 和案例 C 中都得到了充分表现。

为了研究我国小康社会的分配格局，需要了解中等收入者所占比重及其变动。为此，首先要科学界定中等收入者的概念和确定划分中等收入者的标准。正如案例 B 的作者所说，考虑我国社会主义初级阶段这一基本国情，我国中等收入者与国外的“中产阶层(或称中产阶级)”有着根本区别。我国现阶段的中等收入者应当是收入水平在一定时期内和同一地域范围内与全体居民的中等收入水平相当的那一部分城乡居民。一定的收入水平是其唯一的划分标准，不必区分居民在文化程度、财产规模、职业分类、价值观念、社会地位等方面的差别。对于城乡居民，只要其收入水平处在一定范围标准之内，就可以归于中等收入者行列。案例 B 在权衡比较了各种方法后认为：采用居民家庭人均收入水平来划分中等收入者，不仅更符合中等收入者的概念，也符合国际上的通行做法。收入是一项综合性指标，人们能够获得某种程度的收入，往往与他们的职业、文化程度和技能水平有着密切的联系。同时，一定的收入水平在某种程度上还可以决定人们的生活方式、财产积累的能力，甚至思想观念的倾向。另外，之所以采用居民家庭人均收入这一指标来具体反映居民的收入水平，是由于家庭是社会经济生活中最基本的单位，以家庭为单位进行划分，能够真实说明每个居民或每个家庭成员生活与发展的经济条件。

确定用居民家庭人均收入作为划分中等收入者的标准之后，接下来需要划定中等收入者的收入区间，即收入的上限值和下限值，并在此基础上计算中等收入者所占比重。在案例 B 中，是根据一定时期的经常性住户抽样调查资料，将所要考察的地区范围内的全部居民家庭户按人均收入水平进行排序，在确定排序后的中间收入水平(用中位数表示)，以及中等收入者收入区间(收入中位数±15%)的基础上，计算出该地区中等收入者家庭的户数及其占全部居民家庭户的比重，就是一定时期在这一地区范围内中等收入者的比重。值得特别注意的是，在具体划分中等收入者的收入区间范围的研究中，案例 B 选择了三种方案，就是分别将中等收入者的收入区间确定在收入中位数±10%，±15%和±20%以内，并根据方案利用实际资料进行了分组计算，分别计算了按照以上三种方案划分出的各中等收入组居民家庭的基尼系数。结果表明第二方案是最佳选择，其基尼系数在 0. 21～0. 23 之间，呈现出组内居民之间收入相对平均、略有差距的状态，符合统计分组要保持组内统计资料一致性的要求。

数据分组项目和数据归组的结果都要遵循互斥性原则和穷尽性原则，即各个组别的项目具有独立性，各个组别划分出来后，要使总体中的每个数据只能归于某一组内，不能同时归于其他的组(互斥性)，而且保证各个组别的项目要涵盖到所有可能情况，不能有遗漏，即每个数据都要有所归属，不能无组可归(穷尽性)。案例 D 对受访毕业生就业情况的统计，就充分考虑了数据分组的互斥性和穷尽性。

在表 3-3 中，针对毕业生是否就业的不同的情况，共计列出了 11 个调查项目，前 10 个项目都比较具体明确，第 11 个项目“其他”就比较抽象模糊，但可以让不属于前 10 组的情况全部归到第 11 组，这样就满足了互斥性和穷尽性要求。总人数为 579 人，意味着有 579 个人要统计到不同的组，有 579 个数据。如果数据合计不是 579，那么大于 579 就说明有重复统计的数据(存在有的人被重复统计在不同的组)，则不满足互斥性要求；小于 579 就说明数据统计有遗漏(有的人没有归入任何一组)，则不满足穷尽性要求。

在表 3-4 中，关于毕业生求职意愿的调查项目，对择业时考虑的最主要因素设置了 8 个调查项目，为了满足穷尽性，第 8 个项目设置为“其他”。社会发展的多元化，人的思想也多元化，调查时可以列出大多数人的主要想法，但是没有办法穷尽所有人的想法。在调查项目中设置“其他”这个选项，可以使小众的想法也得到呈现。数据显示，有 1. 5%的毕业生选择了“其他”选项，这 1. 5%的毕业生择业时考虑的最主要因素是怎样与众不同，这个就不得而知了，不过我们可以想象一下。

案例四　数据分布

【案例正文】

[案例 A] 一棵小番茄秧能结多少果子

小番茄又称樱桃番茄、圣女果，既可作为蔬菜又可作为水果，其维生素含量是普通番茄的 1. 7 倍。其外观玲珑可爱，口味香甜鲜美，风味独特，深受消费者喜爱，在我国一年四季均可栽培。

中百超市设在市郊的生态农业园，今年引种了一个小番茄新品种。为了掌握该品种结果子的数目多少，超市先在蔬菜大棚中进行了试种，在果子的成熟期随机抽查了50棵小番茄秧，对每棵小番茄秧上结的果子数目进行了清点和登记，数据如下(单位：个)

28	62	54	29	32	47	68	27	55	43
36	79	46	54	25	82	16	39	32	64
61	59	67	56	45	74	49	36	39	52
85	65	48	58	59	64	91	67	54	57
68	54	71	26	59	47	58	52	52	70

农技人员对数据进行了分组整理，列出了统计表，绘出了统计图，并对数据分布特点作了简要分析。具体步骤如下：

(1)将原始数据进行排序与分析。

16	25	26	27	28	29	32	32	36	36
39	39	43	45	46	47	47	48	49	52
52	52	54	54	54	54	55	56	57	58
58	59	59	59	61	62	64	64	65	67
67	68	68	70	71	74	79	82	85	91

(2)采用等距分组，组距为10，组数=全距/组距=(91−16)/10=7.5≈8(组)。

(3)确定各组组限，组限采用断开组限和重合组限两种形式表示。

(4)汇总各组单位数(即小番茄秧的棵数或数据的个数)，编成统计表(表3-5)，并绘成统计图(图3-1)

(5)分析：数据整理结果显示，50棵小番茄秧结果子的数目分布属于两头小、中间大的钟形分布。具体地说，结果数目在35~75个之间的有38棵，占76%，结果数目少于35个和大于75个的分别有8棵和4棵，分别占16%和8%。

表3-5 小番茄结果子数目统计表

按小番茄秧结果子的个数分组(个)		小番茄秧的棵数(棵)	比重(%)
15~25	15~24	1	2
25~35	25~34	7	14
35~45	35~44	5	10
45~55	45~54	13	18
55~65	55~64	12	32
65~75	65~74	8	16
75~85	75~84	2	4
85~95	85~94	2	4
合计		50	100

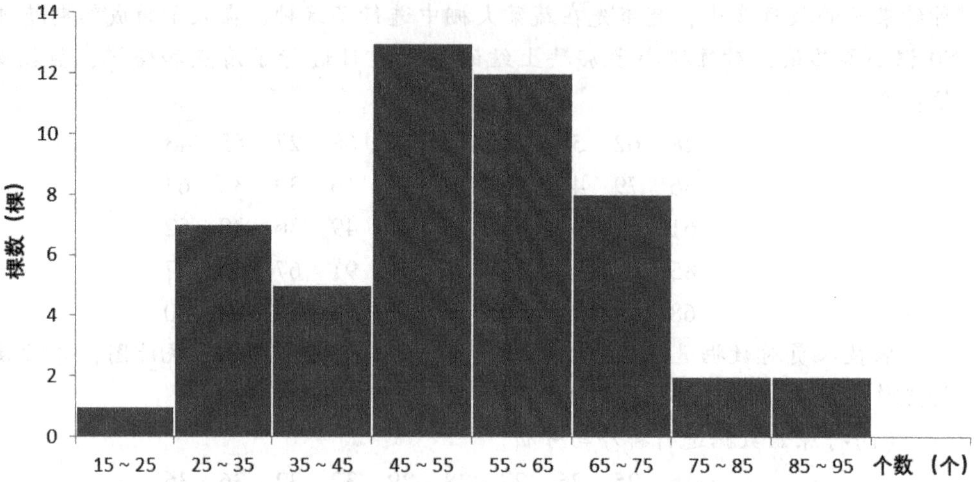

图 3-1　50 棵小番茄秧结果子个数的分布图

（案例来源：作者编创。）

［案例 B］专卖店店员工资的分布

某男装品牌专卖店有 10 个店员，其月薪（单位：元）分别为 4500、4900、5400、5600、5800、6000、6200、6400、6900、7000。店长希望将这 10 个人的月薪分为三档，用以说明该店店员月薪水平分布的基本特点。

基于不同的考虑，得到三种不同分组结果（见表 3-6、表 3-7、表 3-8）。哪一种分组结果最好？店长陷于纠结中。

表 3-6　专卖店店员月薪分组表

按月薪分组（元）	人数（人）	比重（%）
5000 元以下（4000～5000）	2	20
5000～6000	3	30
6000 以上（6000～7000）	5	50
合计	10	100

表 3-7　专卖店店员月薪分组表

按月薪分组（元）	人数（人）	比重（%）
5000 元以下	2	20
5000～6500	6	60
6500 以上	2	20
合计	10	100

表 3-8　专卖店店员月薪分组表

按月薪分组(元)	人数(人)	比重(%)
4500~5500(5500 元以下)	3	30
5500~6500	5	50
6500~7500(6500 以上)	2	20
合计	10	100

(案例来源：作者编创。)

【案例分析】

数据的次数分布简称数据分布或次数分布。次数分布是数据分组的一种重要形式。在数据分组的基础上，将总体的所有数据按组归类整理，并依次排列起来，形成总体中数据在各组之间的分布，称为次数分布。分布在各组的数据的个数叫次数，次数与总次数之比叫比率或比重。次数分布可以反映总体的结构分布状况和分布特征，对统计分析至关重要。案例 A 展示了次数分布的编制步骤，案例 B 则反映了次数分布结果的多样性。

编次数分布，第一步数据排序很重要，排序后的数据序列，既便于对数据分布进行初步分析，也便于最后统计各组数据的个数。确定各组组限要慎重选择组限的表现形式，对于连续变量，一般相邻组的组限要重合，即采用重合组限；对于离散变量，采用重合组限和断开组限都行。所谓断开组限即用顺序相邻的两个变量值分别表示相邻组的上限和下限，相邻组的组限衔接而不重合。如果采用重合组限，则各数据归组时，要按"上组限不在本组内"的原则处理。由次数分布表或数据分布表，我们可以清晰地看出该品种小番茄秧结果子的基本情况，为该品种小番茄引种结果的分析和推广种植提供了重要数据。

在案例 B 中，对同一个数据资料进行整理，出现了三个分组结果，三个不同的结果基于三种不同的基本思路，也反映了三种不同的切入点。第一种分组是经验判断的结果，因为 10 个数据就在 4000~7000 之间波动，每组以 1000 为组距，分为 3 组，一个等距数列自然就出来了。第二种分组主要基于要使组内数据差别不大，组间数据差别较大，通过计算邻值差(从 5400 到 6400 这几个数据的邻值差都是 200)，把数据序列中间的差别小靠得比较近的 6 个数据归于一组，而数据序列一头一尾的各两个数据分别归于一组。第三种分组是以实际最小值为起点(即第一组的下限)，以 1000 为组距等距处理的结果。

可以看出，三种分组的次数分布结果是不一样的。第一个次数分布是一个正 J 分布，第二个次数分布是钟形对称分布，第三个次数分布是钟形分布，但不对称，稍微左偏。次数分布不同反映的情况就不相同。如果把三档的月薪水平用高、中、低来定性的话，那么第一个次数分布表明较高月薪水平的人居多，占 50%；第二个次数分布表明中档月薪水平的人居多，占 60%，较高或较低月薪水平的人一样多，各占 20%；第三个次数分布表明中档月薪水平的人居多，占 50%，但较低月薪水平的人多于较高月薪水平的人，分别占 30%和 20%。

变量数列的编制是次数分布中的重点，也是难点。由于对现象性质差别的数量界限，不同的人有不同的理解，对如何处理组限，各人的出发点、侧重点不一样，因而同一个数据资料，不同的人可能整理出不同的结果。尽管同一资料会有多样的整理结果，但是各种结果还是有优劣之分的。判断分组结果优劣的标准应该是能否较好地反映总体的分布特点，能否较好地保持组内数据的一致性、相近性和组间数据的差异性、离散性。案例 B 中的三个次数分布相比较而言，第二个结果最好，它把差距较小的数据归在同一组内，把差距较大的数据归在不同的组，很好地反映了数据分布的集中趋势和离散状况。

案例五　好图胜千言

【案例正文】

[案例 A] 中国将“跑步式”迈入重度老龄化社会

国际上将老龄社会发展阶段划分为三种不断演进的形态：轻度型、中度型和重度型。当一个社会 65 岁及以上老龄人口占总人口比例为 7%时，该社会属于轻度老龄化；当该比例从 7%增长到 14%时，该社会进入深度老龄化；而当该比例进一步上升到 20%时，该社会开始步入重度老龄化或超级老龄化阶段。理论上而言，由一种社会形态向另一种社会形态的转变，是一个循序渐进、比较缓慢的过程。在西方发达国家，老龄社会由轻度型过渡到重度型，平均花了 100 年左右的时间。其中，法国 115 年，瑞典 85 年，美国 70 年，加拿大 66 年，英国 45 年。而在中国，仅 15 年时间就完成了人口结构从成年型向老年型的过渡。正式进入老龄化社会之后，从轻度型向重度型老年社会形态的转变也仅历时 26 年（见图 3-2），其时间之短、速度之快，均表明中国将“跑步式”迈入重度老龄化社会。

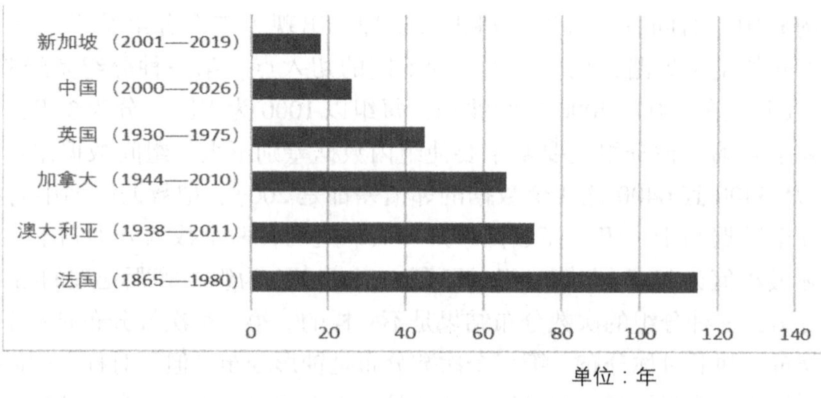

图 3-2　中国与其他国家进入重度老龄化社会时间对比

（案例来源：节选自魏华林、金坚强：《养老大趋势》，中信出版社 2014 年版，第 7~8 页。）

[案例 B] 养老路在何方

人口结构转变会对老年人的代际社会支持系统带来冲击，尤其是在那些以非正式照顾为主要养老方式的国家和地区，影响更为深远。在我国，家庭养老依然根植于老年人的养老观念中，老年人对代际间非正式照顾系统的依赖程度很高。中国老龄科研中心和北京大学联合进行的"全国老年人口健康影响因素调查"结果显示，老年人的照料需求主要依靠传统家庭成员满足，按照介入和承担责任的顺序依次为：配偶、儿子、媳妇和女儿。被调查老年人在回答"有病谁来照料"的问题时，首先选择的依然是"儿子"和"儿媳"，其次为女儿、孙子女和配偶(图 3-3)。然而这种对家庭成员照护需求的高度依赖却与家庭照护需求实际满足率低的现象背道而驰。

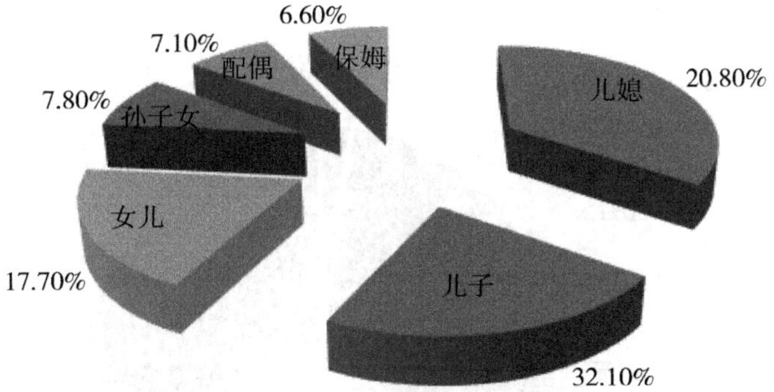

图 3-3　老年人患病时照料提供者的排序(前六位)

……

当家庭成员无力兑现其照料义务时，由政府和社会提供的正式照顾系统就有责任弥补缺失的家庭照料功能。在我国，这种正式照顾功能主要通过机构养老服务渠道来实现。专业化、社会化和市场化运营的养老机构能为老年人提供细致周到的生活照顾、健康护理以及精神慰藉等服务，从而在缓解子女供养压力的同时满足老年人多元化的养老需求。尤其对那些高龄、病残、生活不能自理等失能老年人来说，与普通家庭照护相比，机构养老的专业化和针对性服务显然更具优势。

(案例来源：节选自魏华林、金坚强：《养老大趋势》，中信出版社 2014 年版，第43~44 页。)

[案例 C] 2020 年全国居民人均消费支出及其构成

表 3-9　2020 年全国居民人均消费支出及其构成

分类	消费额(元)	比重(%)
食品烟酒	6397	30. 2
衣着	1238	5. 8

续表

分类	消费额(元)	比重(%)
居住	5215	24.6
生活用品及服务	1260	5.9
交通通信	2762	13.0
教育文化娱乐	2032	9.6
医疗保健	1843	8.7
其他用品及服务	462	2.2

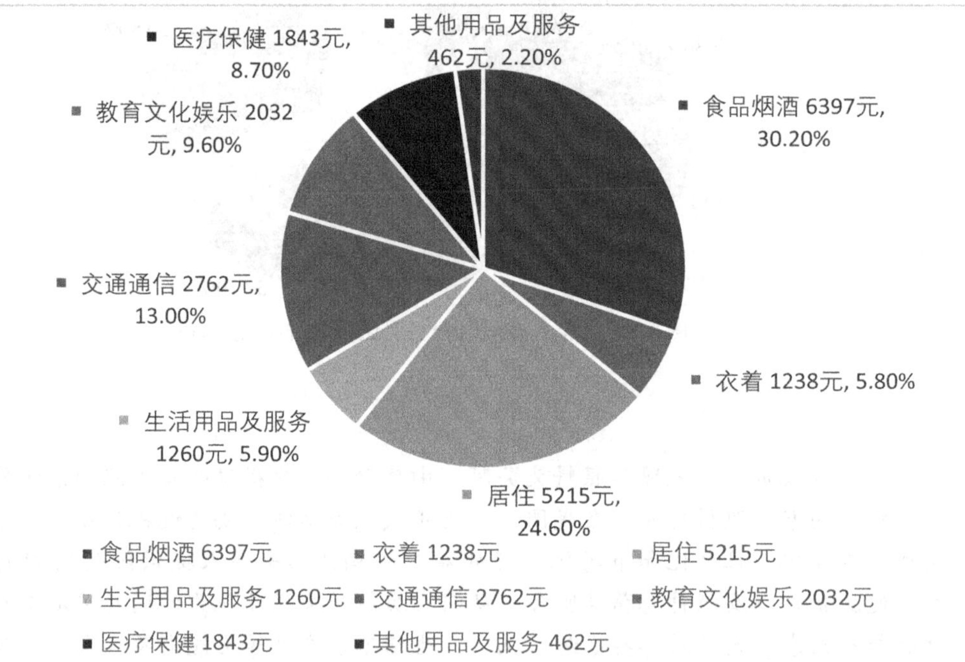

图 3-4　2020 年全国居民人均消费支出及其构成
（数据来源：国家统计局官网，www.stats.gov.cn）

[案例 D] 经济体制扭曲与“分配—消费—生产”失衡及其纠正

供给侧的经济增长需要由需求侧的市场容量所平衡。如果“生产—分配—支出—消费—生产…”循环流程扭曲并受到梗阻，未来即使供给侧有智能制造和数字经济等形成较强的财富生产能力，但是需求侧不会有生产力持续发展和中高速增长的容量，中国经济增长总供给与总需求失衡的问题很难以中短期现有的均衡增长模型去分析、描述和说明。二元经济体制不仅扭曲了经济体系的“生产—分配—消费”流程，也扭曲了人口和劳动力的再生产，造成“就业—收入—消费”长时期的迭代式萎缩；不仅扭曲了要素的最优配置，也扭曲了居民的收入分配，进而会抑制居民支出能力并扭曲需求与消费之间的平衡关系，使生产能力过剩出现常态化。就一个特别长时期二元经济体制扭曲和发展战略转型看，进入21世纪后中国需求遇到的问题，先是发生了人口和劳动力相对和绝对迭代式收缩造成的消费需求相对于供给的不足，再是出现了出口占GDP比重下降引起的国内产能相对过剩，后是土地财政和高房价转移和挤出了城乡居民的收入和消费。

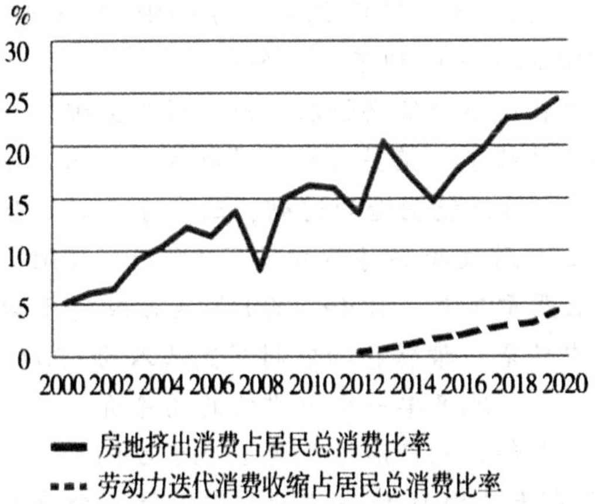

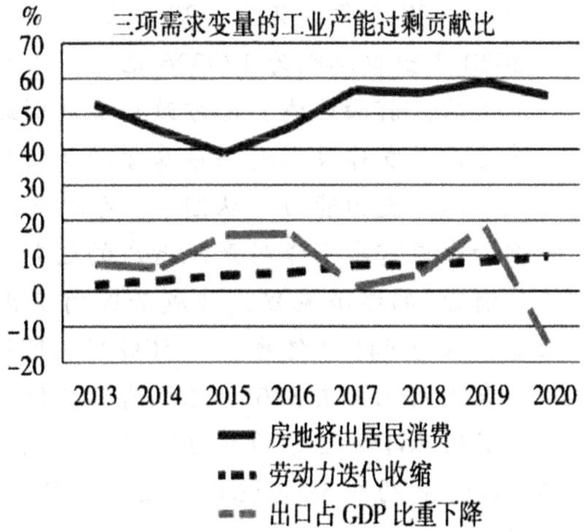

图3-5 土地财政和高房价对居民收入转移和挤出以及三项需求相对收缩造成的工业产能过剩

首先，人口和劳动力迭代式收缩，导致"就业—收入—支出—消费"传导性的迭代式收缩。从中国人口增长转型看，20世纪90年代初在工业化和城市化前中期时，总和生育率就下降到迭代平衡点2.10。其后快速下降，到2020年在1.20左右。其原因在于改革开放以来，力度过大和时期过长的生育管制政策和市场化生育抚养直接成本和机会成本越来越高。特别是20世纪90年代中期以后，少生文化、人口城市化和妇女受教育水平及其参加工作程度提高，教育、医疗和居住成本昂贵，导致低生育惯性，造成了人口再生产失去平衡。即世代更替中，下一代人口不断较大幅度地少于上一代人口。如果20年前生育率小于2.10，当人口增长率下行时，人口与国民经济总供需及增长的互动内在过程为：20年后，新参加工作人口增长率连续下行，抽象掉其他因素，新进入工作的人口负增长，使下一年的总需求总是小于上一年的供给能力。从迭代性减少方面看，经济主力人口2012年收缩345万人，到2020年累积收缩3983万人；居民消费规模2012年收缩766.34亿元，到2020年，累积性收缩规模为12744.01亿元。虽然最初在2012年时，居民消费收缩额占GDP比重只有0.15%，很微弱；但是，到2020年时，经济主力人口迭代累积性收缩，造成的居民消费损失则扩大为当年GDP的1.25%。

其次，由于国内劳动力等成本上升，国际贸易保护主义抬头，一些发达国家引导境外制造业回流和发展中国家展开出口竞争，使中国出口导向的工业化趋于结束，出口需求对经济增长的拉动力下降。从工业化的阶段看，1978 年，特别是 20 世纪 80 年代经济融入国际大循环，使中国从一个满足内需型的经济发展模式向出口需求拉动型的发展模式转型，到了 2000 年，中国成为一个典型的出口导向工业化的国家，这一阶段持续了 16 年。而从 2016 年开始，中国又从一个出口导向型工业化模式，重新又转向了满足内需型经济发展模式的国家。中国在 1978 年时，出口总额为 168 亿元，仅占当时 GDP 的 4.56%。如果我们将发展中和新兴工业化国家出口额占 GDP 的 20%及以上看成是出口导向型发展模式的分界线，中国出口额占 GDP 比率 20%及其以上，为 2000—2015 年，其中，2006 年最高时出口总额为 77597 亿元，占 GDP 的 35.36%，而 2020 年出口总额为 179326 亿元，占 GDP 比重下降到了 17.65%。

最后，前面已述，地方政府土地财政对农民财产交易性收入进行过度分配，而单一房地产开发建设渠道供应房屋的高价格又转移了城镇买房居民的收入，挤出了城乡居民的消费支出能力。从图 3-5 可以看出，其对产能制造的过剩，远高于人口迭代式收缩和出口需求下降对产能造成的过剩。土地财政和高房价扭曲了“生产—分配—交换—消费”的经济流程，造成居民消费需求严重不足。比如 2020 年地方政府土地出让金收入为 84142 亿元，从 50%应该留给农民看，被转移的农村居民收入为 42071 亿元，农民因此失去 33657 亿元消费支付能力；房地产单一渠道供给的高房价又挤压了城市居民 36458 亿元的其他消费支出能力。当年工业产能过剩为 13.15 万亿元，其中消费品过剩约 6.58 万亿元。由此可见，没有土地财政和高房价，中国就不会存在工业产能过剩。

农村土地使用财产权交易和以地为本创业是农民收入增长的关键。未来 15 年，从农村的各类收入变动看，允许农村每年有 1.50%的土地资产交易，即使政府收取 30%的税收，按照现值，即可给农民形成年均 4.50 万亿元的财产性收入；如果允许农民以地为本创业，利用农村宅基地和其他建设用地的 20%从事第二三产业，也会有年均 5 万亿元的土地要素投入性收入，年均总计会有 6.65 万亿元的消费需求。土地市场化和住房多渠道化可降低相对或者绝对房价而释放城镇居民消费。允许宅基地市场化交易，城乡人口、劳动力和宅基地房屋双向置换，加上城市放开合作建房和加大公租房的供给，逐步地使房价收入比从 9.30 左右下降到 6.00 左右，从而逐步恢复城镇居民可能被高房价和按揭贷款还本付息所挤压的年均 3 万~4 万亿元的消费支出能力。东北财经大学国民经济工程实验室对有关流量进行模拟，上述市场化改革纠正的“收入—支出—消费”流向和流量，可以给工业生产提供年均 10 万亿元左右的新增消费需求容纳量，有力地平抑产能过剩，稳定和做强中国制造业，在需求侧保证中国未来经济的中高速增长。

（案例来源：节选自周天勇：《中国潜在和稳定增长的经济学分析——二元体制经济学的中国实践》，《财经问题研究》2021 年第 6 期，第 3~17 页。）

【案例分析】

统计图的特点是形象、直观、醒目、易懂，有时包含的信息容量很大，一张精心设计的统计图胜似千言万语。

案例 D 用一张图，就讲清了土地财政和高房价对居民收入的转移和挤出，也讲清了造成工业产能过剩的三大原因：第一，人口和劳动力迭代式收缩造成的消费需求相对不足；第二，出口占 GDP 比重下降引起的国内产能相对过剩；第三，土地财政和高房价转移挤出了城乡居民消费(这是最主要的原因)。以上三项需求相对收缩造成了工业产能过剩。看完后面的文字分析，再回过头来看图形，生产与消费的失衡及其主要原因和次要原因就一目了然。一个问题一张图就概括了原因，清晰直观，印象深刻。

平时常见的统计图有条形图、饼图、折线图、曲线图和直方图等。在本章案例五中，有条形图、饼图、折线图和曲线图。本章案例四中的 50 棵小番茄秧结果子个数的分布图，则是一个直方图。这些统计图，通过 Excel 中的“插入”菜单，再选择相应的统计图形即可得到。

不同的统计图各有其特点，在实际应用中要有选择地使用。条形图能较好显示定性数据的多少及其差别。饼图能很好地显示部分占总体的百分比，主要用于表示总体中各个组成部分所占比重，用于研究总体的结构性问题。线图(折线图或曲线图)擅长显示数据的发展变化趋势，特别适合展示按时间排列的数据。直方图主要用于显示数据在不同数字区间的分布。

合理使用统计图表，是做好统计分析的基本技能。统计软件中都有相应的绘图工具，现在使用电脑，就可以比较方便地绘制出很漂亮的图表，关键是要明确统计表和统计图的基本规范，掌握编表和制图的基本技巧，熟悉各种图形的特点，如此才能得到管用、好用和美观的统计图表。

案例六　统计软件：数据处理和分析的工具

【案例正文】

以下是 2017 年中国五大上市影视公司业绩统计表和统计图。

表 3-10　2017 年中国五大上市影视公司业绩统计表　　单位：亿元

上市公司	主营业务收入	净利润
万达电影	132.29	15.16
中国电影	89.88	9.86
华谊兄弟	39.46	8.28
光线传媒	18.43	8.15
华策影视	52.46	6.34

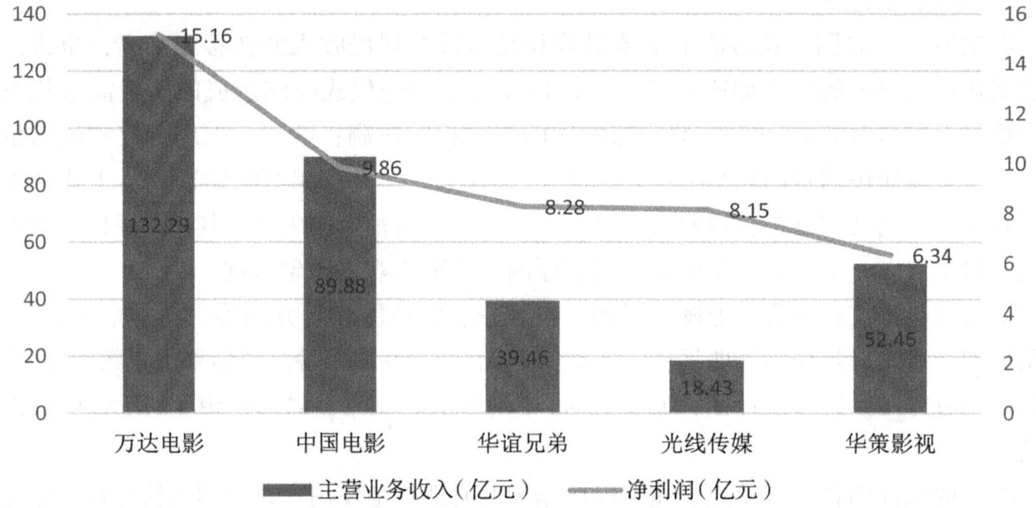

图 3-6　2017 年中国五大上市影视公司业绩统计图

【案例分析】

统计软件是依据统计理论和统计方法，进行准确和高效率的数据处理与数据分析的计算机程序。统计软件是数据处理与计算的工具。学习统计离不开统计软件，数据的图表绘制和计算主要利用统计软件来完成。

2017 年中国五大上市影视公司业绩统计图(图 3-6)就是用 Excel 表格软件绘制的，这是一个包含条形图和折线图的复合图形。其操作步骤很简单：在 Excel 界面，框选数据表→插入→堆积条形图→更改图形类型(将利润数据用折线表示)→右键折线，设置数据系列格式，为折线设置次坐标轴→分别右键条形图和折线，添加数据标签→再“选择数据”，编辑数据标签，得到系列名称“主营业务收入”和“净利润”。

学会使用统计软件可以大大提高数据分析的效率，从某种意义上讲，如果离开了计算机，离开了统计软件，大量的数据分析就无法顺利开展。统计软件种类很多，各有特色，最常见的统计软件主要有 Excel、SPSS、SAS、EViews、R。

(1)Excel。严格地讲，它并不是统计软件，但作为数据表格软件具有强大的表格管理功能和统计图的制作功能，而且易于上手操作，不太复杂的数据计算也能轻松应对。凡是安装有微软办公软件 Microsoft office 的计算机，基本上都有 Excel。但有时在安装 office 时没有安装“数据分析”功能，Excel 中的数据分析工具库，需要加载后才能使用。具体加载步骤为：

在 Excel 窗口，单击左上角的 OFFICE 按钮，点击“Excel 选项→加载项→分析工具库→转到”，即出现“加载宏”对话框，在“分析工具库”前的方框内打钩，单击“确定”即完成数据分析工具库的加载。

考虑到易得性和实用性，本书在统计软件的应用方面，主要使用 Excel。

(2)SPSS。它是一个很受欢迎的统计软件，已成为世界上最流行、应用最广泛的专业统计分析软件。它容易操作，功能齐全，展示漂亮，价格合理。它虽有自己的程序语言，但基本上已经“傻瓜化”，是非专业统计者很好的选择。

SPSS 曾用名：

社会科学统计软件包(Statistical Package for the Social Science)。

统计产品与服务解决方案(Statistical Product and Service solutions)。

预测分析软件(Predictive Analytics Software，PASW)。

2009 年 IBM 公司收购了 SPSS 软件公司，从 2010 年开始，新版本命名为：IBM SPSS STATISTICS(简称 SPSS)。被 IBM 收购后，SPSS 一年更新一个版本。

(3)SAS。SAS 是统计分析系统(Statistical Analysis System)的缩写，是功能非常齐全的软件，价格不菲，但是许多公司，特别是美国的制药公司偏爱使用。尽管它现在已经尽量“傻瓜化”，但还是需要编写程序，使用者需要接受一定的培训才能使用它，因此 SAS 适合于专业统计人员使用。

(4)EViews。EViews 是 Econometrics Views 的缩写，通常称为计量经济学软件包。计量经济学研究的核心是设计模型、收集资料、估计模型、检验模型、模型应用(结构分析、经济预测、政策评价)。EViews 是达成上述目标的得力工具。

(5)R。它是一种免费的由志愿者管理的统计软件，不少统计学家和爱好者不断在 R 网站上提供他们编写的各种最新统计方法的统计软件包和程序，它的所有计算过程和代码都是公开的。对于非统计工作者来说，它的主要问题是没有“傻瓜化”。

第三节　本章小结

第一手数据的获取需要专门组织统计调查。在统计调查方式中，普查和抽样调查各有其特点，应视需要与可能并考虑经济性，选择合适的调查方式方法搜集统计资料。

第二手数据的获取则需要借助各种公开出版物和公众媒体。我国政府统计机构对外公开的统计资料可以为我们提供丰富多样的宏观研究资料，各种信息中心、调研机构、企业、法人组织等的公开出版物，是微观研究资料的主要来源。另外，网上查询已经成为快速获取第二手数据的重要方式。

第一手数据和第二手数据都需要经过统计整理才能用于统计分析。统计分组是统计整理的重要方法。统计分组的关键是分组标志的选择和各组界限的划分。要围绕研究目的选择最能反映研究对象本质的标准，并且一定要分析历史条件和经济条件选择最具有现实意义的分组标准。各组界限的划分不仅要把性质不同的单位归在不同的组(组间差异性)、性质相同的单位归在同一组内(组内同质性)，而且要使总体中的所有单位都有组可归(穷尽性原则)，每一单位只归于某一组而不能同时归在其他的组(互斥性原则)。

数据在各组间的分布称为数据分布或次数分布。将原始数据整理成次数分布中的组距数列，需要经过数据排序，确定组数、组距、组限，汇总各组数据个数等步骤。同一个数据资料可能有多种分组结果，判断分组结果优劣的标准是能否较好地反映总体内部的分布特点，能否较好地保持组内数据的同质性和组间数据的差异性。

统计表和统计图是展示数据的常用工具，合理使用图表有助于更好地进行统计分析。

掌握统计图表的绘制方法是进行数据研究的基本技能。

统计软件是数据处理和分析的工具，数据的图表绘制和计算都要借助于它。学习统计软件最有效率的方式是在具体使用中学，边学边用或边用边学。

【拓展阅读】

湖北省第七次全国人口普查主要数据情况

按照国务院第七次全国人口普查领导小组的部署，我省第七次全国人口普查历时一年多时间，高质量完成了普查准备、入户登记、比对复查和主要数据汇总等工作，取得丰硕成果。今天，我们举办新闻发布会，向大家通报全省第七次全国人口普查相关情况和主要成果。

一、普查工作基本情况

根据统计法和《全国人口普查条例》，以2020年11月1日零时为标准时点，我省开展了第七次全国人口普查(以下简称“七人普”)。通过此次人口普查，我们全面查清了我省人口数量、结构、分布等方面情况，为完善我省人口发展战略和政策体系、制定经济社会发展规划、推动高质量发展、服务湖北“建成支点、走在前列、谱写新篇”提供坚实的统计信息支撑。

省委、省政府高度重视七人普工作。应勇书记、王忠林代省长参加人口普查现场登记，应勇书记还在登记现场发表重要讲话。省政府成立七人普领导小组，多次召开全体会议和电视电话会议，研究部署有关工作。领导小组各成员单位和地方各级党委政府精心组织实施、密切协同配合，省、市、县、乡、村五级共组建普查机构29581个，选聘普查人员32万余人。各级人口普查机构和广大普查人员克服疫情不利影响，在全体普查对象的大力支持配合下，圆满完成了全省所有家庭和人口的入户登记工作。我省有5个县(市、区)接受了国务院人普办事后质量随机抽查，数据质量完全符合国家控制标准。

二、普查主要数据

根据国务院人普办的统一部署，我省人口普查公报今天正式发布。普查公报共有6个，分别为全省人口情况、地区人口情况、人口性别构成情况、人口年龄构成情况、人口受教育情况、城乡人口和流动人口情况等。主要数据具体情况如下：

(一)人口总量。2020年11月1日零时，全省常住人口为57752557人。与2010年第六次全国人口普查的57237727人相比，增加514830人，增长0.90%，年平均增长率为0.09%。相关数据表明，10年来我省人口总量保持平稳。

(二)户别人口。全省共有家庭户1993.10万户，家庭户人口为5277.38万人；集体户108.83万户，集体户人口为497.88万人。平均每个家庭户的人口为2.65人，比2010年减少0.51人。家庭户规模缩小，主要是受人口流动日趋频繁、住房条件改善、年轻人婚后独立居住等因素的影响。

(三)人口地区分布。全省17个市州、直管市、神农架林区中，常住人口超过1000万人的有1个，500万人至1000万人之间的有3个，100万人至500万人之间的有11个，少于100万人的有2个。与2010年相比，有5个市州常住人口增加。其中，武汉市常住人口增加254.11万人，位居第一，显示其作为国家中心城市、长江经济带中游核心城市对全省乃至全国人口有着较强的聚集能力。

（四）性别构成。全省男性人口为2969.47万人，占51.42%；女性人口为2805.78万人，占48.58%。常住人口性别比（以女性为100，男性对女性的比例）为105.83，与2010年基本持平。

（五）年龄构成。全省0~14岁人口为942.05万人，占16.31%；15~59岁人口为3653.71万人，占63.26%；60岁及以上人口为1179.50万人，占20.42%（其中65岁及以上人口为842.43万人，占14.59%）。与2010年相比，0~14岁人口的比重上升2.40个百分点，15~59岁人口的比重下降8.90个百分点，60岁及以上人口的比重上升6.49个百分点，其中65岁及以上人口的比重上升5.50个百分点。我省少儿人口比重回升，劳动力资源依然丰富，人口老龄化程度进一步加深。

（六）受教育程度人口。全省大学文化程度的人口为895.25万人，占比15.50%，比2010年提高5.97个百分点。每10万人中具有大学文化程度的人口为15502人，比2010年增加5968人。全省15岁及以上人口的平均受教育年限由2010年的9.20年上升至10.02年。文盲率由2010年的5.32%下降到2.32%。受教育状况的持续改善，反映10年来我省大力发展高等教育、扫除青壮年文盲等措施取得了积极成效，人口素质不断提高。

（七）城乡人口。全省居住在城镇的人口为3632.04万人，占62.89%；居住在乡村的人口为2143.22万人，占37.11%。与2010年相比，城镇人口增加787.53万人，乡村人口减少736.05万人，城镇化率提高13.19个百分点。过去10年间，我省工业化进程加快，产业优势更加凸显，城市基础设施建设迅猛发展，功能日趋完善，城市承载能力大幅提升，为人口向城市快速聚集奠定了坚实基础。

（八）流动人口。全省人户分离人口为1847.66万人，其中，市辖区内人户分离人口为571.24万人，流动人口为1276.42万人。流动人口中，省外流入人口为224.96万人，省内流动人口为1051.46万人。与2010年相比，人户分离人口增加922.63万人，增长99.74%；市辖区内人户分离人口增加378.84万人，增长196.91%；流动人口增加543.79万人，增长74.22%。我省经济社会持续发展，为人口的迁移流动创造了条件，流动人口规模进一步扩大。

（九）民族人口。全省汉族人口为5498.15万人，占95.20%；各少数民族人口为277.11万人，占4.80%。与2010年相比，汉族人口增加21.23万人，增长0.39%；各少数民族人口增加30.26万人，增长12.26%。民族人口稳步增长，体现了各民族团结发展进步的各项政策在我省得到了充分贯彻落实。

以上是我省第七次全国人口普查主要数据情况。总的来看，我省七人普主体工作已经完成，普查摸清了全省人口家底，反映了全省人口变化特征，获得了大量极其宝贵的人口统计信息。我们将会同各有关方面充分开发利用好普查资料，确保普查成果取之于民，用之于民，实现效用最大化，为推动湖北高质量发展提供准确统计信息支持。

（资料来源：湖北省统计局：《湖北省第七次全国人口普查办公室公告》，2021年5月26日。）

思考与讨论

1. 普查和抽样调查各有什么特点？
2. 获取第二手数据的主要途径有哪些？
3. 选择分组标准应注意什么问题？
4. 为什么第一手数据和第二手数据都需要经过整理以后才能用于统计分析？
5. 怎样评价数据分组结果的优劣？
6. 比较条形图和直方图的区别。
7. 请查询各年《中国统计年鉴》和省市统计年鉴、全国和省市统计公报，收集数据，分别计算中国、湖北和武汉2011—2020年全国人均GDP含金量指标，并分别编制相应的统计表绘制相应的统计图，分析居民收入与经济增长是否同步发展。

注：人均GDP含金量=单位GDP人均可支配收入=人均可支配收入/人均GDP

人均可支配收入=(城镇人均可支配收入+农村人均纯收入)×城镇人口比重

人均GDP=当地GDP/当地常住人口

参考文献

1. 王晓林. 统计学[M]. 经济科学出版社，2001.
2. 贾俊平. 统计学(第7版)[M]. 中国人民大学出版社，2018.
3. 游士兵，余艳琴. 统计学[M]. 武汉大学出版社，2001.
4. 袁卫，刘超. 统计学——思想、方法与应用(第二版)[M]. 中国人民大学出版社，2016.

第四章　数据的形式与应用

第一节　理 论 要 点

通过各种途径获取的数据资料，经过汇总整理，成为能够说明总体特征的综合数据、综合指标。它们有的仅仅描述了研究对象的表层现象，如果要揭示其深层次的特征，就需要运用统计分析方法，对方方面面的数量关系进行全方位多视角的研究。

统计分析方法是很丰富的，既有总量分析又有结构分析；既有平均分析又有变异分析；既有静态分析又有动态分析；既有对比分析又有因素分析；既有抽样推断又有指数分析。各种统计分析都离不开具体的统计数字、统计数据。综合说明研究对象总体数量特征的统计数据就是统计指标。了解统计指标的主要形式及其作用，掌握统计指标的计算方法及其应用技巧和分析要领，就等于抓住了统计分析最基本的东西。

统计指标按表现形式不同，分为总量指标、相对指标和平均指标，它们分别表现为绝对数、相对数和平均数。在统计分析中，利用总量指标表现现象的总规模、总水平，利用相对指标反映现象之间或现象内部的数量联系或数量关系，利用平均指标反映现象发展的一般水平。除此之外，还可以利用变异指标说明现象的差异水平或差异程度。变异指标主要表现为平均数形式(如平均差、标准差)，也可表现为相对数形式(如离散系数)，还可以表现为绝对数形式(如极差)。

总量指标依据不同的标准，有时期指标与时点指标之分，实物量、价值量与劳动量之分等。相对指标依据分析目的和计算方法不同，主要包括六种相对数，即结构相对数、比例相对数、比较相对数、动态相对数、强度相对数和计划完成情况相对数。平均指标依据计算方法不同有算术平均数、调和平均数、几何平均数、中位数和众数。变异指标主要有极差、平均差、标准差、标准差系数和标准分数等。

各种不同形式的统计指标，从不同的角度反映现象的不同数量特征，同一形式的统计指标也应视具体的研究问题，选择应用最合适、最恰当的指标。为了避免认识的片面性，各种指标常常结合起来进行综合分析。

第二节　案例正文与案例分析

案例一　总量的魅力

【案例正文】

[案例 A] 百桥飞架南北，天堑变通途

19 世纪末 20 世纪初，铁路和公路相继在中国起步，但是二者都面临一个相当大的挑战，即如何跨越众多的江河。1906 年，从北京到汉口的京汉铁路建成。1936 年从广州到武昌的粤汉铁路通车。一北一南两条铁路在武汉相聚，却只能隔着滚滚长江相望。新中国成立后，经过数年筹备，1955 年，大桥终于作为国家“一五”计划的重点工程开始动工建设，1957 年正式建成通车，这便是有着“万里长江第一桥”之称的武汉长江大桥。一桥飞架南北，连接京汉和粤汉两条铁路，这才有了我国第一条纵贯南北的铁路大动脉——京广铁路。之后，重庆第一座长江大桥——白沙沱长江大桥于 1959 年建成，南京第一座长江大桥——南京长江大桥于 1968 年建成。

根据国家发改委 2020 年发布的《长江干线过江通道布局规划(2020—2035 年)》，长江干线是指从云南水富至长江入海口的江段，全长 2938 千米，是目前世界上运量最大、运输最繁忙的内河水运通道，也是长江经济带生态环境保护的核心廊道。长江干线过江通道连接长江两岸，是沟通我国南北交通的重要纽带，通道形式主要是桥梁和隧道。截至 2020 年底，长江干线共拥有 111 座跨江大桥，再加上 10 余条过江隧道，已形成 120 多条过江通道，平均 23 千米就有一条，真可谓“天堑变通途”。

到 2030 年，规划布局的长江干线过江通道将达到 279 座，其中四川省 45 座、重庆市 76 座、湖北省 69 座、安徽省 32 座、江苏省 41 座、上海市 5 座、滇川界 1 座、鄂湘界 2 座、鄂赣界 6 座、赣皖界 2 座、赣皖界 2 座。

武汉是座江城，长江贯通而过。江面上有 10 多座桥梁连接起长江两岸的武汉三镇。截至 2020 年 11 月，武汉建成的长江大桥有 11 座。目前在建的有双柳长江大桥，在规划中的有光谷长江大桥。

(案例来源：节选自星球研究所：《这里是中国 2》，中信出版社 2021 年版，第 16~18 页。)

[案例 B] 湖北外贸成就斐然

从武汉海关 1980 年 3 月 28 日复关至 2020 年底，湖北外贸值从几乎由零起步，发展到 4294.1 亿元，增长了 1000 多倍。2021 年 6 月 17 日至 18 日，湖北日报全媒记者前往武汉海关，听“老海关”讲述数字变迁背后的故事。

武汉海关统计处调研员郭永泉拿出一本统计资料。数据显示，复关当年，湖北进出口货物仅5万余吨，货值4亿余元。此后在相当长一段时间，进出口货物徘徊在30万吨至50万吨之间。直到1997年，湖北进出口货物突破100万吨大关，达到132.87万吨。

进入新世纪，特别是中国加入WTO之后，湖北外贸快速增长。2007年，湖北进出口总值首次突破1000亿元，达到1139.9亿元。

从时间轴看，最近10年，湖北外贸呈加速态势，接连“斩关破隘”。2011年，湖北进出口总值突破2000亿元大关，达到2180.8亿元；2014年突破2500亿元关口，达到2646.5亿元；2017年，突破3000亿元大关，达到3134.5亿元；2020年，突破4000亿元大关。

“不仅是外贸总值发生了数量级的不断飞跃，产品结构也发生了质的飞跃。”郭永泉分析，过去湖北外贸产品以猪鬃、生漆、茶叶、服装等原料产品或“两头在外”的劳动密集型产品等为主，现在则以光纤、电脑、显示器、手机、汽车零配件等高技术产品为主，一般贸易占大头，加工贸易比例越来越低。2021年前5个月，湖北进出口总值达到2020.4亿元，其中以一般贸易方式进出口总值占同期全省进出口总值的73.9%，以加工贸易方式进出口仅占总量的13.25%。

“这从一个侧面折射出，湖北的经济发展质量越来越高。”有着23年海关从业经历的郭永泉如是评价。

（案例来源：湖北日报全媒记者张爱虎，通讯员王天强、石然：《武汉海关复关41载 湖北外贸值超千倍》，《湖北日报》2021年6月23日。）

[案例C] 高质量共建“一带一路”不断走深走实

互利共赢是中国外交的追求。习近平主席深刻洞察人类前途命运以及中国和世界发展大势，着眼推动中国和世界合作共赢、共同发展，提出共建“一带一路”倡议。共建“一带一路”成为构建人类命运共同体的重要实践平台。

坚持共商共建共享原则。共建“一带一路”倡议提出近8年来，朋友圈越来越大，合作伙伴越来越多。截至2021年6月，140个国家、32个国际组织加入“一带一路”大家庭，政策沟通不断深化，资金融通不断扩大，设施联通不断加强，贸易畅通不断提升，民心相通不断发展。

2020年以来，面对疫情考验，“一带一路”建设展现出强大韧性和活力，相关项目持续推进，合作领域进一步拓展。中欧班列全年开行1.24万列，同比增长50%，成为各国携手抗击疫情的“生命通道”“生命纽带”。2020年全年，中国同全线国家货物贸易额达1.35万亿美元，对沿线国家非金融类直接投资达177.9亿美元，共建“一带一路”为有关国家抗击疫情、经济复苏提供了强大动力。

（案例来源：节选自人民日报记者赵成：《中国特色大国外交砥砺前行》，《人民日报》2021年6月24日。）

【案例分析】

总量指标是最原始最基本的统计指标，它总是以总数、总和、总量、总值、总额等绝对数形式表现出来。它既是我们认识事物的起点，也是计算其他指标的依据。以上几个案例，让我们对总量有了最直观最具体的认识和了解。

长江干线全长 2938 千米，是目前世界上运量最大、运输最繁忙的内河水运通道。长江干线过江通道连接长江两岸，是沟通我国南北交通的重要纽带，通道形式主要是桥梁和隧道。截至 2020 年底，长江干线共拥有 111 座跨江大桥，再加上 10 余条过江隧道，已形成 120 多条过江通道。百桥飞架南北，十隧贯穿江底，书写的是中国人让“天堑变通途”的豪情。

一条不断加速上升的红线，勾勒出湖北外贸的斐然成就：从 1997 年，湖北进出口货物突破 100 万吨大关；到 2007 年，湖北进出口总值首次突破 1000 亿元；再到 2011 年，突破 2000 亿元大关，达到 2180. 8 亿元；2014 年突破 2500 亿元关口，达到 2646. 5 亿元；2017 年，突破 3000 亿元大关，达到 3134. 5 亿元；2020 年，突破 4000 亿元大关，达到 4294. 1 亿元。一个个亮眼的数字，展现出湖北外贸从数量上的飞跃到质量上的提升。

高质量共建“一带一路”不断走深走实。截至 2021 年 6 月，140 个国家、32 个国际组织加入“一带一路”大家庭。共建“一带一路”倡议提出近 8 年来，我们的朋友圈真正是越来越大，合作伙伴越来越多。2020 年以来，中欧班列全年开行 1. 24 万列(同比增长 50%)，成为各国携手抗击疫情的“生命通道”“生命纽带”。2020 年全年，中国同全线国家货物贸易额达 1. 35 万亿美元，对沿线国家非金融类直接投资达 177. 9 亿美元。真金白银，中国为“一带一路”的有关国家抗击疫情和经济复苏提供了强大动力。

总量指标描述的是现象的总体外貌，给人们实实在在的印象。用实物单位计量的总量指标如产品多少件、产量多少台、货物多少吨、销售量多少套等，还可以让人感受到事物的具体形态和使用价值。而用货币单位计量的总量指标，是实物量乘以价格的结果，称为价值量，如产值、利润、工资总额、销售总额、进出口总值、投资总额等。价值量具有广泛的综合性，不同性质事物的价值量能够直接相加。

对总量指标进行深度加工，将有联系的总量指标进行对比，可以计算出一系列的相对指标或平均指标。比如，长江干线共拥有 120 多条过江通道，平均 23 千米就有一条；2021 年前 5 个月，湖北以一般贸易方式进出口总值占同期全省进出口总值的 73. 9%，以加工贸易方式进出口仅占总量的 13. 25%。以上相对数和平均数都是相关的总量指标对比的结果。没有总量指标，就无法派生出其他的指标。可以说，总量指标是统计指标总的源头和基石，任何进一步的统计分析都必须以总量指标为起点。

总量指标数值一般都是通过对总体单位进行全面调查登记，采用直接计数或测量等方法，逐步计算汇总得出的。只有在不能直接计算或不必直接计算的情况下，才采用估计推算的方法，取得有关的总量指标。估计推算的方法有平衡推算、比例推算、依存关系推算、因素推算、抽样推算、进度预计推算等多种方法。美国的 3. 3 亿人口就是根据出生率、死亡率和移民人数进行综合推算的结果。

案例二　对比的深刻

【案例正文】

[案例 A] 我国生态环境质量明显改善

2021 年 8 月 18 日上午 10 时，国务院新闻办公室举行新闻发布会，请生态环境部长黄润秋围绕建设人与自然和谐共生的美丽中国介绍有关情况，并答记者问。

黄润秋表示："在以习近平同志为核心的党中央坚强领导下，各地各部门以习近平生态文明思想为指导，坚决贯彻党中央、国务院决策部署，全力打好蓝天、碧水、净土保卫战，污染防治决心之大、力度之大、成效之大前所未有。"

黄润秋用一组数据展示了近年来我国生态环境质量的明显改善：

2020 年全国地级及以上城市优良天数比例达到 87%，比 2015 年增长了 5.8 个百分点；PM2.5 未达标地级及以上城市平均浓度达到 37 微克/立方米，比 2015 年下降了 28.8%；全国地表水优良水体比例由 2015 年的 66%提高到 2020 年的 83.4%，劣 V 类水体比例由 2015 年的 9.7%下降到了 2020 年的 0.6%；全国受污染耕地安全利用率和污染地块安全利用率双双超过 90%；全国森林覆盖率达到 23.04%，自然保护区以及各类自然保护地面积占到陆域国土面积的 18%；单位 GDP 二氧化碳排放比 2015 年下降了 18.8%。

（案例来源：中华人民共和国国务院新闻办公室，http://www.scio.gov.cn。）

[案例 B] 新冠肺炎疫情对我国旅客运输量和快递业务量的影响

2021 年 2 月 28 日，国家统计局发布了《中华人民共和国 2020 年国民经济和社会发展统计公报》。数据显示，2020 年全年旅客运输总量 97 亿人次，比上年下降 45.1%。旅客运输周转量下降了 45.5%。其中，铁路、公路、水运和民航的相关数据见表 4-1。

表 4-1　2020 年各种运输方式完成旅客运输量及其增长速度

指标	计量单位	绝对数	比上年增长(%)
旅客运输总量	亿人次	96.7	-45.1
铁路	亿人次	22.0	-39.8
公路	亿人次	68.9	-47.0
水运	亿人次	1.5	-45.2
民航	亿人次	4.2	-36.7
旅客运输周转量	亿人公里	19251.4	-45.5
铁路	亿人公里	8266.2	-43.8

续表

指标	计量单位	绝对数	比上年增长(%)
公路	亿人公里	4641.0	-47.6
水运	亿人公里	33.0	-58.0
民航	亿人公里	6311.2	-46.1

2020 年全年完成快递业务量 833.6 亿件，比上年增长 31.2%。

表 4-2　2016—2020 年快递业务量及其增长速度

年份	快递业务量(亿件)	比上年增长速度(%)
2016	312.8	51.4
2017	400.6	28.0
2018	507.1	26.6
2019	635.2	25.3
2020	833.6	31.2

注：表 4-1 和表 4-2 中数据均为初步统计数。各项统计数据均未包括我国香港特别行政区、澳门特别行政区和台湾省。

（案例来源：《中华人民共和国 2020 年国民经济和社会发展统计公报》）

[案例 C]“人口红利”减弱，“人才红利”显现

人口问题是我国面临的全局性、长期性、战略性问题。中国人口问题日趋凸显，我国新生儿数量在减少。2016—2019 年全国出生人口分别为 1786 万人、1723 万人、1523 万人、1465 万人，2017—2019 的全国出生人口分别比上年减少 63 万人、200 万人、58 万人！第七次全国人口调查初步汇总的结果显示，2020 年中国出生人口降至 1200 万，比 2016 年出生的人口数量少了近 600 万人，约下降 30%。公开数据也显示，中国“80 后”“90 后”“00 后”的人口总数分别为 2.28 亿、1.75 亿、1.26 亿。分析第七次全国人口普查数据可以明显看出，在我国人口总量继续上升的情况下，人口结构也出现了快速调整的趋势。这其中，劳动年龄人口持续减少是人口结构变化的一个重要特征。2020 年，我国 16 岁至 59 岁劳动年龄人口规模为 8.8 亿人，与 2010 年相比，劳动年龄人口减少了 4000 多万人。同时，我国劳动年龄人口占总人口比重也有所下降，2020 年与 2010 年相比，15～64 岁年龄人口的比重由 74.53%下降到 68.55%；而 65 岁以上人口比重由 2010 年的 8.87%上升到 2020 年的 13.50%（表 4-3）。另据 2020 年第七次全国人口普查数据，我国 60 岁及以上人口为 26402 万人，占总人口的比重达到 18.70%，比 2010 年提高了 5.44 个百分点。这显示，我国人口老龄化程度在加深。“十四五”期间及未来一段时间里，我国劳动年龄人口继续下降和老年人口继续上升的趋势预计将会延续，这将对我国经济社会发展带来重要影响。

表 4-3　中国七次人口普查各年龄组人口比重　单位：%

年龄(岁)	1953 年	1964 年	1982 年	1990 年	2000 年	2010 年	2020 年
0~14	36. 28	40. 69	33. 59	27. 69	22. 89	16. 60	17. 95
15~64	59. 31	55. 75	61. 50	66. 74	70. 15	74. 53	68. 55
65 及以上	4. 41	3. 56	4. 91	5. 57	6. 96	8. 87	13. 50

据统计，1980—2010 年，我国 15~59 岁劳动年龄人口增长速度快于 0~14 岁少年儿童组、60 岁及以上老年组，因此人口抚养比相对较低并持续下降。这种人口结构特点，充分保障了我国经济发展所需的劳动力数量和较高的储蓄率及资本回报率，同时，农村劳动力向城镇转移大大提高了资源配置效率，从而使我国经济具有较高的潜在增长率。据测算，1980—2010 年，我国经济年均实际增长速度接近 10. 1%。这就是大家公认的中国“人口红利”。但在我国劳动年龄人口在 2010 年左右达到峰值以后，人口老龄化挑战开始显现，“人口红利”逐步减弱。显然，人口结构变化会对我国经济社会发展带来一些不利影响，但是由于我国人口基数大，目前劳动力资源依然充裕，15~59 岁劳动年龄人口仍有 8. 9 亿多人。再加上我国人口素质在不断提高，高中和中专、大专及以上的每万人受教育程度的人口密度在不断提高(表 4-4)，劳动年龄人口受教育年限达到了 10. 75 年。这表明，我国的“人口红利”在逐步向“人才红利”转变。“人才红利”的显现，有利于加快产业结构升级，进一步提高经济发展的质量。

表 4-4　中国六次人口普查受教育程度人口　单位：万人

受教育程度	1964 年	1982 年	1990 年	2000 年	2010 年	2020 年
大专及以上	42	62	142	361	893	1547
高中和中专	132	678	804	1115	1403	1809
初中	468	1789	2334	3396	3879	3451
小学	2833	3524	3706	3570	2678	2477

面对我国人口数量和结构的新变化，我国已经未雨绸缪，采取相应措施，理性应对劳动年龄人口变动趋势。比如为了促进新生人口增长，正逐步放开生育政策，提倡一对夫妻可以生育第三胎；加强高等教育和加大职业技能培训力度，提高人口素质；考虑逐步延迟法定退休年龄，扩大劳动年龄人口的范围，积极挖掘老年人力资源的潜力等。

(案例来源：作者编创。)

[案例 D] 恩格尔系数在中国“失灵”了吗?

笔者所在的荆州市是中部一个以中小企业为主的不发达的中等城市。如果我对你说，荆州的城镇居民现在已进入富裕阶段，而且比武汉市要提前两年，你肯定会认为笔者是在信口雌黄。但是，从两市城镇居民恩格尔系数来看，理论上的确如此——《荆州市 2004 年国民经济和社会发展统计公报》表明，2004 年荆州城镇居民恩格尔系数由上年的 38.9%下降到 38.8%。《武汉市 2005 年暨“十五”时期国民经济和社会发展统计公报》表明，2005 年武汉城镇居民恩格尔系数由上年的 41%下降到 38.8%。按照联合国粮农组织提出的标准，恩格尔系数在 59%以上为贫困；50%～59%为温饱；40%～50%为小康，30%～40%为富裕，低于 30%为最富裕。数据明确显示：荆州和武汉的城镇居民分别于 2003 年、2005 年先后步入“富裕”阶段，且荆州城镇居民 2004 年的富裕程度，武汉市 2005 年才追上持平（恩格尔系数同为 38.8%）。（具体内容见截图）

恩格尔系数在中国“失灵”了吗？

■刘　旭

恩格尔系数带来的“富裕幻觉”

笔者所在的荆州市是中部的一个以中小企业为主的不发达的中等城市，如果我对你说，荆州的城镇居民现在已进入富裕阶段，而且比武汉市要提前两年，你肯定会认为笔者是在信口雌黄。但是，从两市城镇居民恩格尔系数来看，理论上的确如此——《荆州市 2004 年国民经济和社会发展统计公报》，2004 荆州城镇居民恩格尔系数由上年的 38.9%下降到 38.8%。《武汉市 2005 年暨“十五”时期国民经济和社会发展统计公报》，2005 武汉城镇居民恩格尔系数由上年的 41%下降到 38.8%。按照联合国粮农组织提出的标准，恩格尔系数在 59%以上为贫困；50—59%为温饱；40—50%为小康，30—40%为富裕，低于 30%为最富裕。数据明确显示：荆州和武汉的城镇居民分别于 2003 年、2005 年先后步入“富裕”阶段，且荆州城镇居民 2004 年的富裕程度，武汉市 2005 年才追上持平（恩格尔系数同为 38.8%）。

事实当然并非如此，武汉显然要比荆州发展得快、富裕得多。但是，荆州与武汉的城镇居民恩格尔系数“倒挂”现象是个别或偶然的吗？2005 年广州城镇居民恩格尔系数为 37.3%，2004 年宁夏城镇居民恩格尔系数为 36.0%，宁夏居民比广州居民也好像更早进入富裕阶段？而 2005 年山西城市居民家庭恩格尔系数为 32.4%，则又似乎山西居民比广州居民更富裕？——这样的例子不胜枚举。从公开的信息看，恩格尔系数在“小康”、甚至“温饱”档的城市已不多，绝大多数处于“富裕”或逼近于“最富裕”，而且落后地区的恩格尔系数似乎普遍比发达地区要低，从而形成种种“富裕幻觉”。

恩格尔系数“失灵”原因透视

恩格尔系数是研究机构和经济学人在评估经济与社会的现状及变化趋势时习惯使用的数据之一。为何这一个在国际上通用的重要指标，在登陆中国后却“淮橘为枳”，频频失灵？当前，有不少理论研究者从消费物价水平、消费习惯、消费政策、食品加工业和饮食业的发达程度、家庭人口结构、通货膨胀预期以及享乐价格、“棘轮效应”等多个角度对其进行分析、解释，仁者见仁、智者见智，其中不乏真知灼见。诚然，影响恩格尔系数的因素很多，其本身在项目设计上的科学性也有待改进，但是笔者以为，探求恩格尔系数在中国普遍失灵的原因的关键是要从我国居民特殊的消费支出结构入手。我国居民消费支出的结构具有十分鲜明的特殊性。其实关于这一点，早在上个世纪 80 年代就有学者作过较为深入的研究。1984 年，苏志平、张克昕等教授曾对河北省几个县的农民消费作调查，发现农民普遍的粮食费用支出全部在 25%以下，这个数字相当于发达国家城市居民的食物支出比例。同时指出，农民的主要支出在住房方面，占总支出 40%以上。经过二十多年的改革开放，现在情况又发生了诸多变化，其中最重要的，都就是近几年来我国居民收入虽然取得较大增长，但是在高额支出方面，除了住房外，又新增了教育、医疗两项。当前，看病贵、上学难、房价高，被网民们戏称为压在老百姓头上的“三座大山”。正是这些非食品支出性消费，使得“吃”的费用在家庭总收入中难以上升，从而使得我们的恩格尔系数始终维系在低态。这也是我国的居民储蓄率为何一直高居不下，而消费支出却没有同比增长的关键所在。但是，在“吃”之外，教育、住房、医疗等都是现代社会里人的基本需求，同样是必要的生存条件，其支出具有极强的刚性。在一定意义上，医疗、教育、住房及食品支出之和除以消费支出总额，才应当是当前我们居民实质上的“恩格尔系数”，才是我们居民的真实生活水平。而据此推算出的恩格尔系数将会大幅上升，大多数居民将恐怕很难迈进联合国粮农组织划分的“小康”、“富裕”标准了。

可见，我国恩格尔系数显示的“富裕”是居民压制食品消费支出，被动地将收入的大部分投入医疗、教育、住房的消费和储备而造成的一种假象。淮橘为枳，“所以然者何？水土异也”。正是这一种被强行扭曲的极具特殊性的消费支出结构，致使我国恩格尔系数普遍较低并使之失去原来设计的真实意图，失灵了！

恩格尔系数之适用分析

按照恩格尔的本意，除食品支出之外的家庭主要支出，只有大量用于家庭设备、服务和娱乐方面时，才能算是逐步富裕。现代西方经济学家认为，恩格尔定律在两个前提下是普遍适用的：一是假定其他一切变量都是常数（包括内生变数和外生变数）；二是“食物支出”有统一的含义。结合前文分析，笔者以为恩格尔系数在以下三种具体情形下当是普适的：

适用情形之一：物质匮乏或者相对短缺。任何一种经济理论的出现，都与当时的社会经济状况密切相关，恩格尔系数也不例外。恩格尔所处的 19 世纪中叶，西方国家大多数居民生活水平还不高，物质供应并不十分丰富。此时，恩格尔系数一经提出就得到广泛的认同。我国在上个世纪八、九十年代，吃的、穿的、用的等都还不是很充足，都要凭票定量供应，人们的生活水准整体不高。这种情形正类似恩格尔系数诞生时的环境，理所当然地能够真实地反映居民生活水平。

适用情形之二：社会保障体系较为健全。按照恩格尔的理想和联合国粮农组织的设计，当居民的收入大大提高，在食品支出相对降低的同时，社会福利将大幅度提高。也就是说，只有当教育、医疗、住房、养老等社会保障相对比较健全时，恩格尔系数才会如实反映居民的生活水平。这样，我们就不难理解同样是恩格尔系数，在发达国家为什么比较通行，而在中国就水土不服了。在居民消费支出构成之外，美国和西欧等国已建立了较为完善的社会保障体系，居民的收入水平与抗风险能力都已经历了发展的检验。在这样的前提下，单纯的恩格尔系数就能够比较真实地反映居民的生活质量。此外，可以推测在社会保障体系相对健全（即使其水平还不是那么高）的发展中国家中，恩格尔系数也应是不会失灵的。相反地，如果社会保障体系不健全，居民在教育、医疗、住房、养老等方面的支出就会居高不下，从而导致恩格尔系数下降，但是这不是真正的进入了富裕或者消费结构升级，而是“失灵”了的恩格尔系数。

适用情形之三：走出“国际标准”的束缚。恩格尔系数是判断一个地区社会发展富裕程度的重要指标之一。在今日之中国，要回归恩格尔系数这一参考价值，首要的是抛开联合国粮农组织提出的标准，不束缚于富裕与否等档次之争。这样，再单纯地看待恩格尔系数，则可以发现，原本“失灵”的恩格尔系数也可以在一定程度上反映居民生活水平的高低。一个地方通过对近几年的恩格尔系数的比较来评判本地居民生活水平的变化趋势，还是有着相当参考价值的（当然，对恩格尔系数必须如实统计。现在有一种不好的倾向，认为恩格尔系数只能降、不能升。荆州 2005 年城镇居民恩格尔系数为 40.1%，较 2004 年的 38.8%有所上升，当是一种实事求是精神的体现）。这是同一地方不同阶段的纵向比较问题。那么不同地区能不能横向比较呢？也是可能的，但要有前提，那就是参与比较的地区的消费支出总额应基本相当。当然，上述设计仅限于一隅（一个国家或一定区域），因为参与比较的若干城市的消费政策、消费物价水平、通货膨胀预期、社会保障等外生变数还须基本一致。从这一点而言，笔者以为如果按发达地区、欠发达地区和农村等多个层面分别计算恩格尔系数，再按比重加权计算出综合的恩格尔系数，可能更具参考价值。

（案例来源：刘旭：《恩格尔系数在中国“失灵”了吗》，《统计与决策》2006 年 8 月。）

【案例分析】

总量指标只能表明数量的大小而不能表明数量大小的程度，要深入研究现象发展的程度及与同类现象比较的差别，就需要在总量指标的基础上，计算各种相对指标。相对指标是两个有联系的数值之比，即以其中一个数值为标准而观察另一个数值相当于这个标准的多少，用以反映现象的结构、比例、程度、速度、强度、密度等。通过数量对比，可以分析更深层次的问题。

上述诸案例利用了不同的相对指标，进行了数量对比分析。

在案例 A 中，涉及结构相对数、动态相对数和强度相对数的应用。城市优良天数比例达到 87%、地表水优良水体比例由 2015 年的 66%提高到 2020 年的 83. 4%、劣 V 类水体比例由 2015 年的 9. 7%下降到了 2020 年的 0. 6%、受污染耕地安全利用率和污染地块安全利用率双双超过 90%、全国森林覆盖率达到 23. 04%、自然保护区以及各类自然保护地面积占到陆域国土面积的 18%，等等，这些都是结构相对数，是部分比总体的结果。全国地级及以上城市优良天数比例比 2015 年增长了 5. 8 个百分点、PM2. 5 未达标地级及以上城市平均浓度比 2015 年下降了 28. 8%、单位 GDP 二氧化碳排放比 2015 年下降了 18. 8%，这三个指标是动态相对数，表明了现象增降的程度。单位 GDP 二氧化碳排放是强度相对数，它是一个反映生态环境改善的负向指标，其数值越大，对生态环境的负作用越大；其数值越小，对生态环境的负作用越小。城市优良天数比例、地表水优良水体比例、受污染耕地安全利用率和污染地块安全利用率、森林覆盖率、自然保护区以及各类自然保护地面积的占比等指标是生态环境改善的正向指标，其数值越大，生态环境越好。上述指标的数据显示近年来我国生态环境质量确实得到了明显改善。

案例 B 通过动态相对数，反映了新冠肺炎疫情对我国 2020 年旅客运输量和快递业务量的较大影响。受新冠肺炎疫情的影响，为了避免疫情传播，民众开启了宅家模式，非必要不外出，导致旅客运输量锐减，旅客运输总量和旅客运输周转量与上年相比都下降了 45%以上。虽然宅家不出，但是一日三餐必不可少，为了提高身体的抵抗力，还得加强营养，做到饮食多样化。不少人疫情期间每天的主要任务，就是上午拿着手机在美团、饿了么、京东到家、盒马生鲜等各个网购平台下单买菜，下午忙着收快递。网络经济的快速发展，网上购物的便捷，让很多人养成了网购的习惯，近几年快递业务量呈不断增长趋势，而 2020 年比前三年增长更快，达到 31. 2%，疫情的影响是一个重要的推动因素。

案例 C 通过结构相对数反映了我国人口结构的重大变化。2020 年与 2010 年相比，15~64 岁年龄人口的比重由 74. 53%下降到 68. 55%；而 65 岁以上人口比重由 2010 年的 8. 87%上升到 2020 年的 13. 50%，2020 年我国 60 岁及以上人口占总人口的比重达到 18. 70%，比 2010 年提高了 5. 44 个百分点。这表明，我国人口结构呈现出劳动年龄人口下降和老年人口上升的趋势，而且人口老龄化程度在加深。“十四五”期间及未来一段时间里这种趋势预计还会延续，这将对我国经济社会发展带来重要影响。我国劳动年龄人口在 2010 年左右达到峰值以后，人口老龄化挑战开始显现，“人口红利”逐步减弱。虽然人口结构变化会对我国经济社会发展带来不利影响，但是由于我国人口基数大，目前劳动力资源依然充裕，15~59岁劳动年龄人口仍有8.9亿多人，再加上我国人口素质在不断提高，高中和中专、大专及以上的每万人受教育程度的人口密度在不断提高，劳动年龄人口受教育年限达到了10.75年，所以这又显示我国的"人口红利"在逐步向"人才红利""素质红利"转变。

利用相对数，我们可以进行各种对比分析。

在分析我国经济发展成就时，从结构分析看，可以利用一串比重指标(结构相对数)，表明总体中的各个组成部分在诸多经济指标方面所处的地位或所起的作用。例如，1978年中国GDP总量占世界比重为1.8%，2020年占比超17%。中国对全球经济增长的贡献从1978年的3%上升至2019年的32.4%，成为全球经济增长的最大贡献者。从产业看，1978年第一、二、三产业分别占GDP的27.7%、47.7%和24.6%，分别拉动GDP增长1.1、7.2和3.3个百分点；2020年三大产业占GDP的比重分别为7.7%、37.8%和54.5%，分别拉动GDP增长0.23、1.96和3.81个百分点；这表明中国的经济结构明显优化，第三产业成为经济增长的首要引擎，经济增长由主要依靠第二产业带动转向更多依靠第三产业带动。2019年，消费、投资和净出口对GDP增长的贡献率为58.6%、28.9%和12.6%，分别拉动GDP3.5、1.7和0.8个百分点，消费对经济的贡献度大幅提高。交通运输建设方面，中国高速铁路(2020年底)达到3.79万公里，占世界高铁总量2/3以上。常住人口城镇化率从1978年的17.92%提升至2020年的60%以上。2020年进出口货物贸易额占全球约12.8%，居全球第一。以上结构指标彰显了中国社会经济发展的巨大成就和国际影响力的提升。

从纵向比较看，可以通过一系列的增长速度，从动态视角说明中国改革开放40多年来的快速发展。中国GDP从1978年至2020年，增长约275倍，年均名义增速为14.3%；实际增长39倍，年均实际增速为9.4%。而同期美国和日本为5.3%和4.0%。2020年中国粮食总产量较1978年翻一番，即增长速度为100%。2020年全国工业增加值较1978年增长了174倍。

从横向比较看，可以使用诸多的比较相对数，与世界发达国家比较，能够让我们看清与发达国家存在的客观差距。例如，2020年中国GDP是美国的70%，中国人均GDP仅为美国的16%。产业结构方面，中国第三产业低于美国27个百分点。在劳动生产率方面，2018年中国约为美国的12%。农业方面，2017年我国玉米和大豆的单产均为美国的56%，2016年中国玉米产量相当于美国的60%，中国大豆产量仅相当于美国的10%。金融方面，中国股票市值约为美国的1/6。

从现象分布的密度和强度看，可以应用强度相对数进行分析。例如，2020年中国全年人均GDP为72447元；中国在服务业方面，2020年移动电话普及率为113.9部/百人，互联网普及率为70.4%，建成了全球最大的移动互联网；中国人口密度每平方公里145人；中国万元国内生产总值能耗低于美国和世界平均水平；2020年中国全员劳动生产率约为117746元/人。这里的人均GDP、移动电话普及率、互联网普及率、人口密度、万元GDP能耗、全员劳动生产率等都是强度指标。强度指标或强度相对数，是将有联系的两个指标进行对比，用于反映现象的普及程度、分布密度、联系强度等。目前，面对少子化和老龄化的国情，老年人口抚养比也是一个不容忽视的强度指标，老年人口抚养比=老年人口数/劳动年龄人口数。央视新闻显示，截至2020年全国老年人口抚养比为19.7%，比2010年提高了7.8个百分点。这意味着2020年每100个劳动年龄人口要负担19.7个老年人，而2010年每100个劳动年龄人口只负担11.9个老年人。

这里需要强调的是，现实中的“人均”指标大多是强度相对指标，而我们在日常的经济生活中常常将平均指标和强度相对指标混淆起来使用。从强度相对指标的表现形式上看，带有“平均”的意义，如人均产值、人均收入、人均GDP等，但两者有着根本的区别。强度相对指标对比的是两个不同总体数值，单位和标志值是不对应的，而平均指标是同一总体的标志总量与总体单位数之比，标志和单位是一一对应的。

在案例D中，作者提出了一个令人深思的问题：恩格尔系数在中国“失灵”了吗？

恩格尔系数是一个重要的结构相对指标，它是食品支出额在居民消费总支出额中所占的比重，简言之就是总消费中花在吃上面的份额。经济分析中人们常常用它来研究居民消费结构的变化，评价一个国家或地区居民生活水平的档次，按照联合国粮农组织标准，恩格尔系数在59%以上为贫困，50%～59%为温饱，40%～50%为小康，30%～40%为富裕，低于30%为最富裕。恩格尔系数越低，居民生活水平的档次越高。但在案例D中，作者提出了一个令人深思的问题，即在我国，许多地区数据比较的结果是恩格尔系数越低，居民生活水平也越低，生活水平较高的大城市其恩格尔系数不是低于而是高于生活水平较低的中小城市，而且落后地区的恩格尔系数似乎普遍比发达地区要低。恩格尔系数在中国“失灵”了吗？失灵的原因是什么？恩格尔系数在什么条件下才是适用的？作者对这些问题一一作了深入的分析。

从案例D中，我们可以明显看出，统计指标的应用有其前提条件，需考虑指标设计的背景和初衷，如果简单地照搬照套，会得出错误的结论。正如案例中所说，恩格尔系数是19世纪中叶提出来的，当时西方国家大多数居民生活水平还不高，物资供应并不十分丰富。按恩格尔的本意，除食品支出之外的家庭主要支出，只有大量用于家庭设备、服务和娱乐方面时，才算逐步富裕。据恩格尔的设想和联合国国际粮农组织设计，当居民收入大大提高，在食品支出相对降低的同时，社会福利将大幅度提高。也就是说，只有当教育、住房、医疗、养老等社会保障相对比较健全时，恩格尔系数才会如实反映居民的生活水平。而我国当前的状况是，居民收入提高了，食品支出相应有所降低，但随着教育、住房、医疗等制度的改革，社会福利并没有得到相应提高。居民在教育、住房、医疗“三座大山”的压迫下，平日节衣缩食，不敢轻松消费。恩格尔系数的下降，并不是说明居民消费结构升级了，生活越来越富裕了，而是说明吃之外的非福利性的消费支出负担更重了。所以，在我国目前社会保障体系不健全的情况下，不仅我国恩格尔系数与发达国家不能相提并论，而且在我国国内经济发展水平差距较大的大中小城市之间，以及发达地区与落后地区之间的恩格尔系数也不能直接对比。如果实际数据对比的结果出现了“倒挂”现象，那就说明依据计算结果评价的结论与现实情况相背离。

案例三　平均的奥妙

【案例正文】

[案例 A] 平均数的灿烂与瑕疵

平均数的最灿烂之处就在于它高度浓缩了数据的精华，使大量的观测数据转变为一个代表性数值。我们为了说明问题，使用的观测数据可能只有少数几个，但现实生活当中，我们往往需要面对大量的观测数据，这些数据大大小小，显得十分零乱。例如，假定我们想要了解一个城市的居民每月花在看电视上的时间是多少，很显然，它的数据至少在几十万个以上。在这个数据堆里，如果不是由平均数来帮忙，那么摆在我们面前的充其量只是一堆乱数，我们无能留下更多的印象。我们把所有的观测数据加工成平均数，从而使问题清晰明了起来，这个过程就像钻石加工厂对天然钻石实施切割工艺一样，使钻石顷刻间身价百倍。

平均数在高度概括观测数据从而使问题简单化的同时，却丢失了某些有用的信息，一方面它把各个观察数据之间的差异性掩盖了起来，另一方面由于平均数对个别极端值反应比较灵敏，因而平均数在某些情况下可能具有一定的欺骗性。从这个意义上说，平均数真可谓成也萧何，败也萧何。

（案例来源：节选自严建辉：《解读平均数》，《中国统计》2001 年 2 月，第 46～47 页。）

[案例 B] 使用不同平均数的诡计

美国新闻记者达莱尔·哈夫的名著《统计陷阱》讲述了一个故事：为了让顾客购买加利福尼亚的一处房产，我巧舌如簧，费尽心思地让他相信附近居民的年收入大约有 15000 美元——因为人都有那么一点势利，在与朋友聊天时，总会看似不经意地告诉他们现在你住哪儿。当我为了降低税率，降低财产估价，或降低公共交通费用而呼吁时，我的理由是：我们支付不起各种上涨的费用，因为附近居民的平均年收入只有 3500 美元。这两个数字都是合法的平均数，有着合法的计算方法，我的诡计是每次使用了不同的平均数。因为这里居民的收入是显著偏斜的，大多数居民是小农、工薪阶层或靠养老金为生的退休老人，但有 3 家却是来度周末的百万富翁。这 3 家百万富翁的收入提高了总收入，相应地提高了算术平均数。这里居民有一半家庭的收入低于 3500 美元，另一半超过 3500 美元。于是当希望数据较大时，我便使用算术平均数，当希望数据较小时，我便使用中位数。

（案例来源：节选自刘双明：《平均数缘何“失真”》，《中国统计》2006 年 2 月，第 49 页。）

[案例 C] 2020 年中国居民人均可支配收入继续增长

2021 年 2 月 28 日，国家统计局官网发布了《中华人民共和国 2020 年国民经济和社会发展统计公报》，统计公报中的统计数据显示：

全年全国居民人均可支配收入32189元，比上年增长4.7%，扣除价格因素，实际增长2.1%，与2020年经济增长基本同步(2020年GDP比上年增长2.0%)。全国居民人均可支配收入中位数为27540元，增长3.8%。按常住地分，城镇居民人均可支配收入43834元，比上年增长3.5%。城镇居民人均可支配收入中位数40378元，比上年增长2.9%。农村居民人均可支配收入17131元，比上年增长6.9%，扣除价格因素，实际增长3.8%。农村居民人均可支配收入中位数15204元，比上年增长5.7%。城乡居民人均可支配收入比值为2.56，比上年缩小0.08。按全国居民五等份收入分组，低收入组人均可支配收入7869元，中等偏下收入组人均可支配收入16443元，中等收入组人均可支配收入26249元，中等偏上收入组人均可支配收入41172元，高收入组人均可支配收入80294元。全国农民工人均月收入4072元，比上年增长2.8%。

(注：该公报中数据均为初步统计数。各项统计数据均未包括中国香港特别行政区、澳门特别行政区和台湾省的数据。)

(案例来源：《中华人民共和国2020年国民经济和社会发展统计公报》)

[案例D] 应该从“平均工资”中看什么

去年的平均工资是多少？你被全国平均工资拖后腿了吗？27日，国家统计局发布2014年不同岗位平均工资水平数据，全部调查单位就业人员年平均工资为49969元。

这几年每次公布“平均工资”数据后，都会引发网友讨论：你拖后腿了吗？另一个多次引起热议的话题是：公布平均工资有无实际意义，或者说，意义有多大？

有一个反映“平均工资”无意义的顺口溜是：“张村有个张千万，隔壁九个穷光蛋，平均起来算一算，个个都是张百万。”也就是说，平均工资不能准确反映真实收入情况。但在我国，由于社保、赔偿甚至物业收费标准等很多方面都与平均工资挂钩，所以，统计公布“平均工资”还是有一定正面意义的。

就这次公布的2014年全国平均工资数据而言，其实也是一把“尺子”或一面“镜子”。尽管平均工资不能反映个体收入水平，也不能反映人与人之间的工资差距，但能像“尺子”一样测出很多行业岗位平均工资水平和差距，每个区域岗位间平均工资水平和差距，非私营单位与私营单位人员工资差距等。

如果把“平均工资”看成是一面“镜子”，或许能看到去年不同行业的处境和差距，甚至可以看到中国经济发展不平衡，以及中国经济的短板在什么地方。进而言之，如果对着这面“镜子”深刻反思不同行业、不同岗位工资差距形成的原因，或许能为我们的收入分配改革与经济转型升级找到某些解药。

(案例来源：节选自张海英：《应该从“平均工资”中看什么》，《楚天金报》2015年5月29日。)

【案例分析】

平均指标(简称平均数)是应用广泛的一种综合指标，它反映的是同类现象在一定的时间、地点条件下所达到的一般水平。比如，医务工作者通过统计不同年龄段人群的身高、体重，获知其平均身高、平均体重；财务主管通过各类员工的工资水平，掌握整个公司的人均工资；销售经理通过观察历年的商品销售额，了解每年的平均销售水平；投资者试图从多年的投资回报率中，获知平均收益率，等等。由于各种现象总体中各个个体的具体表现不尽相同，总体在不同时间上的表现也千差万别，为了说明总体的一般水平，就需要计算平均数。因此，从本质上讲，平均数是总体一般水平的代表值。为了得到这个代表值，就必须把总体的各个个体的具体差别或总体在不同时间上的具体差别抽象化，突出其整体的一般水平。

案例 A 强调了平均数的重要作用和平均数在应用中的局限性，案例 B 是平均数具有一定欺骗性的一个实例，案例 C 中的亮点是中位数和分组平均数的应用，案例 D 分析了如何看待“平均工资”这个平均数的价值所在。

要分析案例中涉及的内容，首先应该掌握平均数的计算方法及其特点。常用的平均数主要有算术平均数、几何平均数、中位数和众数。各种平均数不仅确定方法不同，而且各有其特点。

算术平均数是将总体中各个单位的数据相加，再除以总体单位总数求得的。其计算方法与各种现象中的个体现象和总体现象之间存在的客观数量关系相吻合，既容易理解又容易掌握，它成为现实生活中应用最广泛的平均数。但是算术平均数容易受极端值的影响。比如，有甲、乙两个推销员，他们某天推销同一种产品。他们每人都卖出了 7 件产品，甲卖出的价格分别为 20 元、61 元、62 元、63 元、64 元、65 元、71 元；乙卖出的价格分别为 61 元、62 元、63 元、64 元、65 元、71 元、90 元。计算平均价格，则有：

$$X_{甲}=(20+61+62+63+64+65+71)/7=58(元)$$

$$X_{乙}=(61+62+63+64+65+71+90)/7=68(元)$$

甲、乙两人虽然有 6 件产品卖价相同，但是由于一人卖出了一个最低价(20 元)，另一人卖出了一个最高价(90 元)，致使他们的平均价格相差 10 元。我们也注意到，甲有 6 件产品的卖价高于平均价 58 元，而乙有 5 件产品的卖价低于其平均价 68 元，显然前者受极小值影响其平均价偏低，而后者受极大值影响其平均价偏高，两个平均价格的代表性都不高。可见，如果一组数据中存在极大值或极小值，则其算术平均数作为一般水平的代表值，代表性不高。这正是在众多的比赛评分中为什么对各个评委的打分要去掉一个最高分和一个最低分，再将剩下的分数算术平均作为选手的最后得分，因为只有排除极端值的影响，才能提高平均数的代表性，比较客观公正地反映参赛选手的真实成绩。案例 A 中也提到，“由于平均数对个别极端值反应灵敏，因而平均数在某些情况下可能具有一定的欺骗性”，这里的平均数指的就是算术平均数。

几何平均数是一种特殊的平均数，它主要用于计算平均速度或平均比率。只要各个比率的连乘积等于总比率或各个速度的连乘积等于总速度，就可以用几何平均法求平均比率和平均速度。在经济活动中，经营者可能对销售量、成本、价格、资产的增长率感兴趣，这时几何平均数就可以派上用场，可用它来计算平均增长率。某公司销售成本资料如表 4-5 所示：

表 4-5　某公司销售成本

年份	2017 年	2018 年	2019 年	2020 年
销售成本(万元)	200.0	228.0	239.4	244.2
年增长率(%)	—	14	5	2

从表 4-5 中可知三年销售成本在上年的基础上都有所增长，但增长程度不同，而且差别较大，那么销售成本的年平均增长率是多少呢？由表中数据推算各年与上年相比的比值（即环比发展速度），分别为 114%、105%、102%，则平均发展速度为：

$$\bar{X}_g = \sqrt[3]{114\% \times 105\% \times 102\%} = 106.88\%$$

平均增长速度为 106.88%-100%=6.88%。如果用算术平均数计算，则年平均增长率为(14%+5%+2%)/3=7%，尽管与几何平均数的结果相差不大，但应用 7%这一结果是错误的。因为按 7%推算，2020 年的销售成本为 200×107%×107%×107%=245 万元，与实际数字 244.2 万元不相符；而按 6.88%推算，2020 年的销售成本为 200×106.88%×106.88%×106.88%=244.2 万元，与实际数字吻合。这说明对比率或速度数据的平均，应该采用几何平均法而不是算术平均法。

一组数据从小到大排序后，位于数据序列中间位置上的数值称为中位数。中位数将全部数据等分成前后两个部分，大于或小于中位数的数据各占一半，中位数不大不小，是一个中等水平。因此在某些场合可以用它代表总体的一般水平，起到算术平均数一样的作用。中位数不受极端值的影响，排列在数据序列两端的极大值和极小值与中位数无关。当数据序列中含有极端值时，用中位数作为一般水平的代表值，不失为一种较好的选择，其代表性比算术平均数的代表性要高。比如有 5 笔付款：90 元、100 元、100 元、110 元、500 元，其算术平均数为 900/5=180 元，中位数为 100 元，显然用中位数代表这 5 笔付款的一般水平会更好一些。

众数是一组数据中出现次数最多或出现频率最高的那个数据。比如，一种商品的实际销售价格可能在不断变化，而它在市场上成交量最大的那个价位就是该种商品价格的众数；一个城市居民的收入水平高低不同，而多数居民家庭的收入水平就是其众数。再如，我们通常把销售量最大的服装款式或服装色彩称为“流行款式”或“流行色”，在某种意义上“流行款式”或“流行色”就是服装款式或服装色彩的众数。由于众数在数据序列中出现的普遍性，它比较直观地表现了数据的集中趋势，因此在一些场合也用它来表示总体的一般水平。在服装鞋帽行业，生产者、批发者和零售者在做有关生产决策或存货决策时，在确定最大的生产批量和进货批量时，更感兴趣的是大多数消费者的尺寸，而不是所有消费者的尺寸。如果女鞋码号的众数为 37 码，男鞋码号的众数是 43 码，我们就会发现 37 码的女鞋和 43 码的男鞋很容易买到，因为这两个鞋码的生产量和存货量最大。

计算平均数应遵循同质性原则。一个平均数应该是同类现象的平均数，这就是平均数的同质性。如果将性质不同的各个个体混在一起计算平均数，得出来的结果是没有什么实际意义的。比如，研究居民的生活水平，计算其平均收入和平均消费支出，就应当把城镇居民和农村居民分开研究。因为城镇居民和农村居民的收入来源和消费结构等方面具有不同特点，如果混为一谈，必然影响对城乡居民生活水平的正确判断。富翁与贫民的收入不能合在一起计算平均收入，正如"张千万"与"穷光蛋"的财富合在一起平均得出的结论是"个个都是张百万"，这显然与真实情况相差太远。

平均数计算方法的多样性决定了其应用的差异性，不同平均数具有不同的特点，决定了它们各有其用，不能误用。算术平均数和几何平均数是依据数据集合中的全部数据计算的，容易受极端值的影响而降低其代表性；中位数和众数是依据数据数列的中心位置或数据的集中趋势确定的，不受极端值的影响。因此，在有极端值时，通常用中位数或众数代表现象的一般水平。

在我国社会贫富差距较大的今天，在反映全国或地区居民收入的一般水平时，如果把算术平均数作为单一的平均数应用，不仅不能客观地反映实际情况，还会引致民众的广泛质疑，损害政府数据的权威性。

其实，质疑平均收入统计数字的真实性，并不是我国特有的一种现象。在美国早期，人们曾质疑"纽约到底是富州还是穷州"？因为纽约的个人平均收入在美国 50 个州中排名第四，与它的富邻康涅狄格州及新泽西州一起名列前茅(后两州分列第一、二名)。但康涅狄格州及新泽西州的住户中位数收入分居全国第七和第二名，纽约州却排第二十九名，比全国平均的中位数收入低许多。也就是说纽约的个人平均收入按算术平均数排名第四，而按中位数排名第二十九，为什么有这么大的差别？原因就是纽约州有少数收入非常高的居民，他们把纽约州的平均收入拔高了很多。

在《美国统计摘要 1980 年》中，依据 1975 年美国 7800 万男性的年收入资料得知：众数等于 0 美元，中位数等于 8000 美元，算术平均数等于 10000 美元。众数为 0，是因为有相当多的失业者和退休者的直接收入为零，如果用它作为美国 1975 年男性年收入的一般水平，显然是不恰当的。中位数为 8000 美元，表明年收入在 8000 美元上下的人数各占一半。由于中位数不受极端值的影响，即使少数富翁的收入再高，中位数也不会改变，所以用这个收入适中的数字代表美国男性 1975 年的年收入一般水平是比较合适的。算术平均数为 1 万美元，用它来计算美国男性的总收入最好，这个数字(1 万美元×7800 万人＝7800 亿美元)对税务部门很有用。但如果用这个 1 万美元代表人均年收入就不恰当，因为算术平均数受极端值的影响，个别或少数亿万富翁的收入会人为抬高美国普通老百姓的收入水平。

同一资料计算的各种平均数存在一定的规律。首先，由同一资料计算的算术平均数、几何平均数和调和平均数，以算术平均数最大，调和平均数最小，几何平均数居中。只有在被平均的数据相等时，三个平均数才相等。其次，由同一资料确定的算术平均数、中位数和众数也存在一定的关系，其关系取决于被平均的各个数据的分布状况。当数据分布为钟形对称分布时，则三者相等；当数据分布为钟形右偏分布时，说明数据中有极大值，必然拉动算术平均数向极大值一方靠近，则算术平均数最大，众数最小，中位数居中；当数据分布呈钟形左偏分布时，说明数据中存在极小值，拉动算术平均数向极小值靠近，于是算术平均数最小，众数最大，中位数仍然居中。

正是由于不同平均法可能出现不同的计算结果，这无意中为别有用心者提供了择"优"使用的机会。正如案例 B 中讲到的统计陷阱故事，当希望平均数较大时，就使用较大的计算结果；当希望平均数较小时，就使用较小的计算结果。因为都是合法的平均数，都有着合法的计算方法。平均数计算方法和计算结果的多样性，使其应用者有机可乘，这实际上是故意误用平均数去达到某种目的。如果不懂平均数的奥妙，一般是难以识破其"诡计"的。

利用算术平均数、中位数、众数之间的数量关系，有助于分析总体内部的分布状况。美国商务部统计局发表的统计数字显示，1984 年美国居民家庭的平均净资产(用全国家庭净资产总数除以家庭总户数，净资产包括存款、房地产、股票及债券之和减去贷款和各种债务)为 6.6 万美元，这是一个算术平均数。而美国家庭净资产的中位数只有 2.5 万美元，也就是说，有半数家庭户的净资产高于 2.5 万美元，还有半数家庭的净资产低于 2.5 万美元。中位数小于算术平均数，说明 1984 年美国家庭净资产的分布是一个右偏分布，也表明大量净资产集中在少数家庭手中，大多数家庭的净资产是偏低的。

在案例 C 中，全国居民人均可支配收入、城镇居民人均可支配收入和农村居民人均可支配收入的算术平均数分别为 32189 元、43834 元和 17131 元，而全国居民人均可支配收入、城镇居民人均可支配收入和农村居民人均可支配收入的中位数分别为 27540 元、40378 元和 15204 元，中位数都小于算术平均数，表明全国居民人均可支配收入、城镇居民人均可支配收入和农村居民人均可支配收入的分布曲线都是右偏分布曲线，说明都存在少数高收入人群。案例 C 中对全国居民人均可支配收入的数据既公布了算术平均数，也公布了中位数；既公布了全国总体数据，也公布了城乡分类数据和五等份分组数据，可以说兼顾了不同平均数据的作用，显得相当全面和客观。

不可否认，平均指标有其局限性，比如它掩盖了个体数据之间的差异，在运用时受到总体数据分布的限制等，但这并不意味着我们就由此否定平均指标的代表性作用，进而废弃它。相反，只要我们了解平均指标的多样性和各自的特点，就会对各种平均指标背后所掩盖和反映的发人深省的问题，做出进一步的分析和解释。正如有些专家所说："如果我们在全民中普及统计知识的教育，更科学、更严谨地掌握和运用平均指标，那么，我们就会对采用各种不同平均指标的计算结果和结论有着清醒的认识。"

案例四　标准差：平均数的好伙伴

【案例正文】

[案例 A] 平均数与标准差在炒股中的应用

标准差十分有用。在这里，我们还要告诉大家一个基本的统计学结论，就是在平均数的基础上加减 2 个标准差可以形成一个区间，只要观察数据足够多，那么大约有

95.45%的观测数据将落在这个区间内。

让我们来体会平均数与标准差在炒股中得到应用的情形。

我这里只是想用有关平均数和标准差作一个理论上的实验，以说明平均数与标准差技术是可以利用的，仅此而已。

股市上的上市公司很多。经过这一阵牛市以后，假定我们已经初步相中了某三个股票，并且经计算这三个股票的基本情况如下：

1号股票：本月比上月平均上扬金额为7元，标准差为4元；

2号股票：本月比上月平均上扬金额为5元，标准差为1元；

3号股票：本月比上月平均上扬金额为6元，标准差为0.8元。

如果只允许选择其中的一个股票，那么我们会做出何种选择呢？

实际上，这里的选择方案可能不只1个，这种多重的选择方案倒不是说平均数方法可以有随意性，问题是在选择时取决于选择者所持一种什么样的心态。

从平均数来看，1号股票当然是最好的，3号股票也不错，2号股票就相对较差(尽管也呈上扬趋势)。因此，如果不考虑其他因素，选择1号股票应当是不错的。问题在于1号股票的标准差也最大，这就意味着这个股票的起伏变化较大，它的变化区间(按2个标准差来衡量)为-1至15元。也就是说，这个股票不理想时曾有赔本记录，而最好时曾上扬至15元以上。这里就有一个心态的问题。如果我们有被套牢的思想准备，那么选择1号股票毕竟也会给我们带来最高额回报的希望。加上如果我们进仓和清仓的时机掌握得当，选择1号股票当是首选的决策方案。

再看一看3号股票，由于这个股票的标准差最小，这说明这个股票上扬的稳定性极好，它的变化区间不大(也是按2个标准差计算)，为4.4~7.6元。因此，选择2号股票不失为最稳妥的方案。这个股票对于那些没有更多时间和精力去注意行情的上班族来说是非常合适的。他基本不用考虑什么时候进仓和什么时候清仓，获利是肯定的，获利状况也说得过去。而对于2号股票来说，无论是上扬平均数，还是变化区间都不如3号股票，自然不应去选择它。

(案例来源：节选自严建辉：《解读平均数》，《中国统计》2001年2月，第47页。)

[案例B] 投资风险的衡量

“股市有风险，入市需谨慎。”不只股市有风险，任何投资都有风险。所谓“风险”，一般的理解就是未来结果的不确定性，不确定性的程度越高，风险就越大。对风险的另一种理解是未来出现坏结果的可能性。传统的投资理念告诉我们，规避风险的一个好办法，就是不要把所有的鸡蛋放在一个篮子里，应分散投资以降低投资风险。在现实生活中，我们经常自觉不自觉地应用投资分散化原理，如将个人积蓄的一部分存入银行，一部分购买国债，一部分购买股票，一部分购买保险，一部分购买房产，等等。为什么分散投资可以降低投资风险？或者说，为什么人们倾向于购买投资组合？这里利用统计学中的均值、标准差和相关系数来加以解释说明。

在不确定的情况下做投资决策，我们既关心投资的报酬多少，也关心投资的风险大小。通常用期望收益即收益的期望值(又称收益的均值)来表示报酬，而风险的衡量则需计算收益的方差或标准差。组合投资还需要明确各个投资项目之间的相关关系，计算相关系数。

一、单项投资风险的衡量

衡量风险，首先要知道投资收益率。投资收益率的计算公式如下：

$$r = \frac{C + (P_1 - P_0)}{P_0}$$

其中 C 表示投资的资产收入，如利息、股息等；P_1、P_0 分别表示期末价格、期初价格；$P_1 - P_0$ 表示资本收入，即资本市价涨跌所带来的收入。

如果我们将风险定义为未来结果的不确定性，那么投资风险就是投资收益率的不确定性，即未来各种可能的投资收益率与期望收益率的偏离程度(用方差或标准差表示)。而期望收益率则是未来各种可能的投资收益率的均值，其结果是未来收益率的各种可能结果，乘以相应结果出现的可能性(用概率表示)，然后相加的值。设 $\bar{r}$ 为期望收益率，其计算公式为：

$$\bar{r} = \sum_{i=1}^{n} r_i \cdot p_i$$

其中 r_i 是投资的未来第 i 种可能的收益率；P_i 是第 i 种收益率出现的概率。可见，期望收益率实际上就是各种可能收益率，以其出现的概率为权数的加权算术平均数，习惯上称之为均值。

假设投资者要在 A、B 两个项目中选择一个或两个项目进行投资。估计第二年每个项目的收益率可能有四个结果，每个结果都有一个确定的概率与之对应，如表 4-6 所示。

表 4-6　投资收益率四种结果

	A 项目		B 项目	
	r	p	r	p
1	0. 20	0. 25	0. 80	0. 10
2	0. 15	0. 25	0. 60	0. 50
3	0. 10	0. 25	0. 50	0. 30
4	0. 05	0. 25	-0. 70	0. 10

上表中，r 为收益率；p 为收益率实现的可能性(即概率)。投资项目 A、B 的期望收益率分别为：

$$\bar{r}_A = 0.20 \times 0.25 + 0.15 \times 0.25 + 0.10 \times 0.25 + 0.05 \times 0.25 = 12.5\%$$

$$\bar{r}_B = 0.8 \times 0.10 + 0.60 \times 0.50 + 0.50 \times 0.30 + (-0.70) \times 0.10 = 46\%$$

计算结果表明：A 项目的期望收益率小于 B 项目。但从收益率的分布看，A 项目的收益率在 5%~20%之间波动，变动范围小；而 B 项目收益率从-70%到 80%，变动范围大。收益率的变动大小反映了风险的大小，收益率变动大，离散性大，风险就大。

下面用各个不同的收益率与其均值偏离的平均距离来表示投资风险，这个偏离的平均距离一般通过计算标准差来获知。按照现代投资理论，标准差代表投资风险，标准差越大，各种可能的收益与其平均收益偏离的距离也越大，投资风险也就越大；反之，标准差越小，投资风险也越小。标准差的计算公式为：

$$\sigma = \left[\sum_{i=1}^{n} (r_i - \bar{r})^2 p\right]^{\frac{1}{2}}$$

用该公式计算A、B两个项目的标准差，结果分别为：

$$\sigma_A = 0.0559 = 5.59\%$$

$$\sigma_B = 0.3955 = 39.55\%$$

计算过程见表4-7、表4-8。

表4-7 A项目的标准差计算表

$r-\bar{r}$	$(r-\bar{r})^2$	$(r-\bar{r})^2p$
20%-12.5%=7.5%	0.005625	0.00140625
15%-12.5%=2.5%	0.000625	0.00015625
10%-12.5%=-2.5%	0.000625	0.00015625
5%-12.5%=-7.5%	0.005625	0.00140625
方差σ^2		0.003125
标准差σ		0.0559

表4-8 B项目的标准差计算表

$r-\bar{r}$	$(r-\bar{r})^2$	$(r-\bar{r})^2p$
80%-46%=34%	0.1156	0.01156
60%-46%=14%	0.0196	0.0098
50%-46%=-4%	0.0016	0.00048
-70%-46%=-116%	1.3456	0.13456
方差σ^2		0.1564
标准差σ		0.3955

A项目的标准差为5.59%，说明A项目的各个收益率与其平均收益率之间平均相差5.59%。B项目的标准差为39.55%，表明B项目的各种收益率与其平均收益率比较，平均相差39.55%。显然，B项目的投资风险大于A项目。

数理统计证明：如果数据的分布比较对称于均值而且不过分地集中于两端的话，则约有68%的数据落在平均数加减1个标准差的区间内；约有95%的数据落在平均数加减 2 个标准差的区间内；约有 99%的数据落在平均数加减 3 个标准差的区间内，等等。所以这里计算标准差的意义还在于：已知投资的期望收益率(即收益率的均值)和标准差，就可以估算收益率发生在一定区间内的概率。以项目 A 为例，其期望收益率和标准差分别为 12. 5%和 5. 59%，则可估计其投资收益率在 12. 5%±5. 59%范围内变化的可能性是 68%；在 12. 5%±2×5. 59%范围内变动的可能性是 95%；在 12. 5%±3×5. 83%范围内变动的可能性是 99%，等等。

二、组合投资风险的衡量

以上仅用均值和标准差反映了单项投资的期望收益和风险。组合投资的期望收益和风险，则需要计算两个以至多个变量的线性组合的均值和标准差。

有如下两个计算公式(证明略)：用 a、b 表示常数(表示投资组合中不同投资项目的投资比例)，x、y 表示两个随机变量，x、y 的均值分别为 $\bar{x}$ 和 $\bar{y}$，方差分别为 σ_x^2 和 σ_y^2，ρ_{xy} 表示 x、y 的相关系数，则线性组合 ax+by 的均值和标准差分别为：

$$\mu = a\bar{x} + b\bar{y}$$

$$\sigma = \sqrt{a^2\sigma_x^2 + b^2\sigma_y^2 + 2ab\rho_{xy}\sigma_x\sigma_y}$$

现在我们通过计算这个线性组合的均值和标准差，说明为什么组合投资比单项投资要有利一些。

假设有 A、B 两个投资项目，如果对项目 A 投资 100 元，收益的概率分别是：负收益(即亏损)20 元和正收益 30 元的概率相等；对 B 项目的处理与 A 相同，见表 4-9。

表 4-9　假设的投资项目收益的概率分布

项目 A		项目 B	
收益(元)	概率	收益(元)	概率
−20	0. 5	−20	0. 5
+30	0. 5	+30	0. 5
$\bar{x}_A = 5$		$\bar{x}_B = 5$	
$\sigma_A^2 = 625$		$\sigma_B^2 = 625$	
$\sigma_A = 25$		$\sigma_B = 25$	

它们的平均收益(期望值)都是：

$$(-20)\times 0.5 + 30\times 0.5 = 5\ (元)$$

收益的方差都是：

$$(-20-5)^2\times 0.5 + (30-5)^2\times 0.5 = 625$$

收益的标准差都是 $\sqrt{625} = 25$(元)

假如 A、B 两个项目不相关，即相关系数 $\rho_{xy} = 0$，如果投资者的 100 元不是全部投资于 A 项目或 B 项目，而是在这两个项目上分别投资 50 元，这种组合投资就相当于 A 和 B 的一个线性组合 $\frac{1}{2}A + \frac{1}{2}B$(因为 50/100=1/2)。

则这个投资组合的收益期望值为：

$$\frac{1}{2}\bar{x}_A+\frac{1}{2}\bar{x}_B=\frac{1}{2}\times5+\frac{1}{2}\times5=5(\text{元})$$

收益的方差为：

$$\left(\frac{1}{2}\right)^2\sigma_A^2+\left(\frac{1}{2}\right)^2\sigma_B^2+2\left(\frac{1}{2}\right)\left(\frac{1}{2}\right)\rho_{xy}\sigma_A\sigma_B=\left(\frac{1}{2}\right)^2\times625+\left(\frac{1}{2}\right)^2\times625$$

$$+2\left(\frac{1}{2}\right)\left(\frac{1}{2}\right)\times0\times25\times25=312.5$$

收益的标准差为：$\sigma=\sqrt{312.5}=17.68$(元)

计算结果表明：在资本(100元)和收益(5元)相同的条件下，投资组合的标准差比单项投资的标准差小多了。标准差的减少，意味着风险的降低。

由上可知，同是100元钱，全部投资于A或全部投资于B，或者一半投资于A一半投资于B，虽然这三种投资决策的期望收益都是5元，但是单项投资的标准差为25元，组合投资的标准差只有17.68元，标准差小，风险小，在相同的期望收益下，组合投资可以大大降低投资风险。

(案例来源：参考以下文献编写而成：黄达：《金融学(精编版)》，中国人民大学出版社2004年版，第152~154页；林少宫、李楚霖：《简明经济统计与计量经济》，上海人民出版社1993年版，第51~53页。)

[案例C] 男、女司机的身高与体重哪个变化大一些

为了掌握男、女司机身高与体重的相关信息，某汽车制造公司对汽车拥有者进行了一次抽样调查，调查数据见表4-10。

表4-10　男、女司机的身高与体重抽样数据

性别	体重(公斤)		身高(厘米)	
	平均数	标准差	平均数	标准差
男司机	70	10	175	10
女司机	60	12	160	12

汽车公司希望从调查资料中获知：

(一)男司机的身高变化大一些，还是女司机的身高变化大一些？

(二)女司机身高的变化大一些还是体重的变化大一些？

(案例来源：作者编创。)

【案例分析】

变异指标，是综合反映总体的各单位变量值(总体的一组数据)波动大小和波动程度

(离散大小或离散程度)的指标。由于平均数在反映总体一般水平的同时，掩盖了各个个体数据之间的差别，所以通过平均数我们只能看到被研究总体的共性，而看不到总体内部的差异性。为了更全面地认识现象的数量特征，在统计分析中，常常把平均指标与变异指标结合起来运用。从某种意义上讲，研究变异指标，是对平均指标的补充和进一步说明。如果说平均指标表明的是总体数据的集中趋势，那么变异指标表明的则是总体数据的离中趋势。集中趋势只是数据分布的一个特征，它所反映的是各个变量值向其中间值聚集的程度，而各个变量值之间的差异状况则需要考察数据的离散程度，数据的离散程度是数据分布的另一个重要特征，一般通过各个变量值偏离其中间值的大小或程度来反映，故称之为离中趋势。

变异指标有多种形式，包括极差、平均差、分位差、标准差和标准差系数等，其中最为常用的是标准差。标准差用符号 σ 表示，读音"西格马"，上述三个案例都是关于平均指标与标准差的联合应用。

平均数和标准差，一个反映总体数据的一般水平、集中趋势，一个反映总体数据差异、离中趋势，二者从两个不同的角度说明总体的数量特征。正如严建辉在《解读平均数》一文中所说："它们如同我们的左右手，能够很好地相互配合，把观测数据的特征描述得明明白白、清清楚楚"，"计算标准差在测定数据分散程度时是最常用的方法，在统计中，它和算术平均数几乎互为影子、难舍难分"。标准差的实质就是各个变量值(一组数据中的每个数据)与其平均数相差的平均距离。标准差越大，说明一组数据中的各个数据与其平均数的平均距离越远，数据的分布越分散，数据之间的差别越大，数据的变异性越大；标准差越小，说明各个数据与其平均数的平均距离越近，数据分布越集中，数据之间的差别越小，数据的变异性越小。

案例 A 中，将平均数和标准差的理论应用于炒股，不失为一种十分理智和高明的战术。相中了三个股票，关注其行情变动，对各个股票价格涨跌的数字进行整理，计算平均增减额和标准差。设想 1 号股票，本月有 22 个交易日，每天的收盘价格分别与上月平均收盘价格相比有涨有跌，本月与上月比较平均上涨了 7 元；22 天的实际涨跌数在 7 元的上下波动，平均波动为 4 元(标准差为 4 元)。以此类推，与上月相比，2 号股票和 3 号股票的价格分别平均上扬了 5 元、6 元，反映价格上扬波动水平的标准差分别为 1 元、0.8 元。从平均数看，1 号股票是最好的选择，它的涨幅最大。但是 1 号股票的标准差也最大，标准差系数 $=4/7=57.14\%$，也是最大的，说明这个股票价格的起伏变化大，存在着较大的风险，甚至还有亏本的可能。3 号股票也值得选择，它的上涨金额居中，特别是标准差最小，标准差系数 $=0.8/6=13.33\%$，也是最小的，表明其股价上升的稳定性好。选择 1 号股票可能博取高额回报，但要冒较大的风险；选择 3 号股票获利会小一些，冒的风险却最小，适合比较稳健的投资者；2 号股票回报最小，稳定性也不如 3 号股票，可以忽略。

在金融投资活动中，一般用标准差反映收益的风险(即预期收益的变化)。标准差越小，预期收益的变化越小，投资风险越低；标准差越大，预期收益的变化越大，投资风险越高。银行基金管理公司根据不同的风险和收益，推出三种不同类型的基金，供客户选择投资：一是激进型，主要投资于股票，风险和收益都是最大的；二是稳健型，投资于股票和国债的比例各占一半，风险相对较小，收益居中；三是保守型，80%用于投资国债，风险在三者之中最小，收益也最小。正如案例 A 所说，在三个股票中选择哪个股票投资，还是选择多个股票投资，取决于投资者的心态或投资者的类型，同时还要考虑投资者的时间和精力，因此投资方案不是唯一的。但是有一点是肯定的，那就是理性的投资者都会综合权衡收益与风险，都要对平均数和标准差(或标准差系数)进行计算和分析。

股市有风险，入市需谨慎。其实不仅股市有风险，任何投资都有风险。“风险”一般指未来结果的不确定性或未来结果的变化。不确定性或变化越大，风险就越大；不确定性或变化越小，风险就越小。在不确定的情况下作投资决策，我们既关心投资的报酬多少，也关心投资的风险大小。通常用收益的期望值即平均收益来表示报酬，用标准差来衡量风险。人的天性总是倾向于规避风险，而规避风险的一个行之有效的办法就是不要把所有的鸡蛋放在一个篮子里。分散投资可以降低投资风险的道理，可以用标准差来量化说明。

案例 B 讲的就是平均数和标准差在风险投资中的应用。由案例的计算和分析可知，同是 100 元钱，全部投资于项目 A 或全部投资于项目 B，或者一半投资于 A 一半投资于 B，虽然三种投资方案的期望收益都是 5 元，但是单项投资的标准差为 25 元，而组合投资的标准差只有 17.68 元。标准差小，风险小，在相同的期望收益下，组合投资、分散投资可以大大降低投资风险。

标准差的数值大小受两个因素的影响，一是总体的离散程度大小，二是各个变量值自身水平的高低。各个变量值的自身水平用总体平均数表示。在比较两个总体的离散程度时，如果它们的平均数不同，就不能直接用它们的标准差来比较。同时由于标准差带有计量单位，因此计量单位不同的标准差也不能直接比较。在这两种情形下，要比较不同总体的离散程度，必须计算标准差系数。用标准差与相应的平均数对比，看标准差相当于平均数的百分之几。标准差和平均数具有相同的计量单位，二者对比，计量单位消除了，其比值成为一个抽象化的数值。可以说计算标准差系数起到了一箭双雕的作用，它既消除了总体平均数不同的影响，也消除了计量单位不同的影响，因此应用标准差系数，可以对不同总体的离散程度进行对比分析。

案例 C 中，要判断男女司机的身高哪个变化大一些，就是要对被抽查到的男司机的身高数据和女司机的身高数据，比较哪一组数据的离散程度大一些，这必须通过变异指标来比较，不能直接用标准差对比，因为男女司机的平均身高不同，男司机的平均身高 175 厘米，女司机平均身高 160 厘米。分别计算男女司机身高的标准差系数，10/175 = 5.71%，12/160=7.50%。女司机身高的标准差系数高于男司机，因此可以判断女司机之间身高的变化大一些，而男司机之间身高的变化相对小一些。再来判断女司机的身高与体重哪个变化大一些。身高的计量单位是“厘米”，体重的计量单位是“公斤”，计量单位不同，不能直接用标准差比较(12 厘米与 12 公斤没法比)，需要计算标准差系数。女司机体重的标准差系数为 12/60=20%。因为 20%>7.5%，所以可以判定女司机体重的变化大于身高的变化。

标准差作为一个最为常用的变异指标，除了上述应用外，它还常用于评价平均数代表性的大小，用于反映生产经营活动过程的均衡性和稳定性，用于产品或服务的质量控制。

标准差在抽样法和相关回归分析中也起到了重要作用，在抽样法中抽样平均误差的计算离不开标准差，在回归分析中需要利用标准差对回归分析的效果优良与否进行评价。

第三节　本章小结

在本章中，首先指出统计数据、统计指标的表现形式和基本作用。统计指标可以表现为绝对数、相对数或平均数，因此，统计指标从形式上讲有总量指标、相对指标和平均指标，它们分别反映现象的总量水平、相对水平和平均水平。作为比较特殊一点的变异指标则可以表现为多种形式，它反映的是总体内部的离散水平或离散程度。然后，分别选择相应的案例，对上述指标的具体应用进行分析。通过分析，得出以下两个重要结论：

第一，各个指标各司其职，各有优势。总量指标的魅力在于它是最原始最基本的指标，它覆盖了现象的广度，展示的是现象的整体外貌，既可以呈现出事物的具体内容，又能够衡量事物的总价值，直观通透、实实在在，而且甘做其他指标的奠基石。相对指标的使命是揭示事物的质量和深度，通过对比，比出轻重，比出高低，比出多少，比出快慢，比出差距，比出虚实和比出好坏，可谓纵横捭阖，四面出击。平均指标则高度浓缩了数据的精华，它从一堆乱数中脱颖而出，使扑朔迷离的问题顷刻间清晰明了起来。变异指标是平均指标的好伙伴，它们形影相随却性格迥异。变异指标似一把尺子，丈量的是数据家族内部数据成员之间相差的距离，它可以给我们提供不同数据家族内部团结或涣散的准确情报。

第二，应用哪个指标要具体问题具体分析，不能误用。各大指标下面又包含若干分支指标，每个指标都有相应的适用条件。总量指标中实物量与价值量各有用处，相对指标中不同的对比角度适应不同的分析目的，平均指标中算术平均数、几何平均数、中位数和众数各有其用，变异指标中极差、标准差、标准差系数各得其所。指标如果错用误用，其结果不仅仅是混淆视听，贻笑大方，还会导致判断错误，决策失误，利益受损。熟悉各个指标的特性，练好基本功，当是用对用好各个指标的前提。

【拓展阅读】

一、6σ 管理

σ 是一个希腊字母，是统计学中标准差的符号，在 6σ 管理中，它描述的是过程、数据、产品品质或服务品质离开标准值有多远，即存在多少波动。6σ 管理这个术语指的是一种从统计学上衍生出来的绩效目标。它的最初含义是建立在统计学中最常见的正态分布基础上的，考虑了 1.5 倍的漂浮，这样落在 6σ 外的概率只有百万分之三点四，即一百万次出错的机会中，只有 3.4 次发生的可能，其实质就是不要做错，建立做任何事一开始就要成功的理念。

6σ 是一种管理理念，它强调“减少差错、浪费和返工”。而大多数企业重视的是“进攻”——这其实是生产更多的产品，增加产量，开发和争夺市场的管理理念。但是 6σ 重视“防御”——把你已经做的事情做好，并尽可能减少差错的发生。目前，很多企业的思维方式和管理模式仍然停留在“等问题出现后才解决”的阶段，6σ 恰恰可以改变这一现状。6σ 注意发现潜在的、隐藏的问题，它不是事后发现问题，再采取措施，而是去寻找潜在的、可能的问题，预先处理不给它发生的机会。具体策略是运用方差分析法找到主要矛盾，为解决问题提供有力武器，运用回归分析法研究因变量和自变量的相关程度。

6σ 十分重视统计方法。应用 6σ 要求依据严格的数据采集和统计分析，找出误差的根源，并寻觅消除误差的方法，每上升一个 σ 层次，缺陷率就降低一个几何级数。6σ 管理法融合了当代统计技术的最新成果，使评价过程能力和作业绩效成为可能。6σ 成功的关键之一是对员工的培训，使员工具备基本统计知识并掌握改善工具的使用技巧。

（资料来源：节选自张丽英：《结合 6σ 管理，提高财经类非统计专业统计学教学质量》，《统计教育》2006 年 6 月，第 29 页。）

二、钱颖一：中国教育好在哪里？问题在哪里？

我是一名经济学者，有三个原因让我对教育问题有极大的兴趣：

一是我的求学经历（清华、哥伦比亚、耶鲁、哈佛）；

二是我的执教经历（斯坦福、马里兰、伯克利加州、清华）；

三是我在清华经管学院担任院长至今 8 年多的经历。

由于我并没有受过教育学系统训练，所以不熟悉教育学的方法和分析框架。我是一名教育实践者，所以我就从直观的观察开始。

首先，我们不能完全否定中国教育的成绩。中国过去 35 年经济高速增长，如果教育完全失败，这是不可能的。不过，肯定成绩是容易的，但是肯定到点子上并不容易。

我们不否认中国人才中缺乏创造力，缺乏领导力，缺乏影响力。钱学森问：为什么我们的学校总是培养不出杰出人才？我的直觉是，恐怕这个问题本身就有问题。杰出人才是“培养”出来的吗？也许不是。杰出人才很可能是在一种有利的环境中“冒”出来的。所以创造环境（或者说“培育”）远比“培养”更重要，这里有深层次的原因。

我在 2010 年 8 月清华大学本科生开学典礼上和在 2011 年 2 月黑龙江亚布力中国企业家论坛上，都强调了中国学生缺乏好奇心、想象力和批判性思维能力的问题。好奇心和想象力部分来自天生，至少有一些人是这样，但是后天会把它们磨灭。完全有可能的是，受教育越多，好奇心和想象力就变得越少。由此来看，正是我们的教育把人先天的好奇心和想象力给“扼杀”了，再加上学生的批判性思维能力得不到培养，那学生怎么可能有创造性呢？

我的第一个观察是，中国在大规模的基础知识和技能传授方面很有效，使得中国学生在这方面的平均水平比较高。用统计学的语言，叫做“均值”较高，意思是“平均水平”较高。这是中国教育的重要优势，是其他发展中国家，甚至一些发达国家都望尘莫及的。这从“国际学生测评项目”中上海学生的表现，在三个科目（阅读、数学、自然科学）中都名列前茅就可见一斑。当然这并不代表中国的平均水平，但是在这个测评中，农民工子女比美国中产阶级子女、艺术院校学生的数学比美国学生平均水平都要强，这更说明了问题。

我们是如何做到的呢？政府和民间对教育的投入，中国传统文化对教育的重视，中国学生在学业上花的时间多，都是原因。经济学家研究发展中国家的基础教育，通常的度量是教师是否准时上课、学生是否有课本等十分初级的要求。虽然中国的基础教育还存在很多问题，但教师的敬业程度还是令人钦佩的。即使是高等教育，在基础知识和技能的传授方面，按平均水平来看，都是可圈可点的。

这种教育优势对推动中国经济在低收入发展阶段的增长非常重要，因为它适合“模仿和改进”的“追赶”作用，特别是在与开放结合在一起的时候。开放让我们看到了先进，加上我们的毕业生基础知识扎实，模仿能力强，挣钱动机更强，员工队伍整齐，就有了很强的执行力，就追赶上来了，这在制造业非常明显，即使是服务业也一样。在引进先进的IT技术和管理流程后，超级市场的收银、银行的柜台服务、医院的挂号和收费、出入关的检查等重复性的、规律性的大规模操作，中国服务人员的速度和精准程度，甚至都超过了发达国家。

我的第二个观察是，与“均值”高同时出现的另一个现象是“方差”小，也就是杰出人才少。“方差”也是统计学的概念，是衡量一个随机变量偏离平均数的累加起来的程度。简单地说，“方差”小就是两端的人少，出众的人少，“杰出人才”少，“拔尖创新人才”少。

我们都知道，杰出人才的出现是小概率事件。如果说“天赋”的分布在不同人种之间没有太大差别的话，那么出现杰出天赋的概率就应该与人口正相关。中国有13亿多人口，但是至今没有中国学者在中国内地的研究获得诺贝尔科学奖，这就表明了一种问题。还有其他证据说明问题。我们不用去同发达国家比，与印度的比较更有说服力，因为两国的人口基数差不多，而且印度的人均收入比中国还低。印度教育的平均水平肯定不如中国，但是它在出现突出人物方面比中国显著。从我自己平常接触到的例子看：全球著名商学院中的哈佛商学院、芝加哥商学院、康奈尔商学院、华盛顿大学商学院的现任院长都是印度裔；全球著名大跨国公司中，微软、百事、德意志银行、万事达卡的现任CEO也都是印度裔。但是目前还没有中国人担任这类商学院和跨国公司的CEO。

因此，不是我们的学校“培养”不出杰出人才的问题，而是我们的学校“扼杀”潜在的杰出人才的问题。在好奇心和想象力被扼杀，在个性发展受压抑的情况下，人与人之间的差别就减少了。

“方差”小，对经济发展的影响在不同发展阶段是不同的。在低收入阶段，经济发展主要靠模仿和改进，人才“方差”小无关大局，甚至还是长处，只要“均值”不低。但进入中等收入后，当需要以创新驱动发展时，“方差”小的后果就严重了，因为这影响创新，特别是颠覆性创新。这样，我对中国教育问题的第一个和第二个观察，即人才的“均值”高和“方差”小的特点，既能解释中国过去30多年经济发展的成就，又能预示在未来经济发展“新常态”中可能出现的问题。

中国教育的问题，绝不仅仅是培养不出杰出人才的问题，更严重的是造就了不少没有人格底线的人。如果说在知识和能力上是高“均值”、低“方差”的话，那么我的第三个观察是，在人的素养、价值等方面，我们的问题就是低“均值”、高“方差”了。

低“均值”是指人的素养平均水平低，而人的素养的“方差”大，是指太差的人不在少数。这从反腐败中暴露出来的案件规模、程度中可领略到，多么让人触目惊心，多么让人不可思议！这其中很多都是那些高智商、低人格的人做的。知识水平高，做人很差的，就是钱理群先生讲的“精致的利己主义者”。

这就要审视我们的“人才”观了。正因为我们对培养不出“杰出人才”有紧迫感，所以就特别重视“才”。这种急功近利的结果是什么呢？不但“杰出人才”的培养仍是问题，而且轻视对“人”的素养的培养会造成更严重的问题。我们讲人的素养，是一个真正的“人”所应具备的基本做人准则，是人格底线。爱因斯坦早就说过：“学校的目标应该始终是：青年人在离开学校时，是作为一个和谐的人，而不是作为一个专家。”戴安娜王妃也多次对她的长子威廉说：“你在成为王子之前，先要成为一个人。”他们讲的都是先做人，再成才。因此在我看来，中国教育的首要问题，还不是如何培养“杰出人才”的问题，而是如何培养真正的“人”的问题。

以上是我对当前中国教育问题和这些问题对经济和社会发展影响的三个观察，可以用“均值”和“方差”来概括：

一是我们的优势是基础知识和技能的“均值”较高，这对过去30多年中国经济增长起了推动作用。

二是我们的劣势是基础知识特别是能力的“方差”太小，杰出人物太少。这就导致创新不足，对未来中国经济以创新驱动发展非常不利。

三是教育除了为发展经济服务的功利作用之外，教育对人的素养培养和人的价值塑造以及对文明社会建设更为重要，而人的素养的“均值”低却“方差”大，是中国实现“人的现代化”的重要掣肘。

（作者：钱颖一，2006—2018年任清华大学经济管理学院院长，2018年当选清华大学文科资深教授，并于2018年起担任西湖大学校董会主席。这是他2014年12月14日在中国教育三十人论坛首届年会上的演讲。）

思考与讨论

1. 国内生产总值（GDP）和居民储蓄存款余额都是总量指标，它们在时间属性上有何不同？

2. 基尼系数是什么类型的相对指标？用于分析什么问题？

3. 恩格尔系数为何在我国“水土不服”？

4. 如何理解平均指标“失真”的原因？

5. 统计分析中为什么要用组平均数补充说明总平均数？

6. 我国目前居民的平均收入水平如果用算术平均数表示，其代表性不高，原因何在？

怎样妥善解决这个问题？

7. 为什么说标准差是平均数的“好伙伴”，它们形影相随却性格迥异？

8. 什么是“6 西格马”？

参考文献

1. 茅于轼. 生活中的经济学(第 2 版)[M]. 暨南大学出版社，2003.

2. 贾俊平. 统计学[M]. 清华大学出版社，2004.

3. 吴明礼，黄立山. 统计学[M]. 中国统计出版社，2002.

4. 任泽平团队. 中美经济实力对比[EB/OL]. 泽平宏观公众号，2021.

第五章 抽样与推断

第一节 理论要点

在前面各章内容中，我们学习了统计数据、统计数据的获取与整理、统计数据的形式与应用，知道了数据的收集方法、数据的图表展示方法、不同形式数据的应用，以及数据基本特征的分析(用均值分析数据的水平、用标准差分析数据的差异等)，以上内容都是研究已有数据本身的特征，属于描述统计方法。已有数据可能是普查数据，经过综合分析，可以直接反映研究总体的特征。但在实际应用中，已有数据更多的是样本数据，我们需要在描述统计的基础上推断样本数据背后的总体特征，这就属于统计推断方法。

统计推断又称抽样推断，即在随机抽样的基础上，根据样本数据对总体的某些性质和数量特征做出具有一定可靠程度的估计和推断，简言之，就是用样本特征推断总体特征。它是实际生活中高效而又常用的一种统计方法。

抽样推断理论包括前后联系的两大内容：一是抽样法，也就是我们常说的抽样调查，具体指采用一定的抽样方式方法，从总体中抽取部分单位(个体)组成样本，并搜集样本单位的资料。这一部分内容主要是关于怎样抽取样本单位和怎样搜集样本资料。二是推断法，主要讨论统计估计和假设检验两类问题。统计估计专门研究由样本估计总体的未知分布或已知分布中的未知参数。直接对总体的未知分布进行估计称为非参数估计；当总体分布形式已知，只估计分布的未知参数时称为参数估计，本章讨论参数估计问题。与统计估计类似，假设检验又分为参数检验和非参数检验，本章讨论参数检验。

比如，根据样本数据直接估计总体的数量特征(平均数、成数、方差等)，或者先假设总体数量(平均数、成数、方差等)的真值是多少，然后抽出一个随机样本，用样本数据检验假设是否成立，前者称为参数估计，后者称为参数检验。虽然参数估计和参数检验二者都是利用样本信息对总体数量特征进行某种推断，但是，它们利用样本信息的方式是不相同的。参数估计是利用样本信息求得总体参数的估计值(点估计值或估计区间)；参数检验则是从总体参数真值的假设出发，然后利用样本信息计算检验统计量，以决定对总体真值所做出的假设是否成立。参数估计侧重于用样本信息估计总体的某一未知参数，而假设检验则侧重于用样本信息验证总体是否有某种性质或数量特征。

抽样推断具有显著的特点，这主要表现在其目的是用样本指标估计总体指标(或者说用样本统计量估计总体参数)，其抽样要遵循随机原则，其推断方法是一种不确定的概率估计法，其误差可以事先计算和控制。

随机抽样的组织方式有简单随机抽样、类型抽样、等距抽样和整群抽样等，除了这四种基本抽样方式之外，还有多阶段抽样、PPS 抽样、目录抽样等由多种基本抽样方式相组合的混合抽样方式。对于大规模、大范围的抽样调查，常常不会单一采用某种方式，而是根据研究对象的特点综合采用多种方式，在某种抽样方式下有重复抽样和不重复抽样两种方法。

在抽样设计中，样本容量的设计是一个不可忽视的重要问题。从总体中抽出多少个单位组成样本，要综合考虑多种因素，包括研究总体的差异程度、允许误差的大小、可靠性的要求、抽样的方式方法以及调查经费等。

参数估计包括点估计和区间估计，其主要方法还是区间估计。所谓区间估计，就是在一定概率保证条件下，利用样本指标和抽样误差，给出总体指标的估计区间。其中涉及样本指标(统计量)的分布(称为抽样分布)、抽样平均误差的计算、总体参数的估计区间的构建等重要内容。

参数检验主要涉及提出假设、确定检验统计量及其分布、计算检验统计量的具体数值、得出假设检验结论等基本内容。

第二节　案例正文与案例分析

案例一　抽样推断：一种经济、高效的统计方法

【案例正文】

［案例 A］2005 年湖北省食品安全调查摘要

根据《国务院关于进一步加强食品安全工作的决定》(国发〔2004〕23 号)和湖北省人民政府《关于切实加强食品安全工作的意见》(鄂政发〔2004〕57 号)文件精神，为了不断完善食品安全保证体系和食品安全综合评价体系建设，客观了解与评价湖北省食品安全状况，从而有针对性地采取措施，促进湖北省食品安全水平的提高，切实保障人民的身体健康，湖北省食品药品监督管理局于 2005 年 5 月开始在全省范围内开展了大米、小麦粉、食用油、豆制品等品种的调查与评价工作。

为了使调查具有代表性，考虑全省不同城市规模大小、区域布局，产品调查的采样点定为武汉市、襄阳市、随州市、仙桃市、洪湖市、应城市。先后于 5 月和 9 月进行了两次采样及产品检测分析，分别从六市的超市或商场、农贸市场或批发市场、个体摊点等随机购买，以当地(本省)产品为主。共采集并检测样品 626 个，其中大米 96 个、小麦粉 97 个、食用油 97 个、豆干 36 个、豆皮 36 个、腐竹 24 个、速溶豆粉(豆奶粉)36 个、豆乳和豆乳饮料 60 个，婴幼儿奶粉、乳饮料、酿造酱油各 48 个。

在 626 个调查和检测样品中，合格品 499 个，合格率 79.7%，质量结果见表 5-1。

表 5-1　关键指标检测结果表

品种	大米	小麦粉	食用油	婴幼儿奶粉	乳饮料	酿造酱油	豆制品	合计
抽查数(个)	96	97	97	48	48	48	192	626
合格样数(个)	95	81	63	48	47	36	129	499
合格率(%)	98.9	83.5	64.9	100	97.9	75	67.2	79.7
检查项目参数	17	17	4	6	7	4	10	65

本次调查与评价，基本上弄清了几个消费量较大的食品品种的安全现状，找出了存在问题的实质原因，为省政府指导食品安全工作提供了依据，也为人民群众消费提供了预警信息。

（案例来源：黄华恩、黎幼龙等：《关于2005年食品安全调查与评价工作情况的报告》，节选自《湖北省政府研究系统优秀调研文章选编》，中国言实出版社2006年版，第319~321页。）

[案例 B] 中国家电市场能效标识制度市场抽查情况揭晓

我国自2005年3月1日开始实施能源效率标识制度，两年时间过去了，为规范家电产品能源效率标识，加强能效标识制度的监督力度，近日国家发改委和国家质检总局委托中国标准化研究院能源标识管理中心组织开展了2006年能效标识专项市场抽查活动。此次抽查活动涉及了首批实施能效标识的家用电冰箱、冰柜以及房间空气调节器三个产品，涵盖了市场上的所有主要品牌和主流产品。本次抽查结果显示，几个家电产品总体合格率为79.6%，大部分生产企业能够按照能效标识实施规则的要求，但也有一些企业存在虚假标注标识信息的现象。

本次检测是在北京、广州、合肥三个城市的主要家电卖场和家电产品集散市场随机采购，委托了北京、广州、合肥等三个国家级质检中心进行了初检和复检，检验十分严格。在此次抽查活动中，空调产品合格率为90.9%，电冰箱产品合格率为76.2%，冰柜产品合格率为54.5%。全国性卖场的产品能效标识实施情况较好，合格率达86%，区域性卖场的合格率为80%，地区性家电产品集散市场的实施问题比较严重，合格率仅为50%。

此次抽查中，青岛海尔集团等国内大型家电企业在冰箱、冷柜和空调器多项产品的检测中均符合能效标识的要求，产品能效标识是真实的，企业的自律性较好。同时，也有少数企业不过关，存在虚假标注信息的现象。

（案例来源：黄渝：《总体抽查结果良好，少数企业存在虚标状况》，《武汉晚报》2007年3月30日。）

[案例 C] 2015年全国1%人口抽样调查主要数据公报

根据《全国人口普查条例》和《国务院办公厅关于开展2015年全国1%人口抽样调

查的通知》[1]，我国以2015年11月1日零时为标准时点进行了全国1%人口抽样调查[2]。这次调查以全国为总体，以各地级市(地区、盟、州)为子总体，采取分层、二阶段、概率比例、整群抽样方法，最终样本量为2131万人，占全国总人口的1.55%。在党中央、国务院的正确领导下，在地方各级人民政府的精心组织和调查对象的支持配合下，经过广大调查工作人员的艰苦努力，目前已基本完成各项调查任务。现将根据这次调查推算的人口主要数据公布如下：

一、总人口

全国大陆31个省、自治区、直辖市和现役军人的人口为137349万人。同第六次全国人口普查2010年11月1日零时的133972万人相比，五年共增加3377万人，增长2.52%，年平均增长率为0.50%。

二、家庭户人口

大陆31个省、自治区、直辖市共有家庭户[3]40947万户，家庭户人口为126935万人，平均每个家庭户的人口为3.10人，与2010年第六次全国人口普查持平。

三、性别构成

大陆31个省、自治区、直辖市和现役军人的人口中，男性人口为70356万人，占51.22%；女性人口为66993万人，占48.78%。总人口性别比(以女性为100，男性对女性的比例)由2010年第六次全国人口普查的105.20下降为105.02。

四、年龄构成

大陆31个省、自治区、直辖市和现役军人的人口中，0~14岁人口[4]为22696万人，占16.52%；15~59岁人口为92471万人，占67.33%；60岁及以上人口为22182万人，占16.15%，其中65岁及以上人口为14374万人，占10.47%。同2010年第六次全国人口普查相比，0~14岁人口比重下降0.08个百分点，15~59岁人口比重下降2.81个百分点，60岁及以上人口比重上升2.89个百分点，65岁及以上人口比重上升1.60个百分点。

五、民族构成

大陆31个省、自治区、直辖市和现役军人的人口中，汉族人口为125614万人，占91.46%；各少数民族人口为11735万人，占8.54%。同2010年第六次全国人口普查相比，汉族人口增加3021万人，增长2.46%；各少数民族人口增加356万人，增长3.13%。

六、各种受教育程度人口

大陆31个省、自治区、直辖市和现役军人的人口中，具有大学(指大专以上)教育程度人口为17093万人，具有高中(含中专)教育程度人口为21084万人，具有初中教育程度人口为48942万人，具有小学教育程度人口为33453万人(以上各种受教育程度的人包括各类学校的毕业生、肄业生和在校生)。

同2010年第六次全国人口普查相比，每10万人中具有大学教育程度人口由8930人上升为12445人；具有高中教育程度人口由14032人上升为15350人；具有初中教育程度人口由38788人下降为35633人；具有小学教育程度人口由26779人下降为24356人。

七、城乡人口

大陆31个省、自治区、直辖市和现役军人的人口中，居住在城镇的人口[5]为76750万人，占55.88%；居住在乡村的人口为60599万人，占44.12%。同2010年第六次全国人口普查相比，城镇人口增加10193万人，乡村人口减少6816万人，城镇人口比重上升6.20个百分点。

八、人口的流动

大陆31个省、自治区、直辖市的人口中，居住地与户口登记地所在的乡镇街道不一致且离开户口登记地半年以上人口为29247万人，其中市辖区内人户分离人口[6]为4650万人，不包括市辖区内人户分离的人口为24597万人。同2010年第六次全国人口普查相比，居住地与户口登记地所在的乡镇街道不一致且离开户口登记地半年以上人口增加3108万人，增长11.89%。

注释：

[1]本公报中数据均为根据调查结果的推算数。

[2]调查对象是指调查标准时点在中华人民共和国境内抽中调查小区内的全部人口(不包括港澳台居民和外国人)。

[3]家庭户是指以家庭成员关系为主、居住一处共同生活的人组成的户。

[4]2015年11月1日零时，0~15岁人口为24146万人，16~59岁人口为91021万人。

[5]城乡人口是指居住在我国境内城镇、乡村地域上的人口，城镇、乡村是按2008年国家统计局《统计上划分城乡的规定》划分的。

[6]市辖区内人户分离的人口是指一个直辖市或地级市所辖的区内和区与区之间，居住地和户口登记地不在同一乡镇街道的人口。

(案例来源：国家统计局官网，www.stats.gov.cn,2016年4月20日。)

【案例分析】

一般地讲，我们习惯将对总体中每个个体的全面的、普遍的、无一遗漏的调查称为普查，利用普查所获得的有关总体的全面资料，计算总体的总量指标、相对指标、平均指标和变异指标，用以反映总体的数量特征。但是在实际应用中，由于受到各种条件的限制，我们并不可能或没有必要对总体的所有单位进行全面调查来达到认识总体数量特征的目的。例如，对水库中鱼苗尾数的调查、对森林木材蓄积量的调查、对市场商品需求量的调查、对城乡居民家庭收支情况的调查、对居民购买力的调查、对电视节目收视率的调查、对大学生上网时间或拥有手机品牌情况的调查，以及诸多的民意调查等，都很难对调查对象中的每一个单位进行观察登记，一般是组织抽样调查，抽取总体中的部分单位，取得这一部分单位的实际资料，来估计和推断总体的有关数量特征。

案例一中的三个案例，都是通过抽样调查方式来实现认识总体的目标。案例A通过对湖北省几个消费量大的食品品种安全状况的抽样调查，掌握了全省食品安全的基本情况；案例B通过随机采样和检测，掌握了我国首批实施能源标识的冰箱、冰柜和空调器等三种产品的能源标识执行情况；案例C通过全国1%人口的抽样调查，推算出全国人口的主要数据。

抽样推断包括抽样和推断两个部分，前者指样本的抽选和样本资料的搜集，后者指利用样本资料对总体进行估计和推断。广义的抽样调查指的是抽样推断，既包括抽样也包括推断，而狭义的抽样调查仅指抽样，只是搜集资料的一种方式。因此，抽样调查是按照随机原则，从研究总体中抽取一部分单位进行观察登记的一种调查组织方式。而抽样推断，则是在抽样调查的基础上，由所获得的样本资料，对研究总体的数量特征做出具有一定可靠程度的估计和判断，以达成对总体的认识的一种统计分析方法。抽样推断一般也称为抽样调查。与其他统计调查方法比较，抽样调查是一种经济高效而又科学的统计方法。正如本书第三章所述，抽样调查经济性好，相对于普查而言，它节省人力物力财力，调查费用较低；抽样调查时效性强，它可以迅速及时地获取所需信息；抽样调查适应面广，它适用于对各个领域、各种问题的调查研究；抽样调查理论性强、准确性高，它按照随机原则取样，依据概率原理估计推断，可以保证样本的代表性，可以计算和控制抽样误差。

抽样推断的显著特点表现在以下几个方面：

第一，抽样推断的目的是用样本指标估计总体指标。抽样调查是一种非全面调查，但调查的目的却不在于了解实际调查的那一部分单位的情况，而在于了解总体的相关情况。抽样调查的资料如果不用于估计总体，就没有什么价值。抽样是手段，推断才是目的。这里存在认识上的手段与目的之间、局部与整体之间的矛盾，这种矛盾在现实生活中是大量存在的。例如，检测几克重的棉花纤维强度，能否判断整批棉花的纤维强度？对少量种子进行催芽试验，能否判断该品种种子的发芽率？检测部分产品的质量，能否判断整批产品的质量？调查1%的人口，能否推断人口总体的各种数据？抽样推断理论解决了这一矛盾，它科学地论证了样本指标与相应的总体指标之间存在的内在联系，回答了通过部分可以把握全局，二者之间误差也是有规律可循的，并提供了一套利用样本信息推断总体数量特征的方法。

第二，抽样推断的前提是按随机原则抽取样本单位。随机原则在概率论中称为“同等可能性原则”，即研究总体中的每一个单位或每一个可能出现的样本，都有被抽中的同等可能性，中选机会均等。也就是说，总体中的每个单位或每个可能出现的样本，中选或不中选，不受人为主观因素的影响，每个单位或每个可能的样本都有相同的中选机会。只有按随机原则取样，总体中的各个单位才都有一定的机会被抽取，从而就有更大的可能性使所抽取的样本结构与总体结构类似，保证样本对总体的代表性，并最终保证通过样本指标估计总体指标的可靠性。也只有按随机原则取样，样本指标的分布才可以具体加以描述，从而抽样误差的范围得以有效控制。

第三，抽样推断是一种不确定的概率估计。用样本指标估计总体指标，在数学上运用的是不确定的概率估计法，而不是确定的函数分析法。因为样本数据与总体参数之间并不存在严格对应的自变量与因变量的关系，故不能建立函数关系式(即数学等式)进行推算。在抽样推断中，原则上把所有可能产生的样本指标看做随机变量，在实际应用中一般只抽取其中一个样本，并计算相应的样本指标。接下来要研究的是用样本指标估计对应的总体指标，并说明估计结论的可靠性(用概率表示)。不同可靠性下的估计结论是不相同的。

比如说，我们想知道某地区职工的工资水平，随机抽取该地区1000名职工作为样本，并计算出这个样本的平均工资为7500元，抽样标准差为485元。如果以90%的可靠性(概率)进行估计，则估计误差为485×1.65=800元，该地区职工工资水平的估计区间为7500±800。如果可靠性要求达到95%，则估计误差为485×1.96=950元，该地区职工工资水平的估计区间扩大为7500±950。这就是概率估计的基本思路。概率估计既包括估计区间，也包括对估计区间可靠性的判断。

第四，抽样推断的误差可以事先计算并加以控制。用部分资料推断总体信息必然有误差存在，但误差的范围可以事先通过有关资料加以计算，并采取相应措施控制这个误差范围，以保证抽样估计结果达到一定的精度和可靠性。实际上，抽样推断就是根据事先给定的允许误差和可靠性要求计算样本容量，抽样推断实质上就是一定可靠性和误差条件下的估计与推断。

抽样推断方法因其经济性、高效性和科学性而在实践中得到了广泛的应用。那么，在哪些情况下应用抽样推断方法呢?

(1)在不能也不适宜采用普查方式而又需要了解研究总体全貌的情况下，采用抽样推断方法。比如，在工业生产中对具有破坏性的产品质量的检验，如家用电器的使用寿命、轮胎的行程里程、食品的保质期等，只能采用抽样方法，用样本资料对总体状况做出推断。有些研究总体的范围大、单位多而且分布过于分散，比如调查森林的木材蓄积量，调查农民工的收入情况等，几乎无从普查，只能抽样调查之后再进行相应的估计。

(2)在虽然可以普查但没有必要普查的情况下，采用抽样推断可以起到事半功倍的效果。比如全国人口调查，如果采用普查，则涉及面广、耗费大、耗时长；若采用抽样调查，就能节省人力物力和时间，并能达到良好的效果。我国统计制度确定每10年进行一次全国人口普查，在两次人口普查中间穿插一次1%的全国人口抽样调查。

(3)在对普查资料进行核对和订正时，采用抽样推断。普查由于范围大、参与人员多、工作量重，发生登记性和计算性误差的机会可能就多。普查之后，随机抽取少部分单位复查，用抽中单位复查的结果与其普查结果对比，计算差错率，并用此差错率对总体普查数据进行修正。我国历次人口普查之后，为了核对普查的质量，都要进行抽样复查。

(4)在工业生产过程的质量控制中，采用抽样推断。对成批或连续大量生产的工业产品，在生产过程中进行质量控制，一般每间隔一段相等的时间抽取少量产品进行检测，通过产品质量的波动，了解生产过程是否正常，以便及时采取措施，预防废品的产生。

(5)在信息的时效性要求比较高时，采用抽样推断。比如企业在市场竞争中所需的各种信息和情报，具有很强的时效性，若采用普查在时间上是不允许的，只有采用抽样调查才能在时间和效果上同时满足企业及时决策的要求。

案例二　社会保障统计的抽样调查

【案例正文】

目前，在我国的社会保障统计调查中，常规统计报表制度占据着主导地位。具体分工为：劳动和社会保障部负责基本社会养老、企业补充养老、医疗保险以及个人储蓄养老保险的统计调查工作，民政部负责最低生活保障、社会救济、优抚抚恤以及民政福利方面的统计调查。二者都主要依靠统计报表制度来获得有关数据。

随着社会保障工作的深入开展，常规统计报表制度存在的欠缺日益突出，如由于经历的环节过多，被人为因素干扰和加工出错的可能性很大，并且统计报表仅限于客观数据的记录和统计，对社会保障主观评价方面的指标无能为力。此外，统计报表制度灵活性差，表式变动周期很长。在社会保障理论研究的创新与范畴界定的不断调整过程中，统计报表制度提供的数据资料常常不能满足研究的需要。抽样调查是根据部分实际调查结果来推断总体总量的一种统计调查方法。科学的抽样调查方法，同样可以得到总体总量的精确估计值。与统计报表制度相比，抽样调查不仅可以节省人力、物力、时间及经费，而且由于相对减少了搜集报表资料的中间环节，还有利于消除统计误差和人为干扰现象。因此，推广和探讨我国社会保障统计抽样调查技术，建立抽样调查与统计报表制度相结合的中国社会保障统计调查方法体系是十分必要的。

一、我国社会保障统计抽样方法的确定

随机抽样方法有简单随机抽样、分层抽样、多阶段抽样、整群抽样、系统抽样、目录抽样等方法，这些方法都有各自的特点和适用场合。其中，目录抽样法近年来在西方逐渐流行，并已成为我国当前统计调查改革的模式之一。

目录抽样法是以被调查单位的某标志分组为抽样框，通过建立一定的数学模型，找出最优分界点，采用对少部分的较大单位进行全面调查，大部分较小单位进行抽样调查相结合的调查方法。目录抽样法有鲜明的优点：第一，它对高偏斜度调查总体有较大优越性，适用于我国当前一般统计调查总体具有变量离散趋势大、频率分布高偏斜状的特点；第二，它能充分合理地利用原有的统计资源、调查网络与调查方法，逐步改造全面报表制度，减少大规模开展抽样调查带来的困难，取得较好效果；第三，它与一般抽样法相比，由于将变量值较大单位进行全面调查，余下单位进行抽样调查，总体的变量分布均匀，故在相同的样本量下，抽样误差会大大缩小。

考虑到各种抽样方法的特点，我们对我国社会保障统计抽样调查，提出目录抽样法和分层抽样法、多阶段抽样法相结合的方法体系。在社会保障统计抽样调查中，采用目录抽样法、分层抽样法和多阶段抽样法相结合，一方面能够减轻基层统计人员的负担，减少调查费用开支，并且减少由于人为因素而造成的统计登记误差；另一方面在实际中便于操作，同时也避免单一方法可能造成的精确度不高的问题。

二、我国社会保障统计抽样的内容

社会保障统计抽样调查的内容依据社会保障统计指标体系中的相关指标来确定。我们采用八大指标构建了社会保障统计指标体系，这些指标为：社会保障覆盖面指标，社会保障费支出水平指标，社会保险水平指标，社会优抚水平指标，社会救助水平指标，社会福利水平指标，医疗保障水平指标，广义义务教育水平指标……

本文以上海市社会保障统计抽样为例，由于上述第四、第六、第七、第八个指标涉及特殊社会保障对象(如优抚对象)和特定企事业单位(如福利企事业机构、医疗机构、教育机构)，其单位总数并不大，因此对这部分指标可直接采用统计报表的统计结果。对其余的第一、第二、第三、第五个指标采用目录抽样、多阶段抽样和分层抽样相结合的方法。

由此可以确定本次抽样调查的内容。调查对象是社会保障制度的客体，表现为社会的各种基本单元，包括企业、事业、机关等基本单位与住户两类。对后一类对象的调查内容有所不同，调查内容可增加社会保障主观评价方面的问题，借此了解和考察公众对社会保障状况的态度和满意度。

1. 以基本单位作为调查对象

基本单位指我国境内除住户以外拥有一定活动场所并从事一定生产活动的社会经济单位，包括企事业单位、机关、社会团体等法人单位以及产业活动单位。调查内容如下：

(1)基本情况。单位所属类型，企业经济类型及所在行业类别，从业人员及在岗职工人数；劳动报酬及工资总额。

(2)社会保险情况。单位补充养老保险、医疗保险、失业保险、公积金情况；本单位职工实际享受社会保险人数和金额。

(3)应享受社会保障人员情况。单位离退休、退职职工人数；下岗职工人数；工伤事故发生次数、工伤人数、工伤死亡人数以及相应处理、治疗费用。

(4)职工福利状况。职工福利设施数；职工福利设施投资额；职工(包括离退休职工)福利费。

(5)对社会保障的主观评价。对社会保险缴费的负担能力评价；对社会保障的满意度评价。

2. 以住户作为调查对象

上海市社会保障城市住户调查的“住户”是指共同生活、共同消费并或多或少有着共同收支的一群人组成的经济单位。调查内容如下：

(1)基本情况。住户成员数及年龄、性别构成；收入状况。

(2)参与社会保障状况。就业和失业人员数；离退休人员数；参与至少一种保险的人数；参与医疗保险人数；个人储蓄养老保险额；享受救助情况；残疾人员就业情况。

(3)主观评价情况。对社会保障部门工作效率、效果及满意度评价。

研究者从这些内容的调查获取社会保障指标体系中的指标数据和公众对社会保障的主观评价，可以对社会保障的整体状况进行分析，并了解社会保障客体在社会保障供需两方面的信息。

三、抽样设计和实施步骤

仍以上海市社会保障统计抽样为例，采用目录抽样法和分层抽样法、多阶段抽样法相结合的方法体系进行调查的整体设计。

1. 抽样设计

整个抽样过程包括了多阶段抽样、分层抽样和目录抽样。调查对象包括社会基本单位和住户两大类。对第一类调查对象，分两阶段抽样进行。由于各类型的基本单位的稳定性有很大差异，在第一阶段对基本单位按照事业单位和企业单位进行分层抽样；在第二阶段对事业单位和企业单位分别应用目录抽样法。对第二类调查对象即住户，采用目前我国进行的经常性城市住户调查的抽样框。下文主要对第一类调查对象进行讨论。

基本单位包括企事业单位、机关、社会团体等法人单位以及产业活动单位。由于政府机关和事业单位相对稳定，这两类单位在人事运作上相类似，社会团体由各级民政部门核准登记注册，也具有相对稳定性。因此，可对这三种基本单位并入一层进行抽样，方法采用目录抽样法，对限额以上的大型单位实行全面调查，对限额以下的小型单位实行抽样调查，以上海市政府机关和事业单位、社会团体名录为抽样框。对于企业单位进行抽样，也采用目录抽样法，对限额以上的大型企业实行全面调查，对限额以下的小型企业实行抽样调查，以上海市工商管理局企业名录为抽样框。抽样框可以职工人数为标志。

2. 目录抽样法的实施和总体估计

以调查企业享受社会保险的职工人数为例，首先按照企业职工数对企业大小排序，设立最优分界点，以最优分界点为界将总体划分为两部分，对分界点以上的企业实行全面调查，对分界点以下的企业实行分层抽样，按国民经济行业分类标准的种类划分为 15 层，每层随机抽取一定的单位进行调查，推断这部分样本指标，两块汇总，得到全市企业职工享受社会保险的总人数的估计。

（案例来源：徐国祥、马俊玲：《社会保障统计的抽样调查》，《中国统计》2007 年 3 月，第 46~47 页。）

【案例分析】

这是一个十分精彩的抽样调查案例。它不仅让我们见识了全国性大规模抽样调查设计的盛况，而且为我们学习和掌握多种抽样方式的结合应用提供了具体、鲜活的材料。案例中既提到了四种基本的抽样方式(包括简单随机抽样、分层抽样、等距抽样、整群抽样)，也用到了综合性的抽样方式(如多阶段抽样、目录抽样)，特别是对目录抽样法在我国社会保障统计中的应用作了详细的介绍。

案例中提到了几种基本的随机抽样方法。随机抽样又称概率抽样。所谓概率抽样，就是从研究总体的全部单位中按随机原则抽取部分单位组成样本，然后根据样本资料从数量上对总体的某些特征做出估计推断。概率抽样的特点体现为：

(1)遵循随机原则抽选样本。即总体中的哪些个体会被抽中，不由调查者或被调查者的主观意愿决定，而是依赖于客观偶然的机遇。这是概率抽样与非概率抽样的根本区别。

(2)每个个体被选入样本的概率是已知的或可以计算的。也就是说，每个个体都有一定的概率被抽中，虽然抽中的概率可大可小，但事先必须是已知的或可以计算的。如果概率未知，将无法对总体进行确切的推断，无法用概率说明推断结论的可靠性。

(3)用样本推断总体，通过置信水平(概率)和样本容量的控制可以将抽样误差限定在一定范围内，以保证推断结论的精度和可靠性。

概率抽样包括简单随机抽样、等距抽样、分层抽样、整群抽样以及结合上述两种以上抽样方式的多阶(段)抽样。为了保证抽样的客观性、合理性和代表性，实践中应用的抽样方法大多是概率抽样。只有概率抽样，才能计算抽样误差，用抽样误差说明推断结果的准确性，并能用概率说明抽样推断结论的可靠性。

最简单最基本的概率抽样是简单随机抽样，它对待选的各个单位不作任何排队或分类，直接从总体中随机抽取一定数目的单位作为样本。不过它事先要做的准备工作是编一个包含所有待选单位名单的抽样框，并给每个单位编上号码。这对于总体单位不多、单位之间差别不大的调查对象而言，简单随机抽样不仅操作简单，而且样本的代表性也比较高。反之，实际操作起来并非易事。比如，我们用简单随机抽样方式在全国范围内对电视观众进行调查，了解某部电视剧的收视率，编制抽样框的工作量就非常大，它包括符合条件的所有个人。我国人口有 14 亿之众，调查对象是全国城乡 13 岁以上的可视居民及 4～12 岁的儿童，要将每个人编入抽样框，相当于在全国范围内漫天撒网，要找到他们并将他们的名单、住址和其他有关标志一一登记，其工作量之大可想而知。所以在许多较大范围的社会经济调查中，简单随机抽样方法并不适用。

适用的抽样方法是先不忙于编制全国范围的个人抽样框，我们可先对地域抽样而不是先对个人抽样。依据全国行政区划，首先对区县编制抽样框，从中抽取部分区县；再对抽中的区县各编一个包含乡镇的抽样框，并从中抽取若干乡镇；接着对抽中的乡镇各编一个包含居(村)委会的抽样框，从中抽取若干个居(村)委会；然后对中选的居(村)委会各编一个包含居民户的抽样框，并从中抽取部分居民户；最后从每个中选居民户中各抽取一个符合条件的个人，这样最终的样本单位就产生了。这种抽样方式就是多阶(段)抽样。对于每一阶未抽中的单位，就不用再编入下一阶抽样框，抽中的单位才编入包含下一级单位的抽样框。这样，编制抽样框的工作量就大大减少了。由于对区县、乡镇、居(村)委会、居民户等各阶段的抽样都按一定概率实现，因此多阶段抽样仍属于概率抽样。

为了获得代表性更好的样本，我们往往将研究对象按照一定的标准进行分类。比如对各个区县按地域分为东部地区、中部地区和西部地区等三大类(或三大层)，同一大层内再按非农业人口所占比重或人均 GDP 将各区县划分为一类区、二类区、县级市、一类县、二类县。每类中用概率方法从中抽取一定数量的样本单位。这样处理就可以保证每类都在样本中占有一定比例，从而增强样本对整个调查对象的代表性。这种抽样方式就是分层抽样，又称分类抽样。多阶段抽样和分层抽样结合起来的抽样方式，称之为分层多阶抽样，它也是社会经济调查中常用的抽样方式，2002 年全国电视观众的抽样调查采用的就是这种方式。

全国电视观众的抽样调查，是中央电视台组织的对全国电视观众的大规模的抽样调查。从 1987 年开始，每 5 年进行一次，2002 年是第 4 次。调查的目的是：准确获取全国电视观众群体规模、构成及分布情况，获取这些观众的收视习惯、对电视频道和栏目的选择倾向、喜爱程度，为改进电视频道和栏目、开展电视观众行为研究提供新的依据。2002 年全国电视观众的抽样调查方案，由中国科学院数学与系统科学研究院研究员冯士雍设计。下面简要介绍其基本思路。

2002 年全国电视观众的抽样调查采用了五阶抽样。第一阶抽样，从抽样总体中的所有区县中抽取部分区县；第二阶抽样，从中选区县的所有街道、乡镇中抽取部分街道、乡镇；第三阶抽样，从中选街道、乡镇中的所有居(村)委会中抽取部分居(村)委会；第四阶抽样，从中选的居(村)委会的所有家庭户中抽取部分家庭户；第五阶抽样，从中选的家庭户中，一户抽出一个13岁以上的可视居民。经过5个阶段才把最终的基本调查单位“电视观众”即个人抽选出来。

可见多阶抽样，是一种先抽取若干级中间组合单位，最后再抽取基本调查单位的抽样组织方式。其特点是：第一，它对基本单位的抽选不是一步到位，至少要分两步；第二，它是多种抽样方式的结合应用；第三，抽样工作便于组织和实施，能够根据各级单位的不同情况，灵活采用不同的抽样方式和方法。

2002年全国电视观众的抽样调查对前三阶抽样均采用了与人口成正比的不等概率系统抽样(PPS系统抽样)，而第四阶抽样采用等概率系统抽样，即等距抽样，第五阶采用简单随机抽样。

这里有几个概念需要明确。何为等概率抽样或不等概率抽样？又何为PPS系统抽样？根据随机抽样原理，在一次抽样中，如果每一个待选单位都有同等机会被抽取，即中选概率相等，则称之为等概率抽样，又称等比例抽样。反之，如果各单位被抽取的机会不尽相同，中选概率不相同，则称之为不等概率抽样或不等比例抽样。等概率抽样与不等概率抽样的根本区别在于：等概率抽样不需要相关的辅助资料，而不等概率抽样则需要用到有关的辅助资料。2002年全国电视观众抽样调查中的前三阶抽样采用不等概率系统抽样，就用到区县、街道、乡镇和居委会的人口资料作为辅助资料。由于使用不等概率抽样必须事先掌握总体中各个单位有关的辅助资料，而一般情况下，只有较大单位才具有比较全面的辅助资料，所以，不等概率抽样主要用于较大的样本单位，而对于较小的样本单位则适合使用无须辅助资料的等概率抽样。2002年全国电视观众的抽样调查中，对前三阶段较大的样本单位(区、县、街道、乡镇和居委会)，采用了与人口成正比的不等概率抽样，而后两阶段对于较小的样本单位(户、个人)则采用了等概率抽样(等距抽样或简单随机抽样)。

在实际抽样中，简单随机抽样和等距抽样通常采用等概率抽样方法。分层抽样和整群抽样则较多地采用不等概率抽样。

所谓PPS系统抽样，其全称为按与规模大小成比例抽样。PPS系统抽样实际是一种整群抽样与简单随机抽样或等距抽样相结合的两阶段抽样。在第一阶段，根据样本所在群的大小，按等距抽样方式抽取部分群，由于各群在某变量上的规模大小不一样，因此各个待选群具有不同的中选概率；等距抽样又称为系统抽样，故整群抽样与等距抽样相结合的PPS系统抽样就称之为不等概率系统抽样。第二阶段，在各个中选群中用简单随机抽样或等距抽样方式抽取相同的样本单位。

为了更好地理解PPS系统抽样的具体实施情况，我们来具体展开2002年全国电视观众的抽样调查中的第三、第四阶段的抽样情形，即从中选乡镇的所有居委会中抽取部分居委会，再从中选的居委会中抽取家庭户。

假设某个中选镇下辖4个居委会，共有600个家庭户。我们准备从这4个居委会中采用PPS系统抽样方法，抽取2个居委会，并从这2个居委会中抽出30个家庭户。

表 5-2　居委会的中选概率表

居委会编号	家庭户数(户)	中选概率(%)
1	120	20
2	90	15
3	180	30
4	210	35
总计	600	100

第一步，在 4 个居委会中抽取 2 个居委会，采用按户数多少成正比的不等概率系统抽样。将 600 户按无关标志排队，随机取点等距抽样，抽中户数所属的居委会为中选居委会，直到抽出 2 个居委会为止。显然户数多的居委会中选概率较大，而户数少的居委会中选概率小。各居委会的中选概率等于各居委会的户数除以各居委会的总户数之和，见表 5-2。表中 4 个居委会的中选概率分别为 20%、15%、30%和 35%。

第二步，我们再在抽中的 2 个居委会中，每个居委会各随机抽取 15 户，共抽取 30 户，抽样完毕。这一步采用的是等概率系统抽样或简单随机抽样方式。

这里所讲的"等概率系统抽样"指的是随机起点的等距抽样。为什么随机取点的等距抽样是一种"等概率抽样"呢？我们只要回顾一下其具体抽样方法就很清楚了。随机起点的具体抽样操作如下：第一步，将所有单位按一定顺序排列；第二步，计算抽样距离，抽样距离 $k=N/n$，N、n 分别表示总体单位数和样本单位数，这实际上是将 N 个单位分为 n 组，每组包含 k 个单元；第三步，确定样本编号，即在一组 1~k 个单位中用简单随机抽样方法抽取一个单位，假设该单位的编号为 i，并以 i 为抽样起点，则样本由 i，i+k，i+2k，…，i +(n-1)k 等号码所对应的 n 个单位组成。显然，第一组中的 k 个单位，每个单位都可能成为随机起点，因而有 k 个随机起点。如果由一个随机起点抽出一套样本，就可以抽出 k 套可能的样本。等距抽样作为一种概率抽样、随机抽样，它的随机性表现在每个总体单位都有相同的被抽中的概率，也即总体中的任何一个单位都能归属于 k 套可能样本中的一套，而每套可能的样本都有 1/k 被抽中的概率。所以说随机起点等距抽样是一种等概率抽样。

综上所述，总结如下：

不等概率系统抽样 = PPS 系统抽样。

等概率系统抽样 = 随机起点等距抽样。

案例三　必要样本容量的确定

【案例正文】

[案例 A] 广告效应的抽样调查

湖北传媒集团为了了解某个广告的纸媒效应，准备通过抽样调查，以确定某一居民小区内看过《楚天金报》报纸广告的家庭占多大比例，由此首先需要确定从该居民区应抽取多少户作为样本。该居民区共有3580户，分析人员希望以95%的置信水平对这个比例做出区间估计，并允许估计误差不超过8%。同类问题先前做过一个试验调查，在该小区抽取的一个大样本中，有26%的家庭看过这种广告。现在为了满足新的估计可靠性和估计精度的要求，希望知道再次抽样应该抽取多少户调查才好。

（案例来源：作者编创。）

[案例B] 顾客等待就餐时间的抽样调查

武汉楚河汉街的1818广场有一家比萨店生意非常火爆，尤其是在节假日，顾客常常排长队等待就餐。该店想了解顾客等待就餐的平均时间，以采取相应措施提高服务质量，缩短顾客等待时间。希望以99%的可靠性进行估计，并且要求允许估计值在实际平均时间上下2分钟的范围内波动。在此之前也抽取过一个大样本进行试验，该样本的标准差为6分钟，那么再次抽样应抽取多大的样本量？

（案例来源：作者编创。）

【案例分析】

案例三中的两个小案例都是关于样本容量的确定问题。样本是由从总体中抽取出来的用以代表总体的那一部分个体单位所组成的一个小总体，样本中包含的个体单位的数目即为样本容量。样本中包含的个体单位越多，样本容量越大；反之，样本中包含的个体单位越少，样本容量越小。在实际抽样前，就应先将样本容量确定下来，到底抽出多少个体单位组成样本，当然不能随意而为，抽取的单位太少，样本的代表性不高，抽样误差会较大，抽样调查的结果会没有应用价值；抽取的单位太多，又会造成人力、物力、费用和时间的浪费，失去了抽样调查经济性的意义。因此，为了保证抽样调查推断结果的准确性和可靠性，在调查之前要科学地确定样本容量，使得样本容量不大不小，刚好够用。故此样本容量又称必要的样本容量或必要的抽样数目。

样本容量的计算公式是根据抽样误差公式推导而来的。以简单随机抽样方式为例，其分为均值估计问题的样本容量和比例估计问题的样本容量。

1. 均值估计问题的样本容量计算公式

(1)若采用重复抽样方法

$$n = \frac{{z_{\alpha/2}}^2 \sigma^2}{E^2}$$

(2)若采用不重复抽样方法

$$n = \frac{{z_{\alpha/2}}^2 \sigma^2 N}{N E^2 + {z_{\alpha/2}}^2 \sigma^2}$$

2. 比例估计问题的样本容量计算公式

(1)若采用重复抽样方法

$$n=\frac{z_{\alpha/2}{}^2 p(1-p)}{E^2}$$

(2)若采用不重复抽样方法

$$n=\frac{z_{\alpha/2}{}^2 p(1-p)N}{NE^2+z_{\alpha/2}{}^2 p(1-p)}$$

上述公式中，N 表示总体单位总数，n 表示样本单位数即样本容量。E 为抽样误差。由于抽样误差需根据抽样平均误差计算，而抽样平均误差又是由样本资料计算的，因此在实际抽样前无样本资料的前提下，抽样误差是未知数 。通常的做法是采用事先确定的允许误差替代抽样误差来确定样本容量。总体方差 σ^2 和总体比例 P 一般用样本方差 S^2 和样本比例 p 代替。$z_{\alpha/2}$ 是与置信概率 $1-\alpha$ 对应的正态分布曲线右侧面积为 $\alpha/2$ 的临界值。

在案例 A 中，对广告效应的抽样调查应抽取多少户呢?

已知：$N=3580$，允许误差 $E=0.08$，$p=26\%$，由 $1-\alpha=95\%$ 用 Excel 中的 NORMSINV 函数求得 $z_{\alpha/2}=z_{0.025}=1.96$。

假如该项调查采用简单随机抽样方式，采用重复的抽样方法时，其样本容量为：

$$n=\frac{z_{\alpha/2}{}^2 p(1-p)}{E^2}=\frac{1.96^2\times 0.26(1-0.26)}{0.08^2}=115.49=116(\text{户})$$

采用不重复抽样方法时，其样本容量为：

$$n=\frac{z_{\alpha/2}{}^2 p(1-p)N}{NE^2+z_{\alpha/2}{}^2 p(1-p)}=\frac{1.96^2\times 0.26(1-0.26)\times 3580}{3580\times 0.08^2+1.96^2\times 0.26(1-0.26)}=111.88=112(\text{户})$$

即为了保证抽样结果的可靠性达到95%，抽样误差不超过 8%，该项广告效应调查在采用简单随机抽样方式时，若应用重复抽样方法需抽 116 户，若采用不重复抽样方法需抽 112 户。

在案例 B 中，为了解顾客等待就餐的平均时间，需抽多少人进行调查呢？由于总体的顾客人数不确定，N 未知，所以只能采用重复抽样公式计算。

已知：$1-\alpha=99\%$，$z_{\alpha/2}=z_{0.005}=2.58$，$E=2$，$S=6$，即在重复抽样时，样本容量为

$$n=\frac{z_{\alpha/2}{}^2\sigma^2}{E^2}=\frac{2.58^2\times 6^2}{2^2}=59.91=60\ (\text{人})$$

该比萨店如果希望抽样推断的可靠性达到99%，允许误差不超过 2 分钟，那么在简单随机抽样条件下，采用重复抽样方法需抽 60 个顾客进行调查。

从样本容量的计算公式看，样本容量的大小受以下几个因素影响。

1. 总体变异程度

总体变异程度用总体标准差 σ 表示。总体标准差与样本容量呈正方向变动，即在其他条件不变时，标准差越大，则要求样本容量越大；标准差越小，则要求样本容量越小。这就意味着如果总体中个体之间的差别较大时，应多抽选一些单位，而总体中个体之间的差别较小时，则可少抽选一些单位。如果总体中所有的个体都一样，则不论总体有多大，只抽一个个体就足够了。实际调查中，总体标准差一般是未知的，常常根据过去的调查资料或者通过试验性调查来估计其数值。

2. 估计的可靠程度

可靠程度又称概率保证程度或置信概率，它是对样本估计总体的可信度提出的要求，用概率$1-\alpha$表示。由$1-\alpha$可以获知临界值$z_{\alpha/2}$。$z_{\alpha/2}$与n的数量关系也是正向变动关系，即在其他条件不变时，$z_{\alpha/2}$越大，n就越大；$z_{\alpha/2}$越小，n就越小。$z_{\alpha/2}$与$1-\alpha$的数量关系同样是正方向变动关系。这就表明，抽样估计的可靠程度要求越高，就需要多抽一些个体组成样本，反之，可少抽一些。

3. 允许误差

极限误差E在抽样前用允许误差代替。在其他条件不变时，允许误差与样本容量呈反向变动关系，允许误差越大，样本容量越小；允许误差越小，样本容量越大。在简单随机重复抽样条件下，如果允许误差缩小到原来的一半，则样本容量需要扩大到原来的4倍；反之，允许误差扩大到原来的2倍，则样本容量只为原来的1/4即可。

一般地讲，样本容量越大，样本包含的个体越多，它表现总体的能力就越强，抽样估计误差就越小，抽样精度就越高。可见，样本容量是调节抽样误差或抽样精度的有效手段，在实际抽样中，为了获得比较满意的调查结果，通常在抽样前从调查目的出发或者考虑到对决策的影响，需要确定一个相应的允许误差，再依据这个允许误差来计算样本容量。

4. 抽样方法

显然，重复抽样与不重复抽样方法的样本容量计算公式是不同的。对于同一资料，其计算结果也不同。从案例A和案例B都可以看到，重复抽样要求的样本容量比不重复抽样的要大一些。这是因为重复抽样得到的样本的代表性低于不重复抽样得到的样本的代表性，所以在同一允许误差的约束下，或者说要保证达到同等的估计精度，重复抽样要比不重复抽样多抽一些个体单位进行调查。

5. 抽样方式

不同的抽样组织方式，计算样本容量的公式也是不同的。由于不同的抽样组织方式抽取的样本其代表性有高低之分，故它们的抽样误差也有大小之别。所以，采用抽样误差小的抽样方式抽样(如分层抽样、等距抽样)，要求的样本容量要小一些，而采用抽样误差大的抽样方式(如简单随机抽样、整群抽样)，要求的样本容量要大一些。

通常情况下，在上述5个因素确定之后，我们就可以用公式计算出某次抽样调查的样本容量。在既定的抽样方式和抽样方法下，使推断结论达到一定的可靠程度和估计精度所要求的样本容量，称之为必要的样本容量或必要的抽样数目。

需要特别强调的是，我们以上讨论样本容量的影响因素是围绕计算公式展开的，在计算公式之外，还有一个不可忽视的重要因素，那就是调查费用。不用说，任何一项抽样调查都是在一定费用限制下实施的。在许多情况下，提高可靠程度或提高精度往往需要加大样本容量，而样本容量的增加，又会直接导致费用开支的增大。因此，提高可靠程度或精度的要求与节省费用的要求是相冲突的。在实际调查中，有时由于调查费用的不足，不得不降低精度要求，缩小样本容量。

案例四　高校学生玩手机时间的估计

【案例正文】

当前大学生沉迷于手机的现象相当普遍，一研究机构针对全国28所高校对大学生每天平均玩手机的时间进行了调查，发现大多数高校学生日均玩手机时间达到3小时以上。研究机构在其中一所高校随机抽取了50名学生，记录他们在最近半年平均每天玩手机的时间(单位：小时)，样本数据如下：

5.0	5.5	4.5	6.0	6.5	3.5	4.0	6.5	6.0	5.0
4.5	5.0	7.0	7.5	3.5	4.5	5.0	6.5	6.0	4.0
4.5	5.0	5.0	6.0	3.0	3.5	3.5	4.5	4.0	5.0
5.5	5.0	6.0	6.5	6.0	4.5	4.0	5.0	3.0	3.5
6.0	6.5	6.5	7.0	6.0	5.0	4.0	3.0	3.5	4.5

求该高校学生日均玩手机时间的置信区间，置信概率为95%。

(案例来源：作者编创。)

【案例分析】

案例四是一个参数估计问题。先来求解该案例的具体答案，然后对解题的思路作一个分析。

已知：样本容量 $n=50$，样本均值 $\bar{x}=5.02$，样本标准差 $S=1.18$，置信概率 $1-\alpha=95\%$，$z_{\alpha/2}=1.96$，求该高校学生日均玩手机时间的置信区间。显然这是要计算总体均值的估计区间，即计算 $\mu=\bar{x}\pm z_{\alpha/2}\,\sigma_{\bar{x}}$。

抽样平均误差 $\sigma_{\bar{x}}=\sqrt{\dfrac{\sigma^2}{n}}=\sqrt{\dfrac{s^2}{n}}=\sqrt{\dfrac{1.18^2}{50}}=0.17$(分钟)，故有：

$$\mu=\bar{x}\pm z_{\alpha/2}\,\sigma_{\bar{x}}=5.02\pm1.96\times0.17=5.02\pm0.33$$

估计下限：5.02-0.33=4.69

估计上限：5.02+0.33=5.35

即该高校学生日均玩手机时间在4.69～5.35小时之间，这个估计结论的可靠性是95%。

如果应用Excel软件进行区间估计，步骤如下：

(1)建立“高校学生日均玩手机时间”工作表。

(2)分别在单元格A7、A8、A9、A10、A11和A12中分别输入“样本容量”“样本均值”“样本标准差”“z值”“置信下限”和“置信上限”，如图5-1所示。

	A	B	C	D	E	F	G	H	I	J
1	5	5.5	4.5	6	6.5	3.5	4	6.5	6	5
2	4.5	5	7	7.5	3.5	4.5	5	6.5	6	4
3	4.5	5	5	6	3	3.5	3.5	4.5	4	5
4	5.5	5	6	6.5	6	4.5	4	5	3	3.5
5	6	6.5	6.5	7	6	5	4	3	3.5	4.5
6										
7	样本容量									
8	样本均值									
9	样本标准差									
10	z 值									
11	置信下限									
12	置信上限									

图 5-1 高校学生日均玩手机时间表

(3)在单元格 B8 插入函数 AVERAGE，并选定分析数据区域为 A1：J5 后回车；在单元格 B9 插入函数 STDEV，并选定分析数据区域 A1：J5；在单元格 B10 插入函数 NORMS-INV，并在 Probability 中输入参数值 0.975，得到 z 值为 1.9599，如图 5-2 所示。

6			
7	样本容量	50	
8	样本均值	5.02	
9	样本标准差	1.18218062	
10	z 值	1.95996398	
11	置信下限		
12	置信上限		
13			

图 5-2 样本均值和样本标准差的计算表

(4)在单元格 B11 中输入公式“=B8-B10 * B9/SQRT(B7)”后回车，在单元格 B12 中输入公式“=B8+B10 * B9/SQRT(B7)”后回车，计算结果如图 5-3 所示。

6			
7	样本容量	50	
8	样本均值	5.02	
9	样本标准差	1.18218062	
10	z 值	1.95996398	
11	置信下限	4.69232227	
12	置信上限	5.34767773	
13			

图 5-3 该高校学生玩手机日均时间的估计区间

上述对总体均值的区间估计涉及总体均值 μ，样本均值 $\bar{x}$，临界值(或称分位数) $z_{\alpha/2}$ 和样本均值的抽样平均误差 $\sigma_{\bar{x}}$。要了解总体均值的估计区间是如何构建的，需要从两个方面入手，一是如何计算样本均值的抽样平均误差，二是样本均值的抽样分布规律，即统计量的抽样分布规律。

一、样本均值的抽样平均误差的计算

用样本指标估计总体指标肯定有误差，这个误差是由于随机抽样造成的代表性误差，称之为随机误差。在具体计算中，随机误差又分为实际误差、平均误差和极限误差。以均值的估计为例，某一个具体的样本均值与总体均值之差表示为 $\bar{x}-\mu$，这只是一个抽样实际误差。我们知道在某种抽样条件下，从总体的 N 个单位中随机抽取 n 个单位组成样本，按简单随机不重复抽样方法取样，则可能的样本一共有 M 个，$M=c_N^n$，即从 N 中抽出 n 个单位的组合数有多少就有多少个样本。假如我们将所有可能的样本都抽出来，有多少个样本就可以计算出多少个样本均值，有 M 个可能的样本就有 M 个样本均值。每个样本均值都分别减去总体均值(这里总体均值是唯一的)，因而可以计算出 M 个抽样实际误差。这些抽样实际误差的平均数，就是抽样平均误差。

抽样平均误差如果用算术平均法计算，即有：

$$抽样平均误差 = \sum(\bar{x}-\mu)/M \tag{5.1}$$

我们知道，在数理统计中，中心极限定理已经证明，如果是大样本($n\geqslant30$)，则样本均值的分布近似正态分布，所有可能的样本均值的均值等于总体均值，即 $\mu=\left(\sum\bar{x}\right)/M$，依据算术平均数的数学性质(即各个变量值与其算术平均数的离差之和等于0)即有 $\sum(\bar{x}-\mu)=0$，那么可知(5.1)式的计算的抽样平均误差恒等于0。这显然不符合我们计算抽样平均误差的初衷(反映样本均值与总体均值相差的平均距离)，因为我们所知的样本均值与总体均值之间相差的平均距离大多数情况下不为0。为了把可正可负的实际误差值全部转为非负，变为距离长度，可以对各个实际误差取平方，再求和，再平均，最后将平均结果开平方，即得抽样平均误差。显然，这是按计算标准差的思路计算抽样平均误差，其计算公式为：

$$\sigma_{\bar{x}}=\sqrt{\frac{\sum(\bar{x}-\mu)^2}{M}} \tag{5.2}$$

由上可知，从具体含义看，这里的抽样平均误差是所有可能的抽样实际误差的平均数；从计算公式看，抽样平均误差不是抽样实际误差的算术平均数，而是样本均值的标准差。

用(5.2)式计算抽样平均误差需要具备两个条件，一是已知总体均值 μ，二是所有可能的 M 个样本都要抽取出来，并将 M 个样本均值也都计算出来。事实上，这两个条件都无法满足。首先，总体均值是未知的，是有待抽样估计的对象；如果为已知，也就没有抽样调查的必要了。其次，在实际抽样中，不会将所有可能的样本都抽取出来，一般只从所有可能的样本中抽出一个样本。因此(5.2)式只是抽样平均误差的理论公式，它的作用是可以帮助我们理解抽样平均误差的实质含义，并知道抽样平均误差为什么用 $\sigma_{\bar{x}}$ 表示，实际计算并不用这个公式。

实际计算中应用的公式是中心极限定理证明的结果。中心极限定理已证明：从均值为

μ，方差为 σ^2 的总体中，抽出样本量为 n 的所有样本，只要样本容量充分大(通常 $n \geq 30$)，则可能的 M 个样本均值的方差为总体方差的 $1/n$，即 $\sigma_{\bar{x}}^2 = \sigma^2/n$ 。$\sigma_{\bar{x}}^2$ 表示样本均值方差，σ^2 表示总体方差。将样本均值的方差开平方，即得样本均值的标准差，于是有：

$$\sigma_{\bar{x}} = \sqrt{\sigma^2/n} \tag{5.3}$$

这就是样本均值的抽样平均误差的实际计算公式。

抽样平均误差是抽样推断中的一个至关重要的指标，它的大小不仅能够表明样本指标与总体指标之间相差的平均距离，而且还能够表明样本的代表性。抽样平均误差小，表明赖以计算的各个抽样实际误差也相应较小，那么我们随机抽中的那个样本的实际误差也小，因而用这个样本指标估计总体指标的准确性就高，该样本的代表性就高。反之，抽样平均误差大，表明各个抽样实际误差也大，相应地我们随机抽取的那个样本的实际误差也大，用这个样本指标估计总体指标的准确性也就低，该样本对总体的代表性也就低。

抽样平均误差又称统计量的标准误差，简称“标准误”。统计量是说明样本特征的指标，常用的统计量包括样本均值、样本比例、样本方差等。(5.3)是样本均值的标准误。

二、样本均值的抽样分布规律

数理统计已证明，如果总体是正态分布，则其所有可能的样本均值一定服从正态分布；如果总体不是正态分布，只要是大样本(即 $n \geq 30$)，所有可能的样本均值也会接近正态分布。即不论原总体是否正态分布，大样本的样本均值的分布服从正态分布，样本均值服从于以总体均值为中心的钟形对称分布。根据钟形对称分布曲线的特点，样本均值围绕总体均值左右分布，大于或小于总体均值的样本均值是一样的多，等于总体均值的样本均值最多，并且靠近总体均值的样本均值居多数，而远离总体均值的样本均值居少数。

依据正态分布规律，如果以抽样平均误差(标准误)为基本单位，在总体均值左右划定不同的区间，则可以说明全部样本均值落入某一区间的概率有多大(图 5-4)。

在图 5-4 中构建了三个典型的区间。在所有可能的样本均值中，有 68.27%的样本均值落在区间$[\mu-\sigma_{\bar{x}},\ \mu+\sigma_{\bar{x}}]$之内，有 95.45%的样本均值落在区间$[\mu-2\sigma_{\bar{x}},\ \mu+2\sigma_{\bar{x}}]$之内，有 99.73%的样本均值落在区间$[\mu-3\sigma_{\bar{x}},\ \mu+3\sigma_{\bar{x}}]$之内。通俗地说，如果全部可能样本有 10000 个，就可以计算 10000 个样本均值，这 10000 个样本均值落在$[\mu-\sigma_{\bar{x}},\ \mu+\sigma_{\bar{x}}]$、$[\mu-2\sigma_{\bar{x}},\ \mu+2\sigma_{\bar{x}}]$和$[\mu-3\sigma_{\bar{x}},\ \mu+3\sigma_{\bar{x}}]$ 这三个区间内的分别有 6827 个、9545 个和 9973 个。这表明，样本均值落在这三个区间内的概率分别为 68.27%、95.45%和 99.73%。

以上给出的是样本均值所在的 3 个区间及其对应的概率，而在抽样估计中我们需要的是总体均值所在的区间及其对应的概率，即估计总体均值落在一个什么区间内，落在该区间内的可靠性有多大。

由于样本均值 $\bar{x}$ 与总体均值 μ 的距离是对等的，如果某个样本均值 $\bar{x}$ 落在以总体均值 μ 为中心的一个标准误 $\sigma_{\bar{x}}$ 距离的范围内，那么总体均值 μ 也落在以这个样本均值 $\bar{x}$ 为中心的一个标准误 $\sigma_{\bar{x}}$ 距离的范围内。因为约有 68.27%的样本均值在总体均值加减 1 个标准误的范围内，所以这 68.27%的样本均值分别加减 1 个标准误所构造的区间一定包含总体均值 μ。简单地说，如果抽取 10000 个样本计算 10000 个样本均值来估计总体均值，由这

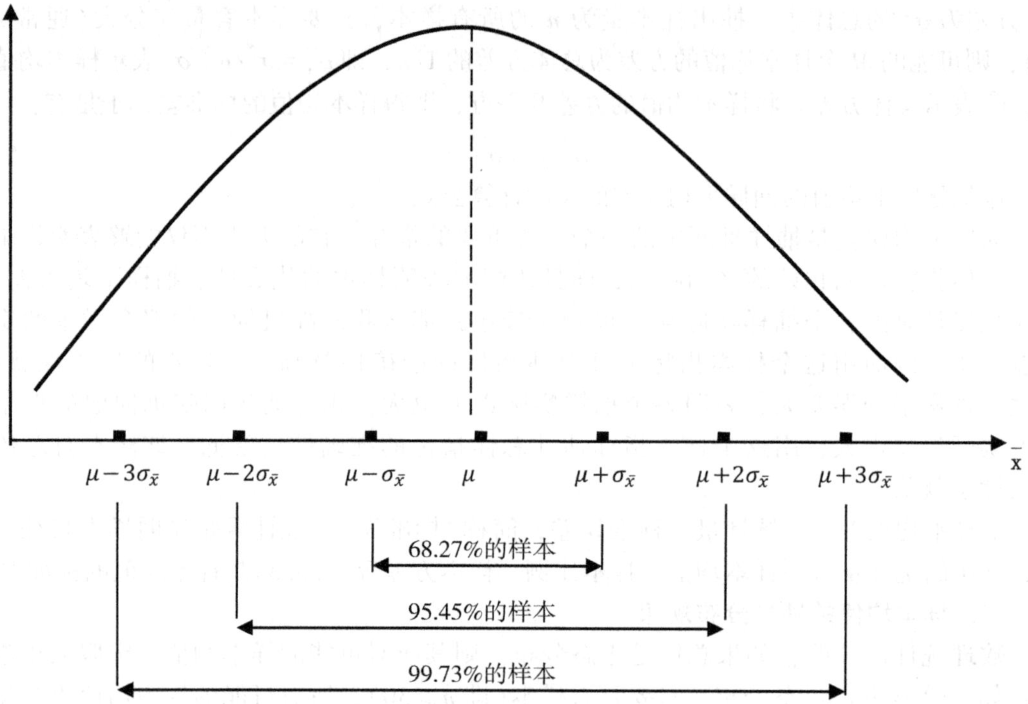

图 5-4　样本均值的抽样分布示意图

10000 个样本均值分别加减 1 个标准误所构建的 10000 个区间中，会有 6827 个区间包含总体均值μ，另外有 3183 个区间不包含总体均值μ。这表明，在大量可能的样本均值加减 1 个标准误所构造的大量区间中，包含总体均值 μ 的区间占比约为 68. 27%或概率为 68. 27%。同理，在大量可能的样本均值加减 2 个标准误所构造的大量区间中，包含总体均值μ 的区间占比约为 95. 45%或概率为 95. 45%；在大量可能的样本均值加减 3 个标准误所构造的大量区间中，包含总体均值μ 的区间占比约为 99. 73%或概率为 99. 73%。

由于在实际抽样中不可能抽取所有的可能样本或其中的大量样本，而只是从所有可能的样本中随机抽取 1 个样本，并用这 1 个样本计算的 1 个样本均值来构建总体均值的估计区间。那么可以推知，总体均值落入这个样本均值加减 1 个标准误这个区间的概率是 68. 27%，总体均值落入这个样本均值加减 2 个标准误这个区间的概率是 95. 45%，总体均值落在这个样本均值加减 3 个标准误这个区间的概率是 99. 73%。

如果将总体均值的估计区间一般式表示为$\mu=\bar{x}\pm z_{\alpha/2}\sigma_{\bar{x}}$，那么刚才提到的 3 个典型区间的 $z_{\alpha/2}=1$、2、3，与此对应的置信概率 $1-\alpha=68.27\%$、95. 45%、99. 73%。通常将$\mu=\bar{x}\pm z_{\alpha/2}\sigma_{\bar{x}}$ 称为总体均值的置信区间，$1-\alpha$ 称为置信水平或置信概率，$z_{\alpha/2}$ 称为与置信概率 $1-\alpha$ 相对应的正态分布曲线右侧面积为 $\alpha/2$ 的临界值。$\sigma_{\bar{x}}$ 是样本均值的标准误，即样本均值的抽样平均误差。区间估计是一定置信概率下的区间估计，在同一样本数据条件下，事先要求的置信概率不同，得到的估计区间也不同，置信概率越大，估计区间也越大。

置信概率 $1-\alpha$ 与临界值 $z_{\alpha/2}$ 是一一对应的关系，给定置信概率 $1-\alpha$，利用 Excel 软件中的 NORMSINV 函数可以求得临界值 $z_{\alpha/2}$；反之，给定临界值 $z_{\alpha/2}$，利用 Excel 软件中的

NORMSDIST 函数可以求得置信概率 $1-\alpha$。当置信概率 $1-\alpha=90\%$、95%、99%时，$z_{\alpha/2}=1.65$、1.96、2.58，相对应的置信区间分别为 $\mu=\bar{x}\pm1.65\sigma_{\bar{x}}$、$\mu=\bar{x}\pm1.96\sigma_{\bar{x}}$、$\mu=\bar{x}\pm2.58\sigma_{\bar{x}}$。

常用的置信水平与分位数值的对应关系，如表 5-3 所示，示意图见图 5-5 至图 5-10。

$E=z_{\alpha/2}\sigma_{\bar{x}}$ 称为极限误差，又称误差范围，习惯上简称“抽样误差”。在抽样平均误差 $\sigma_{\bar{x}}$ 一定时，误差范围的大小是通过置信概率 $1-\alpha$ 的大小来控制的。

综上所述，总体均值的估计区间的构建来源于样本均值的抽样分布规律。上文一直在用总体均值的区间估计为例，并且基于大样本构建总体均值的估计区间。其实，总体比例的区间估计完全可以以此类推。

现在可以对参数的区间估计有一个比较全面的了解。所谓参数的区间估计，也就是利用样本指标和抽样误差，给出总体指标的估计区间，并用概率说明总体指标落入该区间之内的可靠性或置信度。

最后，还有一个容易令人困惑的问题：利用一个随机样本，构建一个关于总体均值的一个具体区间，这个具体区间是否包含总体均值的真值？在案例四中，以 95%的置信概率，估计该高校学生日均玩手机的平均时间在 4.69~5.35 小时之间。该高校学生日均玩手机的平均时间的真值是否落在[4.69，5.35]小时这个区间？这个还真不敢十分肯定。我们只知道，在所有可能构建的区间中 95%的区间包含要估计的真值，还有 5%的区间不包含要估计的真值，[4.69，5.35]这个具体区间就是这 100%的区间中的一个。如果它是来自包含真值的 95%的区间中的一个区间，那它就包含真值；如果它是来自不包含真值的 5%的区间中的一个区间，那它就不包含真值。好在 95%是个大概率，5%是小概率，我们更相信大概率事件在一次抽样中会发生，而小概率事件在一次抽样中几乎不会发生。所以，在区间估计的实际应用中，给定的置信概率常常在 90%及以上，置信概率越大，我们要估计的总体参数的真值落入一个具体区间的可靠性就越大。

表 5-3 常用的置信水平与分位数值的对应关系

置信水平	风险水平	分位数值
$1-\alpha$	α	$z_{\alpha/2}$
0.6827	0.3173	1.00
0.9545	0.0455	2.00
0.9973	0.0027	3.00
0.90	0.10	1.65
0.95	0.05	1.96
0.99	0.01	2.58

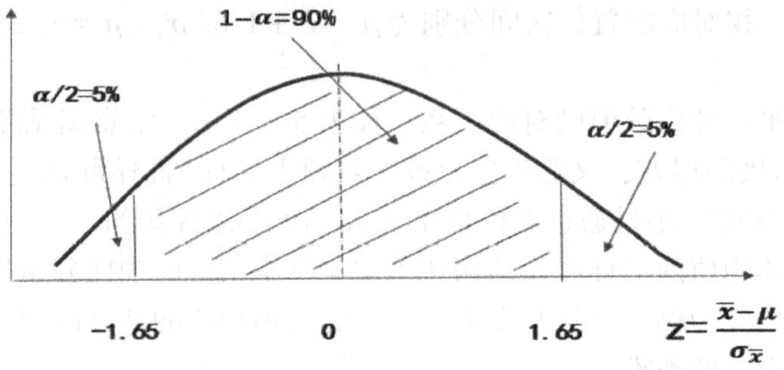

图 5-5　常用的置信水平 $1-\alpha$ 与分位数值 $z_{\alpha/2}$ 的对应关系

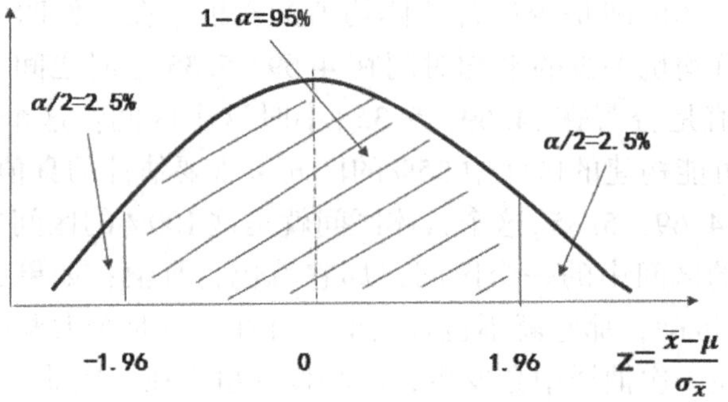

图 5-6　常用的置信水平 $1-\alpha$ 与分位数值 $z_{\alpha/2}$ 的对应关系

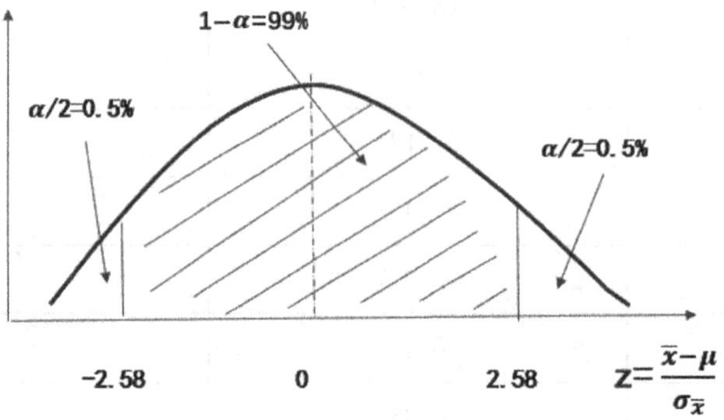

图 5-7　常用的置信水平 $1-\alpha$ 与分位数值 $z_{\alpha/2}$ 的对应关系

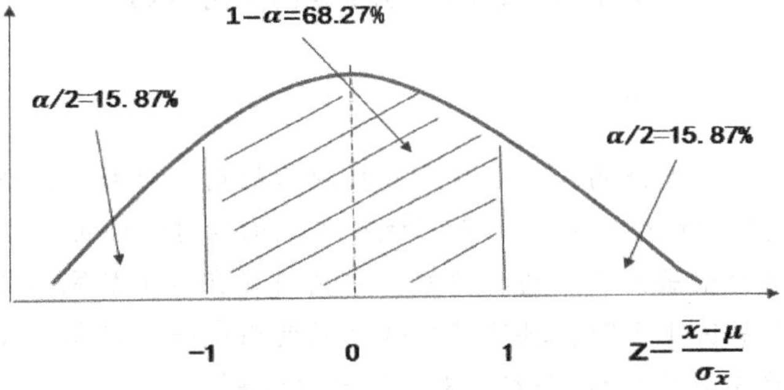

图 5-8　常用的置信水平 $1-\alpha$ 与分位数值 $z_{\alpha/2}$ 的对应关系

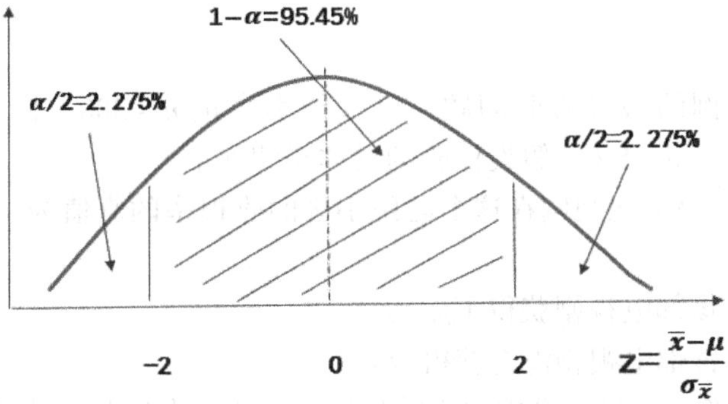

图 5-9　常用的置信水平 $1-\alpha$ 与分位数值 $z_{\alpha/2}$ 的对应关系

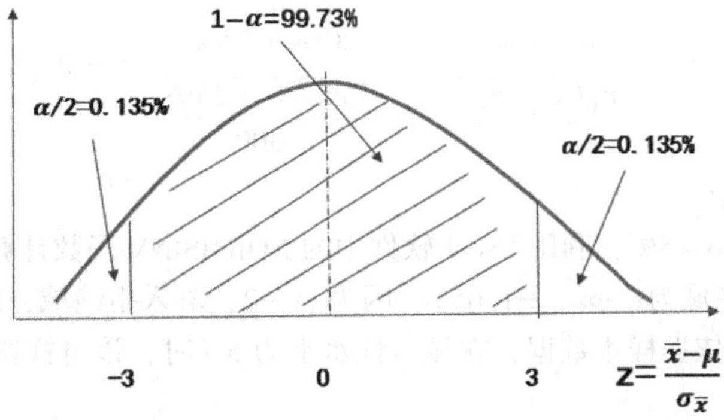

图 5-10　常用的置信水平 $1-\alpha$ 与分位数值 $z_{\alpha/2}$ 的对应关系

案例五　该部电视剧是否获得成功

【案例正文】

一般情况下，能够证明一部电视剧在播映后的前3个月中，观众的收视率不低于25%，就可以认为它获得了成功。某影视研究机构针对一部历史题材电视剧，想了解该部电视剧在某大型居民小区的收视率，以判断其在这个居民小区是否获得成功。该研究机构在这个居民小区随机抽选了300个家庭组成一个样本，统计调查显示在该电视剧播映后的前3个月有60个家庭看过这部电视剧。

依据该样本数据，在显著性水平为5%时，判断该电视剧在这个大型居民小区是否获得了成功。

（案例来源：作者编创。）

【案例分析】

案例五是总体比例的假设检验问题，已知样本容量 $n=300$，样本的收视率 $p=60/300=20\%$，显著性水平 $\alpha=5\%$。假设检验的具体步骤如下：

(1)提出假设。设该部电视剧在这个居民小区的收视率的真值为 π，提出原假设和备择假设如下：

H_0：$\pi \geqslant 25\%$　（该部电视剧获得了成功）

H_1：$\pi < 25\%$　（该部电视剧没有获得成功）

这是一个单尾检验，备择假设中的不等号指向拒绝域在检验统计量分布的左尾。

(2)计算检验统计量。本例虽然未知总体方差，但样本容量大于30，是大样本，所以采用标准正态分布，使用 z 统计量 $z=\dfrac{p-\pi_0}{\sqrt{\dfrac{\pi_0(1-\pi_0)}{n}}}$ 进行检验。

$$z=\frac{p-\pi_0}{\sqrt{\dfrac{\pi_0(1-\pi_0)}{n}}}=\frac{20\%-25\%}{\sqrt{\dfrac{25\%(1-25\%)}{300}}}=-2$$

(3)得出检验结论

统计量检验：由 $\alpha=5\%$，利用Excel软件中的NORMSINV函数计算得左尾检验的临界值 $z_\alpha=-1.65$，故拒绝域为 $(-\infty,-1.65)$。因为 $z=-2$，落入拒绝域，所以拒绝原假设 H_0，支持备择假设 H_1。即依据样本数据，在显著性水平为5%时，该电视剧在这个大型居民小区没有获得成功。

P值检验：由 $z=-2$，利用Excel软件中的NORMSDIST函数计算得左尾检验的 $P=2.28\%$。因为 $P=2.28\%<\alpha$，所以拒绝原假设 H_0，支持备择假设 H_1。即依据样本数据，在显著性水平为5%时，该电视剧在这个大型居民小区没有获得成功。

下面对参数检验中特别重要的几个问题总结如下：

第一，关于提出假设。

参数检验，顾名思义，是对总体参数做出假设检验，因此，假设是要对总体参数的具体取值提出相应的假设。总体参数包括总体均值、总体比例、总体方差等。在假设检验中，针对某一具体问题的假设，要同时提出两个假设：原假设H_0和备择假设H_1。原假设和备择假设是一个完备的事件组，而且两个假设相互对立。

如果是对总体比例做假设，设总体比例的真值为π，具体取值为π_0，假设的基本形式有三种：

$$H_0: \pi=\pi_0;\ H_1: \pi\neq\pi_0$$

$$H_0: \pi\geqslant\pi_0;\ H_1: \pi<\pi_0$$

$$H_0: \pi\leqslant\pi_0;\ H_1: \pi>\pi_0$$

如果是对总体均值做假设，设总体均值的真值为μ，具体取值为μ_0，假设的基本形式也有三种：

$$H_0: \mu=\mu_0;\ H_1: \mu\neq\mu_0$$

$$H_0: \mu\geqslant\mu_0;\ H_1: \mu<\mu_0$$

$$H_0: \mu\leqslant\mu_0;\ H_1: \mu>\mu_0$$

针对同一假设检验问题，选择三种基本形式中的一种形式表示即可。

第二，关于假设检验的基本逻辑。

假设检验在逻辑上运用的是反证法。比如说，某种现象只有 A、B 两种相互对立的结果，而且 A 和 B 中必有也只有一种结果是真的，哪种结果为真呢？如果研究者倾向于相信 B 是真的，那么只要证明 A 为假的，B 才是真的。于是，先假设 A 是真的，再寻找证据，看能否推翻 A 为真，证明 A 为假。如果有证据证明 A 为假，则 B 为真；如果证据不足以证明 A 为假，就不能说 B 为真，即 A 和 B 哪个为真暂无定论。这里的 A 和 B 相当于假设检验中的原假设和备择假设，这里寻找的证据就是用样本数据计算的检验统计量的具体数值；证据能否证明 A 为假，在推理过程中应用了统计上的小概率原理。

小概率原理是指发生概率很小的随机事件(小概率事件)，即在一次观察或一次实验或一次抽样中是几乎不可能发生的。小概率原理应用在假设检验中，一是认定小概率事件在一次观察或一次实验中是不可能发生的(即认可小概率原理)；二是如果在一次观察或一次抽样中，小概率事件居然发生了，那么合理的想法就是否定该事件是小概率事件，或者说推翻该事件是小概率事件的前提条件。因此，在假设检验中，在原假设为真的条件下，如果依据一次抽样(即从所有可能样本中随机抽取一个样本)计算的检验数据是一个小概率数据(一次抽样就发生了小概率事件)，就可以依据小概率原理拒绝原假设(即认为原假设为假)。

假设检验的基本程序是，首先对总体参数提出原假设和备择假设，接着在原假设为真时确定检验统计量的抽样分布(正态分布或 t 分布等)，再用随机抽样得出的一个样本数据计算检验统计量的一个具体数值，这个具体数值在检验统计量的抽样分布中是不是一个小概率数据，就看它是否落入小概率(显著性水平)α 所对应的拒绝域；如果它落入检验统计量抽样分布的双尾或单尾的拒绝域(小概率区间)，则意味着一次抽样出现了小概率数据，那么依据小概率原理，就可以推翻原假设并支持备择假设；否则，就不能推翻原假设也不支持备择假设。或者用 P 值检验：用 Excel 软件中的 NORMSDIST 函数，计算检验统计量的具体数据对应的 P 值（注意区分检验的方向是双尾检验还是单尾检验），如果 $P<\alpha$，就可以推翻原假设并支持备择假设；否则，就不能推翻原假设也不支持备择假设。

第三，关于显著性水平。

统计学中，用 $1-\alpha$ 表示区间估计的置信水平，用 α 表示假设检验的显著性水平。

显著性水平 α 是原假设为真时拒绝原假设的概率或所冒的风险，故又称风险水平或误判风险。α 一般取值为 0.01、0.05、0.10，由于其取值较小，所以习惯上称 α 为“小概率”。在一定的显著性水平下，如果拒绝原假设，则称样本结果在“统计上是显著的”；不拒绝原假设，则称样本结果在“统计上不显著”。假设检验又称显著性检验。“显著的”即“非偶然的”“非机遇的”“非随机的”。也就是说，样本观察数据与总体参数真值之间的差异不是抽样的随机性带来的随机误差造成的，而是系统性或必然性的原因导致的。

P 值是依据实际抽中的一个样本数据计算的检验统计量的数值及其更极端的数值所对应的一个概率。P 值又称为实际观察到的（或实际抽样的）风险水平，即当原假设为真时，如果拒绝了原假设，那么实际误判的风险就是 P 值，所以 P 值又称实际风险水平或实际显著性水平。α 则是研究者或用户事先要求的拒绝原假设的最大风险水平（预计风险水平），是事先给定的一个经验概率。

第四，关于统计量检验与 P 值检验。

统计量检验是传统的检验方法，随着统计软件的普及应用，人们越来越多地使用 P 值检验。SPSS 等统计软件能直接呈现 P 值检验的结果。同一问题的假设检验，统计量检验和 P 值检验的结果是一致的，但是 P 值检验能够提供更具体的信息，如果经过检验拒绝了原假设，P 值表示实际误判的风险，而 α 表示最大误判的风险（具体误判的风险是多少不明确）。正如你参加了某项考试，如果只告诉你及格了，就意味着考试成绩大于等于 60 分，这就比较笼统；如果告诉你不仅及格了而且得了 90 分而不是 70 分或 80 分，这就具体多了。

第五，关于 Excel 函数的应用

（1）利用 α 值和 NORMSINV 函数，计算临界值 z_0

第 1 步：在 Excel 表格界面，点击函数 f_x

第 2 步：在函数分类中点击“统计”，在函数名的菜单下选择“NORMSINV”，然后“确定”；

第 3 步：在 Probability 后填写如下概率值 $P(z \leqslant z_0)$，即得 z_0 的值。

	α	$P(z \leqslant z_0)$	z_0
当左尾检验时，	5%	5%	−1.65
	1%	1%	−2.33
当右尾检验时，	5%	95%	1.65
	1%	99%	2.33
当双尾检验时，	5%	2.5%和 97.5%	−1.96 和 1.96
	1%	0.5%和 99.5%	−2.58 和 2.58

(2)利用 Z 值和 NORMSDIST 函数，计算 P 值

第 1 步：在 Excel 表格界面，点击函数 f_x

第 2 步：在函数分类中点击“统计”，在函数名的菜单下选择字符“NORMSDIST”，然后“确定”；

第 3 步：在 Z 后面填写 1，cumulative 后面填写 true 或 1，即得到函数值为 0.8413。

如果是单侧检验，P 值 = 1−0.8413 = 0.1587
即 Z = 1 或 Z = −1 时，
检验统计量概率分布的右尾面积或左尾面积。

如果是双侧检验，P 值 = 2(1−0.8413) = 0.3174
即 Z = 1 和 Z = −1 时，
检验统计量概率分布的双尾面积之和。

在 Z 后面填写−1，cumulative 后面填写 true 或 1，即得到的函数值为 0.1587。
如果是单侧检验，P 值 = 0.1587
如果是双侧检验，P 值 = 2×0.1587 = 0.3174

第三节　本 章 小 结

本章选择了五个案例，分别分析了抽样推断的特点和作用、抽样的方式和方法，必要抽样数目的确定以及参数估计和参数检验的方法。通过分析，特别强调如下几点：

(1)抽样推断是一种重要的统计方法，因为它的经济性、高效性和科学性，在社会经济领域中，抽样调查是应用最广泛的统计调查方法，它在我国政府的统计调查方法体系中居于主体地位。尤其是随机抽样法，不仅在社会经济领域，而且在自然科学研究领域也应用广泛。

(2)随机抽样又称概率抽样，它要保证每个待选单位都有一定的中选概率，而且不论概率大小，每个待选单位中选概率事先是已知的。概率抽样又分为等概率抽样和不等概率抽样。随机抽样是统计估计和假设检验的前提。

(3)样本总体中所包含的个体数目称为样本容量。在一般情况下，样本容量越大，对总体的代表性就越大，估计推断总体的准确性就越高。但是样本容量太大，与普查相差无异，就会失去抽样调查的意义。调查经费、调查的人力及时间等都不允许样本容量过大。样本容量太小，估计误差会过大，与实际情况相差甚远，研究结论就没有什么应用价值。因此说，样本容量要适当，要够用。在既定的抽样方式和抽样方法下，使抽样推断的结论达到一定的可靠程度和估计精度所需要的样本容量，称为必要的样本容量或必要的抽样数目。

(4)在一定的样本资料下，总体参数的估计区间可大可小，估计区间的大小与估计结论的可靠程度(置信概率)有着密切关系。在其他条件不变时，一方面，可靠程度要求越高(即置信概率越大)，估计区间也就越大；可靠程度要求越低(即置信概率越小)，估计区间就越小；估计区间的大小与置信概率的大小呈同向变动关系。另一方面，估计区间越大，意味着误差范围(即极限误差)越大，估计的精度越低；估计区间越小，意味着误差

范围越小，估计精度越高；估计区间的大小与估计精度的高低呈反向变动关系。这表明，如果要求估计精度高，则估计区间要小，而估计区间小，估计的可靠程度就要降低，反之亦然。所以，对于同一个估计区间，不能同时满足高精度和高可靠程度的要求。精度和可靠程度孰重孰轻，要具体问题具体分析，最好在二者之间取得协调，以确定一个既满足一定的精度要求，又保证一定可靠程度的估计区间。

(5)在参数检验中，首先要能正确建立假设，假设的正确与否直接关系到检验的结论。在具体问题的假设检验中，要清楚区分假设的内容(总体参数)是总体均值、总体比例，还是总体方差，因为不同内容的假设，检验统计量的计算公式不同。在应用 Excel 函数计算临界值或 P 值时，最好结合检验统计量的概率分布图形，图形可以让我们直观地确定检验方向与临界值或 P 值的关系，图形的一目了然会让我们真切感受到什么叫一图胜千言。

【拓展阅读】

一、通过婚姻介绍所找对象的成功率

婚姻介绍所一般是根据委托人在登记表中所填写的基本情况，以及对配偶的希望和要求，从登记者中选择合适的对象，向双方提供电话/住址，以便互相约会。

为了计算成功率，必须事先明确观察单位、时间范围以及成功与失败的定义。由于成败对男女双方是一致而不可分割的，故应以一对男女为一个观察单位。观察的时间范围可酌情定为初次见面后 3 个月/半年/1 年。成功可定义为结婚/准备结婚/仍在交往，而失败则可定义为未成功/已无联系。根据事先明确的有关规定，可以按下式计算成功率，即平均每 100 对中成功几对，用百分率(%)表示：

$$(介绍)成功率=成功的对数/介绍的总对数\times100\%$$

“率”往往是具体的，通常是根据特定的时间、地点、条件，通过调查统计得出的，但有时我们也要用到抽象理论上的“率”来说明问题，例如丢一枚硬币，假如某面出现的机会是均匀的，则正面朝上的机会是 1/2 或 0.5(即 50%)。这种假定只是理论上的，它的作用在于，当我们实际丢硬币许多次而发现下面朝上的次数远大于或远小于总次数的 1/2 时，我们就能发现或判断某面出现的次数是不均匀的。

现在让我们对婚姻介绍所介绍配偶的成功率作一番笼统抽象的讨论。假定见面后男方中意与不中意的机会各为 1/2；同样假定女方也是如此。于是一对由婚姻介绍所介绍见面的男女经过一段时间的交往后，彼此都中意(算是“成功”)的机会只有 1/2 的 1/2，也就是 $\frac{1}{2}\times\frac{1}{2}=\frac{1}{4}=0.25$，即 25%。相反，不成功的机会是 $1-\frac{1}{4}=\frac{3}{4}=75\%$，远大于成功的机会。如果我们的假定(男、女中意的机会均为 1/2)接近真实情况，就不应对婚介所抱有过于乐观的幻想。为了提高成功的机会，委托人可以多找几个婚介所试试。设想找三个婚介所都不成功，这种机会为：$\frac{3}{4}\times\frac{3}{4}\times\frac{3}{4}=\frac{27}{64}=42.2\%$，小于只找一个婚介所的失败率(75%)。

换言之，如果找三个婚介所，则成功的机会可由只找一个婚介所的 25%提高到

1-42.2% = 57.8%。

尽管成功率的大小要受到许多主客观因素的影响，但上述笼统而抽象的讨论还是有重要意义和参考价值的。

理论上的/抽象的/总体的“率”又称为概率。我们一般用小数来表示概率的大小，它总是在0与1之间，即0≤概率≤1。概率的大小就是机会的大小。概率为0表示不可能事件，而概率为1表示必然事件。

所以我们可以说：概率就是机会。

概率并不总是从理论上推断出来的，它的大小可以通过大规模的实验(例如，丢均匀的硬币许多次)或全面调查(普查)而统计出来。

你知道吗，生男孩的概率大于生女孩的概率。前者约为0.512，后者约为0.488。这是根据许多地区和民族出生婴儿中的男女数目统计出来的。

(资料来源：汤旦林、柯惠新：《统计使人更聪明》，中国统计出版社2011年版，第4~6页。)

二、美国《文学文摘》杂志为何名声扫地，被迫停刊

对于从事民意调查的研究人员来说，《文学文摘》杂志被迫停刊是一个众所周知的真实故事。当时，在20世纪30年代的美国，一些民间调查机构纷纷成立，其中最有名的一个是1935年由盖洛普(Gallup，1901—1984)创建的美国民意学会。盖洛普是新闻界所熟悉的毕生从事民意调查事业的人物。同时，美国的一些报纸和杂志也成立了专门机构搞民意调查并进行选举结果的预测。1936年美国总统竞选时，共和党的兰登和民主党的罗斯福摆开了“擂台”，各个民意调查机构也纷纷进行了总统大选的预测。《文学文摘》根据调查数据宣布兰登将在总统竞选中获胜，但结果却是罗斯福当选。《文学文摘》由于调查的数据与实际得票率相差太多，预测失败而名声扫地，被迫停刊，而盖洛普的美国民意学会则由于预测成功而声名大振。

那么，《文学文摘》预测失败的原因何在？我们来看看其是如何调查的：他们向1000万选民寄去了调查问卷，这些选民的名单是从电话簿、俱乐部名册以及杂志的订户中挑选的。结果在寄出的1000万份调查问卷中，只有1/4的选民寄回了调查表。根据这部分选民的回答，《文学文摘》得出了共和党的兰登将得到半数以上选票的预测。选举那天的结果完全出乎他们的意料，选民中只有40%投了共和党的票，而民主党的罗斯福以多数票当选。

从《文学文摘》的失败中我们可以总结出如下几点：

首先是抽样框的选择问题。为了便于实现随机抽样即概率抽样，常常把要调查的总体划分为有限的几个互不重叠的部分，每一部分都叫做一个抽样单元。例如在全国的收视率调查中，省就是一级单元；各个省又可以分成较小的二级单元，例如市或县等；二级单元还可以分成三级单元、四级单元等，例如区、街道或户、个人等。抽样时给抽样单元赋予一个被抽中的概率(可以是相等的，也可以是不相等的)。在设计抽样方案时，必须有一份关于全部抽样单元的资料，如名单、地图、大小等，称之为抽样框。在抽样框中，每个抽样单元都有自己的对应位置，这常常通过编号来实现。

因此，为了抽取一个有代表性的样本，抽样框的选择是至关重要的。理想的抽样框应该是总体的完美代表，它不但包括了全部单元的名单，还应该包括与所研究的问题相关的资料，例如，在选举预测中，理想的抽样框应该包括全部选民的名单，以及他们的基本情况，如性别、年龄、党派、文化程度、职业、收入等。但在实践中，这种理想的抽样框往往是不存在的，我们只有利用现有的资料构建一个尽可能完备的抽样框。抽样框越不完备，抽样中出现偏差的可能性就越大。《文学文摘》选择了电话簿名单、俱乐部名单以及杂志的订户名单作为抽样框。显然，这个抽样框与实际的选民总体相差甚远。在这些名单中，倾向于支持共和党的比例大超过了全体选民中倾向于民主党的比例。因为在当时的美国社会，生活优裕的中上层阶级中支持共和党的比例远远高于平民阶层。而在20世纪30年代美国经济衰退的时期，能够安装电话、加入上流社会俱乐部和订阅杂志的美国人大部分是共和党人。抽样框的选择不当是《文学文摘》预测失败的主要原因。

其次是回收率的问题。即使选择了较完备的抽样框，并且利用随机抽样的方法抽取了一个有代表性的样本，如果回收率太低，也会造成不小的偏差。例如在收视率的调查中，如果只回收了热心于帮助电视台进行此项活动的观众的问卷，没有想尽办法去动员那些时间紧、不太留意电视节目的观众填写问卷，那么调查结果的收视率将可能远远高于实际的收视率。在《文学文摘》的调查中，回收率仅有约25%，在这些寄回了调查问卷的1/4选民中，倾向于共和党的比例要比倾向于民主党的那3/4占有更大的比重，因此，得到“共和党的得票率将远远高于民主党”这一错误的预测就不奇怪了。

最后是关于样本大小的问题。《文学文摘》采用了一个n=1000万的巨大样本。那么，在抽样调查中，是否样本量越大、规模越大效果就越好呢？当然，对于简单随机样本，随着样本量的增大，在一定的置信度下，抽样误差会随之减小，即精度会增加。但是，抽样误差的减小与样本量的增大并不是成比例的(实际上是与$\sqrt{n}$成比例的)。也就是说，当样本量(n)在较小的范围内变化时，例如当n=600时，随着n的增大，最大容许误差(E)迅速减小；但是当n大到一定程度之后，E减小的速度变得越来越缓慢。从表5-4可以看出，若规定置信度为95%，当样本量从100增至600时，最大允许误差从9.8%减小到4%，即增加500个调查对象，就可以换来约6个百分点的精度提高；但样本量从10000增至100000时，最大允许误差只从0.98%减小到0.31%。也就是说，这时增加90000个调查对象，也不过只换来约半个百分点的精度的提高。这在实践上是得不偿失的，这就是为什么国内外的一般社会调查的样本容量常常取1000左右的缘故(全国性的调查也有可能采用几千人的样本)。最大允许绝对误差不超过4%或3%，一般已能满足精度要求，在经费上也能得到保证。另外，1000左右的样本量也可以使调查实施做得比较准确无误，保证高回收率和高准确度。巨大的样本不仅耗资太大，在实施中也难以管理，很难保证高质量的调查结果。因此，《文学文摘》寄出了1000万份调查问卷，实际上是完全没有必要的很不聪明的做法。与其调查1000万个选民(有偏差的样本)，还不如精心设计抽样方案，只抽取1000个选民(有代表性的样本)，这样的话，大约用万分之一的费用，就可能会做出接近真实情况的预测。

表 5-4　样本量与最大允许绝对误差的关系(置信度 95%)

样本量 n	最大允许误差(%)	样本量 n	最大允许误差(%)
50	13. 85	900	3. 27
100	9. 80	1000	3. 10
150	8. 00	1500	2. 53
200	6. 93	2000	2. 19
250	6. 20	3000	1. 79
300	5. 66	4000	1. 55
400	4. 90	5000	1. 39
500	4. 38	10000	0. 98
600	4. 00	100000	0. 31
700	3. 70	1000000	0. 098
800	3. 46	10000000	0. 031

(资料来源：汤旦林、柯惠新：《统计使人更聪明》，中国统计出版社 2011 年版，第 276～279 页。)

三、一则哲学故事所蕴含的统计思想

古今中外，流传的哲学故事众多，视角不同，精彩纷呈，寓意各异，但都有着深刻久远的哲理价值。例如，一则关于公元前 400 多年前苏格拉底让学生挑选麦穗的故事，就蕴含着深邃的统计思想，至今仍具有借鉴意义。

苏格拉底是著名的古希腊哲学家，石匠出身的他擅长运用辩证法与人争辩，常常把号称学富五车的人辩得哑口无言，故而有“精神助产士”之称号。据说，有一天他的三个弟子问他如何才能找到称心如意的伴侣，他没有直接做出回答，而是把他们带到麦地里，要他们从麦地田埂的这一头走到那一头，只许前进不许回头，每人只有一次机会摘取一颗最大的麦穗。第一个弟子没走几步就发现一颗麦穗又大又好，就高兴地摘了下来，可是继续往前走时发现还有许许多多更大更好的麦穗，但不得不遗憾地走完全程。第二个弟子不想重犯前者急于求成的错误，每当有中意的麦穗要摘时就提醒自己后面还有更大更好的麦穗，结果快走到头时，还没有摘到满意的麦穗，错过了最佳机会，也是后悔莫及。第三个弟子充分吸取了前两者的教训，他把一条田埂大致分成三个相等的地段，当他走过 1/3 时，大致掌握了大、中、小麦穗的特征；再走过 1/3 时，对麦穗大、中、小的特征进行验证；在最后 1/3 的麦穗中，满意地摘取了一颗既大又好的麦穗。尽管苏格拉底自己的夫人是个心胸狭隘、唠叨不休的悍妇，但他却告诉了学生该如何去找称心的伴侣。

那么这个故事与统计学有什么关系？我认为苏格拉底第三个弟子的做法，蕴含着我们至今都在广泛运用的五大统计思想：大量观察思想、特征归纳思想、统计分组思想、假设检验思想、演绎推理思想。

（资料来源：节选自李金昌：《一则哲学故事所蕴含的统计思想》，《中国统计》2019年第3期，第35页。）

思考与讨论

1. 在抽样推断中采用随机抽样有什么好处？

2. 随机抽样有哪些抽样方式和抽样方法？

3. 影响样本容量大小的因素有哪些？

4. 用样本指标对总体指标作区间估计，应该具备的三个条件是什么？

5. 采用随机抽样方式，对在校学生进行生活费用调查，并用样本指标推断总体指标（分别采用点估计和区间估计）。

6. 如何理解置信概率为95%的置信区间？

7. P值检验与统计量检验相比有什么不同？

参考文献

1. 王吉利，何书元，吴喜之. 统计学教学案例[M]. 中国统计出版社，2004.

2. 贾俊平. 统计学[M]. 中国人民大学出版社，2018.

3. 舒波，陈红梅，等. 统计学——原理、应用与商务实践[M]. 清华大学出版社，2019.

4. 章前，王成理，盖兵. 统计学概论[M]. 清华大学出版社，2017.

第六章　相关分析与回归分析

第一节　理 论 要 点

客观现象之间的数量关系表现为两种类型：一种是确定性的函数关系，另一种是不确定性的相关关系。函数关系可以用数学等式来表达，如 x 与 y 的函数关系表示为 $y=f(x)$，当 x 取一定值时，y 有唯一的值与之对应，反之亦然。例如，在价格一定时，销售额与销售量的关系，就是一一对应的函数关系。相关关系不同于函数关系。相关关系是现象之间在数量上客观存在的一种不确定的相伴变化关系，在相关现象之间，一现象发生数量变化，另一现象也发生相应的但不完全确定的数量变化，即当一变量取一定值时，另一变量可能有多个值与之对应，例如，居民的收入与支出的关系就是一种典型的相关关系。相关与回归分析法研究的对象就是相关关系。

相关关系可以从不同的角度分类。按相关方向不同可分为正相关和负相关；按相关程度不同可分为高度相关、中度相关、低度相关和微弱相关；按相关变量多少可分为一元相关与多元相关；按相关表现形式不同可分为直线相关和曲线相关，等等。

相关分析就是在定性分析的基础上，通过定量分析明确相关关系的类型。定量分析的主要工具有相关表、相关图和相关系数。通过编制相关表、绘制相关图，可以粗略地了解两个变量之间的相关方向、相关形式和相关程度。而要准确地度量两个变量之间的线性相关程度，则需要计算相关系数。相关系数的取值范围在 $-1\sim+1$ 之间，将这个取值范围划分为几个区间，就可以判断现象之间达到什么程度的相关。相关系数的正负分别表示相关方向的正负。利用样本资料计算的相关系数要经过显著性检验，检验计算相关系数 r 的样本资料是否来自 x 与 y 之间没有线性相关关系的总体。也就是通过样本相关系数，检验总体相关系数是否显著性地等于0。如果等于0，则总体中 x 与 y 之间相关程度不显著；如果不等于0，则总体中 x 与 y 之间相关程度显著。

回归分析与相关分析一样，也研究相关关系，但二者侧重点不同。相关分析侧重研究相关关系的方向、程度、形式，而回归分析侧重研究相关变量之间的具体数量表现形式，即建立回归模型(回归方程)，求解和检验回归模型中的参数，并进行回归预测。相关分析是回归分析的前提，只有变量之间存在较高程度的相关，进行回归分析才有意义；回归分析是相关分析的深化与延续，对于具有较高相关程度的变量，只有继续建立具体的数量模型，才能在实际应用中发挥其更大的作用。回归分析比相关分析的内容要丰富得多。

如果两个变量之间的相关形式近似地表现为一条直线，则称之为线性相关或直线相关。在相关与回归分析中，如果涉及一个自变量与一个因变量的线性相关与回归，称之为一元线性相关与回归；涉及两个自变量与一个因变量的线性相关与回归，称之为二元线性相关与回归。一元线性回归最简单，二元线性回归是多元线性回归的代表，掌握其一般原理也就抓住了相关与回归分析最根本的东西。

回归分析中，需要计算和分析几个重要指标，它们是回归系数、判定系数和估计标准误差。回归系数反映的是自变量与因变量的一般数量联系，表明自变量每变动一个单位时，因变量会平均增加或减少的数量。判定系数是指在因变量的总变化中，某一自变量或多个自变量能够解释的比例，表明自变量对因变量的解释程度。估计标准误差则是因变量的实际值与回归估计值之间的平均离差，用于评价回归方程的优劣和进行区间估计。

建立回归方程的目的就是进行回归预测，为了了解用样本资料拟合的回归方程是否可靠，还需要对回归系数和回归方程进行显著性检验。一元线性回归方程，要用样本回归系数 b 计算的 t 统计量检验总体回归系数 B 是否等于 0；多元线性回归方程，也是检验总体回归系数是否等于 0，但进行检验的统计量是样本方差计算的 F 统计量。只有通过了假设检验，断定总体回归系数不为 0，即总体回归系数为 0 的可能性小于 5%或 1%，为小概率事件，才能将回归方程用于预测。

在多元相关与回归分析中，可能存在多重共线性问题，即各个自变量之间具有一定程度的相关关系，其中一个自变量可以表示为其他自变量的线性组合。多重共线性的存在使得回归方程中的回归系数变得很不可靠。

相关与回归分析中的变量大多是定量变量，比如成本、利润、产值、工资、销售量、税额、年龄、工龄等，定量变量的取值是实际观测与计量的结果，用数字表示。而定性变量则不同，如性别、民族，是否受过高等教育、是否来自经济发达地区等这些定性变量，其变量值为“男”或“女”、“汉族”或“非汉族”、“是”或“否”，是用文字表示的。在统计计算处理时，定性变量的文字化取值要转化为数字化取值。我们常常令具有某一属性的取值为 1，不具有该属性的取值为 0。比方说“性别”，当为“男”时令其为 1；当为“女”时令其为 0。再如“季节”，当为“春季”时令其为 1，其他三个季节都为 0；当为“夏季”时令其为 1，其他三个季节都为 0；以此类推。1 或 0 都是为了方便量化计算而假设或虚拟的。由于定性变量的变量值是虚拟的，故称之为虚拟变量。

第二节　案例正文与案例分析

案例一　相关关系与相关系数

【案例正文】

[案例 A] 从相关系数看主流板块

表 6-1 是利用 2007 年 1 月 8 日至 12 日一周的资料计算的主流板块指数与大盘指数的相关系数。

表 6-1　主流板块指数与大盘指数的相关系数

	金融指数	房地产指数	地产指数	钢铁指数	石化指数	汽车指数
与上证指数的相关系数	0.72	0.72	0.79	0.95	0.97	0.96
与深证指数的相关系数	0.74	0.93	0.91	0.87	0.78	0.93

综合研判如下：

(1)房地产、地产板块与上证指数呈现一般正相关性，表明主流资金仍在该板块中，下周有上攻潜力。

(2)金融板块与大盘指数呈现一般正相关性，主要为银行股调整所致，但表明主流资金仍在该板块中，下周银行股有结束调整、重新上攻的可能。

(3)钢铁、石化、汽车与大盘指数呈现极强正相关性，依据相反理论，下周钢铁、石化、汽车有调整的可能。

(案例来源：www.blog.eastmoney.com/，作者：东方博客。)

[案例 B] 教育支出的增加对农民消费的影响

随着农民收入水平不断提高，农村消费结构发生了明显变化，教育支出在农村居民消费总支出中的比重越来越大，成为农村居民消费结构变化的新亮点。考虑到农民有自己的生产资料，一些物品可以自己生产的特点，文中的数据都来自《中国统计年鉴》中农村居民现金消费支出。在我国的经济统计资料中，农村居民家庭消费区分为食品、居住、文娱、医疗、交通、杂项等几项，教育支出是作为文娱支出的一部分出现的(文娱支出包括文娱用耐用品、教育、文化娱乐三项)，而且统计资料中没有将其单独区分开来。鉴于教育支出数据的不易得性，以及基于当前我国农村居民的消费水平，农村居民的文娱支出绝大部分是教育支出的特点，文中通过分析文娱支出来说明教育支出(或教育消费)对农村居民消费结构的影响(表 6-2、表 6-3、表 6-4、表 6-5)。

……

以上分析表明，教育支出在农村居民消费支出中占的比重越来越大，已影响了农民在其他方面的开支，尤其是食品、衣物、用品、储蓄支出。这不利于我国开辟广大的农村市场，扩大内需。

表 6-2　1995—2001 年文娱、食品、衣物、用品支出比重　单位：%

年份	1995	1996	1997	1998	1999	2000	2001
文娱支出	11.91	12.31	13.16	14.13	14.17	14.53	14.12
食品支出	41.10	39.38	38.69	38.02	37.22	36.14	35.52
衣物支出	10.32	10.47	9.62	8.67	7.99	7.41	7.18
用品支出	7.92	7.80	7.56	7.25	7.18	5.79	5.58

表 6-3 文娱支出与食品、衣物、用品支出比重的相关系数

相关系数	文娱支出	食品支出	衣物支出	用品支出
文娱支出	1	-0. 82	-0. 9	-0. 65
食品支出	-0. 82	1		
衣物支出	-0. 9		1	
用品支出	-0. 65			1

表 6-4 1995 年到 1999 年农民纯收入、储蓄、文娱支出情况 单位：元

年份	1995	1996	1997	1998	1999
纯收入	1577. 7	1926. 1	2090. 1	2162	2210. 3
储蓄支出	220. 86	249. 90	337. 55	385. 37	420. 85
文娱支出	102. 36	132. 46	148. 18	159. 41	168. 37

表 6-5 储蓄支出与纯收入及文娱支出的相关系数

相关系数	纯收入	文娱支出
储蓄支出	0. 917	0. 953

（案例来源：节选自王燕、杨文瀚：《教育对农村居民消费结构的影响》，《统计与决策》2004 年第 7 期，第 38 页、第 61 页。）

[案例 C] 相关系数与组合投资风险

在第四章案例四中的案例 B《投资风险的衡量》中，谈到投资风险的衡量，需要计算标准差。与单项投资不同，当投资多种项目时，对投资风险的衡量，不仅要计算标准差，还必须考虑各个投资项目之间的相关关系。因为各种投资项目的收益率之间可能存在不同的相关关系：可能是正相关，可能是负相关，也可能是不相关，相关的程度也有高低之分。正相关关系越强，通过组合投资降低风险的程度越低；负相关关系越强，通过组合投资降低风险的程度就越高。

变量 x、y 之间的线性相关关系可用相关系数表示，其计算公式为：

$$\rho_{xy}=\frac{n\sum xy-(\sum x)(\sum y)}{\sqrt{n\sum x^2-(\sum x)^2}\sqrt{n\sum y^2-(\sum y)^2}}=\frac{\sigma_{xy}}{\sigma_x\sigma_y}$$

相关系数的计算结果在-1 到+1 之间变动。相关系数的正负表示相关方向，当其为正值时，则为正相关（即 x、y 同方向变动）；当其为负值时，则为负相关（即 x、y 反方向变动）。相关系数为 0，表明 x、y 之间没有线性相关关系，简称不相关。相关系数越接近 0，相关程度越小；相关系数越接近于+1 或-1，相关程度越大。

假设投资项目A和投资项目B的(标准差，均值)分别为(10，10)和(30，20)，以标准差σ为横坐标，以均值μ为纵坐标，如图6-1所示。

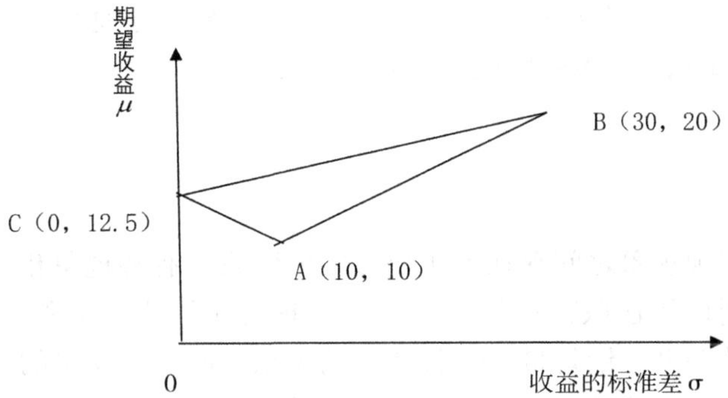

图6-1　化风险为0的投资组合C

如果将资本按比例

x_1：$(1-x_1)$(其中$0\leqslant x_1\leqslant 1$)投资A和B，这种投资组合的平均收益将是：

$$\mu = x_1\mu_A + (1 - x_1)\mu_B$$

方差将是：

$$\sigma^2 = x_1^2\sigma_A^2 + (1 - x_1)^2\sigma_B^2 + 2x_1(1 - x_1)\rho_{xy}\sigma_A\sigma_B$$

表6-6中计算出了按不同比例投资A和B的平均收益，以及对应于不同相关系数的收益的标准差。

表6-6　A、B投资组合的收益均值、标准差

投资组合中投资于A的比例	投资组合的期望收益μ	不同相关系数下投资组合收益的标准差σ				
		$\rho=+1$	$\rho=+0.5$	$\rho=0$	$\rho=-0.5$	$\rho=-1$
0	20.0	30	30	30	30	30
0.20	18.0	26	25	24	23	22
0.40	16.0	22	20	18	16	14
0.60	14.0	18	16	13	10	6
0.75	12.5	—	—	—	—	0
0.80	12.0	14	12	10	7	2
1.00	10.0	10	10	10	10	10

从表中计算结果(标准差取整数)可以看出：在同一相关系数下，投资组合的期望收益μ越大，风险也越大(因为标准差也越大)，反之，μ越小，风险也越小。

在相同的期望收益下，正相关程度越低而负相关程度越高，则组合风险越小。当A、B完全负相关($\rho_{xy}=-1$)时，可通过一定比例的组合投资而化风险为零($\sigma=0$)，这时，投资于A项目和B项目的比例为0.75和0.25，组合投资收益为12.5。

（案例来源：参考如下文献编写而成：林少宫、李楚霖：《简明经济统计与计量经济》，上海出版社1993年版，第55~57页。）

【案例分析】

我们知道，客观现象之间存在着千丝万缕的联系，有些现象相互之间联系紧密，有些现象之间的联系则比较松散，在数量上它们表现为不同程度的相伴变化关系，即相关关系。身高与体重的关系、销售量与广告费用的关系、收入与支出的关系、物价变动与工资变动的关系等都是相关关系。对客观现象之间的相关关系进行定量研究，测定其相关关系的密切程度，揭示其相伴变化的数量表现形式，这是统计学中相关与回归分析的重要内容。

相关系数(r)是进行相关分析的重要指标。案例一中的三个小案例都是利用相关系数对相关问题进行具体分析。案例A分析股票市场上各板块指数与大盘指数之间的相关关系，以判断后期股市变动；案例B分析农民教育支出比重与食品、衣物、用品等支出比重之间的相关关系，用以实证教育支出的增加对农民消费结构的影响；案例C分析的则是怎样利用各种投资项目之间的相关关系，有效降低投资组合的风险。通过相关系数的计算结果，我们可以对现象之间相关关系的类型做出具体判断，是正相关还是负相关，是什么程度的相关，如何判断？

（一）相关系数的计算原理

我们首先从相关分析的基本思路出发，来揭示相关系数的计算原理。在相关分析中，一元线性相关分析最基础、最简单，它只研究两个变量之间的相关关系，而且这两个变量之间大致呈一条直线变动。相关系数就是反映两个变量之间直线相关关系的相关方向和相关程度的统计指标。

假设变量x与变量y是直线相关关系，其n对变量值分别为(x_1, y_1)，(x_2, y_2)，…，(x_n, y_n)，在直角坐标系中用这个n对变量值描出n个坐标点，如图6-2所示。

从图6-2中我们看到，这n个坐标点呈东北—西南带状分布，说明x与y表现为直线相关，而且x与y在数量上呈同增同减的同方向变动，属于正相关。

如果将原坐标系平移至以$(\bar{x}, \bar{y})$为新原点的坐标系中，那么在坐标系中各点(x', y')与原坐标系中各点(x, y)的关系为：

$$x' = x - \bar{x}$$

$$y' = y - \bar{y}$$

即在原坐标系中，各点为(x_1, y_1)，(x_2, y_2)，…，(x_n, y_n)，而在新坐标系中，各点为$(x_1-\bar{x}, y_1-\bar{y})$，$(x_2-\bar{x}, y_2-\bar{y})$，…，$(x_n-\bar{x}, y_n-\bar{y})$。

在新坐标系中，这些坐标点主要集中在第一象限和第三有限，是同增同减的正相关关系。如果这些点主要集中在第二、四象限的话，则呈增减反向的负相关关系。同时，我们

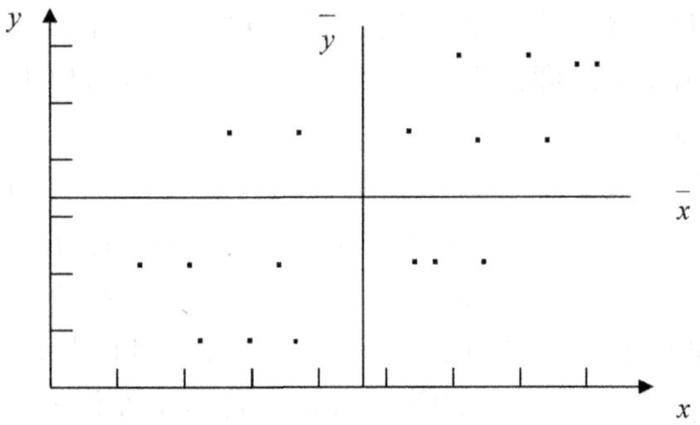

图 6-2　变量 x 与变量 y 的相关图(散点图)

应该注意到，第一、三象限的所有坐标点，横坐标与纵坐标的符号是同正同负的，而落在第二、四象限的坐标点则不然，其横坐标纵坐标的符号正好相反，即 x 正 y 负或 x 负 y 正。如果将新坐标中的各点的横、纵坐标值相乘，则有：

$$(x_1-\bar{x})(y_1-\bar{y}),\ (x_2-\bar{x})(y_2-\bar{y}),\ \cdots,\ (x_n-\bar{x})(y_n-\bar{y})$$

由于所得的几个乘积大部分是正数，因此这 n 个乘积的求和也应为正数，即：

$$(x_1-\bar{x})(y_1-\bar{y})+(x_2-\bar{x})(y_2-\bar{y})+\cdots+(x_n-\bar{x})(y_n-\bar{y})$$
$$=\sum(x-\bar{x})(y-\bar{y})>0$$

也就是说，如果 x、y 之间是正相关，则 $\sum(x-\bar{x})(y-\bar{y})>0$，而且 $\sum(x-\bar{x})(y-\bar{y})$ 的数值越大，说明在新坐标中落入第一、三象限的点越多，相应地落入第二、第四象限的点就越少，也就表明 x 与 y 之间的正相关程度越高。

同理，如果 n 个点大多落入第二、四象限，则 n 个点的乘积大部分为负数，其和必小于 0，即 $\sum(x-\bar{x})(y-\bar{y})<0$，表明 x 与 y 呈负相关，而且求和值越小，说明负相关的程度越高。可见 $\sum(x-\bar{x})(y-\bar{y})>0$ 的计算结果不仅可以反映变量 x、y 的相关方向，而且其值大小可以部分说明相关程度。

$\sum(x-\bar{x})(y-\bar{y})>0$ 是一个绝对数，其数值大小显然受变量值的数目 n 的影响，如果将其平均，即可消除 n 的影响。

$$\sigma_{xy}^2=\frac{\sum(x-\bar{x})(y-\bar{y})}{n} \tag{6.1}$$

依据(6.1)式计算的指标称为 x、y 的协方差，它是计算相关系数的重要基础。

协方差的数值大小也只能部分说明相关程度，这是因为协方差的大小既受 x、y 相关程度大小的影响，还受 x 与 y 的离散程度大小的影响。可以假想一下，如果图 6-2 中各点的分布越分散，则计算的协方差值越大；反之，各点分布越集中，则协方差值越小。在协方差中消除 x 的离散程度 σ_x 和 y 的离散程度 σ_y 的影响，其计算结果就可以单一地反映相关程度，这就是相关系数：

$$r=\frac{\sigma_{xy}^2}{\sigma_x\sigma_y} \tag{6.2}$$

在(6.2)式中，经过分子、分母的对比，还消除了 x、y 的计量单位，从而使 r 成为一个不带计量单位的抽象化数值(即无名数)，而且数学中已经证明，r 的取值范围在 $-1\sim+1$ 之间，这为相关程度的判断提供了方便。

用(6.2)式这个计算公式手工计算相关系数的计算量是很大的，统计软件已经把这个公式编成了计算机程序，我们可以通过统计软件计算。比如，用 Excel 软件中的 CORREL 函数计算两个变量之间的相关系数，也可以用 Excel“工具”栏中“数据分析”工具的“相关系数”计算多个变量之间的相关系数矩阵。但是(6.2)式可以帮助我们很好地理解相关系数的计算原理，知道相关系数为什么能说明相关方向和相关程度。

(二)相关系数的分析要点

相关系数如何反映变量之间的相关关系，需掌握几个分析要点。

(1)依据 r 值的正负判断相关的方向。当 r 为正数，说明两变量之间呈正相关；当 r 为负数，说明两变量之间呈负相关。正相关表明 x 与 y 的数量变动是同方向的，当 x 的数量增加时 y 的数量也相应增加；反之，当 x 数量减少，y 的数量也相应减少。负相关则表明 x 与 y 的数量变动是反方向的，即 x 增加而 y 减少，x 减少而 x 增加。案例 A 中各板块指数与大盘指数的相关系数都是正数，表明是正相关关系，各板块指数随着大盘指数的升降而升降。在案例 B 中，文娱支出与食品支出、衣物支出、用品支出之间的相关系数都是负数，表明它们之间是负相关，说明文娱支出与其他三项支出的关系是此长彼消的关系。案例 C 中，通过比较不同相关系数下投资组合收益的标准差，可以看出，正相关关系越强，通过组合投资降低风险的程度越低；负相关关系越强，通过组合投资降低风险的程度就越高。

(2)依据相关系数的取值范围判断相关的程度。一般的判断标准如下：

$0<|r|<0.03$ 为微弱相关；

$0.3\leqslant|r|<0.5$ 为低度相关；

$0.5\leqslant|r|<0.8$ 为中度相关或显著相关；

$0.8\leqslant|r|<1$ 为高度相关。

当然，这种解释必须建立在对相关系数的显著性进行检验的基础之上。

在案例 A 中，房地产指数和地产指数与上证指数的相关系数都在 0.7 以上，但没有超过 0.8，它们属于中度正相关关系(即一般的相关关系)；金融板块指数与上证指数和深成指数的相关系数也在 0.7~0.8 之间，也为中度相关。而房地产指数和地产指数与深证指数的相关系数在 0.9 以上，为高度相关。案例 B 中，文娱支出比重与食品比重、衣物支出比重之间的相关系数为负数而且绝对值都大于 0.8，为高度负相关；而文娱支出比重与用品支出比重的相关系数为-0.65，为中度负相关。

(3)注意相关系数的极端值。当 $r=1$ 或 $r=-1$ 时，表明两变量之间为完全正相关或完全负相关，这时两变量的坐标点都分布在斜率为正或为负的一条直线上。当 $r=0$ 时，表明两变量之间没有直线相关关系(但不排除变量之间可能存在曲线相关关系)。相关系数等于 1、-1 或 0 都是极端的表现，在实际统计中较为少见，绝大多数情况下相关系数都介于-1 与 0、0 与 1 之间。相关系数的绝对值越接近于 1，相关程度越高；相关系数的绝对值越接近于 0，相关程度越低。

(4)把相关系数与相关图结合起来，则相关关系的判断更为直观。将变量 x 与变量 y 的 n 对变量值(x, y)在直角坐标系中描出几个坐标点，即得相关图(又称相关散点图)。图 6-3 至图 6-10 所示的是不同相关系数的散点示意图。图中散点的分布有以下几种情况：

正相关：见图 6-3，各点分布呈线状，y 随 x 的增加而增加，x 也随 y 的增加而增加，这时 $0<r<1$。各点的排列越接近一条直线，相关越密切，当所有点都在一条直线上时，$r=1$(图 6-4)，称为完全正相关。

负相关：见图 6-5，各点分布呈线状，y 随 x 的增加而减少，x 也随 y 的增加而减少，这时 $-1<r<0$，各点排列越接近一条直线，相关越密切，当所有点都在一条直线上时，$r=-1$(图 6-6)，称为完全负相关。

不相关：见图 6-7、图 6-8 和图 6-9，各散点散乱分布，无规律可循；或者是 x 不论增加或减少，y 的大小都不受影响；反之亦然。此时 $r=0$。有时虽然各点密集于一条直线，但该直线与 x 轴或与 y 轴平行，即 x 与 y 的消长互不影响，这种情况仍为不相关。

非线性相关：见图 6-10，图中各点的排列不呈直线趋势，却呈某种曲线形状，此时 $r=0$，类似这种情况称为非线性相关。

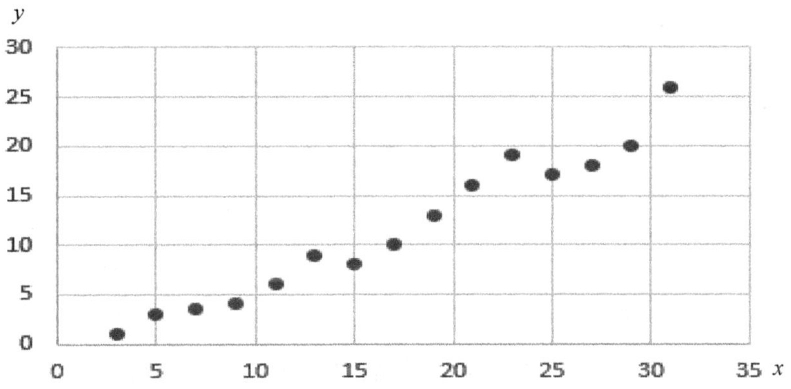

图 6-3 正相关($0<r<1$)

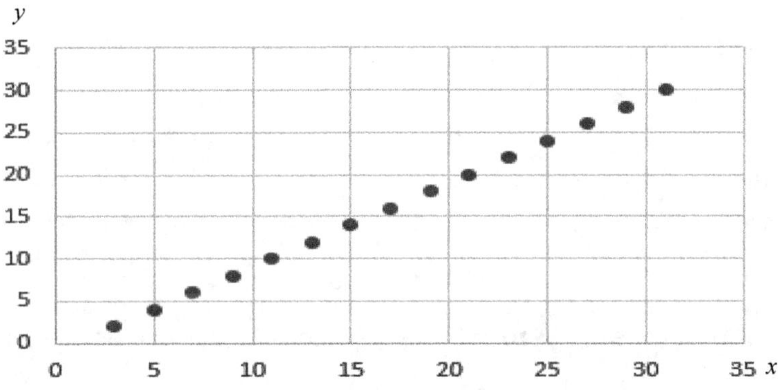

图 6-4 完全正相关($r=1$)

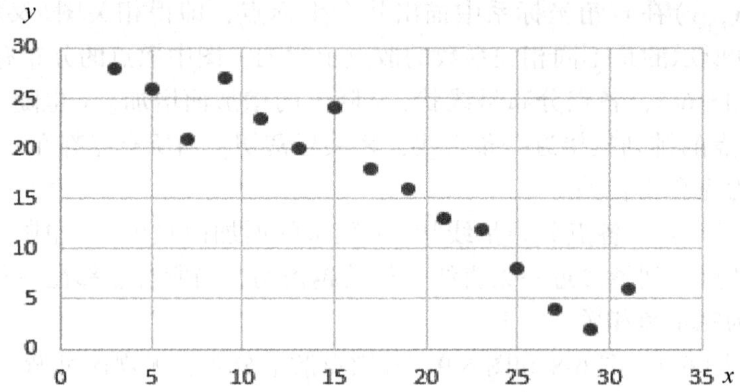

图 6-5　负相关($-1<r<0$)

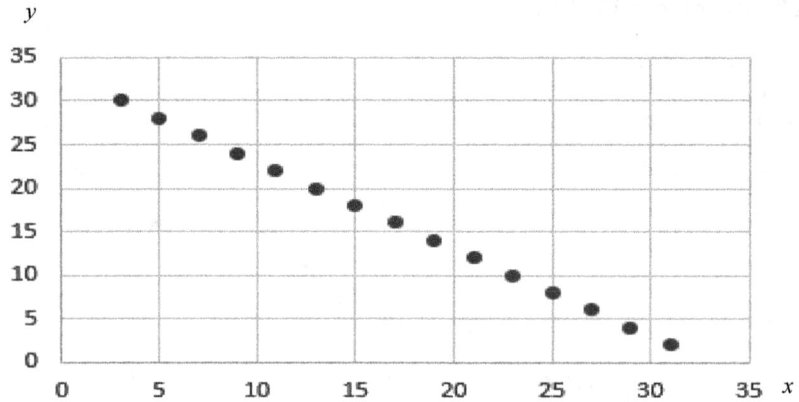

图 6-6　完全负相关($r=-1$)

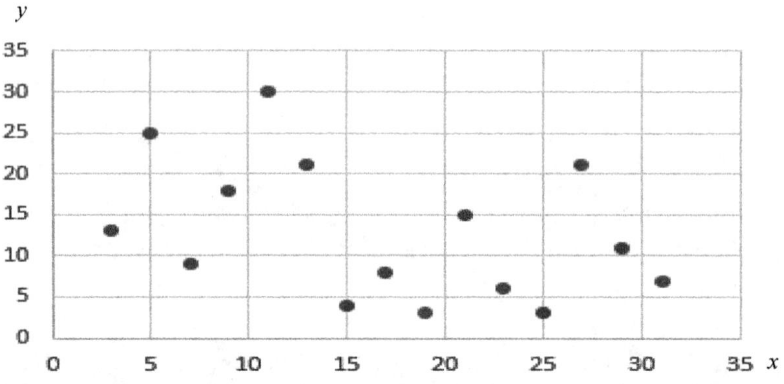

图 6-7　不相关($r=0$)

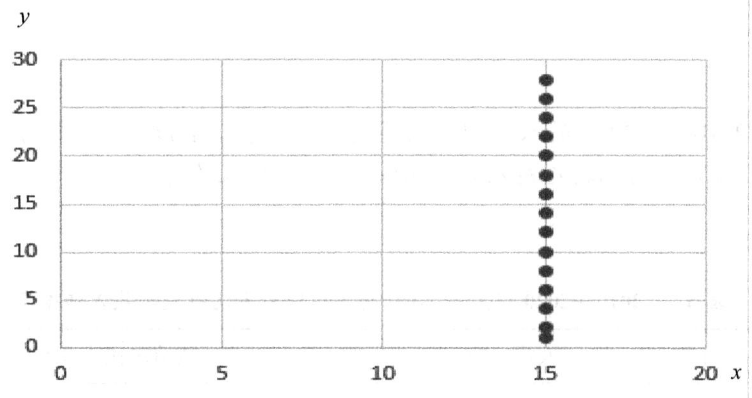

图 6-8　不相关($r=0$)

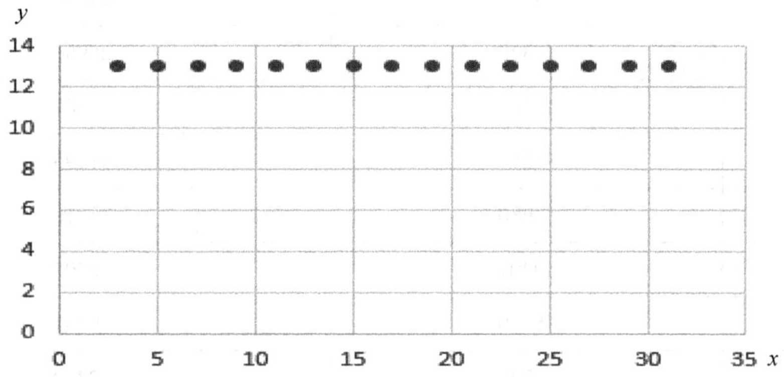

图 6-9　不相关($r=0$)

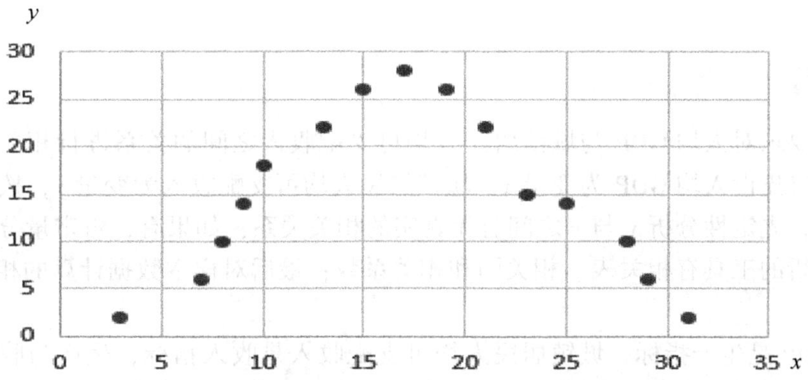

图 6-10　非线性相关($r=0$)

案例二 居民收入与GDP相关吗?

【案例正文】

中国2010—2020年的人均国内生产总值(人均GDP)和城镇居民人均可支配收入的数据见表6-7。据此数据对人均GDP与城镇居民人均可支配收入之间的关系进行相关分析。

表6-7 2010—2020年人均GDP与城镇居民人均可支配收入数据表 单位：元

年份	人均GDP	城镇居民人均可支配收入
2010	29943	19109
2011	35097	21810
2012	38459	24565
2013	43320	26955
2014	47203	29381
2015	50251	31195
2016	53980	33616
2017	59201	36396
2018	65650	39251
2019	70725	42359
2020	71965	43834

数据来源：国家统计局官网，www.stats.gov.cn。

【案例分析】

案例二要求对人均GDP与城镇居民人均可支配收入之间的关系进行相关分析。为了分析方便，首先设人均GDP为变量x，城镇居民人均可支配收入为变量y，按照相关分析的一般步骤，先定性分析x与y之间有无真实的相关关系；如果有，再定量分析相关关系的类型，分析的工具有相关表、相关图和相关系数；最后对样本数据计算的相关系数进行显著性检验。

人均GDP是生产指标，城镇居民人均可支配收入是收入指标，生产与收入指标之间肯定存在密切联系。十一届全国人大四次会议政府工作报告中，提出了“十二五”时期经济增长年均7%的目标，并提出“努力实现居民收入增长与经济发展同步”。显然，一国的人均GDP与城镇居民人均可支配收入应该存在真实的相关关系。下面要对这种定性上的相关关系作定量分析，寻求数据上的支持，确定二者之间的相关方向、相关形式和相关程度。实际上表 6-7 可以看做人均 GDP 与城镇居民人均可支配收入的相关数据表，从两组数据由上往下的变化观察，很明显可以看出它们是正向的变动关系，相关方向属于正相关。

1. 绘制相关图，判断相关方向

在 Excel 界面，通过“插入”“散点图”，可以生成图 6-11。从图 6-11 观察，11 个坐标点呈东北—西南走向直线分布，表明 x 与 y 呈线性正相关，即人均 GDP 越高，城镇居民人均可支配收入也越高；人均 GDP 越低，城镇居民人均可支配收入也越低。

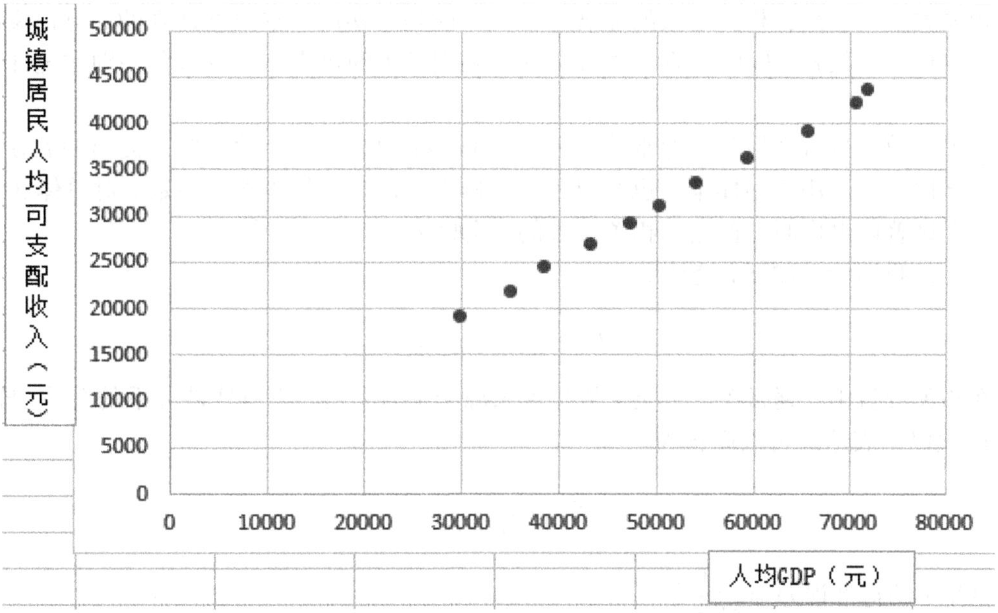

图 6-11 人均 GDP 与城镇居民人均可支配收入相关散点图

2. 计算相关系数，判断相关程度

由 Excel 中的 CORREL 函数计算相关系数为 $r=0.9989$。相关系数的计算结果表明，人均 GDP 与城镇居民人均可支配收入之间存在很强的正向线性相关关系。

3. 检验相关系数，判断总体相关的可靠性。

上述相关系数是根据最近 11 年的统计数据计算的结果，是一个样本相关系数。一般情况下，总体相关系数是未知的，虽然样本相关系数 r 可以作为总体相关系数(用希腊字母 ρ 表示)的估计值，但是由于 r 是根据样本数据计算出来的，它受到了样本波动的影响，抽取的样本不同，r 也可能不同。考虑到从相关系数 $\rho=0$ 的总体中抽出的样本，计算样本相关系数 r，因为有抽样误差存在，故 r 不一定等于 0，要判断不等于 0 的 r 值是来自 $\rho=0$ 的总体还是来自 $\rho\neq0$ 的总体，必须进行显著性检验。

另外必须注意的是，样本相关系数 r 的绝对值接近于 1 的程度与样本数据和样本容量

n 有关。当 n 较小时，相关系数的绝对值容易接近于 1；当 n 较大时，相关系数的绝对值容易偏小。当样本容量 $n=2$ 时，相关系数的绝对值等于 1。因此，当样本容量较小时，仅依据相关系数较大就断言两个变量之间有密切的线性相关关系，这个结论不一定可靠。为此，也需要对总体相关系数的显著性进行检验。

检验的原假设是 $\rho=0$，r 与 ρ 的差别是否显著要视该样本来自 $\rho=0$ 的总体的概率而定。如果从相关系数 $\rho=0$ 的总体中取得 r 值的概率 $P\leqslant 0.05$ 或 $P\leqslant 0.01$，由于在通常情况下，将概率不超过 0.01 或 0.05 的事件当做小概率事件，而小概率事件在一次抽样试验中几乎是不可能发生的，所以我们在 $\alpha=0.05$ 或 $\alpha=0.01$ 的显著性水平上拒绝原假设，认为该 r 值不是来自 $\rho=0$ 的总体，而是来自 $\rho\neq 0$ 的另一个总体，并由此判断两变量之间存在显著相关关系。显然，相关系数的显著性检验，就是考察用样本数据计算的 r 与相应的未知的总体相关系数 ρ 之间的差别，并确定这种差别发生的概率，以及这种差别在统计上是否显著。

相关系数的显著性检验，通常采用 R. A. Fisher 即英国统计学家费雪提出的 t 分布来检验，该检验可以用于小样本，也可以用于大样本。即通过样本相关系数 r 对总体相关系数 ρ 是否显著做出推断，称之为相关系数的 t 检验法。

为此，我们计算如下 t 统计量：

$$t=\frac{r-\rho}{r\text{ 的标准误差}}$$

在相关分析中，通常关心的是 r 值是否来源于 x 与 y 之间没有线性关系的总体（即 $\rho=0$），因此以上表达式可以简化为：

$$t=\frac{r}{r\text{ 的标准误差}}$$

这里 r 的标准误差 $=\sqrt{\frac{1-r^2}{n-2}}$

对于原假设 $\rho=0$ 的检验统计量 t 简化为：

$$t=\frac{r}{\sqrt{\frac{1-r^2}{n-2}}}=\frac{r\sqrt{n-2}}{\sqrt{1-r^2}} \tag{6.3}$$

该统计量服从自由度为 $n-2$ 的 t 分布。

相关系数检验的具体步骤如下：

第 1 步：提出假设：

H_0：$\rho=0$（变量 x 与变量 y 没有相关关系）

H_1：$\rho\neq 0$（变量 x 与变量 y 有相关关系）

$\alpha=0.05$ 或 $\alpha=0.01$

第二步：计算检验统计量：

$$t=\frac{r\sqrt{n-2}}{\sqrt{1-r^2}}=\frac{0.9989\sqrt{11-2}}{\sqrt{1-0.9989^2}}=63.89$$

由 Excel 中的 T. DIST. 2T 函数，可得双尾检验的 P = 2. 85E - 13

第三步：做出判断：

由于P = 2. 85E - 13 < α，故拒绝原假设，支持备择假设。表明人均GDP与城镇居民人均可支配收入之间的相关系数是显著不为0的，人均GDP与城镇居民人均可支配收入之间存在显著的线性相关关系。

案例三 销售经历对销售业绩的影响有多大？

【案例正文】

某品牌地板的总代理对其 9 个分销商的销售业绩进行了统计，得到 9 个分销商上年的销售额数据。总代理认为，各个分销商的销售业绩与其从事销售活动的时间长短有较大关系，并试图依据表 6-8 的数据，对二者之间的相关关系进行定量分析，了解销售经历的时间长短对销售业绩的影响到底有多大，并能够通过一定的数量模型由分销商的销售经历时间去估计其销售规模大小。

表 6-8 9 位分销商的统计资料表

分销商编号	1	2	3	4	5	6	7	8	9
销售额(万元)	50	100	140	110	70	90	140	100	80
销售经历的时间(年)	6	13	27	15	9	11	21	14	12

(案例来源：作者编创。)

【案例分析】

针对案例三中总代理关心的问题，我们利用这 9 位分销商的销售额和销售经历的年数资料，作一个相关与回归分析。为此列出以下几个有待探讨与分析的问题：

(1)如果销售额与销售经历的时间长短是相关的，那么二者之间的相关程度有多大；

(2)建立销售经历的时间与销售额的回归方程；

(3)检验回归系数的显著性(显著性水平为 5%)；

(4)计算回归方程的估计标准误差；

(5)销售额的变化中有多大的比重可以用销售经历的时间长短来解释；

(6)一个有 10 年销售经历的分销商，其一年的销售额估计有多少(要求这个估计结论的可靠性要达到 90%)。

(一)相关分析

首先将表 6-8 中的数据，按照销售经历的时间长短顺序排列，编成以下相关表，见表 6-9。

表 6-9 销售年数与销售额的相关表

销售经历(年) x	6	9	11	12	13	14	15	21	27
销售额(万元) y	50	70	90	80	100	100	110	140	140

令销售经历的时间为变量 x，销售额为变量 y，我们会发现 x 与 y 这两列数据在数值大小上有相同的变动方向，即随着 x 值的增大，y 值也增大，反之亦然。这表明二者有正相关关系。如将表 6-9 中数据绘成相关散点图，我们会发现各个点呈东北—西南方向的带状分布，这又表明 x 与 y 呈线性相关关系。其相关程度的大小则需要通过计算相关系数来判断。

由 Excel 中的 CORREL 函数计算相关系数为 $r=0.95$

也可以依据相关系数的计算公式，编制计算表进行计算，这个计算量就比较大，是个笨办法。

表 6-10 销售年数与销售额的相关系数计算表

序号	销售经历(年) x	销售额(万元) y	x^2	y^2	xy
1	6	50	36	2500	300
2	9	70	81	4900	630
3	11	90	121	8100	990
4	12	80	144	6400	960
5	13	100	169	10000	1300
6	14	100	196	10000	1400
7	15	110	225	12100	1650
8	21	140	441	19600	2940
9	27	140	729	19600	3780
合计	128	880	2142	93200	13950

根据表 6-10 中的资料，计算相关系数：

$$r=\frac{n\sum xy-\sum x\sum y}{\sqrt{n\sum x^2-(\sum x)^2}\sqrt{n\sum y^2-(\sum y)^2}}$$

$$=\frac{9\times 13950-128\times 880}{\sqrt{9\times 2142-(128)^2}\sqrt{9\times 93200-(880)^2}}=0.95$$

计算结果表明，销售经历的时间长短与销售额的大小是高度正相关关系。

(二)回归分析

1. 建立回归方程

通过相关分析，我们确定 x 与 y 是线性相关关系，而且高度相关，因此，可以建立关于自变量 x 与因变量 y 的估计的直线回归方程：

$$\hat{y} = a + bx \tag{6.4}$$

式中 $\hat{y}$ 表示 y 的回归值或估计值；a 为估计的回归直线在 y 轴上的截距，表示当自变量 $x=0$ 时，因变量 $\hat{y}$ 的起点值；b 为回归直线的斜率，表示 x 每变动一个单位时，$\hat{y}$ 的平均变动值或平均增减量，又称之为回归系数。a、b 均为待定值，需要根据样本数据计算。

为了使回归直线最贴近各个散点，使得实际值 y 与预测值 $\hat{y}$ 之间的综合误差最小，常用最小平方法来求解 a 和 b。从最小平方法的基本要求 $\sum (y-\hat{y})^2=$ 最小值出发，可以推导出 a、b 的计算式：

$$\begin{cases} b = \dfrac{n\sum xy - \sum x \sum y}{n\sum x^2 - (\sum x)^2} \\ a = \dfrac{\sum y}{n} - b \cdot \dfrac{\sum x}{n} \end{cases} \tag{6.5}$$

将表 6-10 中数据代入(6.5) 式：

$$b = \frac{9 \times 13950 - 128 \times 880}{9 \times 2142 - 128 \times 128} = 4.46$$

$$a = 880/9 - 4.46 \times 128/9 = 34.34$$

由此得到 y 关于 x 的估计的直线回归方程：

$$\hat{y} = 34.34 + 4.46x$$

$a = 34.34$，表示销售经历为 0 时，年销售额可以达到 34.34 万元。$b = 4.46$，表示销售经历每增加一年，年销售额可以平均增加 4.46 万元。

2. 检验回归系数 b 的显著性

虽然我们建立了回归方程，但是回归系数 b 的统计显著性还有待检验。因为赖以建立回归方程的 9 对数据，只是总体数据中的一个样本，依据样本资料计算的 a 和 b 能否很好地代表总体未知的 A 和 B，还需通过显著性检验。

回归系数检验就是检验自变量对因变量的影响是否显著。我们要检验的是总体回归直线的斜率 B 是否为 0，如果 $B=0$，则意味着总体回归直线是一条水平线，那么有关 X 的信息对于预测 Y 就没有什么价值；如果 $B\neq 0$，即 $B>0$ 或 $B<0$，就意味着总体回归直线是一条斜线，则有关 X 的信息有助于我们预测 Y 值。

设 B 为总体回归系数的真值，假设如下：

H_0：$B=0$（自变量对因变量的影响不显著）

H_1：$B\neq 0$（自变量对因变量的影响显著）

用于检验的统计量是以样本回归系数 b 的抽样分布为基础构建的。因为估计的回归方程是根据样本数据计算的，抽取不同的样本，就会得到不同的 b 值，b 值就有一个相应的概率分布。

检验统计量：$t = \dfrac{b - B}{S_b} = \dfrac{b}{S_b} \quad (B=0)$

其中 S_b 为 b 的标准误差，其计算公式为：

$$s_b = \frac{\sqrt{(\sum y^2 - a\sum y - b\sum xy)/(n-2)}}{\sqrt{\sum x^2 - n(\bar{x})^2}} \tag{6.6}$$

将表 6-10 中数据代入(6.6)，计算得：$S_b = 0.58$

$$t = b/S_b = \frac{4.46}{0.58} = 7.69$$

统计量检验：与其他显著性检验一样，如果计算的 t 值比双尾检验的临界值 $t_{\alpha/2}$ 更极端，我们就拒绝H_0，支持H_1，得出 $B \neq 0$ 的结论。

显著性水平为 $\alpha=0.05$，自由度 $n-2=9-2=7$，由 Excel 中的 T. INV. 2T 函数，可以计算双尾检验的临界值 $t_{\alpha/2}=2.84$。7.69 大于 2.84，因此我们在 0.05 的显著性水平上，拒绝H_0，支持H_1，得出 $B \neq 0$ 的结论。

P 值检验：当 $t=7.69$ 时，由 Excel 中的 T. DIST. 2T 函数，可以计算双尾检验的 P 值=0.0001172。因为 P 值小于 α，所以我们在 0.05 的显著性水平上拒绝H_0，支持H_1，得出 $B \neq 0$ 的结论。

也就是说，总体回归直线的斜率不等于 0，样本回归系数 b 通过了显著性检验，样本回归系数 b 可以很好地代表总体回归系数 B，或者说，总体中自变量 x 对因变量 y 的影响是显著的，二者回归关系的可靠性达到了 95%，误判的风险只有 5%。

3. 计算估计标准误差

前面我们建立了 y 对 x 的线性回归方程，并准备用这个回归方程进行估计预测。此时，我们关心这样一个问题：利用这个回归方程进行预测，预测值与实际值之间的误差一般有多大？

我们知道，每个预测值 $\hat{y}$ 与实际值 y 之间总有或大或小的误差，也就是说，$y-\hat{y}$ 可大可小，可正可负，也可能为 0。要综合反映误差的一般水平，常常用各个误差的平均数来代表，即计算平均误差来反映综合误差的大小。为了避免各个实际误差 $y-\hat{y}$ 在求和过程中相互抵消，实际误差的求和是对各个实际误差先取平方后再求和，即 $\sum(y-\hat{y})^2$。这个离差平方和又叫残差平方和，它是 x 对 y 的影响之外的其他因素对 y 的影响。将残差平方和平均后再开平方，就得到回归方程的平均预测误差，称之为估计标准误差，其公式为：

$$\sigma_{yx} = \sqrt{\frac{\sum(y-\hat{y})^2}{n}} \tag{6.7}$$

(6.7) 式是用总体资料计算的估计标准误差，如果是用样本资料计算，那么其计算公式应为：

$$S_{yx} = \sqrt{\frac{\sum(y-\hat{y})^2}{n-2}} \tag{6.8}$$

估计标准误差的计算与标准差 σ 的计算原理是相同的，不同的是，一般的标准差反映的是各个变量值与其平均数之间的平均距离，而估计标准误差反映的则是各个实际值与其回归估计值之间的平均距离，后者可以看做前者的具体应用。

显然，估计标准误差越大，说明利用回归方程进行预测的误差就越大；估计标准误差越小，预测误差就越小。因此，估计标准误差的大小可以用来评价回归方程的拟合优劣或拟合程度。

我们将案例中 9 个分销商的销售经历时间(x) 一一代入回归方程 $\hat{y} = 34.34 + 4.46x$，求得各个分销商销售额的回归预测值 $\hat{y}$，再按(6.8) 式计算出估计标准误差。显然这样的计算相当繁琐，实际应用中常常不用(6.8) 式，而是用其代换而来的以下计算式：

$$S_{yx} = \sqrt{\frac{\sum y^2 - a\sum y - b\sum xy}{n-2}} \tag{6.9}$$

用(6.9) 式可以充分利用前面计算相关系数、回归系数的数据，又可省掉计算 $\hat{y}$ 这一步。本案例中，已知 $a = 34.34$，$b = 4.46$，再依据表 6-10 中计算数据 $\sum y = 880$，$\sum y^2 = 93200$，$\sum xy = 13950$，代入(6.9) 式得：

$$S_{yx} = \sqrt{\frac{93200 - 34.34 \times 880 - 4.46 \times 13950}{9-2}} = 10.40(\text{万元})$$

计算结果表明，利用回归方程预测的销售额与实际销售额之间的平均误差为 10.40 万元，各个实际误差就在 10.40 万元上下波动。

若将估计标准误差与实际平均销售额比较，即：

$$\frac{s_{yx}}{\bar{y}} = \frac{10.45}{880/9} = \frac{10.45}{97.78} = 10.69\%$$

那么依据 $S_{yx}/\bar{y} < 15\%$ 回归方程为优的标准，本案例的平均预测误差只相当于实际平均水平的 10.69%，小于 15%，因此可以判断该回归方程拟合效果较好，用回归方程 $\hat{y} = 34.34 + 4.46x$，由销售经历时间预测销售额还是比较可靠的。

4. 计算判定系数

判断回归方程优劣的指标除了估计标准误差，还有判定系数(又称可决系数)。在建立 y 对 x 的回归直线方程 $\hat{y} = a + bx$ 时，我们假设 y 的变化可以用 x 的变化来解释说明。但事实上，y 的变化不可能完全由 x 的变化来决定，还有 x 以外的因素对 y 的变化施加影响。一般我们把 y 的变化分为“x 可解释的部分”和“x 未解释的部分”，即：

y 的变化 = x 可解释的变化 + x 未解释的变化

y 的变化 = $\sum (y - \bar{y})^2$，称之总离差平方和，用 SST(total sun of squares)表示。

x 可解释的变化 = $\sum (\hat{y} - \bar{y})^2$，称之回归离差平方和，用 SSR(regression sun of squares)表示。

x 未解释的变化 = $\sum (y - \hat{y})^2$，称之残差离差平方和，用 SSE(residual sun of squares)表示。

可以证明如下等式成立：

$$\sum (y - \bar{y})^2 = \sum (\hat{y} - \bar{y})^2 + \sum (y - \hat{y})^2$$

即三个离差平方和的关系为：

总离差平方和(SST) = 回归离差平方和(SSR) + 残差离差平方和(SSE)

判定系数反映的是 y 的所有变化中 x 可解释的变化所占比重。即：

$$r^2 = \frac{\sum (\hat{y} - \bar{y})^2}{\sum (y - \bar{y})^2} = \frac{\text{SSR}}{\text{SST}} \tag{6.10}$$

已经证明，判定系数是相关系数的平方，故用r^2 表示。在本案例中，相关系数 $r = 0.95$，则判定系数 $r^2 = 0.95^2 = 0.90$。所以我们可以说，各个地板分销商的销售经历长短可以解释说明其销售额变化的 90%，而销售额中还有 10% 的变化则是由销售经历以外的其他因素导致的。

5. 进行回归预测

如果不考虑抽样误差，直接将 x 值代入回归方程即可得到 y 的预测值 $\hat{y}$，这种方法叫点估计。如果必须考虑预测误差，还要考虑预测结果的可靠性(即置信概率)，就是必须进行区间估计、区间预测了。预测区间为：

$$y = \hat{y} \pm t S_{yx} \tag{6.11}$$

式中，y、$\hat{y}$ 分别为因变量的实际值和点预测值，S_{yx} 为估计标准误差，t 为与置信概率 $1 - \alpha$ 对应的临界值。

本案例中的总代理希望通过分销商的销售经历长短推断其销售业绩大小，下面我们就来作这种推断。

假设总代理初步物色了一个有 10 年销售经历的分销商，则估计其销售额为：

$$\hat{y} = 34.34 + 4.46x = 34.34 + 4.46 \times 10 = 78.94(\text{万元})$$

这种估计的平均误差为 10.45 万元。

若以 90% 的可靠性估计该分销商的销售额，已知自由度 $n - 2 = 9 - 2 = 7$，置信概率 $1 - \alpha = 90\%$，用 Excel 中的 T. INV. 2T 函数，可求得 t 分布双尾的临界值，其中右尾临界值$t = 1.895$，$S_{yx} = 10.45$。由此给出的估计区间为：

$$y = \hat{y} \pm t S_{yx} = 78.94 \pm 1.895 \times 10.45 = 78.94 \pm 19.80$$

预测下限 = 78.94 − 19.80 = 59.14(万元)

预测上限 = 78.94 + 19.80 = 98.74(万元)

预测区间为[59.14，98.74]，即：

$$59.14 \leqslant y \leqslant 98.74$$

因此，我们有 90% 的把握相信，当销售经历的时间为 10 年时，其年销售额在 59.14 万 ~ 98.74 万元之间。

(三) 回归分析中的显著性检验

最后补充一下，关于回归分析中的显著性检验，主要包括线性关系检验和回归系数检验两项主要内容。回归系数检验是用于检验自变量对因变量的影响是否显著，使用的是样本回归系数的标准化公式 t 作为检验统计量。线性关系检验是用于检验自变量和因变量之间的线性关系是否显著，使用的是 F 检验统计量。在一元线性回归中，由于只有一个自变量，所以回归系数检验与线性关系检验是等价的，但是在多元线性回归中这两项检验不再等价。

关于案例三，前面已经做了回归系数检验，因为是一元线性回归，可以不用再做其线性关系检验。但是，为了了解线性关系检验的思路与基本步骤，下面还是检验一下。

在建立回归方程之前，已经假定 x 与 y 之间是线性关系，这种假设是否成立，即销售经历的时间与销售额之间的关系能否用一个线性方程 $\hat{y} = a + bx$ 来表示，还有待进一步的检验才能证实。

检验统计量的构建是以回归离差平方和(SSR) 和残差离差平方和(SSE) 为基础确定的。将SSR除以其相应的自由度(SSR的自由度是自变量的个数k，一元线性回归中自由度为1) 后的结果称为回归均方(mean square)，表示为MSR；将SSE除以其相应的自由度(SSE的自由度为$n-k-1$，一元线性回归中自由度为$n-2$) 后的结果称为残差均方，表示为MSE。如果原假设成立(H_0：$b=0$，两个变量之间的关系不显著)，则比值MSR/MSE的抽样分布服从F分布，其分子自由度为1，分母自由度为 $n-2$，即：

$$F = \frac{SSR/1}{SSE/(n-2)} = \frac{MSR}{MSE} \sim F(1,\ n-2) \tag{6.12}$$

如果原假设成立，F值应接近1；如果原假设不成立，F值将变得无穷大。所以较大的F值将导致拒绝原假设，由此就可以判断 x 与 y 之间存在显著的线性关系。

线性关系检验的基本步骤如下：

1. 提出假设

H_0：$b = 0$(x 与 y 两个变量之间的线性关系不显著)

H_1：$b \neq 0$(x 与 y 两个变量之间的线性关系显著)

2. 计算检验统计量F

$$F = \frac{SSR/1}{SSE/(n-2)} = \frac{MSR}{MSE} = \frac{6398.99}{108.0808} = 59.21$$

3. 做出判断

已知显著性水平 $\alpha = 5\%$。计算检验统计量 F = 59.21 对应的P值。分子自由度 $df_1 = 1$，分母自由度 $df_2 = n-2 = 9-2 = 7$，利用Excel中的F. DIST函数，先求F分布左尾概率，再乘以2即得双尾检验的P值 = 0.00023354。如果备择假设H_1：$b > 0$，则为右尾检验，右尾检验的P值 = 0.00011677。

因为 $P < \alpha$，拒绝原假设H_0，支持备择假设H_1，表明 x 与 y 两个变量之间的线性关系显著。

(四)Excel在回归分析中的应用

利用Excel“数据分析”工具中的“回归”，可以省略上面的一些繁琐计算，只要能读懂输出结果就行。具体步骤如下：

(1) 在Excel界面，选择【数据】→【数据分析】。在数据分析中选择【回归】，再单击【确定】。

(2) 在【Y值输入区域】方框内输入因变量的数据区域；在【X值输入区域】方框内输入自变量的数据区域；在【置信度】选项中输入所需的置信水平(默认值为95%)；在【输出选项】中选择结果的输出区域；在【残差】分析选项中输入所需的选项(可暂不选)；单击【确定】。

由 Excel 输出的回归结果截图如下(图 6-12)。

回归方程的主要统计量						
回归统计						
Multiple R	0.9456579					
R Square	0.8942688					
Adjusted R Square	0.8791644					
估计标准误差	10.39619					
观测值	9					
回归方程的方差分析表						
	df	SS	MS	F	Significance F	
回归分析	1	6398.99	6398.99	59.20564	0.00011677	
残差	7	756.5653	108.0808			
总计	8	7155.556				
回归方程的参数估计和检验						
	Coefficients	标准误差	t Stat	P-value	Lower 95%	Upper 95%
Intercept	34.333103	8.944059	3.838649	0.006386	13.1837639	55.48244
X Variable 1	4.4609537	0.579757	7.69452	0.000117	3.09004566	5.831862

图 6-12　销售经历时间与销售额的回归分析 Excel 输出表

图 6-12 中从上至下包含了三张表。第一张表是回归方程的主要统计量，给出了回归分析中的相关系数 R = 0.9456579、判定系数 R^2 = 0.8942688、估计标准误差 S_{yx} = 10.39619 等。

其中，Adjusted R Square 为调整后的判定系数R^2，它仅对多元回归才有意义，用于衡量加入独立变量后回归模型的拟合程度。当有新的独立变量加入后，即使这一变量与因变量之间不相关，未经修正的R^2也会增大，修正的R^2仅用于比较含有同一个因变量的各种模型。

观察值 $n=9$，n 是指用于估计回归方程的样本容量，具体指数据的观察值个数。案例三的回归分析分别使用了销售经历的年数共 9 个数据，与之对应的销售额也是 9 个数据。

第二张表是回归方程的方差分析表。包括回归离差平方和(SSR=6398.99)、残差离差平方和(SSE=756.5653)、总离差平方和(SST=7155.556)及相应的自由度(df)、回归均方(MSR = 6398.99)、残差均方(MSE = 108.0808)、线性关系的检验统计量(F = 59.20564)、F 检验的实际显著性水平(Sig. =0.000117)。方差分析表主要用于对回归方程的线性关系进行显著性检验，以判断回归方程的回归效果。

第三张表是与回归方程的参数估计和检验有关的内容。包括回归方程的常数项(a= 34.333103)、回归系数(b=4.4609537)、回归系数检验的统计量(t=7.69452)、F 检验的显著性水平(P=0.000117)、回归常数和回归系数 95%的置信区间的上下限等。

可见，利用 Excel 中的“回归”工具，可以直接输出回归分析的有关计算结果，省略了大量的计算过程。当然，对计算结果的正确应用和解读，则有赖于对回归分析原理和各个指标计算原理的真正理解，否则，看 Excel 的输出结果就会一头雾水。

案例四 中国城镇居民住宅需求的相关与回归分析

【案例正文】

随着中国住房制度改革的不断深入，居民住宅市场已经初步形成。居民住宅市场化过程中存在着诸多的不合理因素，突出的表现就是，一方面广大居民住房拥挤不堪，而另一方面又存在着大量商品住宅空置现象。据有关资料分析，空置商品房中商品住宅所占比重居高不下，有的城市商品住宅的空房率甚至超过60%，面对这种现状，认真分析城镇居民住宅需求的影响因素及其对城镇居民住宅需求的影响特点，应是一件很有意义的工作。

一、影响住宅需求的主要因素与分析指标的选择

对住宅需求的影响因素主要有产品的价格、居民的收入、市场的供给状况以及人们的偏好程度等。我们选择住宅价格(P)，居民人均收入(I)、人口(P_0)三个指标作为住宅需求的主要因素。有关指标的原始资料分别来源于：

1. 各地住宅交易量、交易额

各地住宅交易量、交易额的数据来源于《中国统计年鉴—2002》中第235页表6-45“商品房销售情况”，根据表中住宅交易量、交易额的数据，用公式 $P_j = S_j/Q_j$ 计算各地区的住宅价格。

2. 城镇居民人均收入(I)

城镇居民人均收入(I)的数据来源于《中国统计年鉴—2002》第331页表10-15“各地区城镇居民平均每人全年家庭收入来源（2001年）”中的“可支配收入”。

3. 城镇居民人口(P_0)

数据来源于《中国人口统计年鉴—2002》第230页表4-6“各地区市非农业人口、农业人口数”。

4. 人均住宅需求量

在选定了上述指标和数据之后，我们按公式 $Q_j = 10000 \cdot Q_j / p_{0j}$ 来计算各地区的人均住宅需求量，Q_j 的单位是 m^2/万人。人均住宅需求量是我们分析的主要指标，选择人均住宅需求量的目的在于：在建立分析模型之前就把人口因素进行处理，以减少分析过程的复杂性，增强分析结果的可比性。

二、需求量与收入、价格之间关系的回归分析

……

（案例来源：节选自范佩红、左相国：《中国城镇居民住宅需求的影响因素》，《统计与决策》2004年第6期，第76~77页。）

【案例分析】

一元线性相关与回归分析只研究两个变量之间的相关与回归，其中因变量只受一个自变量的影响。然而，在客观现象的发展变化过程中，某一现象的变化往往受多种因素的影

响，与某一因变量 y 有关的自变量 x 往往有多个。研究一个因变量与多个自变量之间的数量相关关系，就是多元相关与回归分析。如果因变量 y 与各个自变量 x 之间呈线性关系，则称多元线性相关与回归。在多元线性相关与回归中，二元线性相关与回归最简单，自然，二元线性相关与回归是指一个因变量 y 与两个自变量 x_1 和 x_2 之间的线性相关与回归。二元线性回归方程的公式为：

$$\hat{y} = b_0 + b_1 x_1 + b_2 x_2 \tag{6.13}$$

其中，$\hat{y}$ 为因变量 y 的回归估计值或预测值，b_0 为回归常数，b_1，b_2 分别为反映 y 与 x_1、x_2 之间数量关系的回归系数。

案例四就是一个二元线性相关与回归的应用实例。

在相关与回归分析中，先作相关分析，在变量之间的相关程度较高时，再作回归分析，建立回归方程并进行回归预测。

案例四对城镇居民的人均住宅需求量(Q)与住宅价格(P)、人均收入(I)之间的关系进行了回归分析。采用的资料来源于《中国统计年鉴—2002》中 2001 年全国 30 个省、市、自治区和直辖市的相关数据。在多元回归分析前，案例首先对 I、P 与 Q 之间的关系分别进行了相关分析，计算了 P 与 Q 及 I 与 Q 的相关系数，结果表明，P 与 Q、I 与 Q 之间都存在显著的线性相关关系。接着，以 Q 为因变量，P、I 为自变量建立了二元线性回归方程：

$$Q = b_0 + b_1 I + b_2 P$$

之后利用基本数据表中的数据和线性代数的相关知识，采用最小平方法，求得 $b_0 = -5877.68$，$b_1 = 2.775$，$b_2 = -2.869$，从而得到 Q 关于 I 和 P 的多元线性回归方程：

$$Q = -5876.2 + 2.775I - 2.867P$$

该回归方程表明，在销售价格不变时，人均收入每增加 1 元，每万人住宅需求量平均增加 2.775m^2，或者说，人均收入每增加 1000 元，每万人住宅需求量平均增加 2775m^2。回归方程同时也表明，在人均收入不变的条件下，每平方米住宅价格每上涨 1 千元，每万人住宅需求量将平均减少 2867m^2。

多元回归方程中每个自变量的系数，如 b_1、b_2，应理解为在其他自变量保持不变时的偏回归系数。其他自变量真正保持不变是不可能的，这里应理解为在统计意义上保持不变，也就是通过统计方法可以消除其他自变量的影响。在二元回归方程中，b_0、b_1、b_2 的计算有一定难度，不仅需要掌握线性代数相关知识，而且计算量也大，对于缺乏数学基础的人来说，这样的计算的确让人望而生畏。所幸的是借助计算机和相关软件，我们可以轻松地解决计算问题。

案例四对回归方程的显著性进行了 F 检验。明确 F 检验的基本思路，将有助于我们对案例的理解。

在多元线性回归分析中，总离差平方和的分解式依然成立，即回归方程的总离差平方和等于回归平方和加上残差平方和。总体的线性关系是否显著，其实质是判断回归平方和与残差平方和的比值大小，这个比值越大，残差也就相对越小，回归方程的拟合效果就越好。

由于回归平方和与残差平方和的大小受样本容量(n)和回归方程涉及变量的数目(m)

不同的影响，因此二者不能直接比较，需要在方差分析的基础上进行 F 检验。

首先，假设总体回归方程不显著，即总体回归系数等于 0：

$$H_0: B_1 = B_2 = \cdots = B_K = 0$$

然后，进行方差分析。回归平方和的取值受回归方程中所含变量个数(m)的影响，同时又服从 H_0的约束条件，因此其自由度为 $m-1$；残差平方和取决于样本观察值的数目 n，同时又服从 m 个正规方程式的约束，故其自由度为 $n-m$。回归平方和与残差平方和分别除以各自的自由度，即得到相应的样本方差。多元线性回归方程的方差分析如表 6-11 所示。

表 6-11　多元线性回归方程方差分析表

	自由度	方差
回归平方和(SSR)	$m-1$	SSR/($m-1$)
残差平方和(SSE)	$n-m$	SSE/($n-m$)
总离差平方和(SST)	$n-1$	—

最后，根据方差分析的结果计算 F 统计量，由给定的自由度和显著性水平 α，求得临界值F_α。如果 $F>F_\alpha$，则拒绝H_0，回归方程显著；若 $F\leqslant F_\alpha$，则回归方程不显著。

$$F = \frac{\dfrac{SSR}{m-1}}{\dfrac{SSE}{n-m}}$$

本案例中 F 值的计算见表 6-12。

表 6-12　F 值的计算表

	自由度	方差	F 值
回归平方和 SSR = 417080049	$m-1=3-1=2$	SSR/2 = 209540024. 5	28. 57
残差平方和 SSE = 197098026	$n-m=30-3=27$	SSE/27 = 7301904	

由给定的 α 水平($\alpha=0.05$)和自由度(2，27)，由 Excel 中的 F. INV 函数，求得 $F_{0.05}(2,27)= 3.35$。因为 F. INV 函数的计算结果，表示的是 F 分布左尾的临界值，所以 probability 后面应填写 0. 95。

因为 $F=28.57>F_{0.05}(2,27)=3.35$，所以拒绝“总体回归方程不显著”的假设，得出“总体回归方程显著”的结论。那么，根据样本资料(2001 年的资料)建立的回归方程 $Q=-5876.2+2.775I-2.867P$ 可以作为总体回归方程的代表，能够用于回归预测了。

利用 Excel 也可以进行二元线性回归分析，具体操作步骤与一元线性回归相同。数据见表 6-13。

表 6-13 城镇居民住宅需求的影响因素回归分析基本数据表

序号 j	地区	收入 I（元/人）	价格 P（元/m^2）	人均住宅需求量 Q（m^2/万人）
1	北京	11578	4716	15452
2	天津	8959	2308	10372
3	河北	5985	1330	5487
4	山西	5391	1249	3418
5	内蒙古	5536	1023	5586
6	辽宁	5797	1999	5863
7	吉林	5340	1451	3687
8	黑龙江	5426	1631	3872
9	上海	12883	3658	17708
10	江苏	7375	1665	9536
11	浙江	10465	1821	19506
12	安徽	5669	994	7638
13	福建	8313	1788	17606
14	江西	5506	864	7092
15	山东	7101	1361	6676
16	河南	5267	1173	3975
17	湖北	5856	1311	5227
18	湖南	6781	1123	4929
19	广东	10415	3102	10801
20	广西	6666	1628	5918
21	海南	5839	1904	3750
22	重庆	6721	1133	13233
23	四川	6360	1171	13590
24	贵州	5452	1026	10179
25	云南	6798	1848	8427
26	陕西	5484	1398	7058
27	甘肃	5383	1190	3927
28	青海	5854	1123	4241
29	宁夏	5544	1309	9268
30	新疆	6395	1409	9169

由 Excel 输出的回归结果见截图(图 6-13)。

SUMMARY OUTPUT								
回归统计								
Multiple R	0.8240813							
R Square	0.6791099							
Adjusted R Square	0.6553403							
标准误差	2702.2036							
观测值	30							
方差分析								
	df	SS	MS	F	Significance F			
回归分析	2	4.17E+08	2.09E+08	28.57048	2.1668E-07			
残差	27	1.97E+08	7301904					
总计	29	6.14E+08						
	Coefficients	标准误差	t Stat	P-value	Lower 95%	Upper 95%	下限 95.0%	上限 95.0%
Intercept	-5876.2	1970.445	-2.98217	0.006002	-9919.2194	-1833.18	-9919.22	-1833.18
X Variable 1	2.7747846	0.467684	5.933038	2.52E-06	1.8151771	3.734392	1.815177	3.734392
X Variable 2	-2.867145	1.129037	-2.53946	0.017172	-5.1837387	-0.55055	-5.18374	-0.55055

图 6-13　城镇居民住宅需求的影响因素回归分析的 Excel 输出表

案例五　能源利用效率影响因素的计量分析

【案例正文】

一、影响能源利用效率的因素与计量经济模型

(一)影响能源利用效率的因素

能源是人类生活、生产的必要因素，是经济发展的基础和动力，对国民经济的持续、快速发展和人民生活水平的不断提高起着举足轻重的作用。

影响能源利用效率的因素主要包括产业结构、科技投入和对外能源依赖度。

产业结构对能源利用效率有重要的影响。随着工业化程度的提升，传统农业比重逐渐减小，总体经济的附加价值增加，能源要素的利用效率随之增加。这是因为，在生产效率较高的工业部门，投入的资源能够以更高的效率进行转化，相应的产出投入比就更大。

科技投入对能源利用效率的提高有积极影响。技术进步不仅可以直接提高能源技术效率，而且可以提高整体国民经济的效率水平及附加价值，间接增加能源要素的边际产出。

对外能源依赖度也对能源利用效率产生影响。历史上，几次世界范围的能源短缺对世界经济的发展都起到了深远的影响。发达国家在经过几次石油危机之后，大力进行产业结构调整与广泛运用节能技术，以资本和技术替代能源要素，使经济增长对能源要素投入的依赖性大大降低，同时也使得在有限的能源要素投入总量下，通过更高

的能源利用效率，来获得高产出。对外能源依赖度高的国家，会更需要提高能源要素的边际产出，减少可能的供给冲击给自身带来的负面影响。

（二）能源利用效率计量经济模型

1. 能源利用效率及其影响因素的变量表示

综上所述，能源利用效率及其主要影响因素可以用以下四个变量分别表示：

（1）能源利用效率（y）：用单位能源消费产出的 GDP 来表示；

（2）产业结构（x_1）：产业结构的影响相对复杂，为了简明清晰和便于收集资料，可以用非工业化程度，即农业增加值占 GDP 比重来代表；

（3）科技投入（x_2）：用科技人员人均研发资金与人均 GDP 的比值表示；

（4）对外能源依赖度（x_3）：以能源净进口量占商用能源消费量的比重表示。

2. 能源利用效率的计量经济模型

由以上分析，能源利用效率计量经济模型如下：

$$y=\alpha+\beta_1x_1+\beta_2x_2+\beta_3x_3+\mu$$

式中：y，x_1，x_2，x_3如前定义；

β_1，β_2，β_3为三个自变量x_1，x_2，x_3的回归系数，分别表示当其他自变量不发生变化时，该自变量每变化一个单位，能源利用效率平均发生的变化量；

μ 为随机误差项，表示除自变量x_1，x_2，x_3以外的其他对能源利用效率有影响的因素，包括政策、地理、气候等环境因素。

……

（案例来源：节选自穆岩、周晓乐：《能源利用效率影响因素的计量分析》，《统计与决策》2004 年第 9 期，第 67~68 页。）

【案例分析】

很显然，案例五对能源利用效率影响因素的计量分析，采用的是多元相关与回归分析的方法。对于这个案例，我们的关注点放在这三个问题上：相关与回归分析中定性分析的重要性、怎样理解多重共线性、通过虚拟变量（Dummy 变量）如何建立回归方程

1. 相关与回归分析中定性分析的重要性

相关与回归分析中定性分析的重要性，主要表现在两个方面。第一，定性分析是相关与回归分析的前提。相关分析用相关系数来描述两个变量之间线性相关的方向和相关程度，但并不能阐明两个变量之间存在本质的联系，因为有时根本没有关系的变量之间也可以计算出“相关程度很高”的相关系数，而且即使相关也并不一定是因果关系，也不能单纯依靠相关系数或回归系数的显著性“证明”因果关系的存在。要真正证实两变量之间的因果关系，必须凭借实践经验或专业知识，并从理论上加以阐明。当然在变量间的因果关系被认识之前，相关分析可以为理论研究提供线索。案例五在进行定量分析之前，首先对变量之间的内在联系从理论上进行了定性分析，阐明“产业结构对能源利用效率有重要的影响”“科技投入对能源利用效率的提高有积极影响”和“对外能源依赖度也对能源利用效率产生影响”。通过定性分析肯定了能源利用效率（y）与产业结构（ x_1 ）、科技投入（ x_2 ）

和对外能源依存度(x_3)等三者之间的因果关系，为建立能源利用效率的计量经济模型提供了理论支撑。

第二，定性分析也是相关与回归分析的落脚点。相关与回归分析要有实际意义，一方面，不要把毫无关联的现象硬扯在一起进行相关与回归分析；另一方面，作为相关与回归分析的结果，应该对实际工作和生活具有指导意义或参考价值。正如案例五在结束语中所说："由于受到自然资源禀赋的限制，我国的能源结构将长期以煤炭为主，这对我国未来的能源利用效率将是一个限制因素。但只要进一步调整产业结构，加快城市化和新型工业化步伐，增加科技投入，发展高新科技产业，提高科学管理水平，我国就会实现能源要素的集约投入和高效率产出。"这表明，案例五对能源利用效率影响因素进行相关回归分析的目的，旨在指明提高我国能源利用效率的基本途径。

小时候书本上经常讲我国地大物博，人口众多，人口众多是事实，物博却不是我们期望的那样。2021 年 10 月 21 日第十三届全国人大常委会第 31 次会议审议了国务院关于 2020 年度国有自然资源资产管理情况的报告，专项报告介绍了国有自然资源资产调研的基本情况。此次调研发现，国家资源和环境约束趋紧的压力还没有得到根本缓解，在落实生态文明建设理念、产业结构调整、科技投入、管理体制完善、法治水平提升等方面还存在不少问题。中国经济的可持续发展，还是要走低碳经济、绿水青山、技术创新之路。案例五的作者在十多年前的研究和建议至今仍然具有重要现实意义。

2. 怎样理解多重共线性

多元回归分析中有一个不可忽视的重要问题，那就是多个自变量之间可能具有线性相关关系。如果有任何两个自变量完全相关(其相关系数为 1 或-1)，或者多个自变量之间存在共线性(即其中之一为其他的线性组合，比如 $x_3 = k_1 x_1 + k_2 x_2$, k_1 、k_2 分别为自变量 x_1 、x_2 的系数)，那么多元回归方程中的各个回归系数将具有很大的不可靠性。林少宫、李楚霖在《简明经济统计与计量经济》一书中，举了一个很好的例子：某一商品的出口量与它的价格有关，如果在回归模型中同时用国内价格和国外价格做自变量，就会出现完全线性相关的危险；消费与收入有关，如果除了用劳动收入和财产收入作为自变量之外，还用总收入作为自变量，则由于"总收入 = 劳动收入+ 财产收入"，又会出现完全共线性。

当然，自变量之间完全线性相关这种极端的情况，所见不多，常见的是不完全的线性相关，即自变量之间存在显著相关或高度相关，但不是完全相关。尤其是对经济现象的研究，由于经济数据不是实验数据，事实上各个自变量都同时在变化。如果它们之间的变化具有高度或显著的线性相关，就存在高度或显著的共线性，这样会导致较大的回归预测误差。在明确了多重共线性可能导致的后果，并且又不能很好地解决多重共线性问题之后，我们会自觉地对其回归模型分析的计算结果持谨慎和保留的态度。

揭示多元回归方程中是否存在多重共线性，方法之一就是对回归分析中涉及的自变量计算相关系数矩阵，如果发现其中有较高程度的两两相关，就说明有比较严重的多重共线性问题。如何解决多重共线性问题，要看多重共线性的严重程度。比较有效的方法就是，将一个或多个相关的自变量从回归模型中剔除，让保留下来的自变量尽可能不相关；或者先将具有较高相关关系的几个自变量综合成一个自变量，再加入回归模型，利用相关系数检验，解决多重共线性问题。当然，如果在建立回归模型之前，尽可能选择两两之间不相关的自变量，就可以事先避免多重共线性问题。

在案例五中，三个自变量两两之间的相关系数，其绝对值都小于0.3，表明各自变量之间为微弱相关，近乎不相关，而且三个自变量彼此之间线性相关关系的检验不具有统计显著性，所以不存在多重共线性问题。

3. 通过虚拟变量(Dummy变量)如何建立回归方程

案例五中提及了虚拟变量。在回归分析中一些因变量不仅受定量变量的影响，而且还受定性变量的影响。比如说，商品销售量不仅受价格、广告费用等定量变量的影响，还受商品质量、销售季节、销售地区等定性变量的制约；居民生活消费水平不仅受其收入水平的影响，还受其消费观念的影响等。统计计算中，将定性变量的取值由文字转化为数字的办法就是将具有某属性的取值和不具有某属性的取值分别表示为1或0。定性变量因其取值的虚拟性而称之为虚拟变量(Dummy变量)。

虚拟变量如何建立回归方程？我们借用林少宫、李楚霖所著《简明经济统计与计量经济》一书中的举例来说明。该例中的回归分析是考察受教育年数(x)和种族(D)对工资收入(y)的影响，数据资料见表6-14。

表6-14 教育年数和种族对工资收入的影响

序号	工资收入(千美元，y)	受教育年数(年，x)	种族(D)
1	1.920	2	1(黑人)
2	12.403	9	0(白人)
3	5.926	17	0
4	7.000	9	0
5	6.990	12	0
6	6.500	13	0
7	26.000	17	0
8	15.000	16	0
9	5.699	9	1
10	8.820	16	0

表中，当种族为白人时，取值0；当种族为黑人时，取值1。利用表6-14中的数据，求得工资收入y对教育年数x和种族D的最小平方法的回归方程为：

$$\hat{y} = -0.778 + 0.762x - 1.926D$$

上式中$\beta_1 = 0.762$，表示不论白人还是黑人，多受一年教育多得工资762美元。但是种族的差别，使在同等教育下，黑人比白人一年少收入1926美元(可以解释为一种种族歧视)。

白人工资收入的回归方程为：

$$\hat{y} = -0.778 + 0.762x$$

黑人工资收入的回归方程为：

$$\hat{y} = -0.778 + 0.762x - 1.926$$

该例的多元可决系数 $R^2=0.293$，表明工资收入的变化中有 29.3%可以由回归方程来解释，换句话说，教育年数和种族这两个变量的变化只能解释说明工资收入变化的 29.3%。

这个例子可以帮助我们很好地理解案例五中的虚拟变量。虚拟变量 D_1 表示是否为经济合作与发展组织(OECD)成员国，虚拟变量 D_2 表示是否为前计划经济国家。在 44 个国家的数据表中，如果“是”，D 取值 1；如果“否”，D 取值 0。在添加虚拟变量 D_1 时，其回归系数 $\beta_4=0.111$，表示在其他条件相同时，OECD 成员国比非 OECD 成员国的能源利用效率高 0.111 个单位。在同时添加两个虚拟变量时，虚拟变量 D_1 的回归系数 $\beta_4=0.097$，虚拟变量 D_2 的回归系数 $\beta_5=-0.303$，这表明是否为 OECD 成员国，其能源利用效率之间只差 0.097 个单位；是否为前计划经济国家，能源利用效率相差 0.303 个单位。由于 β_4 没有通过显著性水平 $\alpha=0.05$ 和 $\alpha=0.01$ 的检验，所以“是否属于 OECD 成员国对能源利用效率的影响不显著”。

第三节　本 章 小 结

相关分析与回归分析是统计分析方法中的一个重要组成部分，其内容十分丰富，实际应用也很广泛。本章首先阐述相关分析与回归分析中的几个基本理论要点，包括相关关系与相关系数、相关系数的计算与检验、相关分析与回归分析、多元相关与多元回归、多重共线性、虚拟变量等。然后选择了五个案例，对相关与回归的基本理论和方法进行具体分析。通过案例分析，得出如下结论：

(1)相关分析就是研究现象之间的相关关系，揭示其相关关系的类型，比如现象之间是正相关还是负相关，是一元相关还是多元相关，是直线相关还是曲线相关，是什么程度的相关等。相关表、相关图、相关系数是进行相关分析的重要工具，尤其是计算相关系数，能使我们准确地把握两个变量之间直线相关的方向和程度。相关系数的计算结果为正数，则为正相关；为负数，则为负相关。相关系数的绝对值越接近 1，相关程度越高；越接近 0，相关程度越低。

(2)相关系数的计算公式很多，常用公式有：

$$r=\frac{\sigma_{xy}^2}{\sigma_x\sigma_y} \quad \text{（基本计算公式）}$$

$$=\frac{n\sum xy-\sum x\sum y}{\sqrt{n\sum x^2-(\sum x)^2}\sqrt{n\sum y^2-(\sum y)^2}} \quad \text{（简捷计算式）}$$

了解相关系数的计算原理和公式构造可以帮助我们很好地理解相关系数的含义和作用。现在主要是借助统计软件进行计算，无须用公式手动计算。

用样本资料计算的相关系数要经过显著性检验，通过了显著性检验的样本相关系数才可以代表总体相关系数，并用于相关与回归分析。

(3)回归分析以相关分析为基础前提，只有变量之间具有真实的显著的相关关系，进行回归分析才有意义。因此在具体问题的分析中，常常将相关分析和回归分析这两种方法结合起来，先进行相关分析再做回归分析。

回归系数与相关系数关系密切。二者的正负号都是由两变量的离差乘积之和的符号决定的，因此，同一资料计算的回归系数与相关系数符号相同，回归系数的正负号同样说明相关方向的正负。但是，回归系数有计量单位(因变量单位/自变量单位)，而相关系数没有计量单位，它是一个抽象化的数值。相关系数的取值范围在-1～+1之间，而回归系数没有取值限制。

回归系数也需要进行显著性检验，通过了显著性检验的样本回归系数，才能代表总体回归系数并用于回归分析与预测。

回归方程的优劣，通过计算估计标准误差和可决系数(判定系数)来判断，估计标准误差越小，可决系数越大，则回归方程的拟合效果越好；估计标准误差越大，可决系数越小，则回归方程的拟合效果越差。利用估计标准误差和回归方程的点估计值，可以预测因变量在一定置信概率下的变动范围。

(4)多元相关与回归的基本原理与一元相关与回归相同，关键在于对各个偏相关系数的理解。每个偏相关系数表示在其他自变量保持不变时，该自变量每变动一个单位，因变量的平均变动量。多元回归方程的显著性检验是建立在方差分析基础上的F检验。

(5)在多元回归分析中，对多元共线性的考察至关重要。一般通过计算相关系数矩阵检查是否存在多重共线性，这决定了我们是否应该对回归分析的计算结果持谨慎和保留态度。

(6)虚拟变量的引入，丰富了相关与回归分析方法的应用，使我们对现象的定量分析更全面，把握更准确。

本章的主要目的是通过一元线性相关与回归和二元线性相关与回归，阐述相关与回归分析法的基本原理。相关与回归分析的内容远不只这些。还需要特别强调的是，虽然借助统计软件，完成有关统计指标的计算并不困难，但是只有掌握有关的统计知识和基本原理，实际运用这些统计方法才能得心应手、了然于心。

【拓展阅读】

一、张爱武、孙慧慧：《上市公司年报数据的相关与回归分析》，引自《统计案例分析》，电子工业出版社2017年版，第43～48页。

二、杨潇：《投资者情绪与市场成交量关系的实证分析》，《统计与决策》2016年第24期，第163～166页。

思考与讨论

1. 判断现象之间的相关关系主要有哪些方法?
2. 如何利用相关系数降低投资风险?
3. 为什么要进行相关系数、回归系数的显著性检验?
4. 计算判定系数和估计标准误差有什么作用?

5. 怎样识别回归分析中的多重共线性?

6. 在回归分析中，为什么称定性变量为虚拟变量?

参考文献

1. 王晓林. 统计学[M]. 经济科学出版社，2001.

2. [英]迈克尔·C. 弗莱明，约瑟夫·G. 纳理斯. 商务统计精要[M]. 中信出版社，2003.

3. 林少宫，李楚霖. 简明经济统计与计量经济[M]. 上海人民出版社，1993.

4. 舒波，陈红梅，等. 统计学——原理、应用与商务统计[M]. 清华大学出版社，2019.

第七章　时间数列分析与预测

第一节　理论要点

时间数列，就是将研究现象的某个变量在不同时间上的变量值，按时间先后顺序排列而成的数列。时间数列又称动态数列，一个完整的时间数列包含两个要素：一是时间，二是同一变量在不同时间上的变量值。依据变量值的表现形式不同，时间数列又分为三大类：绝对数时间数列、相对数时间数列和平均数时间数列。

时间数列是我们据以进行动态分析与预测的基本依据。时间数列分析是一种应用广泛的数据分析方法，它主要用于描述和探索现象随时间发展变化的数量规律。时间数列分析的目的在于揭示现象发展变化的特点、模式，有助于我们对现象作更深入的解读，并可以预测现象的未来发展水平。

利用时间数列计算的动态分析指标较多，用于水平分析的指标有发展水平、平均发展水平、增长量和平均增长量；用于速度分析的指标有发展速度、增长速度、平均发展速度和平均增长速度。增长速度又称为增长率，它是经济分析中最为常用的动态指标，其计算和分析方法尤为重要。

利用时间数列还能对现象发展的影响因素进行分解分析。影响现象发展变化的主要因素可以归纳为长期趋势、季节变动、循环变动和不规则变动。乘法模型是因素分析的常用模型。

根据时间数列的变动规律，可以进行相应的外推预测。时间数列预测的主要方法有序时平均数预测、移动平均数预测、平均增长量预测、平均发展速度预测等方法。

第二节　案例正文与案例分析

案例一　不一样的增长率

【案例正文】

[案例 A] 中国经济的新一轮高速增长

2005 年，中国宏观经济继续保持 2003 年以来的良好发展势头，呈现高增长、低通胀的特点。从经济增长 9.3% 左右、通货膨胀率控制在约 2%、城镇登记失业率控制在4.2%以内、城乡居民收入都有较大幅度增长等宏观指标来看，当前的经济社会发展状况仍为近十几年来最好的时期。

（一）经济连续三年保持高速增长

自2003年开始启动的第三次经济高速增长周期，到2005年已经持续了3年。中国GDP的年增长速度，2003年为9.1%，2004年为9.4%，2005年为8.9%。这一轮高速增长周期的特点，是中央较早地和比较及时地进行宏观调控，而且宏观调控方式也更加灵活，更加注重发挥市场对资源配置的基础力量，有保有压有促，所以这次高速增长周期持续的时间可能会比过去长。中央的宏观调控政策，对一些地方的经济增长速度和财政收入的增长速度产生了一定影响，但各地从全局出发积极配合，加快促进经济增长方式的转变，保证了整体经济的健康、稳定和可持续发展。

（二）人民生活水平稳步提高，人均储蓄超过1万元

居民收入仍保持较快的增长速度。2005年1~9月，扣除价格增长因素，城镇居民人均可支配收入7902元，同比实际增长9.8%；农民人均现金收入2450元，同比实际增长11.5%；社会消费品零售总额45081亿元，同比实际增长12.1%。城镇居民人均可支配收入和农民人均现金收入的增长均超过了GDP的增长速度。宏观物价继续呈低通胀态势。2005年1~9月，居民消费价格同比上涨2.0%，商品零售价格同比上涨0.8%。从构成看，前三季度，食品价格上涨3.3%，同比回落了7.6个百分点，其中粮食价格上涨1.9%，回落26.5个百分点；居住价格上涨5.6%，同比提高1.2个百分点；娱乐教育文化服务用品及服务价格上涨2.6%；其他类商品价格大多稳定或略有下降。食品价格上涨，特别是粮食价格上涨过快的情况有所改变，这使城镇低收入家庭因食品价格过快上涨而增加的生活成本压力有所减弱。

2005年城镇每百户家庭拥有彩电134部、电冰箱91台、空调器80台、家用汽车3.3辆、家用电脑40台、移动电话134部；农村每百户家庭拥有彩电80台、电冰箱20台、洗衣机40台、移动电话50部、摩托车40辆。

到2005年底，城乡居民储蓄余额将突破14万亿元，增长19%左右，人均储蓄超过1万元。与此同时，2005年政府继续加大对城镇困难家庭的扶持力度，最低生活保障金支出增至160多亿元，全国享受最低生活保障金人员增至2300多万人。

（三）关键阶段注重扩大内需

中国的经济增长靠投资和外贸拉动的特点非常明显，投资增长率几倍于GDP增长率，GDP的外贸依存度已超过70%，而居民消费额占GDP的比率下降到近20多年来的最低点，1979—2004年（26年）按可比价格计算，居民消费额年均递增7.0%，而同期GDP年均递增9.4%。消费率（居民消费额占GDP的比例）由1978—1990年（13年）年均50.8%，降为1991—2004年（14年）年均46.2%。在此期间消费率最高的年份是1981年，为53.6%，最低的年份是2004年，为43.1%。这种不均衡的经济格局，会造成诸多经济的不稳定因素，因此要特别注重处理好生产和消费之间的关系。

（四）经济高速增长周期将超越三年

改革开放以来，中国经济出现过三次高速增长周期。第一个高速增长周期是

1983—1985年，第二个高速增长周期是1992—1994年。但特点是高速增长都没有超过三年，到第四年就会产生较大的波动，经济要下滑两个以上百分点。从2003年开始，中国进入改革开放以来的第三次高速增长周期，到2005年已经是第三年了。关于2006年的经济增长状况，学界争议较大，因为与过去情况不同的是，影响宏观经济的正面因素和反面因素同时存在。但是，考虑到这次宏观调控措施的弹性减弱了经济波动，通胀压力较小、民间投资比重增加、第三次消费浪潮到来、外贸增长依然强劲等，预计2006年经济会打破过去高速增长周期不超越三年的情况，会延续高速增长的势头，GDP增长仍可能高达9%左右。

（案例来源：李培林：《中国站在新的历史起点上：2005—2006年中国社会形势分析与预测总报告》，节选自《2006年：中国社会形势分析与预测》，社会科学文献出版社2005年版。）

[案例B] 2020年全球财富增长差距明显

2020年新冠肺炎疫情冲击，全球货币超发，推动了股市和房市的资产价格暴涨，掀起一场造富运动，同时加剧了区域间和区域内部的贫富差距。2020年全球GDP负增长，但全球财富总额增长7.4%。区域间两极分化，2020年北美洲和欧洲的社会总财富分别增长10.0%和9.8%；亚太地区(不含中国)和中国的社会财富总额分别增长6.7%和6.0%；非洲财富总额仅增长0.7%；印度和拉丁美洲负增长。根据瑞士信贷部门发布的《全球财富报告2021》，2020年全球12.2%的成人人口拥有84.9%的财富，财富差距极其悬殊。2020年，联合国称，世界不平等状况“正在加剧并处于历史最坏水平”。

（案例来源：节选自任泽平：《中国收入分配报告2021：现状与国际比较》，泽平宏观微信公众号，2021年9月17日。）

【案例分析】

在分析社会经济现象的发展变化时，常常用到增长率。增长率是表明现象增长程度的相对指标，按对比的基数不同，有环比增长率与定基增长率之分；按反映的时间长度不同，有年增长率、月(或季)增长率之别；按是否受价格因素影响，又有名义增长率与实际增长率的不同。除此之外，还有同比增长率、年均增长率等。不一样的增长率计算方法有差别，不同的增长率满足不同分析目的的需要。上述案例采用了一系列的增长率，案例A阐明了我国2005年社会发展基本状况和2006年的经济发展趋势，案例B概述了2020年受新冠肺炎疫情影响全球区域财富增长的差距。

(一)环比增长率、定基增长率、平均增长率

增长率在统计中又称增长速度，它是增长量与基期水平之比，又可以通过发展速度计算，即增长速度=发展速度-1或增长率=发展率-1。由于发展速度分为环比发展速度(y_i/y_{i-1})和定基发展速度(y_i/y_o)，相应地，环比增长率=环比发展率-1=$y_i/y_{i-1}-1$，定基增长

率=定基发展率-1 = y_i/y_o-1。案例中所说的中国 GDP 的年增长速度，2003 年为 9.1%，2004 年为 9.4%，2005 年为 8.9%，都是当年与上一年比较的结果，属于环比增长率。我国政府每年定期对外公布的年度经济增长率都是环比增长率。如果希望了解多年的总增长，比如最近几年与 2000 年对比的增长结果，那么就要计算定基增长率。表 7-1 是我国 2001—2005 年 GDP 的环比增长率，我们可将之换算成以 2000 年为固定基期的定基增长率。

表 7-1　中国 2001—2005 年的经济增长率

年份	2001	2002	2003	2004	2005
(1)环比增长率(%)	7.5	8.3	9.1	9.4	8.9
(2)环比发展率(%)	107.5	108.3	109.1	109.4	108.9
(3)定基发展率(%)	107.5	116.4	127.0	138.9	151.3
(4)定基增长率(%)	7.5	16.4	27.0	38.9	51.3

表中的换算经过了三个步骤：

第一步，环比发展率=环比增长率+100%

第二步，定基发展率=相应的环比发展率的连乘积

比如：2002 年的 116.4%=107.5%×108.3%

2003 年的 127.0%=107.5%×108.3%×109.1%

2004 年的 138.9%=107.5%×108.3%×109.1%×109.4%

2005 年的 151.3%=107.5%×108.3%×109.1%×109.4%×108.9%

第三步，定基增长率=定基发展率-100%

计算结果显示，2001—2005 年我国经济在 2000 年的基础上，分别增长了 7.5%、16.4%、27.0%、38.9%和 51.3%。

从 2001 年到 2005 年，这 5 年经济总增长率为 51.3%，那么这 5 年平均每年增长率为多少呢？平均增长率实质上是各个环比增长率的平均数，具体计算常常先通过对各个环比发展率求几何平均数得到平均发展率，再减 1 求得。

我国经济近 5 年的平均增长率 $=(107.5\%\times108.3\%\times109.1\%\times109.4\%\times108.9\%)^{1/5}-1=(151.0\%)^{1/5}-1=108.6\%-1=8.6\%$，也就是说 21 世纪的开局 5 年，我国经济总的增长率为 51.3%，年均递增率为 8.6%。

(二)年度增长率、季度增长率、月度增长率

增长率既可以根据年度数据计算，也可以根据月份数据或季度数据计算。本年与上年对比计算的增长率，称为年增长率；本月与上月对比计算的增长率为月度增长率；本季度与上季度对比计算的增长率为季度增长率。

利用月份数据和季度数据，也可以计算年增长率。也就是说，有时需要将月增长率或

季增长率统一换算成年增长率，从而为各种增长率的比较提供方便。当增长率用年来表示，称为年度化增长率或年率。年度化增长率的计算公式为：

$$G_A = \sqrt[n]{\left(\frac{y_n}{y_0}\right)^m} - 1$$

公式中，G_A为年度化增长率；m 为 1 年中的时期个数；n 为从y_n到y_0所跨的时期数。如果是月增长率年度化，则 m =12(1 年有 12 个月)，如果是季增长率年度化，则 m = 4 (1 年有 4 个季度)，如果是周增长率年度化，则 m = 52(1 年有 52 个周)，以此类推。当 $m = n$ 时，即为年增长率。

例如，某公司 2005 年 1 月份的利润总额为 90 万元，2006 年 6 月份的利润总额为 120 万元，则$G_A = \sqrt[17]{\left(\frac{120}{90}\right)^{12}} - 1 = 22.5\%$

又如，该公司 2005 年第一季度的工资总额为 55 万元，2006 年第二季度的工资总额为 75 万元，则$G_A = \sqrt[5]{\left(\frac{75}{55}\right)^{4}} - 1 = 28.2\%$

计算结果表明：该公司利润和工资总额的增长率按年计算，分别为 22.5%和 28.2%，显然，工资总额的增长快于利润的增长。

(三)同比增长率

案例中，为说明我们居民收入水平仍保持较快的增长，用了几个同比增长率：2005 年 1~9 月，扣除价格增长因素，城镇居民人均可支配收入 7902 元，同比实际增长 9.8%；农民人均现金收入 2450 元，同比实际增长 11.5%；社会消费品零售总额 45081 亿元，同比实际增长 12.1%。统计实务中，计算和应用同比增长率是为了消除季节变动的影响。同比增长率等于现象的报告年某期水平与其上年同期水平之比减 1。这里“某期”可能是某日、某周、某月、某季度，也可能是某几天、某几周、某几月或某几季。案例中的三个同比增长率就是 2005 年 1~9 月与 2004 年 1~9 月比较的结果。由于用来对比的两期水平，其时间间隔是一年，故又称同比增长率为年距增长率。

2003 年由于受“非典”的影响，东湖某旅游景点“五一”黄金周门票收入只有 27 万元，而 2002 年“五一”黄金周的门票收入是 108 万元。其同比增长率 = 27/108 - 1 = 25% - 1 = -75%。也就是说，该旅游景点 2003 年“五一”黄金周的门票收入同比下降了 75%，出现了负增长。门票收入的大幅滑落，全是“非典”惹的祸。

(四)名义增长率、实际增长率

用价值量指标计算增长率，有名义增长率与实际增长率的区分。价值量等于实物量或服务量乘以价格。计算价值量的价格有两种选择，一是现价，即经济行为发生时产品或劳务的价格，又称实际成交价格；二是可比价格，即政府统计机构确定下来保持不变的产品或劳务的价格，该价格一般由政府统计机构规定以同类产品的年平均价格作为固定价格，在一定时期内，不论实际成交价格如何变动，可比价格都保持不变，因此又称可比价格为不变价格。如果用现价计算价值量，由此价值量计算的增长率为名义增长率；如果用可比价格计算价值量，则由此计算的增长率为实际增长率。名义增长率包括产品和服务的数量与价格两个因素的变动，而实际增长率不包含价格的变动。案例中说，1979—2004年26年按可比价格计算，居民消费额年均递增7.0%。这表明我国居民的实际生活水平年均增长7.0%，其中扣除了价格因素变动的影响。

(五)增长1%的绝对值

增长率是用一个抽象的数值反映现象增长的程度，一方面，其增长程度与基数大小有非常密切的关系，通常，基数大，现象难以高速增长；基数小，反而容易快速增长。另一方面，现象实际增长效果(用增长量表示)也取决于基数。基数大，较小的增长率，可能出现显著的增长效果；基数小，较大的增长率，可能只取得较小的增长效果。我们知道，2001年美国GDP超过了10万亿美元，2002年美国GDP增长3%，即实际增长量为10×3% = 0.3万亿美元。2001年我国GDP为1万亿美元，按8.3%的增长率计算，2002年我国GDP的实际增长量是1×8.3% = 0.083万亿美元。由于基数的巨大差别(10∶1)，虽然我国的经济增长率是美国的2.8倍(8.3%/3%=2.8)，而实际增长量却只有美国的28%(0.083/0.3=28%)。所以，在利用增长率分析问题时，不能单纯看增长率，还要看增长率背后隐藏的增长量，把二者结合起来，看问题才不会片面。

为了避免增长率应用中的不足，通常计算增长1%的绝对值，作为增长率的补充指标。增长1%的绝对值等于基数水平的1%，即将基数分为100个份额，每增长一个百分之一就增加一个份额，增长百分之几就增加几个份额。2002年美国GDP每增长1%，可以增加10×1% = 0.1万亿美元 = 1千亿美元，而中国每增长1%，增加1×1% = 0.01万亿美元 = 1百亿美元。美国的基数是我国的10倍，每增长1%的实际增长效果也是我国的10倍。

看具体增长效果一定要看基数。相同的增长率，如果基数不同就会产生不同的增长效果。比如我们关心的工资增长，年薪10万元的人和年薪1万元的人，工资水平都增长15%，则前者年薪可实际增加1.5万元(10×15%=1.5)，而后者只增加0.15万元(1×15%=0.15)。基数差别越大，相同的工资增长率导致的实际工资收入的马太效应越大。增长率是抽象的，增长量才是具体的，增长1%的绝对值也就相当于增长1%的增长量，它体现了抽象和具体的完美结合。

案例二　羽绒服海外销售的影响因素分析

【案例正文】

2019年，我国某品牌羽绒服在海外销售。据其销售部门负责人透露，事先他们对目标市场进行了调查，并依据对市场供求关系的分析，预计全年的销售量可以达到100万件。没想到销售旺季目标市场气温反常，出现了多年不见的暖冬，预期销售量被调整为80万件。2019年又恰逢目标市场经济复苏，经济的好转使居民收入水平提高，购买力增强。如果促销方法得当，该品牌羽绒服的销售量可望在80万件的基础上调高到88万件。2019年实际统计的销售量是85万件。原来当年目标市场的局部地区发生了战争，影响了当地居民的购买欲望，推迟了购买行为，所以导致该品牌羽绒服的实际销售量没有达到计划水平。该销售部门负责人感慨，计划赶不上变化，影响因素、难以预料的因素太多。

（案例来源：作者编创。）

【案例分析】

某种社会经济现象在一个较长的发展过程中，往往受到多种因素的影响，要通过时间数列将每一种因素的影响程度分别测定出来，那是难以做到的。一般的做法是：先将各个影响因素按性质不同加以归类，再分门别类地测定它们对现象发展变化的影响。在统计学中，将各种因素归纳为四大类，即长期趋势(T)、季节变动(S)、循环变动(C)和不规则变动(I)。现象的各期观察值是各类因素综合作用的结果。要把时间数列 Y 区分为四类因素，首先需要明确这四类因素与 Y 的数量关系。通常有两种假设，形成两种不同的因素分析模式。

其一，假设 T、S、C、I 四种因素的变动之间存在着某些相互影响的关系，则时间数列 Y 是各类因素的连乘积，从而形成乘法模型：$Y=T\times S\times C\times I$

根据该关系式，为了测定某种因素的影响，只需用时间数列中的 Y 值除以其他因素值即可。

其二，假设四个因素的变动是相互独立的，则 Y 是各个因素的代数和，从而形成加法模型：$Y=T+S+C+I$。

根据该关系式，为了测定某类因素的影响，只需用 Y 减去其他因素值即可。

实际应用中以乘法模型居多。

本案例中，某品牌羽绒服 2019 年的海外销售量，如果要进行因素分析，我们可以为之建立一个乘法模型。令 2019 年的实际销售量为 Y，其长期趋势值、季节变动值、循环变动值和不规则变动值分别用 T，S，C，I 表示，则有 $Y=T\times S\times C\times I$。

我们知道，长期趋势是指某种现象由于受某种基本因素的影响，其发展变化在一个较长的时间内表现出的持续增加而向上发展或持续减少而向下发展的总趋势，简称趋势。案例中，通过对目标市场的市场调查，根据对供求关系的分析，预计当年销售量为 100 万件，这个 100 万件应该是一个趋势值，因为市场供求关系是影响商品销售的根本因素，故令 $T=100$ 万件。

季节变动是指现象因受自然条件或社会因素的影响，在一年或更短的时间内，随着时间的变化而引起的周期性变动。显然，羽绒服作为冬季御寒的保暖用品，其销售毫无疑问会受自然季节的影响，冬季是其销售旺季，暖冬的出现给销售造成了不利影响，导致销售旺季不旺。如果把趋势和季节变动两个因素综合起来，就有 $T\times S=80$ 万件，于是 $S=80/T=80/100=0.8$，这就是季节变动值，又称季节比率或季节指数。

循环变动是现象围绕长期趋势的一种波浪式或振荡式的变动，这种涨落起伏相间的变动，是由于商业活动或经济环境的改变引起的。案例中说，目标市场经济复苏，居民收入增加，经济环境的改善，致使居民购买力提高，这应归于循环变动。趋势变动、季节变动，再加上循环变动，三个因素共同作用的结果是 $T\times S\times C=88$ 万件。那么 $C=88/(T\times S)=88/80=1.1$，也就是说循环变动值为 1.1。

第四个因素就是不规则变动了。不规则变动是由于突发事件、偶然因素或意外事故等引起的随机变动，比如洪涝灾害、火山喷发、突发疫情、恐怖事件、战争、立法变更、大规模的罢工等都会引起经济活动在短期内剧烈的波动。案例中的目标市场在 2019 年局部地区发生了战争，这就是一种不规则变动。综合四个因素的影响，总的结果是 $T\times S\times C\times I=85$ 万件，$I=85/(T\times S\times C)=85/88=0.97$，即不规则变动值为 0.97。

综上所述，该品牌羽绒服 2019 年的海外销售，受到四类因素的影响，2019 年的实际销售量 85 万件就是这四类因素共同作用的结果，其中每类因素的影响作用都可以通过因素分析的乘法模型加以测定。因素分析的乘法模型的分解过程归纳如下：

$T=100$(万件)；

$T\times S=80$(万件)，$S=0.8$；

$T\times S\times C=88$(万件)，$C=1.1$；

$Y=T\times S\times C\times I=85$(万件)，$I=0.97$。

以上只是对 2019 年销售量的分解分析，时间数列中其他年份的销售量受各类因素影响的情况，可以以此类推。

该案例向我们直观地展示了因素分析的具体情形。不过需要特别强调的是，时间数列的因素分析要利用时间数列中给出的全部变量值，而不只是某一个变量值。通常可利用乘法模型，采用一系列的统计方法，将各个影响因素依次分解出来，并分别进行分析。分解的顺序一般为：先分析长期趋势，求出各期的长期趋势值 T；再分析季节变动，求出各期季节变动值 S；最后分析循环变动和不规则变动，求出各期循环变动值 C 和不规则变动值 I。如果将新的时间数列 T，S，C，I，分别绘成长期趋势图、季节变动图、循环变动图和不规则变动图，还可以更具体地观察实际值 Y 在排除了其他因素的影响之后，某类因素单独作用的结果。

由于长期趋势和季节变动具有规律性，因此可以利用因素分析中建立的趋势模型和季节模型进行外推预测。

案例三 趋势与趋势值

【案例正文】

表 7-2 是梦达公司 2011—2019 年实际发放的职工福利总额统计表。该公司财务主管希望了解这 9 年来职工福利总额的变化趋势，并想知道在基本趋势不变的情况下，2020 年公司将要发放多少职工福利总额。

表 7-2　梦达公司 2011—2019 年职工福利发放总额　单位：万元

年份	2011	2012	2013	2014	2015	2016	2017	2018	2019
福利总额	19.5	22.1	23.3	25.5	26.7	35.5	36.8	41.3	51.2

(案例来源：作者编创。)

【案例分析】

预测是时间数列分析中的一个重要内容。预测的前提是假定过去的发展趋势会延续到未来，这样就依据已有的数据和发展模式进行外推预测。有的时间数列明显受长期趋势、季节变动、循环变动和不规则变动等因素的影响，而有的时间数列受各影响因素的影响不明显。不同类型的时间数列预测方法不尽相同，常用的预测方法有指数平滑法、趋势模型法、移动平均法、季节因素分析的季节指数法等。

下面就案例的具体要求，尝试利用趋势模型法和移动平均法，对梦达公司 2020 年发放的福利进行预测。

(一)趋势模型法

经过一段较长的时间，现象的发展水平可能有增长或下降的趋势。但是在各种因素的交叉作用下，其变化趋势可能比较模糊。为了使现象的发展趋势明显地表现出来，必须采用一定的统计方法进行计算和分析。分析趋势的统计方法很多，常用的是趋势模型法，就是通过建立趋势预测模型，即对时间数列配置一个合适的趋势方程，使其与原时间数列的实际分布线最为贴近，达到最佳拟合效果。分析步骤如下：

第一步：定性分析。对研究现象的客观属性进行研究，分析其一般发展规律，以便对现象的长期趋势作最初的基本判断。

第二步：判断趋势类型。长期趋势的测定模型是依据现象的实际趋势轨迹具体确定的，有直线模型，也有非直线模型。有两种方法可以判断是直线还是非直线，一是利用散点图判断：依据时间数列的观察值绘制散点图(在 Excel 中“插入”散点图)，从散点图的基本态势判断现象随时间变化的大致形态。利用图形观察比较直观，但是有时也会出现无法确定趋势类型的情况。二是利用差分法判断：①如果观察值的一次差(逐期增长量)大致相同，则配置直线；②如果二次差(逐期增长量的逐期增长量)大致相同，则配置二次曲线；③如果各观察值的环比发展速度大致相同，则配置指数曲线。

第三步：确定趋势方程模型并估计模型参数。对直线或非直线方程模型估计回归参数。

第四步：评估预测方程。具体包括拟合优度检验、回归方程的线性关系检验(F 检验)、回归系数检验(t 检验)等。这一点与回归分析的检验是一样的。

第五步：进行预测。

近年来梦达公司发展稳定，为了达到有效激励员工的目的，梦达公司发放的福利基本与公司发展同步。在 Excel 中，“插入”“带直线和数据标记的散点图”，图形显示，2011—2019 年梦达公司发放的福利总额数据呈直线趋势，因此可以配置趋势直线模型。

设趋势直线方程为：

$$y_t = a + bt$$

式中：t 表示时间(即时间序号)；

y_t 表示不同时间的福利额的长期趋势值；

a 表示趋势直线在纵轴上的截距；

b 表示趋势直线的斜率，也表明 t 每变动一年，y_t 平均增加或减少的数量，即平均增减量。

a、b 是趋势直线方程中的两个待定参数，最常用的是用最小平方法求解。最小平方法的基本原理是：使时间数列的观察值与趋势值的离差平方和为最小值。满足该条件的只有一条线，是对时间数列进行模拟的一条最佳线。

用最小平方法求解 a、b：

$$b = \frac{n\sum ty - \sum t\sum y}{n\sum t^2 - (\sum t)^2} = \frac{9 \times 1630.9 - 45 \times 281.9}{9 \times 285 - 45^2} = 3.69$$

$$a = \frac{\sum y}{n} - b\frac{\sum t}{n} = \frac{281.9}{9} - 3.69\frac{45}{9} = 12.87$$

因此，趋势直线方程为：$y_t = 12.87 + 3.69t$

计算过程见表 7-3。

表 7-3　梦达公司职工福利趋势分析计算表

年份	时间 t	福利额(万元) y	t^2	ty	$y_t = 12.87 + 3.69t$ T
2011	1	19.5	1	19.5	16.56
2012	2	22.1	4	44.2	20.25
2013	3	23.3	9	69.9	23.94
2014	4	25.5	16	102.0	27.63
2015	5	26.7	25	133.5	31.32
2016	6	35.5	36	213.0	35.01
2017	7	36.8	49	257.6	38.70
2018	8	41.3	64	330.4	42.39
2019	9	51.2	81	460.8	46.08
合计	45	281.9	285	1630.9	281.85

从图 7-1 中可以明显看出，趋势直线与实际线很贴近，很好地显示了梦达公司职工福利的变化趋势。趋势直线表明，多年综合平均的结果，职工福利呈逐年增长趋势，年均增长 3.69 万元。如果这种增长趋势保持不变的话，预计该公司 2020 年职工福利将不少于 49.77 万元，即 $y_{2020年(t=10)} = 12.87 + 3.69 \times 10 = 49.77$(万元)。

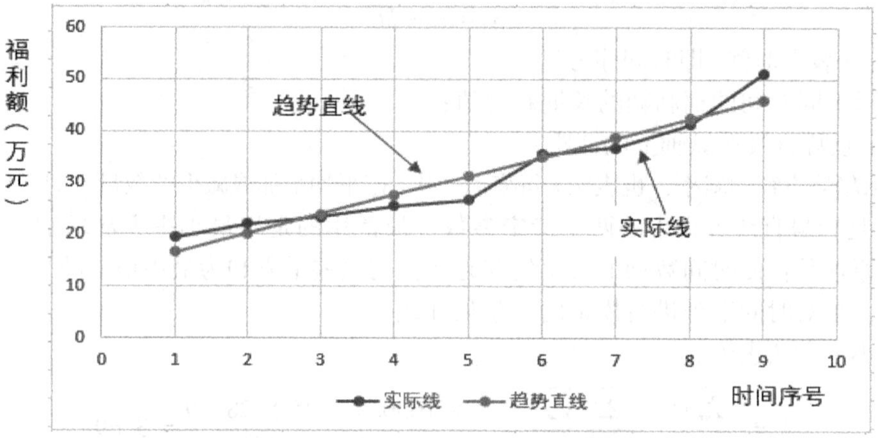

图 7-1 梦达公司职工福利的实际线与趋势直线

（二）移动平均法

移动平均法，是通过逐期递推移动平均的方法，计算一系列的序时平均数，形成一个派生的平均数时间数列，以消除不规则变动带来的短期波动，从而显示原时间数列的长期趋势的方法。

设观测的时间数列各期发展水平为 y_1，y_2，…，y_n，则 $k(1<k<n)$ 的一次移动平均的计算公式为：

$$M_t^{(1)} = \frac{1}{k}(y_t + y_{t-1} + \cdots + y_{t-k+1}) \qquad (t = 1, 2, 3, \cdots, n)$$

本期的移动平均值即为下一期的预测值。

为了评价预测效果，可以计算均方差（MSE）。

MSE = 误差平方和/误差的个数

MSE 越小，预测效果越好。

我们采用移动平均法来求梦达公司职工福利的三年移动平均趋势值和五年移动平均趋势值，计算结果见表 7-4。

前三年的 Y 值简单相加平均得第一个趋势值，即（19.5+22.1+23.3）/3＝21.6；第二、三、四年的 Y 值的平均数是第二个趋势值 23.63，第三、四、五年 Y 值的平均数是第三个趋势值 25.17，以此类推。每个移动平均数所放的位置应与赖以平均的各个数据 Y 的中间位置上的数据对齐，并作为对应时间的趋势值。

前五年的 Y 值简单相加平均得第一个趋势值，即（19.5+22.1+23.3+25.5+26.7）/5＝23.42；第二、三、四、五、六年 Y 值的平均数是第二个趋势值 26.62，第三、四、五、六、七年 Y 值的平均数是第三个趋势值 29.56，以此类推。每个移动平均数所放的位置应与赖以平均的各个数据 Y 的中间位置上的数据对齐，并作为对应时间的趋势值。

表 7-4　梦达公司福利金额的预测及效果

年份	福利金额 Y	三年移动平均趋势值	三年移动平均预测误差平方	五年移动平均趋势值	五年移动平均预测误差平方
	(1)	(2)	$(3)=[(1)-(2)]^2$	(4)	$(5)=[(1)-(4)]^2$
2011	19.5	—	—	—	—
2012	22.1	21.63	0.2209	—	—
2013	23.3	23.63	0.1089	23.42	0.0144
2014	25.5	25.17	0.1089	26.62	1.2544
2015	26.7	29.23	6.4009	29.56	8.1796
2016	35.5	33.00	6.2500	33.16	5.4756
2017	36.8	37.87	1.1449	38.30	2.2500
2018	41.3	43.10	3.2400	—	—
2019	51.2	—	—	—	—
预测误差平方和			17.4745		17.1740
MSE			2.4964		3.4348

表 7-4 分析了三项移动平均和五项移动平均的预测值和预测效果，显然，三项移动平均的预测效果更好，预测误差的均方差比五项移动平均要小。

采用移动平均法分析长期趋势时，应注意以下几点：

(1)采用奇数(3、5、7 等)项移动平均，经过一次平均即可得趋势值；采用偶数(2、4、6 等)移动平均，需要经过两次移动平均才能达到目的。

下面利用梦达公司 2016—2019 年各个季度的销售额来尝试四季移动平均法。计算结果如表 7-5 所示。

表 7-5　四季移动平均趋势计算表

年份/季度	销售额(千万元)	四季移动平均	
		第一次移动平均	第二次移动平均(T)
2016 年一季度	15		—
二季度	22		—
		24.50	
三季度	30		24.63
		24.75	
四季度	31		25.00
		25.25	
2017 年一季度	16		25.88
		26.50	

续表

年份/季度	销售额(千万元)	四季移动平均	
		第一次移动平均	第二次移动平均(T)
二季度	24		26. 88
		27. 25	
三季度	35		27. 75
		28. 25	
四季度	34		28. 75
		29. 25	
2018 年一季度	20		30. 13
		31. 00	
二季度	28		32. 13
		33. 25	
三季度	42		33. 38
		33. 50	
四季度	43		33. 75
		34. 00	
2019 年一季度	21		34. 38
		34. 75	
二季度	30		35. 25
		35. 75	
三季度	45		—
四季度	47		—

第一次移动平均是四季移动平均。第一个移动平均数为(15+22+30+31)/4=24. 5，并将 24. 50 放在四个季度的中点位置上，它既不对正 2016 年的第二季度，也不对正 2016 年第三季度，而是放在这两个季度的空档。第二个移动平均数为(22+30+31+16)/4=24. 75，24. 75 放在 2016 年第三、四季度的空档，后面以此类推。因此第一次移动平均所得的每个平均数，都没有对正原来的某个季度，均与其相邻上下两个季度错开半期，需要进行第二次移动平均以“正位”。第二次移动平均是对第一次移动平均的结果再做两项移动平均，如(24. 50+24. 75)/2=24. 63，(24. 75+25. 25)/2=25. 00，等等。这样按“对正中点位置”处理，24. 63 对正了 2016 年第三季度，25. 00 对正了 2016 年第四季度，以此类推。这样第二次移动平均的结果就可以作为对应季度的趋势值。

从表 7-4 和表 7-5 中，我们通过移动平均的结果，能够清晰地看出梦达公司多年的职工福利和近几年的销售额呈显著增长趋势，同时也可以看到移动平均数列首尾的趋势值有空缺，因此移动平均法不能用于外推预测。

(2)要视研究数据的特点，选择移动平均的项数。如果时间数列有明显的周期性波动，则移动平均的项数以波动周期的长度为准。在现实生活中，许多数据经常是按季度、按月份或按周登记的，每年的季度数(一年 4 季)、月份数(一年 12 个月)和周数(一年 52 周)等都是偶数。为了消除季节变动的影响，采用移动平均法则最好计算 4 项移动平均、12 项移动平均或 52 项移动平均。而年度数据不包含季节变动，可直接采用奇数项移动平均。经验显示，当移动平均的项数等于波动周期的长度时，就能将周期波动基本消除，同时通过平均也消除了不规则变动，因此时间数列的长期趋势就能很好地表现出来。

案例四　淡季与旺季

【案例正文】

下表中数据是梦达公司2016—2019年各个季度销售额(单位：千万元)的统计结果。公司决策层希望通过对这个统计数据进行分析，把握如下问题：

(1)本公司销售额的季节变动规律；

(2)如果剔除季节因素，排除季节变动的干扰，销售数字会有怎样的内在变化趋势?

(3)综合考虑趋势变动和季节变动，估计2020年梦达公司各个季节的销售额。

表7-6　梦达公司2016—2019年各季销售额统计表　　单位：千万元

时间	一季度	二季度	三季度	四季度
2016年	15	22	30	31
2017年	16	24	35	34
2018年	20	28	42	43
2019年	21	30	45	47

(案例来源：作者编创。)

【案例分析】

对表7-6进行初步分析，我们可以肯定两点，一是梦达公司的销售额在各个季度是不均衡的，每年有明显的淡、旺季之分。上半年的两个季度销售水平显著低于下半年两个季度，因此可以断定上半年为销售淡季，下半年为销售旺季。二是该公司销售额呈增长趋势。下面依据梦达公司决策层的要求，对问题一一进行分析。

首先，用趋势剔除法来测定季节变动，通过计算季节指数，反映季节变动程度。具体步骤如下：

(1)用移动平均法求各个季度的趋势值 T。在本章第三个案例分析中已经计算过了，结果见表7-5。

(2)用各季实际销售额 Y 除以相应的趋势值 T，即 Y/T，以剔除长期趋势的影响，详情见表7-7。这里需要说明的是，用移动平均法求趋势值，意味着趋势值中包含着循环变动因素(因为四季移动平均只排除了季节变动和不规则变动因素)。以上 Y/T 实际上把趋势值和循环变动因素都一并剔除了。因此，用公式表示应为：

$$\frac{Y}{T \cdot C} = \frac{T \cdot S \cdot C \cdot I}{T \cdot C} = S \cdot I$$

(3)将数列 $S\times I$ 重新排列，求其同季平均数，从 S、I 中剔除不规则变动 I，即得季节指数 S。计算结果见表 7-8。

四个季节的季节指数之和应该等于 400%，如果不等于 400%，则需要调整。调整系数=400/397.1 = 1.0073。用调整系数分别乘以各个季节指数，如 62.12%×1.0073 = 62.57%，87.18%×1.0073 = 87.81%，以此类推，即得调整后的季节指数。四个季度的季节指数的平均数等于 100%。

(4)通过季节指数的计算结果，分析季节变动程度。季节指数有的大于 100%，有的小于 100%，说明有的季度销售水平高于各季平均水平，也有的季度销售水平低于各季平均水平。梦达公司每年第一、二季度的销售水平比全年季度平均销售水平分别低 37.43% 和 12.19%，第三、四季度的销售水平则比全年季度平均销售水平分别高 25.49% 和 24.12%。

表 7-7　趋势剔除值计算表

年份/季度	销售额 Y(千万元)	移动平均趋势值 T(千万元)	趋势剔除值 Y/T(%)
2016 年一季度	15	—	—
二季度	22	—	—
三季度	30	24.63	121.80
四季度	31	25.00	124.00
2017 年一季度	16	25.88	61.82
二季度	24	26.88	89.29
三季度	35	27.75	126.13
四季度	34	28.75	118.26
2018 年一季度	20	30.13	66.38
二季度	28	32.13	87.15
三季度	42	33.38	125.82
四季度	43	33.75	127.41
2019 年一季度	20	34.38	58.17
二季度	30	35.25	85.11
三季度	45	—	—
四季度	47	—	—

表 7-8　季节指数计算表

年份	趋势剔除值 Y/T(%)			
	一季度	二季度	三季度	四季度
2016 年	—	—	121.80	124.00
2017 年	61.82	89.29	126.13	118.26
2018 年	66.38	87.15	125.82	127.41
2019 年	58.17	85.11	—	—
季节指数	62.12	87.18	124.58	123.22(总和=397.10)
调整后的季节指数 S	62.57	87.81	125.49	124.12(总和=400)

下面再来研究，如果剔除季节因素，排除季节变动的干扰，梦达公司的销售额会有什么内在的变化趋势，计算结果见表 7-9。

图 7-2 中，将包含季节变动的实际数列 Y 与不含季节变动的调整数列 Y/S 进行了比较。从图 7-2 可以清晰看出，剔除季节因素之后，销售额的内在增长趋势更加明朗；换言之，由于季节因素的干扰，掩盖了销售额内在的增长趋势，使其发展变化方向显得模糊不定。

表 7-9　剔除季节因素的销售额计算表

年份/季度	实际销售额 Y(千万元)	季节指数 S(%)	销售额 Y/S(千万元)
2016 年一季度	15	62.57	24
二季度	22	87.81	25
三季度	30	125.49	24
四季度	31	124.12	25
2017 年一季度	16	62.57	26
二季度	24	87.81	27
三季度	35	125.49	28
四季度	34	124.12	27
2018 年一季度	20	62.57	32
二季度	28	87.81	32
三季度	42	125.49	34
四季度	43	124.12	35
2019 年一季度	20	62.57	32
二季度	30	87.81	34

续表

年份/季度	实际销售额 Y(千万元)	季节指数 S(%)	销售额 Y/S(千万元)
三季度	45	125.49	36
四季度	47	124.12	38

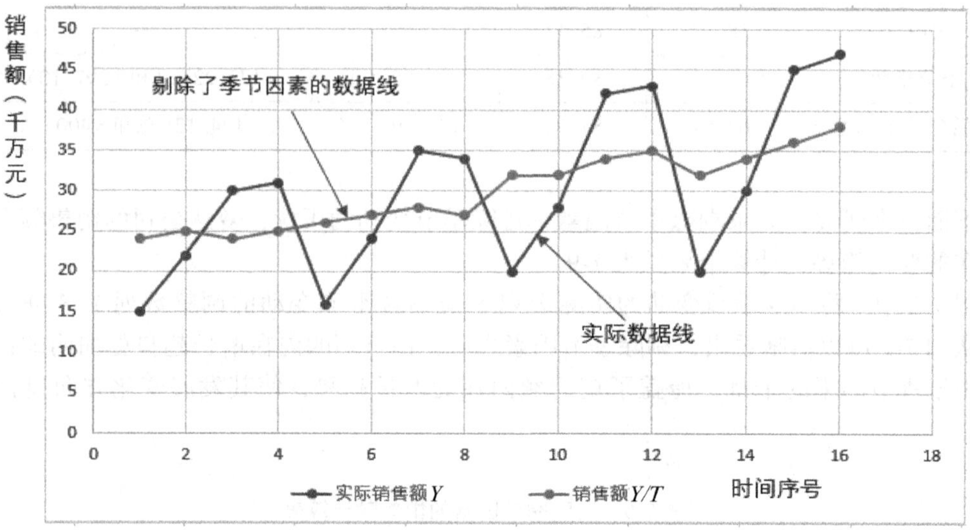

图 7-2　包含与不包含季节因素的销售额比较

显然，梦达公司 2016—2019 年各个季度的销售额既有趋势变动，也有季节变动。要预测 2020 年各季销售水平，必须同时考虑趋势因素和季节因素。下面分两步操作予以求证。

第一，建立趋势直线方程，估计 2020 年全年的销售额。

设趋势直线为：$y_t = a + bt$

用最小平方法求解 a、b，计算情况见表 7-10。

表 7-10　最小平方法的计算表

年份	t	销售额(y)	t^2	ty
2016	1	98	1	98
2017	2	109	4	218
2018	3	133	9	399
2019	4	143	16	572
合计	10	483	30	1287

$$b=\frac{n\sum ty-\sum t\sum y}{n\sum t^2-(\sum t)^2}=\frac{4\times 1287-10\times 483}{4\times 30-10^2}=15.9$$

$$a=\frac{\sum y}{n}-b\frac{\sum t}{n}=\frac{483}{4}-15.9\times\frac{10}{4}=81$$

于是有：$y_t=a+bt=81+15.9t$

$y_{2020年(t=5)}=81+15.9\times 5=160.5$(千万元)

即预计 2020 年梦达公司的销售额将达到 160.5 千万元。不考虑季节变动的话，2020 年平均每个季节将销售 40.125 千万元。

第二，加入季节因素，预测 2020 年各季销售水平。用 2020 年的季度平均数分别乘以四个季度的季节指数，即得各季预测值。

第一季度为：40.125×62.57% = 25.106(千万元)

第二季度为：40.125×87.81% = 35.234(千万元)

第三季度为：40.125×125.49% = 50.353(千万元)

第四季度为：40.125×124.12% = 49.803(千万元)

可见，梦达公司 2020 年仍然保持第一、二季度为销售淡季，第三、四季度为销售旺季的基本格局。同时我们也注意到，由于受增长趋势的影响，2020 年各季的整体销售水平都将高于上年。

案例五　简便易行的预测方法

【案例正文】

下表数据是梦达公司 2012—2020 年打印机和电脑的销售量统计资料。要求选择恰当的统计方法，为梦达公司预测 2021 年打印机和电脑的销售量。

表 7-11　梦达公司 2012—2020 年打印机和电脑的销售量　　单位：百台

时　间	2012	2013	2014	2015	2016	2017	2018	2019	2020
1. 打印机销量	15	18	16	20	17	19	21	20	18
2. 电脑销量	22	28	37	48	62	80	100	128	165

(案例来源：作者编创。)

【案例分析】

案例中提出了一个时间数列预测的问题。时间数列预测法，就是利用时间数列资料，运用一定的数学方法，对时间数列进行计算和分析，通过时间数列反映出来的变化趋势和规律，进行外推和延伸，从而预测现象未来发展的方向、水平和程度等。时间数列预测法在经济管理和经营决策中占有十分重要的地位，可以说，在各种预测方法中，时间数列预测法最成熟、简便、实用，最让人心悦诚服，因而其应用也最为广泛。时间数列预测的具体方法很多，包括序时平均数预测法、移动平均数预测法、增长量和平均增长量预测法、发展速度和平均发展速度预测法，也包括上个案例分析中应用的趋势模型法等。虽然预测的方法很多，但是对于特定的资料，并不是所有的预测方法都适用，因为每一种预测方法都有相应的适用条件、适用对象。正确选择预测方法，可以有效降低预测误差，从而取得更接近实际的预测值。所用的方法不在于复杂与简单，而在于适合与恰当，用对方法至关重要，简便易行又切实有效的方法当然就是好方法。

从表 7-11 可看出，梦达公司 9 年来打印机的销售量没有明显的增减变动趋势，销售数字长期比较稳定，偶有波动但波动不大(在 15-21 之间波动)。该时间数列适宜于用序时平均数预测法或移动平均数预测法进行预测。而电脑的销售数字则是逐期增长变动的，可以选用增长量和平均增长量预测法或发展速度和平均发展速度预测法。

具体预测如下。

1. 序时平均数预测法

这种方法就是对时间数列的全部观察值计算简单算术平均数，将平均数作为下一期的预测值。用公式表示为：

$$\hat{y}_{t+1}=\frac{y_1+y_2+y_3+\cdots+y_t}{t}$$

即第 $t+1$ 期的预测值就是前期实际值的简单算术平均数。用此方法，我们预测梦达公司 2021 年复印机的销售量为：

$$\hat{y}_{2021年} = (15+18+16+20+17+19+21+18)/9 = 18.22(百台)$$

2. 移动平均数预测法

该预测法是用时间数列中近几期观察值的算术平均数，作为下一期的预测值。移动平均既可以简单平均，也可以加权平均。在加权平均中，为了突出近期观察值对平均数的更大影响，给予近期观察值以比较大的权数而给予远期观察值以较小的权数。最简单的权数处理是用 1、2、3、4、5 等自然整数加权。简单移动平均数预测公式为：

$$\hat{y}_{t+1} = \frac{y_t + y_{t-1} + y_{t-2} + \cdots + y_{t-n+1}}{n}$$

式中，n 为移动平均的项数。设项数 $n=5$，则加权移动平均预测公式可写成：

$$\hat{y}_{t+1} = \frac{5y_t + 4y_{t-1} + 3y_{t-2} + 2y_{t-3} + y_{t-4}}{5 + 4 + 3 + 2 + 1}$$

移动平均与序时平均的区别在于：一个是局部平均，一个是整体平均。作为局部平均的移动平均数预测法反映的是近期平均水平，此法适用于长期变动比较平稳，但短期变动有起伏的现象。

用移动平均数预测法预测梦达公司 2021 年打印机的销售量：

(1)简单移动平均数预测

$$\hat{y}_{2021年} = (18+20+21+19+17)/5 = 19\ (百台)$$

(2)加权移动平均数预测

$$\hat{y}_{2021年} = (5\times18+4\times20+3\times21+2\times19+17)/(5+4+3+2+1) = 19.2(百台)$$

3. 增长量和平均增长量预测法

增长量预测法，即用最近一期的实际观察值加上最近一期的逐期增长量，作为下一期的预测值。用公式表示为：

$$\hat{y}_{t+1} = y_t + (y_t - y_{t-1}) = 2y_t - y_{t-1}$$

增长量预测法是假定下一期增长量与其前期增长量相同。

平均增长量预测法，则是用全期的平均增长量作为下一期的增长量，进行预测，其公式为：

$$\hat{y}_{t+1} = y_t + (y_t - y_1)/(t-1)$$

梦达公司 2021 年电脑的销售量预测如下：

(1)增长量预测

$$\hat{y}_{2021年} = y_{2020年} + (y_{2020年} - y_{2019年}) = 165 + (165-128) = 202(百台)$$

(2)平均增长量预测

$$\hat{y}_{2021年} = y_{2020年} + (y_{2020年} - y_{2012年})/(2020-2012)$$
$$= 165 + (165-22)/(2020-2012) = 182.87(百台)$$

4. 发展速度和平均发展速度预测法

发展速度预测法，是用最近一期的实际观察值乘以最近一期的环比发展速度，作为下一期的预测值。此预测方法是假设最近一期的发展速度能够延续到下一期。用公式表示为：

$$\hat{y}_{t+1} = y_t \frac{y_t}{y_{t-1}}$$

平均发展速度预测法，则是用全期的平均发展速度作为下一期的速度，并以此预测下一期的发展水平。公式为：

$$\hat{y}_{t+1} = y_t \sqrt[t-1]{\frac{y_t}{y_1}}$$

梦达公司 2021 年电脑的销售预测如下：

(1)发展速度预测

$$\hat{y}_{2021年} = y_{2020年} \times \frac{y_{2020年}}{y_{2019年}} = 165(165/128) = 165\times128.91\% = 212.70(百台)$$

(2)平均发展速度预测法

$$\hat{y}_{2021年} = y_{2020年} \times \sqrt[8]{\frac{y_{2020}}{y_{2012}}} = 165 \times \sqrt[8]{\frac{165}{22}} = 165 \times 128.64\% = 212.26\ (百台)$$

时间数列预测法是利用现象过去的变化规律预测未来的发展水平，其前提是现象的过去会延伸到未来。但是由于现象的发展变化受多种因素的影响，各种因素又不断地发展变化，而且时间越长变化越大。因此，时间数列预测法一般只适宜于作短、近期预测，不宜作中、长期预测。

对同一时间数列用不同的方法预测，会得到不同的预测值，有时甚至差别较大。对梦达公司 2021 年电脑销售的预测，用增长量预测为 202 百台，用平均增长量预测为 182. 87 百台，二者相差近 20 百台。最佳的预测值应该是预测误差最小的那一个。同时，值得注意的是，时间数列预测法只考虑了现象随时间变化的信息，没有涉及其他外界因素的影响，所以存在不可避免的预测误差。当其他的外界因素发生较大变化时，预测误差会更大。为了尽量降低预测误差，最好将定量预测与定性预测结合起来，在综合分析各种影响因素的基础上，再确定最终的预测值。

案例六　湖北省生猪出栏量的预测

【案例正文】

湖北省 2007—2018 年的生猪出栏量如表 7-12 所示。试分析湖北省 2007—2018 年生猪出栏量的变化，进行数据修匀，并预测未来 5 年的生猪出栏量。

表 7-12　2007—2018 年湖北省生猪出栏量

年份	生猪出栏量(万头)	年份	生猪出栏量(万头)
2007	3147. 4	2013	4513. 1
2008	3533. 8	2014	4659. 5
2009	3792. 5	2015	4566. 0
2010	3905. 4	2016	4442. 2
2011	3970. 3	2017	4448. 0
2012	4309. 4	2018	4363. 5

（案例来源：作者编创。）

【案例分析】

本案例的分析与预测，可以借助 Excel 中的“数据分析”对话框中的“指数平滑”“移动平均”“回归”三个工具来完成。

根据案例中的数据，利用 Excel 生成带平滑线的散点线图，如图 7-3 所示。

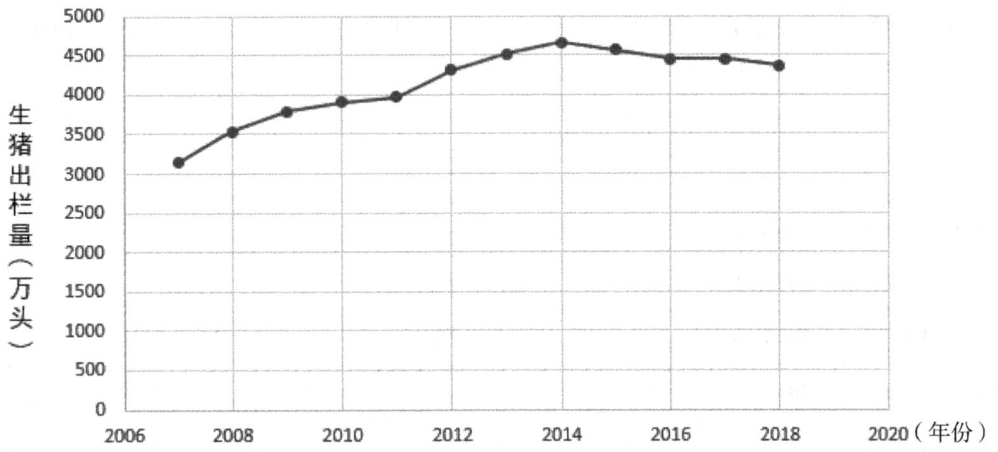

图 7-3　2007—2018 年湖北省生猪出栏量散点线图

从散点线图可以看出，湖北省 2007—2018 年生猪出栏量表现出明显的长期发展趋势。由于是年度数据，不含季节因素影响，循环因素也不显著。可以通过数据修匀，消除不规则变动，剩下的就是长期趋势变动。

1. 利用指数平滑法，对数据进行修匀

首先，明确指数平滑法的基本原理。指数平滑法也是一种移动平均法，但一般的移动平均法在逐期移动平均时，将时间数列中的各期观察值的影响同等看待，简单平均；而指数平滑法要区分近期和远期观察值的不同作用，主要考虑近期观察值及其预测值对下期预测值的影响，并引入一个权数 α，对近期观察值及其预测值进行加权平均。

指数平滑法的递推公式为：

$$F_{t+1} = \alpha F_t + (1 - \alpha) Y_t$$

式中：F_{t+1} 表示时间数列第 $t+1$ 期预测值；

F_t 表示时间数列第 t 期预测值；

Y_t 表示时间数列第 t 期实际观察值；

α 表示平滑系数。

确定适当的 α 值是关系指数平滑法平滑效果的关键因素。一般通过多次试算，比较各种 α 所得的趋势线，从中选择一个标准误差较小者对应的 α 值。

在 Excel 中，输入湖北省 2007—2018 年生猪出栏量的数据，点击“数据”菜单→“数据分析”功能，打开对话框，选择“指数平滑”后，再填写“数据区域”“输出区域”“阻尼系数（即平滑系数）”，勾选“标志”“图表输出”“标准误差”，最后“确定”，即得到 $\alpha = 0.3$、0.4、0.5 时的指数平滑值及标准误差（结果见表 7-13），并生成相应的图形（见图 7-4、图 7-5、图 7-6）。

表 7-13　湖北省 2007—2018 年生猪出栏量及指数平滑过程比较

年份	出栏量 Y（万头）	指数平滑值及标准误差（α=0.3）		指数平滑值及标准误差（α=0.4）		指数平滑值及标准误差（α=0.5）	
—	—	F_{t+1}	标准误差	F_{t+1}	标准误差	F_{t+1}	标准误差
2007	3147.4	—	—	—	—	—	—
2008	3533.8	3147.4	—	3147.4	—	3147.4	—
2009	3792.5	3417.88	—	3379.24	—	3340.6	—
2010	3905.4	3680.11	—	3627.20	—	3566.55	—
2011	3970.3	3837.81	336.85	3794.12	363.99	3735.98	395.11
2012	4309.4	3930.55	263.72	3899.83	305.08	3853.14	353.05
2013	4513.1	4195.75	265.73	4145.57	303.42	4081.27	354.92
2014	4659.5	4417.89	295.40	4366.09	333.60	4297.18	387.11
2015	4566.0	4587.02	317.60	4542.14	360.05	4478.34	418.70
2016	4442.2	4572.31	230.60	4556.45	271.87	4522.17	329.36
2017	4448.0	4481.23	158.89	4487.90	182.31	4482.19	220.12
2018	4363.5	4457.97	78.47	4463.96	71.22	4465.09	71.29

通过对表 7-13 中的标准误差比较，α=0.3 时，标准误差最小，预测效果最好。从图 7-4、图 7-5、图 7-6 观察，也可以看出，α=0.3 时，预测效果最好。

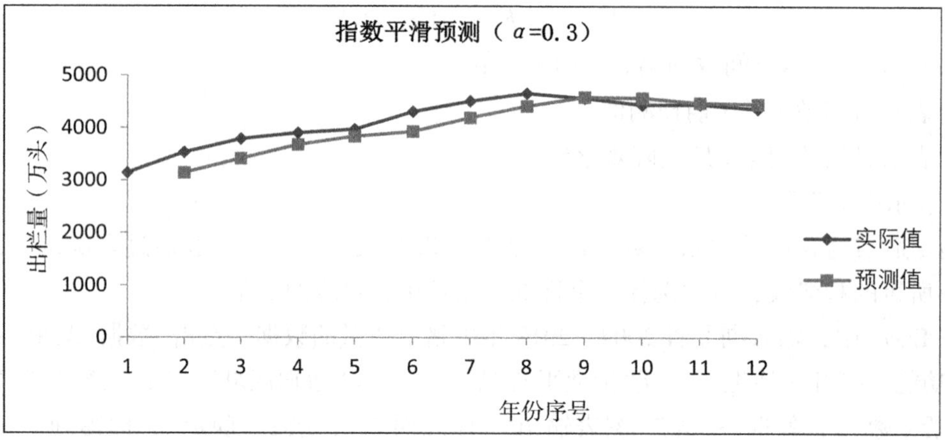

图 7-4　湖北省 2007—2018 年生猪出栏量指数平滑预测（α=0.3）

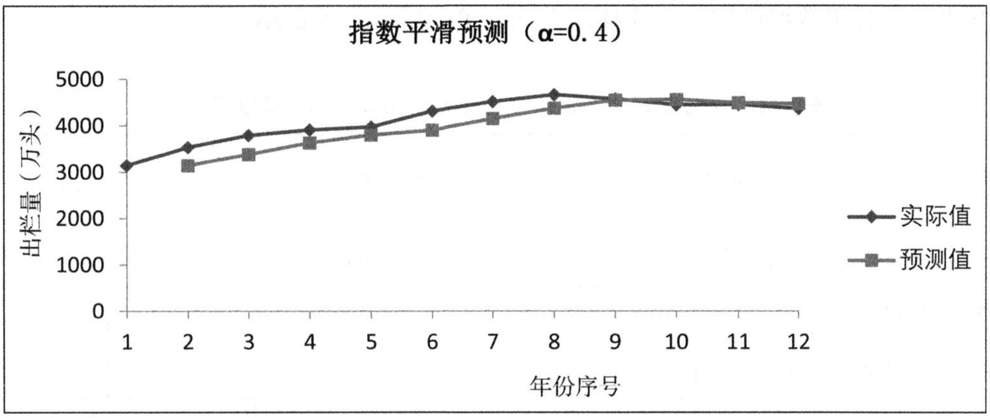

图 7-5 湖北省 2007—2018 年生猪出栏量指数平滑预测($\alpha=0.4$)

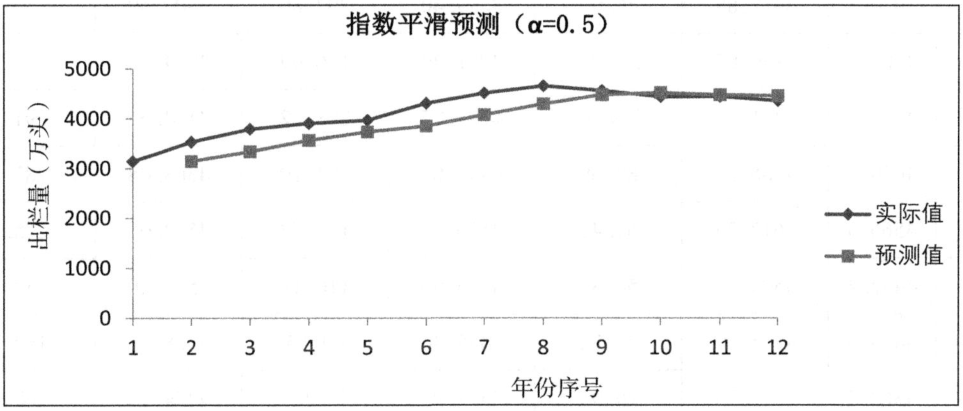

图 7-6 湖北省 2007—2018 年生猪出栏量指数平滑预测($\alpha=0.5$)

应用指数平滑法时，应注意以下几点：

(1)时间数列的第二期平滑值为第一期的实际观察值；从第三期开始，按公式 $F_{t+1}=\alpha F_t+(1-\alpha)Y_t$ 计算各期平滑值；

(2)一次指数平滑预测只能外推预测一期；

(3)指数平滑预测值存在滞后偏差，即当时间数列为下降趋势时，预测值常常偏高；反之，则偏低。本案例也充分体现了这一点(表 7-13)。

2. 利用移动平均法，对数据进行修匀

在 Excel 中，输入湖北省 2007—2018 年生猪出栏量的数据，点击“数据”菜单→“数据分析”功能，打开对话框，选择“移动平均”后，再填写“数据区域”“输出区域”“间隔(即移动平均的项数)”，勾选“标志位于第一行”“图表输出”“标准误差”，最后点击“确定”，即得到移动平均的项数 k = 2、3、4 时的移动平均值及标准误差(表 7-14)，并生成相应的图形(图 7-7、图 7-8、图 7-9)。

从表、图分析数据可知，二项移动平均结果的标准误差最小。

表 7-14　湖北省 2007—2018 年生猪出栏量及移动平均过程比较　　单位：万头

年份	出栏量 Y	二项移动平均		三项移动平均		四项移动平均	
—	—	移动平均值	标准误差	移动平均值	标准误差	移动平均值	标准误差
2007	3147. 4	—	—	—	—	—	—
2008	3533. 8	3340. 60	—	—	—	—	—
2009	3792. 5	3663. 15	164. 40	3491. 23	—	—	—
2010	3905. 4	3848. 95	99. 79	3743. 90	—	3594. 78	—
2011	3970. 3	3937. 85	46. 04	3889. 40	202. 80	3800. 50	—
2012	4309. 4	4139. 85	122. 07	4061. 70	176. 99	3994. 40	—
2013	4513. 1	4411. 25	139. 86	4264. 27	208. 02	4174. 55	291. 19
2014	4659. 5	4586. 30	88. 69	4494. 00	224. 10	4363. 08	287. 46
2015	4566. 0	4612. 75	61. 42	4579. 53	172. 72	4512. 00	275. 96
2016	4442. 2	4504. 10	54. 85	4555. 90	116. 19	4545. 20	232. 38
2017	4448. 0	4445. 10	43. 82	4485. 40	69. 55	4528. 93	164. 27
2018	4363. 5	4405. 75	29. 95	4417. 90	75. 91	4454. 93	84. 31

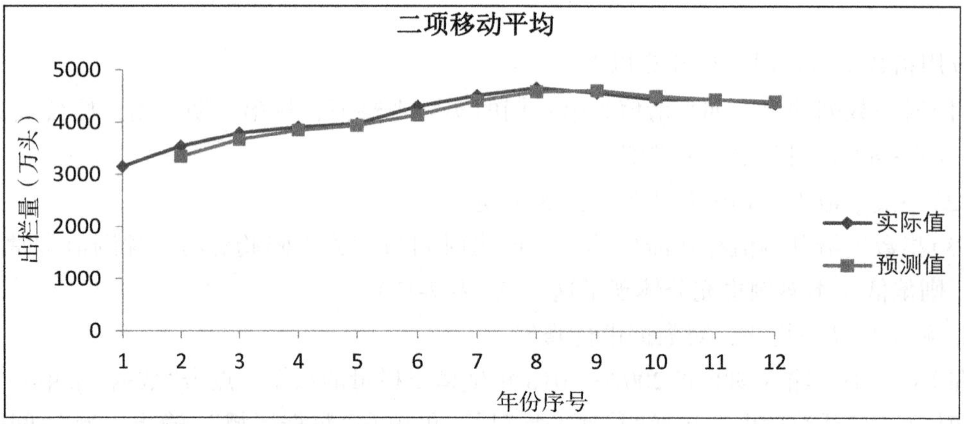

图 7-7　湖北省 2007—2018 年生猪出栏量二项移动平均预测效果

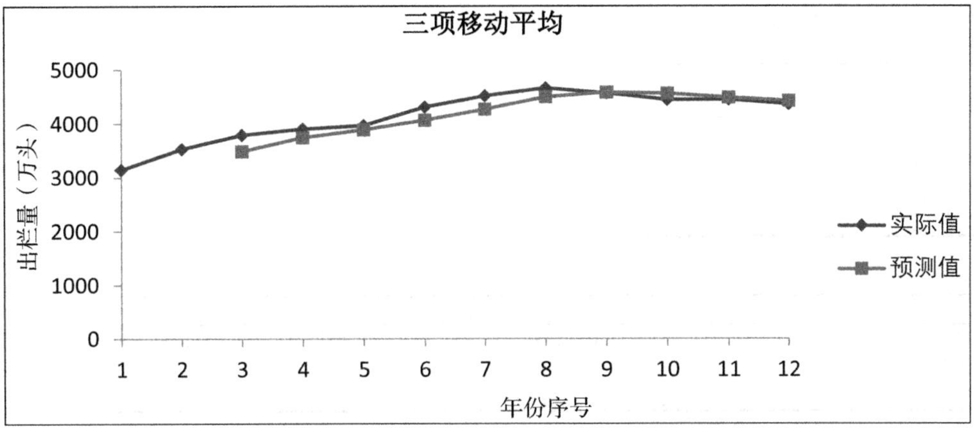

图 7-8　湖北省 2007—2018 年生猪出栏量三项移动平均预测效果

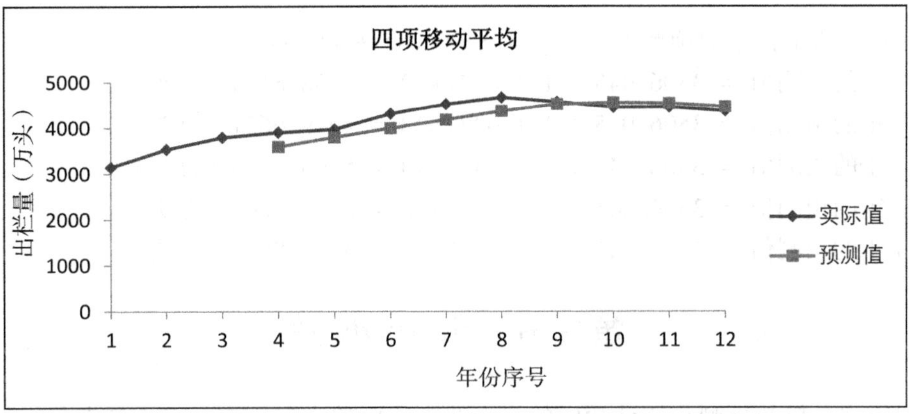

图 7-9　湖北省 2007—2018 年生猪出栏量四项移动平均预测效果

3. 预测湖北省未来 5 年的生猪出栏量

通过分别采用指数平滑法和移动平均法对时间数列中的数据进行修匀，比较上面数据修匀的结果，得出二项移动平均的标准误差最小，数据修匀的效果最好。

依据二项移动平均数据进行预测，在 Excel 中，输入湖北 2007—2018 年生猪出栏量的二项移动平均值，点击“数据”菜单→“数据分析”功能，打开对话框，选择“回归”后，再填写“Y 值输入区域”“X 值输入区域”“输出区域”，勾选“标志”，最后点击“确定”，即得到分析结果，见截图(图 7-10)所示。

SUMMARY OUTPUT						
回归统计						
Multiple R	0.874677					
R Square	0.76506					
Adjusted R Square	0.738955					
标准误差	215.1375					
观测值	11					
方差分析						
	df	SS	MS	F	Significance F	
回归分析	1	1356476	1356476	29.30758	0.000425352	
残差	9	416557.2	46284.13			
总计	10	1773033				
	Coefficients	标准误差	t Stat	P-value	Lower 95%	Upper 95%
Intercept	3506.045	139.1229	25.20107	1.17E-09	3191.327589	3820.763
年份序号	111.0477	20.51255	5.413647	0.000425	64.64510949	157.4503

图 7-10　趋势外推预测模型及检验

湖北省生猪出栏量的预测方程为 $y = 3506.045 + 111.0477t$

2019 年的预测值 = 3506. 045 + 111. 0477×12 = 4838. 6174（万头）

2020 年的预测值 = 3506. 045 + 111. 0477×13 = 4949. 6651（万头）

2021 年的预测值 = 3506. 045 + 111. 0477×14 = 5060. 7128（万头）

2022 年的预测值 = 3506. 045 + 111. 0477×15 = 5171. 7605（万头）

2023 年的预测值 = 3506. 045 + 111. 0477×16 = 5282. 8082（万头）

第三节　本章小结

时间数列分析与预测是统计学中的一个非常重要的内容，它是关于动态分析与预测的方法，其分析指标和预测方法都相当丰富。在本章中，借助 6 个案例分析，试图浓缩时间数列分析与预测的基本内容。通过分析，得出以下主要结论：

(1)增长率是我们在经济生活中经常接触到的动态指标，它反映的是现象增减变化的程度。形形色色的增长率，包含着千差万别的具体内容。要深入地解读研究对象，一定要弄清楚是哪一种增长率，最好把增长率与增长量结合起来分析，以避免认识的片面性。

(2)现象的发展变化可以归结为四类因素的作用，即趋势变动、季节变动、循环变动和不规则变动。时间数列的各期观察值 Y，一般分解为这四类因素的连乘积，从而构成时间数列分析的乘法模型：$Y=T\times S\times C\times I$。

(3)分析长期趋势，就是要排除时间数列中其他因素的干扰，把现象发展变化的基本轨迹明显地表现出来。常用的方法有趋势模型法、移动平均法等。

(4)分析季节变动，就是要研究现象在一年之内的各月或各季之间有无起伏变动，有无明显的淡、旺季，与平均水平相比，淡季淡到什么程度，旺季又旺到什么程度。这些问题都可以通过计算季节指数来反映。无趋势变动的数列，采用直接平均法求季节指数；有趋势变动的数列，采用趋势剔除法求季节指数。利用趋势变动和季节变动的规律性，可以进行趋势预测。时间数列分析的主要目的也在于预测。

(5)利用序时平均数、增长量、平均增长量、增长率、平均增长率等水平指标和速度指标进行预测，属于简便易行的预测方法，只要应用得当，同样能够达到令人满意的效果。时间数列预测是定量预测，定量预测如果与定性预测结合起来，预测结果就会更为理想。

(6)时间数列的分析与预测，可以借助 Excel 中的“数据分析”对话框中的“指数平滑”“移动平均”“回归”三个工具来完成。

【拓展阅读】

一、什么是经济增长

什么是经济增长？不同的经济学家给出的定义不完全相同，有“GDP 之父”之称的库兹涅茨在《现代经济增长：发现与思考》一文中指出：经济增长“可以定义为给居民提供各类日益繁多的经济产品的能力上升，这种不断增长的能力建立在先进技术以及所需要的制度和思想意识相应调整的基础上”，“表现为对不断增长的人口提供更多的人均商品和劳务的能力不断提高”。通才经济学家萨缪尔森则在其著名的经济学教科书《经济学》中认为，经济增长是“一国总产出跨时期增长，通常用一国的实际 GDP(或实际潜在 GDP)的年增长率来衡量”。而新制度经济学的领军人物诺斯则言简意赅地说：“谈到经济增长，我们指的是人均收入的长期增长。真正的经济增长意味着社会总收入必然比人口增长得更快。”

尽管不同经济学家对经济增长的表述各不相同，但是至少有三点却是一致的：首先，经济增长必须是长期的而不是短期的(短期的属于经济波动的范畴)。因此我们一提起经济增长就应该想到这是一个时间跨度比较长的经济现象。比如十年二十年甚至上百年。其次，经济增长必须用定量的指标来衡量，既可以用总量指标，又可以用人均指标，比如我们可以用总产值 GDP 或总收入 GNI 等度量。最后，经济增长的结果就是人民生活水平的不断提高，经济增长是一个过程，而人民生活水平的提高则是这个过程的必然结果。

(资料来源：节选自王瑞泽、纪宏：《深入了解经济增长的几个重要概念》，《统计教育》2006 年第 2 期，第 36~37 页。)

二、世行调升全球经济增长预期

世界银行调升今年全球经济增长预测，由去年 11 月份预测的 3.2%，调升至 3.7%。该行表示，由于大部分国家拥有良好的政策框架，故在高油价的影响下，经济仍能强劲反弹，尤其是发展中国家。另外，该行估计，去年全球经济增长达 3.6%。

世界银行日前发表全球金融发展报告，调升今年全球经济增长预测，主要是因为各国的经济政策良好，对油价高企的影响起了缓冲作用。世银在报告中称，发展中国家的经济强劲反弹，实在令人鼓舞，尤其是此次油价飙升所带来的影响非同小可。

该行又预测，欧盟成员国总体经济增长今年可达2.1%，高过原先预测的1.4%。至于东亚及太平洋地区，包括中国及东南亚等地，今年经济增长将达8.3%，较2005年的8.8%略为放缓。另外，由于日本消费及商业信心均大为改善，世行预料日本今年经济增长2.8%，远高过原先预期的1.8%。

不过，世行对发展中国家的经济前景仍然抱审慎态度。该报告指出，发展中国家的经济现时虽经历相对温和的软着陆，但这种温和的软着陆正受着内在和外在的风险所威胁。世行促请新兴市场国家再踏出一步，取消燃料补贴，尽量吸引更多投资，因为新兴市场国家未必有能力抵受原油价格的进一步上升。

另外，该行亦列举全球经济正面临的风险，包括全球经济失衡的调整，油价进一步攀升和禽流感大规模爆发等，均可能拖累全球经济。世行预测，直到2008年，油价仍可能维持在每桶60美元水平。

世行维持美国今年经济增长3.5%的预测，该报告指出，美国出口有所改善，将能抵消利率高企和楼市放缓的影响。

（资料来源：《世界经济综述》，《中外经济信息》2006年第20期。）

三、季节变动分析与预测

季节变动分析与预测，是统计学时间数列分析与预测中的一个重要内容。其教学有一定难度，主要表现在：第一，教材中一般只给与一个概括性的说明及计算步骤，照此操作，学生只知其然不知其所以然，对为什么要如此处理的直观意义并不明确；第二，学生往往容易从单纯数学的意义上去理解同期平均数、全期平均数和季节比率，忽视其与实际研究内容的联系；第三，在季节预测中，如果抓不住基本要领，则在不同的资料条件下进行预测，容易使人陷入迷茫的困境。针对以上情况，笔者在教学中，采用案例做开场白，再引入统计方法，注重对每一步计算动机的直观说明，并联系实际对计算结果进行具体解释分析，由此让学生比较轻松地对该方法有了深刻的理解，达到了很好的教学效果。

1. 引入实例

武汉市某品牌桶装水的销售资料如表7-15所示。

表7-15　某品牌桶装水的销售资料　　单位：万桶

序号	年份	一季度	二季度	三季度	四季度	合计	季平均
甲	乙	(1)	(2)	(3)	(4)	(5)	(6)
1	2001	46	63	88	51	248	62
2	2002	50	70	91	57	268	67
3	2003	60	78	99	63	300	75
4	2004	57	89	110	60	316	79
5	2005	66	98	126	70	360	90

续表

序号	年份	一季度	二季度	三季度	四季度	合计	季平均
6	合计	279	398	514	301	1492	373
7	同季平均	55.8	79.6	102.8	60.2	298.4	74.6
8	季节比率(%)	74.8	106.7	137.8	80.7	400.0	100.0

要求：(1)用直接平均法计算季节比率，反映该品牌桶装水销售的季节变动规律；(2)利用季节变动规律，预测该品牌桶装水2006年各个季度的销售量。

教材上一般只给出解题基本步骤，再无更多的解释与说明。

一般步骤如下：

(1)计算同季平均数；

(2)计算全期的总平均数；

(3)计算季节比率，季节比率(%)= 同季平均数／全期总平均数；

(4)分析季节比率，说明季节变动规律；

(5)利用季节变动规律进行季节预测。

2. 为什么要计算季节比率

季节变动分析的核心指标是季节比率(又称季节指数)，其计算方法很简单，难点是为什么要这样计算，计算结果出来后怎样分析。

针对要求(1)，首先应对“季节变动”的概念有一个直观的了解。季节变动是现象由于受自然因素和社会条件的影响，在一年之内的各月或各季之间比较有规律的变动。比如由于受春夏秋冬一年四季不同自然条件的影响，农业生产表现出很强的季节性，各种农产品的购销业务和市场价格，也相应有规律性的变动。受国家法定节假日和各地民俗民风等社会条件的影响，工业生产、商品销售、交通运输等经营活动也都有明显的季节变动，比如每年的“五一”黄金周、“十一”黄金周、春节前后以及学校放寒暑假，都是客运量的高峰，春节期间的糖果瓜子销量最大，中秋节前后月饼的销量最多，端午节粽子卖得最好。一年之中服装生产的淡旺季、商品销售的淡旺季等都是典型的季节变动。现象季节变动的规律性必须经过多年的观察才能准确地把握，观察一年不够，观察两年太少，观察三年怎样？俗话说，一而再，再而三才是规律使然。因此，要准确地把握某种现象的季节变动规律，至少要连续观察三年，必须利用三年以上的各月份或各季度的完整数据来计算与分析。该品牌桶装水的季节变动分析，就是希望通过五年的统计数据，找到其销售量在一年四个季度之中的销售规律，了解其四季销售有无明显差别，有无明显的淡旺季之分。如果有，则销售淡季、销售旺季在一年之中的哪些季节；淡季淡到什么程度，旺季又旺到什么程度。

怎样反映该品牌桶装水的季节变动规律？简单地说，就是怎样让其销售的淡旺季明显地表现出来。首先要知道其一年四季的销售量。观察表7-15中五年的销售数字，我们会发现同一个季节在不同年份的销售量都不一样，比如说第一季度，五年就有5个不同的数字，那么第一季节的销售水平用哪个数字代表呢？肯定不能用某个具体年份的数字来代表，而应该综合考虑五年的情况，求出一个综合的数字，以此代表第一季度的一般销售水平。"用平均数!"学生很快明白了第一步为什么要计算同季平均数。第一季度的同季平均数=(46+50+60+57+66)÷5 = 279÷5 = 55.8(万桶)，其他三个季度以此类推。同季平均数的计算结果表明：该品牌桶装水五年的统计数据观察的结果是，一年之中四个季度的一般销售水平分别为55.8万桶、79.6万桶、102.8万桶、60.2万桶。这是依据五年的统计数据计算的结果，应该能够较好地反映其销售量的季节分布规律。四个季度的销售量有多有少，那么该桶装水的销售有无季节变动呢?"有!"回答是肯定的。

下一步需要研究季节变动的程度大小。各季销售有多有少，多多少，少多少，应该有一个参照值。这个参照值最好是同季平均数的中心值，四个同季平均数围绕其上下波动。很多同学马上反应过来了，这个中心值就是四个同季平均数的平均数，即观察期的总平均数(74.6万桶)。从另一个角度思考，如果一年四季的销售量无大小之别，则每个季度的销售量都是74.6万桶，意味着四季扯平，平均每个季度销售74.6万桶。而实际上四个季度的销售是不平衡的，有的高于平均水平，有的低于平均水平。显然，计算全期总平均数的目的，就是为了更好地说明季节销售的变动程度而找一个可以比较的标准。提醒一下，全期平均数的计算有四个途径；298.4÷4或1492÷20或373÷5，结果均为74.6。

将同季平均数除以全期总平均数，即得季节比率。季节比率的计算结果能够具体地告诉我们，每个季度的销售水平是全年平均季度销售水平的几倍或百分之几。本例季节比率的计算结果(见表7-15第八行)表明：该品牌桶装水一至四个季度的销售量分别是全年季平均销售量的74.8%、106.7%、137.8%和80.7%。四个季度的季节比率之和应该等于400%，为什么?我们可以这样设想，如果四个季度的销售量是一样的，则四个同季平均数均为74.6，总平均数也为74.6，那么由此计算的四个季节比率均为100%，其求和就是400%。400%在四个季度平均分配，当然这是一个特例，说明销售情况无季节差别、无季节变动。若销售有季节变动，则400%在四季不会平均分布，而是有的季节比率大于100%，有的季节比率小于100%，当然不排除有的季节比率会等于100%，但无论各季的季节比率的大小差别如何，四个季度的季节比率之和应该为400%，因为季节比率的平均数为100%。

如何通过季节比率分析季节变动规律，在这个分析中，笔者认为应该包含三层意思：第一，销售有无季节变动；第二，如果有季节变动，则季节变动程度的大小如何；第三，如果季节变动程度大，就有明显的淡旺季之分，那么淡季、旺季各在哪些季度。在分析中要始终围绕季节比率平均数100%来做文章。如果各个季节比率都等于100%，则无季节变动；不全等于100%，则有季节变动。如果季节比率在100%上下大幅度波动，则季节变动程度大；小幅度波动，则季节变动程度小。变动幅度的大小以100%±10%为界限，季节比率在90%~110%之内为变动幅度较小，在该范围之外为变动幅度较大。季节比率大于100%，说明该季度数值高于平均水平，属于旺季；小于100%，说明该季度数值低于平均水平，属于淡季。要求学生比照以上分析要领，对本例计算结果进行具体分析，最后由老师点评小结。本例季节比率的计算结果表明：该品牌桶装水的销售有季节变动，而且季节变动程度较大。一年之中第二、三季度是销售旺季，第一、四季度是销售淡季，其中第三季度销售最旺，第一季度销售最淡。

3. 季节预测有何诀窍

依据季节变动规律，结合其他预测方法，可以预测下一年各季的销售量。

一般步骤是：

(1)预测下一年全年的销售量；

(2)用年预测值除以4，求得季预测值的平均数；

(3)将季预测平均数乘以各季季节比率，即得预测年各季的预测值。

季节预测的基本思想是：基于该品牌桶装水的销售量存在明显的趋势变动，销售量是逐年递增的，因此需要借用长期趋势预测法，预测下一年的销售总量，将销售总量除以4，得到季平均销售量，即没有季节变动时各季的销售水平。有季节变动时各季的销售水平应该用季平均销售量乘以各季的季节比率。

本例用最小平方法建立趋势直线方程，预测得知2006年的销售量为380万桶，平均每季销售量为380÷4 = 95万桶，则2006年各季的预测值分别为：

第一季度：95×74.8% = 71.06(万桶)

第二季度：95×106.7% = 101.37%(万桶)

第三季度：95×137.8% = 130.91%(万桶)

第四季度：95×80.7%% = 76.66(万桶)

如果2006年第一季度该品牌桶装水的实际销售量统计结果为73万桶，要求依据这个新的数据和以上季节变动规律，对2006年后三个季度的销售量分别进行预测。

数据有了新变化，但季节预测的基本思路没有变，即首先要知道季平均销售水平，再乘以季节比率，就能得到各个季度的预测值。问题是在新的条件下，如何计算季平均值？换言之，73万桶与季平均值有何关系？显然，73万桶可以看做季平均值乘以第一季度季节比率的结果，即：季平均值×74.8% = 73(万桶)。于是有：

季平均值 = 73÷74.8% = 97.59(万桶)

2006年后三个季度的预计销售量分别为：

97.59×106.7% = 104.13(万桶)

97.59×137.8% = 134.48(万桶)

97.59×80.7% = 78.75(万桶)

怎么样，是不是很简单，真正理解了就能触类旁通。

(资料来源：肖丹桂：《季节变动分析与预测的教学探讨》，《统计与决策》2006年8月，第160~161页。)

思考与讨论

1. 梦达公司的电脑销售量(单位：百台)2018年、2019年和2020年分别为100、128和165，2019年比2018年增长了28%，2020年比2019年也增长了28%。这两年的增长率相同，但增长的实际效果却不同，何以见得？请具体说明。

2. 为什么在经济分析中判断居民生活水平的变化时，经常用 GDP 的实际增长率而不用名义增长率？

3. 物价上涨了，工资水平也提高了，但是实际生活福利并没有与工资同步提高，怎样解释这一现象？

4. 下面是一家酒店 2023 年各月的营业额。

表 7-16　酒店各月营业额　　单位：万元

月份	1	2	3	4	5	6	7	8	9	10	11	12
营业额	785	793	816	834	798	883	890	920	835	888	856	897

如果要预测该酒店 2024 年 1 月份的营业额，采用序时平均数预测法和移动平均数预测法比较合适，为什么？

5. 依据某工厂多年各个季度的用电量计算季节指数，第一、二、三季度的季节指数为 85%、100%、105%，那么可以肯定第四季度的季节指数为多少？利用季节指数对该工厂用电量的季节变动规律进行具体说明。

6. 下面是某知名品牌男式休闲西服的销售量(单位：千件)的统计数据。对其进行趋势分析和季节分析，并预测 2024 年各季的销售水平。

表 7-17　男式休闲西服的销售量　　单位：千件

时间	一季度	二季度	三季度	四季度
2021 年	41	31	26	40
2022 年	53	35	28	50
2023 年	57	38	32	53

参考文献

1. 贾俊平. 统计学[M]. 清华大学出版社，2004.
2. 栗方忠. 统计学原理[M]. 东北财经大学出版社，2004.
3. [英]迈克尔·C. 弗莱明，约瑟夫·G. 纳理斯. 商务统计精要[M]. 中信出版社，2003.
4. 舒波，陈红梅，等. 统计学——原理、应用与商务实践[M]. 清华大学出版社，2019.

第八章　统计指数的编制与分析

第一节　理论要点

统计指数是反映同类现象数量对比关系或相对变化的相对数，它是用于经济社会分析的一种重要而特殊的统计方法。指数的概念有广义和狭义之分，从广义上讲，凡是数量上可以直接对比所得的相对数都称为指数；狭义的指数则是一种特殊的相对数，特指反映多要素所构成的不能直接相加的复杂现象总体综合变动情况的相对数，又称总指数。总指数具有相对性、综合性、平均性和代表性的特点。按照不同的标准，可以将指数分为个体指数与总指数，静态指数与动态指数，简单指数与加权指数，数量指数、质量指数及总值指数等。总指数的编制方法通常是围绕加权动态指数展开的。统计指数的基本作用是综合反映总体现象在数量上的变动方向和变动程度，具体应用中可以建立指数体系进行因素分析，或编制指数数列进行长期趋势分析和相关分析。

统计指数理论的一个重要内容就是怎样编制总指数。编制总指数的基本思路有两种："先综合，后对比"或"先对比，后平均"。按照这两种思路编制的总指数分别称为加权综合指数和加权平均指数。由于选择不同时期的数据做权数，加权综合指数又分为基期加权综合指数(拉氏指数)和报告期加权综合指数(帕氏指数)等。依据权数的时期不同和平均方法不同，加权平均指数又分为三种重要指数，即基期加权的算术平均指数、报告期加权的调和平均指数，以及固定权数加权的算术平均指数。

实际工作中编制的各种统计指数，以物价指数最为引人注目。我国政府定期编制并公布的物价指数有两个：商品零售价格指数和居民消费价格指数，它们都是采用加权平均指数编制的。从 2001 年起，我国物价指数的公布与使用从以商品零售价格指数为主改为以居民消费价格指数为主，这是我国价格统计体系的一次重大调整。物价指数除了直接反映价格变动的方向和程度，而且还派生出一些其他的应用，比如测定通货膨胀率、测定货币购买力的变动和测定居民实际收入的变动等。

股票价格指数，又称股价指数，它是金融市场令人关注的统计指数。它能综合反映某个股票市场上市交易的股票价格变动的总方向和总程度。股价指数被称为股市行情的"指示器"和经济景气的"晴雨表"。上海证券交易所的上证综合指数是以所有上市股票为样本，以股票发行量为权数，按市价总额综合加权法计算出来的。

借助指数体系进行因素分析，称之为指数的因素分析法。用这种方法可以分析现象总体变动中各个因素变动的影响作用，这种分析关键在于建立指数体系。有两套常用的指数体系，一套是分析总量指标变动的指数体系，另一套是分析平均指标变动的指数体系。

统计指数都是依据各个研究内容（常称之为“变量”）的具体数值（变量值）计算出来的。数量变量的变量值表现为数字，例如“销售额”这个数量变量的变量值用100元、1000元、2000元等表示；而质量变量的变量值则表现为文字，例如对某品牌商品的“喜好度”这个质量变量的变量值就表现为“很喜欢”“喜欢”“不喜欢”等。实际应用中大量的指数是反映数量变量的变动，也有一部分指数反映质量变量的变动。质量变量又称品质变量。统计学中有专门对品质变量进行量化的方法，用这种方法，可编制出行业景气指数、经济景气指数、企业家信心指数、居民幸福指数、演艺明星人气指数等这样一些另类指数。

多指标综合评价指数，是统计指数的理论和方法在各个领域的发展与应用，它将多个单项指标综合成一个指数，以便对现象的发展状况做出总括性的评价。人文发展指数、经济效益指数、生活质量指数、城市人才吸引力指数、全球创新指数等都是这类指数。

第二节　案例正文与案例分析

案例一　揭开指数的神秘面纱

【案例正文】

［案例A］居民消费价格指数和生产价格指数

《中华人民共和国2020年国民经济和社会发展统计公报》显示，全年居民消费价格指数为102.5%，工业生产者出厂价格指数为98.25%，工业生产者购进价格指数为97.7%，农产品生产价格指数为115.0%。2020年中国居民消费价格总指数及其分类指数见表8-1。

表8-1　2020年中国居民消费价格指数（CPI）　　单位：%

指标	全国	城市	农村
居民消费价格	102.5	102.3	103.0
其中：食品烟酒	108.3	107.8	109.6
衣着	99.8	99.8	99.7
居住	99.6	99.6	99.5
生活用品及服务	100.0	100.1	99.9
交通和通信	96.5	96.4	96.8

续表

指标	全国	城市	农村
教育文化和娱乐	101.3	101.4	101.1
医疗保健	101.8	101.7	102.0
其他用品和服务	104.3	104.4	104.1

（数据来源：国家统计局官网，www.stats.gov.cn。）

（案例来源：作者编创。）

[案例 B] 股票价格指数

2021 年 9 月 10 日，上证指数报 3693.13 点，上涨 0.49%，成交额 6794.65 亿元。深证成指报 14698.53 点，上涨 0.07%，成交额 7526.90 亿元。创业板指报 3221.94 点，上涨 0.06%，成交额 2654.17 亿元。

（案例来源：作者编创。）

[案例 C] 购买力平价指数

我国改革开放以来，经济得到了快速的增长，2003 年我国 GDP 总量达到 116694 亿元人民币，按可比价格计算，比 2002 年增长 9.1%，我国年均 GDP 增长居世界之首，GDP 总量位居世界前 10 名。由于人口多、底子薄、起步晚，因此人均 GDP 与发达国家相比，仍然处于相对较低的水平上，我国的人均 GDP 刚刚超过 1000 美元，按购买力平价指数计算仍不足 5000 美元，与过去几百美元相比，是一个历史性的进步，但与发达国家的数万美元相比，我们的差距还是相当大的，2003 年我国人均 GDP 世界排名在 100 位以后。

（案例来源：张艳芳、刘金惠：《我国人文发展指数分析》，《统计教育》2006 年第 4 期，第 13 页。）

[案例 D] 住宅价格指数

2020 年，中央坚持“房住不炒”调控基调不变，上半年受新冠肺炎疫情影响，经济面临较大下行压力，多地从供需两端陆续出台房地产相关扶持政策，市场快速恢复。下半年政策环境趋紧，中央加强房地产金融监管，“三道红线”试点实施，多地升级楼市调控政策，力促市场理性回归。年末中央经济工作会议以及全国住房和城乡建设工作会议召开，重申继续坚持“房住不炒”定位，全面落实房地产长效机制，保持房地产市场平稳运行。

2020 年全国新房、二手房市场整体表现平稳。根据中国房地产指数系统百城价格指数对全国 100 个城市新建及二手住宅的调查数据，2020 年百城新建住宅价格累计上涨 3.46%，涨幅较 2019 年扩大 0.12 个百分点，但综合来看，仍处近几年同期低位。2020年以来百城二手住宅价格环比连续上涨，且涨幅均在0.5%以内，全年累计上涨2.98%，整体价格保持稳定。

据《海峡消费报》2021年5月18日报道，2021年4月，全国70个大中城市新建商品住宅平均售价环比上涨0.48%，增速较3月的0.41%有所加快。平均售价较去年同期上涨4.45%，与指数设立基期(2010年12月)比较累计上涨55.72%。其中，62个城市的新建商品住宅售价环比上涨，3个城市环比持平，5个城市环比下跌。二手住宅价格继续微幅上涨，月度环比涨幅为0.40%。

另据报道：根据中房指数系统百城价格指数，2021年8月，武汉新建住宅价格环比下跌0.06%，同比上涨3.32%，样本平均价格为13237元/平方米，样本价格中位数为13200元/平方米。

(案例来源：作者编创。)

[案例E] 空气污染对人体健康的影响

空气污染是人类健康的大敌，空气污染程度可以用空气污染指数来量化。

大气中各种污染物的含量高低、毒性强弱以及它们对环境的影响程度差别很大。目前武汉市空气质量的监测项目，统一规定为二氧化硫、二氧化氮和总悬浮颗粒物，用0~500之间的数字来表示空气污染指数的数值。

空气污染指数的取值范围定为0~500，其中0~50、51~100、101~200、201~300和大于300分别对应我国空气质量标准中日均值的一级、二级、三级、四级和五级标准的污染物浓度限定数值。

(案例来源：作者编创。)

[案例F] 从体重指数看健康危险

在当代，肥胖已成为影响人类健康和寿命的重要因素之一，很多疾病与肥胖症有关。据统计，因病而死亡的患者中有15%~20%合并有肥胖症。

肥胖症是心血管疾病特别是冠心病的发作原因，许多高血压病人同时又是肥胖症患者，糖尿病也与肥胖症有直接关系。此外，肥胖症者动作迟缓，工作易疲劳，常有腰、背、腿疼，不能耐受高温，影响体形美。

目前诊断肥胖症多采用计算体重指数(BMI)的方法，体重指数是一项比较准确且被世界广泛接受并采纳的诊断方法。只要以你的公斤体重除以身高的平方，就能得出体重指数，如体重70公斤，身高1.7米，$BMI=70\div(1.7\times1.7)=24$。

学会了计算体重指数，那让我们来看看“体重指数”和“健康危险”的关系：体重指数在18~25之间，健康危险一般；体重指数在25~30之间，健康危险开始增高；体重指数在30~35之间，健康危险较高；体重指数在35~40之间，健康危险很高；体重指数若大于40，健康危险极高。

在我国，肥胖症的诊断标准为体重指数大于25，而世界卫生组织的标准是，BMI大于25为超重，大于30为肥胖。此外，在诊断肥胖时还应考虑腰围与臀围的比例，这个比例过大对健康也是不利的。

（案例来源：《从体重指数看健康危险》，《武汉晚报》2006 年 5 月 23 日。）

［案例 G］中国城市便利店指数

2021 年 10 月 5 日，中央广播电视总台经济之声《天下财经》报道，2021 年中国城市便利店指数日前出炉，厦门、长沙、太原、东莞、广州的综合排名位列前五。专家指出，城市便利店发展规模整体保持稳定增长，品牌集中度仍然较低。外资品牌与内资品牌加快融合、全国龙头和区域龙头并驾齐驱成为两大新趋势。

（案例来源：作者编创。）

【案例分析】

看报纸，听广播，阅读财经杂志，上网浏览新闻，各种指数迎面扑来。居民消费价格指数、生产者价格指数、股票价格指数、住宅价格指数、购买力平价指数、人文发展指数、体重指数、城市便利店指数，还有经营成本指数、经济景气指数、消费者信心指数、明星人气指数，等等，林林总总，似乎越来越多的现象都与指数沾上了边。何为指数？指数是怎样计算出来的？指数有什么特点和作用？指数有哪些具体应用？需要统计学一一来解答这些问题。

统计指数(index number)是一个古老而现实的课题。说它古老，是因为它产生的历史悠久，它是统计中历史最悠久、应用最广泛，与社会经济生活关系最为密切的一个重要组成部分。统计指数产生于 18 世纪中叶欧洲资本主义的上升时期，当时由于美洲新大陆开发的大量金银贵重金属源源不断地流入，引起欧洲物价骤然上涨，受到社会普遍关注，为了反映物价的涨跌程度，一些国家开始尝试编制物价指数。此后，指数的理论和应用不断发展，并逐步扩展到社会、经济生活的各个方面，用来考察许许多多的社会经济问题，包括工农业生产、商品销售、进出口贸易、客货运输、股票证券等业务量的变动，以及成本、工资、生活费用等现象的数量变化。通过生产指数，可以反映经济增长的实际水平；通过成本指数，可以表明产品成本的升降变动；通过股价指数，可以分析股市行情；通过购买力平价指数，能够对世界各国的国内生产总值进行合理比较；通过企业景气指数，可以反映企业家对企业综合生产经营情况的判断与预期，等等。现在，统计指数不仅是社会经济分析和景气预测的重要工具，而且还应用于经济效益、生活质量、综合国力等社会经济发展水平的综合评价，这类指数包括综合经济效益指数、生活质量指数、人口素质指数、社会秩序指数、社会稳定指数、人文发展指数等。可以说，统计指数是一种得到广泛应用的分析指标。

指数的概念有广义和狭义两个方面的定义。从广义上讲，数量上能够直接对比所得的相对数，都称之为指数。也就是说，凡是指数都是对比的结果，作为一种对比性的统计指标，指数具有相对数的形式。

狭义的指数则是一种特殊的相对数，它是综合反映总体现象数量变动程度的相对数。

这里的“总体现象”是指多要素所组成的而且各组成要素在数量上不能直接相加的现象。比如一个地区的工业产品产量，由于工业产品的种类很多，每个类别产品下又有众多不同规格型号的产品，各种不同的工业产品的产量是不能直接相加的，因此，“工业产品产量”这个研究现象就是一个多要素所组成的各要素的数量不能直接相加的总体现象，要反映其变动而编制的该地区工业产品产量指数，就是狭义上的统计指数。

在本案例中提到的指数，都可以归在统计指数的范畴之内，其中居民消费价格指数、股票价格指数、住宅价格指数和购买力平价指数都属于狭义的指数。

一般的相对数计算简单，两个数值直接对比就行了，而狭义的指数作为一种特殊的相对数，要反映多要素组成的总体的综合变动，首先要解决各要素不能直接相加的问题。除了刚才说到的要计算工业产品产量指数，存在各种工业产品产量不能相加的问题；还有，要计算多种产品的单位成本指数，多种商品的销售价格指数，也存在多种产品的单位成本不能直接相加、多种商品的销售价格也不能直接相加的问题。如何使不能直接相加的单位成本转换成能够直接相加的总成本，使不能直接相加的销售价格转换成能够直接相加的销售额，诸如此类的问题，都需要引入媒介因素(统计中称同度量因素或指数权数)来过渡。加总问题解决之后，将两期总成本或两期销售总额进行对比，并保持媒介因素不变，对比的结果就可以反映单位成本或销售价格的动态变化了。可见，计算狭义的指数需要有特别的方法，统计指数理论就是重点研究狭义指数的计算方法和分析方法。

狭义的指数具有四个显著的特点：

(1)它反映的是现象的相对变动。狭义的指数通过分子分母的对比，反映现象的分子数值相对于分母数值的变动，它表示如果把作为对比基准水平(分母)定为100，那么所要考察的是现象水平(分子)相当于基准水平的多少。比如，我国2020年的居民消费价格指数为102.5%，表明将基期年份(通常为上年)的平均价格水平看成是100，则2020年全国的平均价格水平为102.5，即2020年相当于基年2019年的102.5%，也意味着2020年的物价水平相对于2019年上涨了2.5%。

(2)它反映的是现象的综合变动。狭义的指数是反映总体数量变动的相对数，总体由多个体、多要素所组成，总体的变动是多个体多要素的综合变动。我国2020年的居民消费价格指数为102.5%，说明居民消费的商品和服务的价格与上年比较，总体上涨了2.5%。如果具体到各类商品或服务的价格，则会有升有降，升降相抵以后，还是综合上涨了2.5%。

(3)它反映的是现象的平均变动。狭义的指数反映总体的数量变动，从某种意义上讲，是对总体中各个个体变动的平均。例如，2020年我国居民消费价格指数是102.5%，它实际上是食品烟酒价格指数108.3%、衣着价格指数99.8%、居住价格指数99.6%、生活用品及服务价格指数100%、交通和通信价格指数96.5%、教育文化和娱乐价格指数101.3%、医疗保健价格指数101.8%以及其他用品和服务价格指数104.3%等8个分类指数的加权算术平均数。

(4)它是总体变动的代表值。既然狭义的指数实质上是一个平均数，依据平均数的性质，它就是总体变动的一个代表值。在实际编制总指数时，总体包含的个体或项目往往成千上万，数目庞大，甚至数不胜数，比如一个国家、地区或城市的零售商品或居民消费项目，或工业产品等，我们不可能掌握每种商品、每个消费项目、每件工业产品的产量或价格资料，因此也就不可能将总体中的每个个体一一列入计算范围，只能选取若干项目作为代表，依据这些代表性项目的统计资料编制总指数。这样处理，既可以节省大量的人力、物力和财力，又可以满足时效性的要求。比如，工业生产指数就是在浩如烟海的几十万种工业产品中选择部分代表产品编制的，用以代表全部工业产品的产量变动。也正因如此，某类或某种工业产品产量的变动方向或变动幅度，可能与全部工业产品产量的总体变动不一致。

统计指数是一个比较指标，这是所有指数的共同性质，而不同的指数具有各自不同的特点。通过对指数进行适当分类，不仅有助于我们更加深入地了解指数，而且可以为分门别类地编制指数搭建一个基本框架。

统计指数的主要分类如下：

(1)按指数计算对比的方向不同，分为动态指数与静态指数。它们分别是现象纵向对比与横向对比的结果。动态指数是将同一现象在不同时间上的发展水平进行对比的结果，反映某一现象自身发展变化的方向和程度，又称时间指数(time index number)，也就是动态相对数或发展速度。常见的居民消费价格指数、股票价格指数、工业生产指数等都属于动态指数。

动态指数有定基指数与环比指数之分。定基指数(fixed base index)是指在指数数列中，所有各期指数都使用同一基期计算；如果随着时间的推移，每期指数都以其前一期水平作为对比的基数，则称为环比指数(chain index)。

静态指数则是将同一时间不同空间(如不同国家、地区、部门、行业、企业、单位等)的同类现象水平进行对比的结果，用以反映同类现象在空间上的差别程度，又称空间指数或区域指数(regional index number)。比如，上海与武汉的地区物价比较指数，用于国际对比的购买力平价指数和人均 GDP 指数等都是静态指数。静态指数还包括计划完成指数，它用同期实际完成数与计划数相比，反映在同一时期内实际完成计划的程度。

动态指数是出现最早的指数，也是理论上和实践中应用最多的指数。静态指数则是动态指数方法原理的推广与发展。

(2)按指数的计算范围和计算方法不同，分为个体指数和总指数。个体指数是研究总体中的个体或个别项目的数量对比关系的指数。比如，反映市场上某种商品价格的变动或销量的变动，该种商品作为商品总体中的一份子，我们需要计算的就是其个体价格指数和个体销量指数。个体指数实际上就是普通的相对数，不存在不同个体的数量需要相加的问题，可以直接对比求得。

总指数则是研究总体现象数量对比关系的指数，即狭义的指数。编制总指数，常常面临总体中个体数量需要相加却不能直接相加的问题。因此，总指数与个体指数的差别，不仅在于范围大小不同，还在于计算方法不同。总指数不能沿用普通相对数的计算方法。

(3)按总指数的计算方法是否加权，分为简单指数和加权指数。简单指数又称不加权指数(unweignted index number)，它将参与总指数计算的各个个体或项目的重要性视为相同，采用对各个个体指数简单平均的方法计算总指数。加权指数(weighted index number)在计算中引入媒介因素或对个体指数进行加权平均来计算总指数。按权数的含义不同，其主要有：加权综合指数、加权平均指数、平均指标变动指数。目前应用的主要是加权指数。

(4)按指数化指标不同，分为数量指数、质量指数和总值指数。所谓“指数化指标”就是在指数中反映其数量变化的那个指标。例如，物价指数的指数化指标是商品或产品的“价格”，销售量指数的指数化指标是商品的“销售量”，单位成本指数的指数化指标是“单位成本”，工业生产指数的指数化指标是工业产品的“产量”，而股价指数的指数化指标则是上市交易的“股票价格”，等等。

如果一个指数的指数化指标是数量指标(即表现为绝对数)，则称该指数为数量指数，数量指数反映的是物量的变动。如果一个指数的指数化指标是质量指标(即表现为相对数或平均数)，则该指数为质量指数，质量指数反映的是现象内含质量的变动。上面提及的产量指数、销售量指数等都属于数量指数，而物价指数、股价指数、单位成本指数等都是质量指数。

需要特别强调的是，诸如销售额指数、总成本总额指数或总产值指数等，它们的指数化指标销售额、成本总额、总产值等都是数量指标，却具有“价值总量”的特殊形式，这些价值总量通常可以分解为一个数量指标与一个质量指标的乘积(销售额=销售量×价格，成本总额=产量×单位成本，总产值=产量×出厂价格)，而相应的指数则反映了两个指标的综合变动。因此，在指数分析中，它既不归于数量指数，也不归于质量指数，而是单独列为一类，称为总值指数。

在后面的案例分析中，将围绕动态指数、总指数和加权指数来说明数量指数和质量指数的编制方法。

总指数在社会经济分析中得到了广泛的应用，其主要作用表现在以下几个方面：

第一，能够综合反映复杂现象总体在数量上总的变动方向和程度。例如，2020年我国居民消费价格指数为102.5%，表明物价变动的总方向是上升的，上升的幅度为2.5%；多种产品的单位成本指数是95%，说明单位成本变动的方向是下降的，下降的幅度为5%。

第二，通过指数体系对现象的总体变动进行因素分析，分析各个因素对总变动的影响程度和实际效果。比如，利用指数体系分析商品销售额的变动受销售量和销售价格两因素影响的程度和绝对额；利用指数体系分析企业职工平均工资的变动受各类职工工资水平变动和各类职工人数变动的影响程度和影响额。

第三，通过指数数列，研究现象发展变化的长期趋势。由按时间连续编制的指数组成的数列，可以反映现象在一个较长的时间内发展变化的走向和态势，同时利用指数数列，可以解决不同性质的现象不能直接对比的困难，比如利用物价指数数列和工资指数数列进行对比分析，可以探求物价变动与工资变动的相关关系。

案例二　加权指数：攻克指数编制的难关

【案例正文】

某市场六种商品的销售价格和销售量资料如表 8-2 所示。为了反映该市场销售的食品价格和销售量的总体变动情况，市场管理人员需要依据这些资料，编制食品类的价格总指数和销售量总指数。

表 8-2　六种商品相关资料

商品类别	计量单位	商品价格(元)		销售量		个体指数(%)	
		基期 p_0	报告期 p_1	基期 q_0	报告期 q_1	p_1/p_0	q_1/q_0
大米	百公斤	180.0	220.0	2100	2300	122.22	109.52
鸡蛋	公斤	5.8	7.6	7300	8500	131.03	116.44
食用油	公斤	17.0	14.0	350	380	82.35	108.57
鲜鱼	公斤	13.0	15.0	510	690	115.38	135.29
白菜	斤	1.5	1.0	940	990	66.67	105.34
苹果	斤	2.5	3.4	360	300	136.00	83.33

表中，商品价格为 p，销售量为 q；下标“0”表示基期，下标“1”表示报告期。

【案例分析】

总指数要反映的是总体的综合变动，这种综合变动必须通过对总体中个体资料的综合对比，才能表现出来。如何综合对比，有两种基本思路：“先综合，后对比”或“先对比，后平均”。针对案例中提供的资料，我们可以按照这两种思路来编制价格总指数和销售量总指数。

一、引入权数

对表 8-2 中的资料，如果我们只是关心个别商品的价格或销量的变动，那么问题很简单，直接将报告期价格除以基期价格，或者报告期销量除以基期销量，即可得到反映个别商品价格或销售量变动的个体指数。由表 8-2 最后两栏可知，在六种商品中，苹果的个体价格指数为 136%，表明其价格上涨了 36%，涨幅最大；涨幅渐小的依次是鸡蛋(+31.03%)、大米(+22.22%)、鲜鱼(+15.38%)。食用油和白菜的价格指数小于 100%，其价格分别下降了 17.65%和 33.33%，白菜的降价幅度最大。上述个体指数的计算用公式表示为：

$$i_p = \frac{p_1}{p_0} \qquad i_q = \frac{q_1}{q_0} \tag{8.1}$$

现在我们关心的不是个别商品，而是全部商品的价格和销售量的总体变动情况，问题就较为复杂一些。为了编制这六种商品的价格总指数和销售量总指数，我们就要考虑怎样对各个商品的资料进行综合对比。

按照“先综合，后对比”的基本思路，我们先将各种商品的价格或销售量加总起来，然后再两期总和对比，得到总指数。用公式表示为：

$$I_p = \frac{\sum p_1}{\sum p_0} \quad I_q = \frac{\sum q_1}{\sum q_0} \tag{8.2}$$

由于六种商品的销售价格因商品不同，不能直接相加，六种商品的销量也因商品不同或计量单位不同不能直接相加，因为直接加总的结果都没有实际经济意义。如果不解决总体中个体加总的问题就将其勉强直接加总，显然不能得到令人信服的指数计算结果。解决加总问题需要引入权数，通过权数的媒介作用，先使加总的结果有意义，再进行对比。由此思路编制的总指数称之为加权综合指数。

按照“先对比，后平均”的基本思路，首先求出每个商品的个体价格指数$\left(i_p = \frac{p_1}{p_0}\right)$和个体销量指数$\left(i_q = \frac{q_1}{q_0}\right)$，然后对各个个体指数进行平均得到总指数。用公式表示为：

$$I_p = \frac{\sum \frac{p_1}{p_0}}{n} \quad I_q = \frac{\sum \frac{q_1}{q_0}}{n} \tag{8.3}$$

n 表示个体指数的个数。在上式中，我们将各种商品的个体指数进行简单平均，意味着将不同商品的重要性同等看待。也就是说，如果大米和苹果的价格都上涨 30%，那么就认为它们各自对价格总指数的影响是相同的；而如果大米涨价 30%，白菜跌价 30%，则认为它们对价格总指数的影响恰好可以相互抵消，这显然是不合理的。编制价格指数的主要目的之一，就是要分析价格变动对货币收支的影响。显然，当大米和苹果的价格都上涨 30%时，它们各自对卖者和买者的货币收支的影响是不同的；而如果大米涨价 30%而白菜跌价 30%，它们对货币收支的影响也不会刚好相互抵消。也就是说，各种商品的重要程度是不相同的，是有差别的，简单平均就没有反映这种差别，所以难以满足分析的需要。对个体指数进行加权平均，就能够妥善地解决这个问题，由此思路编制的总指数称为加权平均指数。

二、权数的确定

确定权数，需要解决三个问题。

第一，根据现象之间的内在联系来确定权数。如上所述，要反映六种商品销量的综合变动，需要将六种商品的销售量综合加总后再对比。但是由于不同商品具有不同的使用价值和不同的计量单位，不能直接相加。能否通过某种转化间接相加呢？我们知道，不同商品的实物量由于商品性质不同或商品的使用价值不同而不能直接相加，但是价值量是同质的，是可以直接相加的。将销售量乘以价格换算成销售额，那么不同商品的销售额就可以直接加总了。引入价格计算销售额，不仅解决了销售量不能直接相加的问题，而且还权衡了每种商品销售量的个别变动对全部商品销售量的总体变动的影响作用大小。也就是说，价格还具有权衡轻重的作用，价格高的商品其销售量的变动对总体销售量变动的影响作用大，而价格低的商品其销售量的变动对总体销售量变动的影响作用小。这里，价格就是我们要寻找的计算销售量总指数的权数。

同理，为了反映六种商品价格的综合变动，也需要解决价格不能直接加总的问题。价格的计量单位都是“元”，似乎可以直接相加，但是价格的本质是单位实物量的价值量，它与实物量是密不可分的。案例中六种商品的价格，有的是每百公斤多少元，有的是每公斤多少元，还有的是每斤多少元，因此这样的一些价格显然不能直接加总。即使都用“元/公斤”计量，也不能加总，因为价格作为平均数，不同商品的平均数之和没有实际意义。所以，还是需要把价格转化为销售额来解决加总的问题。价格乘以销售量等于销售额，即引入销售量作为权数。同样，销售量的引入不仅解决了价格不能直接相加的问题，而且可以权衡不同商品价格的变动对总体价格综合变动的影响，起到了加权的作用。销售量就成为计算价格指数的权数。

在统计中，一般在计算数量指数时，用相关的质量指标作为权数，例如，商品销售量指数用销售价格作为权数，产品产量指数用生产价格或单位成本作为权数等；而计算质量指数时，用相关的物量指标作为权数，如销售价格指数用销售量作为权数，单位成本指数用生产量作为权数等。

第二，确定权数所属时期。无论是计算销售量总指数，还是计算价格总指数，都是通过销售额的对比来反映销售量的变动或价格的变动。在反映销售量变动时，价格应保持不变，即作为分子、分母的销售额都应该采用同一时期的价格进行计算；在反映价格变动时，销售量应保持不变，即作为分子、分母的销售额都应采用同一时期的销售量进行计算。也就是说，不论数量指数还是质量指数，都要求计算指数的分子和分母中的权数必须是同一时期。权数既可以都是基期的数据，也可以都是报告期或某一固定时期的数据，还可以是基期和报告期数据的平均数。使用不同时期的权数，会得到不同的计算结果，所包含的实际意义也不相同。权数应该具体确定在哪一时期，取决于我们要利用指数说明什么样的问题。

第三，确定权数的表现形式。权数可能是产量、销量或价格、单位成本等数量指标或质量指标的形式，也可能是销售额、总产值、总成本等价值总额的形式，还可能采用比重形式，比如用某类商品销售额占全部商品销售总额的比重对各类商品价格进行加权平均。采用什么形式的权数，取决于所选择的计算方法和所掌握的统计资料。

三、加权综合指数

通过引入权数，按“先综合、后对比”的思路计算的总指数，就是加权综合指数。下面我们依据案例中的资料，分别用基期资料和报告期资料进行加权，计算该市场6种商品的价格总指数和销售量总指数。

1. 基期加权综合指数(拉氏指数)

计算公式如下：

$$I_p = \frac{\sum p_1 q_0}{\sum p_0 q_0} \tag{8.4}$$

$$I_q = \frac{\sum p_0 q_1}{\sum p_0 q_0} \tag{8.5}$$

拉氏指数是德国学者拉斯贝尔斯(Laspeyres)于1864年提出的指数计算方法，简称“拉氏指数”。拉氏认为，不论质量指数(I_P)还是数量指数(I_q)，都采用基期资料予以加权。

表8-3　加权综合指数计算表

商品名称	计量单位	价格(元)		销售量		销售额(元)			
		p_0	p_1	q_0	q_1	p_0q_0	p_0q_1	p_1q_0	p_1q_1
大米	百公斤	180.0	220.0	2100	2300	378000	414000	462000	506000
鸡蛋	公斤	5.8	7.6	7300	8500	42340	49300	55480	64600
食用油	公斤	17.0	14.0	350	380	5950	6460	4900	5320
鲜鱼	公斤	13.0	15.0	510	690	6630	8970	7650	10350
白菜	斤	1.5	1.0	940	990	1410	1485	940	990
苹果	斤	2.5	3.4	360	300	900	7500	1224	1020
合计	—	—	—	—	—	435230	487715	532194	588280

利用表8-3中的资料，采用拉氏指数计算如下：

$$I_P = \frac{\sum p_1 q_0}{\sum p_0 q_0} = \frac{532194}{435230} = 122.28\%$$

$$I_q = \frac{\sum p_0 q_1}{\sum p_0 q_0} = \frac{487715}{435230} = 112.06\%$$

计算结果表明，报告期与基期比较，该市场6种商品的销售价格平均上涨了22.28%，销售量平均增长了12.06%。

2. 报告期加权综合指数(帕氏指数)

计算公式如下：

$$I_p = \frac{\sum p_1 q_1}{\sum p_0 q_1} \tag{8.6}$$

$$I_q = \frac{\sum p_1 q_1}{\sum p_1 q_0} \tag{8.7}$$

帕氏指数是1874年另一位德国学者帕西(Paasche)提出的一种指数计算方法。帕氏认为，不论质量指数还是数量指数，都采用报告期资料予以加权。

利用表8-3中的资料，用帕氏指数计算如下：

$$I_p = \frac{\sum p_1 q_1}{\sum p_0 q_1} = \frac{588280}{487715} = 120.62\%$$

$$I_q = \frac{\sum p_1 q_1}{\sum p_1 q_0} = \frac{588280}{532194} = 110.54\%$$

计算结果表明，报告期与基期比较，该市场的六种商品的销售价格平均上涨了20.62%，销售量平均增长了10.54%。

3. 拉氏指数与帕氏指数的比较

显然，用同一资料，拉氏指数与帕氏指数计算的结果存在明显差别，我们知道这是因为权数分别使用了基期资料和报告期资料所致。拉氏指数与帕氏指数的差别不只表现在计算结果的数值大小上，而且还表现在经济分析的意义上。以价格指数为例，拉氏价格指数以基期销售量作为权数，表明它是在基期销售数量和销售结构的基础上分析研究各种商品价格的综合变动；而帕氏指数以报告期销售量作为权数，说明它是在报告期销售数量和销售结构的基础上分析研究各种商品价格的综合变动。尽管二者都是反映价格水平的综合变动，但是以什么时期的销售结构为基础，得出的结果是不同的。

拉氏指数和帕氏指数的分子、分母之差，也具有不同的经济含义。拉氏指数的分子、分母之差，即：

$$\sum p_1 q_0 - \sum p_0 q_0 = \sum (p_1 - p_0) q_0 \tag{8.8}$$

表明消费者为了维持基期的消费水平(消费量)，或商家为了维持基期的销售水平(销售量)，由于价格的变化而增减多少实际开支或销售额。这种计算结果显然具有一定的分析价值。

而帕氏指数的分子、分母之差，即：

$$\sum p_1 q_1 - \sum p_0 q_1 = \sum (p_1 - p_0) q_1 \tag{8.9}$$

表明的则是消费者购买报告期商品或商家销售报告期商品，因价格的变化而得到多少实惠或受到多大损失。从心理上讲，卖者和买者都更关心报告期的即期消费或近期消费与即期销售或近期销售，而不太关心基期的或远期的消费与销售。所以帕氏价格指数较之拉氏价格指数，具有更强的现实经济意义。当然，拉氏指数与帕氏指数的优劣评判，并无绝对标准，它们在理论上都是成立的，计算结果都有相应的经济意义。实际应用或公布哪种指数的计算结果，关键在于能够辨别二者之间的差别，并依据分析研究的预期目的来具体确定。

如果我们编制综合指数的目的是建立指数体系并进行因素分析，那么编制价格综合指数和销售量综合指数时，就应该遵循综合指数的一般原则，即：编制价格综合指数，应把权数(销售量、数量指标)固定在报告期，采用帕氏公式，这一原则适用于所有质量指数的编制；编制销售量综合指数，应把权数(价格、质量指标)固定在基期，采用拉氏公式，这一原则适用于所有数量指数的编制。

四、加权平均指数

按照“先对比，后平均”的思路，对个体指数进行加权平均计算的总指数，称为加权平均指数。它是计算总指数的另一种重要方法，与综合指数一样，都是反映数量指标和质量指标变动的指数。

加权平均指数的权数，通常是数量指标与质量指标的乘积，这个乘积可能是价值总量，比如商品销售额(销售量×销售价格)、总产值(产量×价格)、总成本(产量×单位成本)等，也可能是其他总量，如农产品总产量(收获面积×单位面积产量)。加权平均指数中的个体指数，可能是个体质量指数或个体数量指数。实践中比较常用的加权平均指数有：基期加权的算术平均指数、报告期加权的调和平均指数和固定权数加权的算术平均指数。

1. 基期加权的算术平均指数

该指数是以基期总量为权数，对个体指数进行加权算术平均计算出来的总指数。

设基期总量为 $p_0 q_0$ ，个体质量指数为 $\frac{p_1}{p_0}$ ，个体数量指数为 $\frac{q_1}{q_0}$ ，则计算公式表示为：

质量指数
$$I_p = \frac{\sum \frac{p_1}{p_0} p_0 q_0}{\sum p_0 q_0} \tag{8.10}$$

数量指数
$$I_q = \frac{\sum \frac{q_1}{q_0} p_0 q_0}{\sum p_0 q_0} \tag{8.11}$$

表 8-4 加权平均指数计算表

商品名称	个体指数(%)		销售额(元)		$\frac{p_1}{p_0} p_0 q_0$	$\frac{q_1}{q_0} p_0 q_0$	$\frac{p_1 q_1}{p_1/p_0}$	$\frac{p_1 q_1}{q_1/q_0}$
	p_1/p_0	q_1/q_0	$p_0 q_0$	$p_1 q_1$				
	(1)	(2)	(3)	(4)	(5)	(6)	(7)=(4)/(1)	(8)=(4)/(2)
大米	122.22	109.52	378000	506000	461991.6	413985.6	414007.5	462016.1
鸡蛋	131.03	116.44	42340	64600	55478.1	49300.7	49301.7	55479.2
食用油	82.35	108.57	5950	5320	4899.8	6459.9	6460.2	4900.1
鲜鱼	115.38	135.29	6630	10350	7649.7	8969.7	8970.4	7650.2
白菜	66.67	105.34	1410	990	940.0	1485.3	1484.9	939.8
苹果	136.00	83.33	900	1020	1224.0	749.9	750.0	1224.0
合计	—	—	435230	588280	532183.2	480951.1	480974.7	532209.4

下面利用表 8-4 中的数据，计算案例中要求的指数。

价格总指数 $I_p = \dfrac{\sum \dfrac{p_1}{p_0} p_0 q_0}{\sum p_0 q_0} = 532183.2/435230.0 = 122.28\%$

销售量总指数 $I_q = \dfrac{\sum \dfrac{q_1}{q_0} p_0 q_0}{\sum p_0 q_0} = 480951.1/435230.0 = 110.51\%$

计算结果表明，报告期与基期比较，该市场 6 种商品的价格平均上涨了 22.28%，6 种商品的销售量总体上升了 10.51%。

2. 报告期加权的调和平均指数

该指数是以报告期总量为权数，对个体指数进行加权调和平均计算出来的总指数。其公式为：

质量指数
$$I_p = \frac{\sum p_1 q_1}{\dfrac{1}{p_1/p_0} p_1 q_1} \tag{8.12}$$

数量指数
$$I_q = \frac{\sum p_1 q_1}{\dfrac{1}{q_1/q_0} p_1 q_1} \tag{8.13}$$

利用表 8-4 中的数据，计算案例中的指数：

价格总指数 $I_p = \dfrac{\sum p_1 q_1}{\dfrac{1}{p_1/p_0} p_1 q_1} = 588280.0/480974.7 = 122.31\%$

销售量总指数 $I_q = \dfrac{\sum p_1 q_1}{\dfrac{1}{q_1/q_0} p_1 q_1} = 288280.0/532209.4 = 110.54\%$

计算结果表明，报告期与基期比较，该市场商品的价格平均上涨 22.31%，销售量平均上升 10.54%。

3. 固定权数加权的算术平均指数

固定权数加权的算术平均指数也是现实中应用广泛的一种指数，我国的零售商品价格指数、居民消费价格指数都是用这种固定权数的算术平均指数形式编制的。所谓“固定权数”一般采用比重形式，在物价总指数中，它是各类商品销售额在全部商品销售总额中所占的比重。在商品销售结构或居民消费结构比较稳定的情况下，一套比重权数资料可以用几年(3 年或 5 年)，在这期间，每年的物价指数都用这一套比重权数计算，相当于权数固定不变，故称“固定权数”。

固定权数的价格总指数公式为(其中 $\sum w = 100\% = 1$)：

$$I_P = \frac{\sum \frac{p_1}{p_0} \cdot w}{\sum w} = \sum \frac{p_1}{p_0} \cdot w \qquad (8.14)$$

比如有三类商品，各类商品的价格指数分别为98%、115%和120%，对过去的销售资料进行分析调整后，各类商品销售额所占比重分别为20%、30%和50%，用此比重作为权数，则这三类商品的价格总指数为：

$$I_P = \sum \frac{p_1}{p_0} \cdot w = 98\% \times 20\% + 115\% \times 30\% + 120\% \times 50\%$$
$$= 114.1\%$$

五、平均指数与综合指数的关系

在加权平均指数中，考虑到指数的实际意义和分析效果，基期总量加权多用于计算数量指数，报告期总量加权多用于计算质量指数。由于采用 $p_0 q_0$ 或 $p_1 q_1$ 加权，加权平均指数都能换算为加权综合指数，从这个意义上讲，加权综合指数一般被看成是计算总指数的基本形式，而加权平均指数则是加权综合指数的变形形式。但是在实际计算中，二者对计算资料的要求是不同的。综合指数的计算要求具备全面资料，以物价指数为例，计算它不仅要具备全部商品的价格和销量资料，而且基期、报告期的都不能少，即要求全部商品的基期和报告期的 p_0 、p_1 及 q_0 和 q_1 数据缺一不可。而在实际生活中如果研究总体包含的商品项目很多，要获取这样全面的数据是相当困难的，即使能够获得，其工作量也很大，费时费力，而且时效性也差。所以在研究总体或研究范围较小时，应用综合指数具有一定的优势，它既能表明价格综合变动的方向和程度，又能通过价格指数的分子、分母相减准确计算全部商品销售总额的增减值。平均指数对计算资料的要求则比较灵活，全面资料和非全面的抽样调查资料它都能计算，而且价值总量(如销售额)资料较之数量指标(如销售量)和质量指标(如价格)资料更容易获取，因此，加权平均指数在实际工作中得到了广泛应用。

案例三　物价指数：掀起你的盖头来

【案例正文】

[案例 A] 您身边的统计指标：居民消费价格指数

每当统计部门发布居民消费价格指数，CPI 的“大名”就会出现在各大报纸、网站以及电视上的显著位置。对社会公众来说，CPI 到底在他们的生活中扮演了什么样的角色？

CPI 是 Consumer Price Index(消费者价格指数)的英文简称，我国称为居民消费价格指数，是指消费商品及服务项目价格水平随着时间变动的相对数，反映居民购买的商品及服务项目价格水平的变动趋势和变动程度。其按年度计算的变动率通常被用来反映通货膨胀或紧缩的程度；CPI及其分类指数还是计算国内生产总值以及资产、负债、消费、收入等实际价值的重要参考依据。

CPI是怎么得来的？

首先，国家统计局和地方统计部门分级确定用于计算CPI的商品和服务项目以及调查网点。国家统计局根据全国城乡居民家庭消费支出的抽样调查资料，统一确定商品和服务项目的类别，设置食品烟酒、衣着、生活用品及服务、医疗保健、交通和通信、教育文化和娱乐、居住等八大类262个基本分类，基本涵盖了城乡居民的全部消费内容。全国抽选约500个市县，确定采集价格的调查点，包括食杂店、百货店、超市、便利店、专业市场、专卖店、购物中心、农贸市场、服务消费单位等共6.3万个。

其次，按照“定人、定点、定时”的方式，统计部门派调查员到调查网点现场采集价格。目前，分布在全国31个省(区、市)500个调查市县的价格调查员共4000人左右。价格采集频率因商品而异，对于CPI中的粮食、猪牛羊肉、蔬菜等与居民生活密切相关、价格变动相对比较频繁的食品，每5天调查一次价格；对于服装鞋帽、耐用消费品、交通通信工具等大部分工业产品，每月调查2~3次价格；对水、电等政府定价项目，每月调查核实一次价格。

最后，根据审核后的原始价格资料，计算单个商品或服务以及262个基本分类的价格指数。然后，根据各类别相应的权数，再计算类别价格指数以及CPI。

我国CPI中的权数，主要是根据全国城乡居民家庭各类商品和服务项目的消费支出详细比重确定的。CPI汇总计算方法采用链式拉氏公式，编制月环比、月同比以及定基价格指数。

(案例来源：国家统计局网站，http://www.stats.gov.cn。)

[案例B] 物价指数的编制

居民消费价格指数(CPI)，又称物价指数。

物价指数按计算范围大小，分为省(区、市)等地区物价指数和全国物价指数；同时，又分别计算城市物价指数和农村物价指数，以反映不同区域及城乡不同经济条件下物价的变动。

我国居民消费价格指数编制的步骤如下：

第一步：在商品分类的基础上选取代表性商品和服务项目。

由于居民消费的商品和服务品种繁多，且价格处于经常变动之中，难以取得所有商品和服务项目的全面资料，故在实际工作中采用抽样方法，取得部分具有代表性的商品和服务项目作为实际调查登记的对象。

将全部商品和服务分成若干大类，每个大类下再分若干中类，每个中类下再分若干小类，在每个小类中分若干商品集团，之后从商品集团中选取若干代表性商品与服

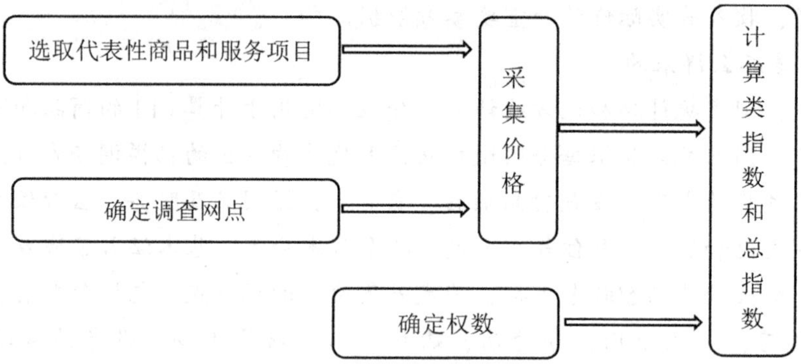

图 8-1　CPI 编制流程图

务项目。

代表性的商品和服务项目，一般选择质量合格、销售量大、生产和销售前景较好、价格变动有代表性的商品和服务项目。

按国家统计局的规定，目前 CPI 涵盖城乡居民生活消费的食品烟酒、衣着、居住、生活用品及服务、交通和通信、教育文化和娱乐、医疗保健、其他用品和服务等 8 大类、262 个小类的商品与服务项目价格。

在大类的基础上，再中类、小类、商品集团等逐层分类。比如“食品烟酒”这一大类，又分为 10 个中类(粮食、食用油、鲜菜、畜肉类、蛋类、奶类、水产品、鲜果、烟草、酒类)；粮食这一中类又分为两个小类(细粮、粗粮)；细粮这一小类又分为 4 个商品集团(大米、糯米、面粉、面条)。计算物价指数的代表性商品和服务就是从商品集团中抽选的。

第二步：确定调查网点。

各地在经营品种齐全、销售量大的卖场以及居民小区的零售商店中，采用抽样调查方法确定价格调查网点，调查网点涉及全国 500 多个市县，调查网点的数目从最初的 5 万多个到 6.3 万多个，至现在的 8.8 万多个。

第三步：采集代表性商品和服务的价格(采集价格)。

全国配备了 4000 多名专职价格调查员，采取定点、定人、定时方式，直接调查登记。一般性的商品每月调查 3 次；与居民生活密切相关、价格变动频繁的商品至少每月调查 6 次；价格相对稳定或国家控制价格的商品每月调查 1~2 次；最后汇总计算代表性商品和服务项目的月平均价格。

第四步：权重的确定。

我国 CPI 中权重的确定依据是城乡居民消费结构。我国居民的各类支出所占比重(在 CPI 中的权重)，是依据统计部门对全国 12 万户城乡居民家庭调查的实际消费支出综合确定的，反映的是总体水平、平均水平。

在CPI的构成上，各国大致都一样，基本分为食品烟酒、衣着、居住、生活用品及服务、交通和通信、教育文化和娱乐、医疗保健、其他用品和服务等8大类，其中后7类统称为非食品类。由于各国居民消费支出结构不同，8大类在CPI中的权重是不一样的。比如2015年，在我国，食品、非食品、居住的权重分别为30%、70%、18%，而同期美国分别为15%、85%、40%。

国家统计局还会依据居民消费结构变化，定期对CPI中各类权重进行调整，每年有些小调整，3~5有较大调整。

第五步：计算不同层次的价格指数。

先计算代表规格品的指数、小类指数，再中类指数、大类指数，最后对各大类指数加权平均，计算出城市或农村价格总指数。

计算公式：$\bar{I}_P = \sum I_p W$

其中，$\bar{I}_P$ 表示价格总指数；

I_p 表示下一层次的分类价格指数或代表性商品和服务的个体价格指数；

$W = \dfrac{p_0 q_0}{\sum p_0 q_0}$ 表示各类商品或服务基期消费额在总体中所占的比重。

各地区包含城市和农村的综合物价指数，是在城市和农村单项商品或服务项目的个体物价指数的基础上，根据城乡商品消费额，确定每一种商品或服务项目在城乡之间的比重，先加权计算各地区单项商品物价指数，然后加权平均由小类到中类、大类分层汇总计算地区物价总指数。

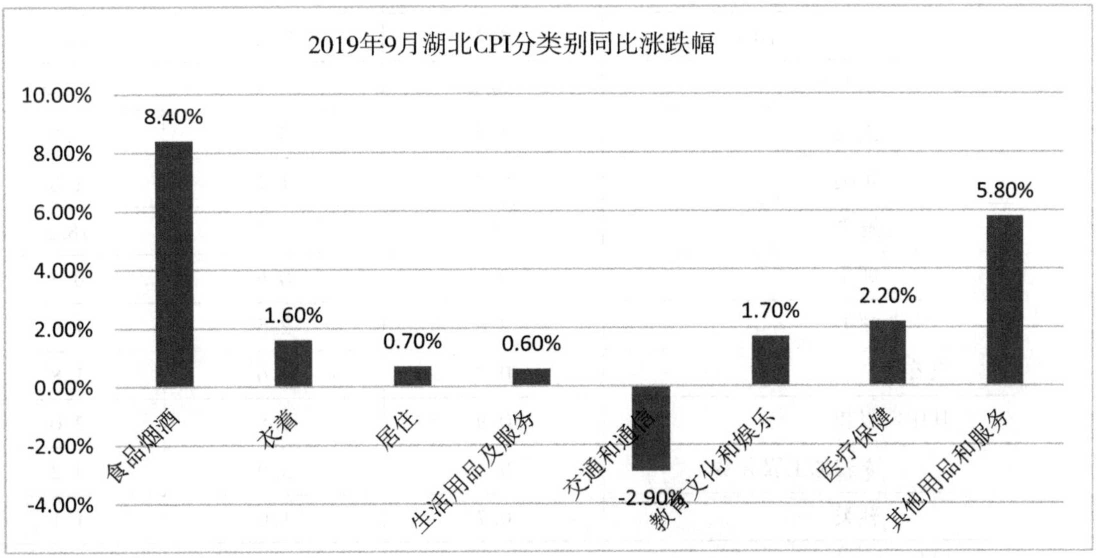

图 8-2　湖北省 2019 年 9 月居民消费价格指数分类别同比涨跌幅

表 8-5　2019 年 9 月中国居民消费价格指数主要数据　　单位：%

	9月		1—9月
	环比涨跌幅	同比涨跌幅	同比涨跌幅
居民消费价格指数	0.9	3.0	2.5
其中：城市	0.7	2.8	2.4
农村	1.3	3.6	2.6
其中：食品	3.5	11.2	6.5
非食品	0.2	1.0	1.5
其中：消费品	1.5	4.0	2.8
服务	-0.1	1.3	1.9
其中：不包括食品和能源	0.2	1.5	1.7
其中：不包括鲜菜和鲜果	1.1	3.4	2.1
分类别			
一、食品烟酒	2.6	8.4	5.1
其中：粮食	0.0	0.6	0.5
食用油	1.2	2.3	0.3
鲜菜	-2.4	-11.8	5.1
畜肉类	15.0	46.9	15.1
其中：猪肉	19.7	69.3	21.3
牛肉	6.8	18.8	9.0
羊肉	4.2	15.9	11.2
水产品	-0.2	2.9	-0.3
蛋类	6.7	8.2	3.8
奶类	0.2	1.1	1.8
鲜果	-7.6	7.7	18.3
烟草	0.1	0.6	0.5
酒类	0.0	2.5	1.9
二、衣着	0.8	1.6	1.8
其中：服装	0.9	1.8	2.0
衣着加工服务费	0.1	3.9	4.2
鞋类	0.7	1.0	1.1
三、居住	0.1	0.7	1.7
其中：租赁房房租	0.0	1.4	2.1

续表

	9月		1—9月
	环比涨跌幅	同比涨跌幅	同比涨跌幅
水电燃料	0.2	-0.4	0.9
四、生活用品及服务	0.0	0.6	1.0
其中：家用器具	0.2	-0.9	-0.4
家庭服务	0.2	4.1	5.0
五、交通和通信	-0.4	-2.9	1.7
其中：交通工具	-0.1	-1.1	-1.5
交通工具用燃料	0.1	-12.1	13.1
交通工具使用维修	0.1	2.0	2.7
通信工具	0.3	-3.0	-2.4
通信服务	-0.1	-0.6	-1.0
邮递服务	0.0	-0.5	2.2
六、教育文化和娱乐	0.1	1.7	2.2
其中：教育服务	1.8	3.0	2.8
旅游	-5.2	-0.2	3.5
七、医疗保健	0.1	2.2	5.0
其中：中药	0.3	3.9	5.4
西药	0.2	3.6	5.2
医疗服务	0.0	1.6	5.4
八、其他用品和服务	0.9	5.8	1.1

（图表数据来源：湖北省统计局官网；国家统计局官网，www.stats.gov.cn。）

（案例来源：作者编创。）

【案例分析】

统计指数的产生是从研究物价开始的，物价指数的计算和应用具有重要的现实意义。国家每年都要编制和公布社会商品零售价格指数和居民消费价格指数，以预测通货膨胀，为制定货币政策、价格政策和分配政策提供依据；企业要经常了解市场物价变化，从中掌握商品供求信息，以便相机决策，调整和修正预期目标；居民家庭或个人也十分关心物价变动，尤其是居民消费价格指数和金融资产价格指数的变动，以便更好地选择消费倾向和投资工具。可以说，对物价和物价变化趋势的关注成为社会的热点之一。

以上案例 A 和案例 B 介绍了居民消费价格指数的编制思路和具体步骤，并具体展示了 2019 年 9 月份湖北省和全国的居民消费价格指数及各分类指数的数据。

在实际生活中，除了关心居民消费价格指数是怎么计算得来的，我们还有更多的相关话题值得讨论。比如，商品零售价格指数(RPI)与居民消费价格指数(CPI)有什么区别？为什么物价指数以居民消费价格指数为主？如何正确理解居民消费价格指数？商品房价格的变动不纳入居民消费价格指数的计算范围是何道理？为什么国家统计局公布的物价指数与消费者的实际感受不一致？物价指数怎样预期通货膨胀，怎样反映货币购买力的变动，又怎样测定居民实际收入水平的变化？等等。针对这些问题，下面来理出一个头绪，让我们把物价指数看个清清楚楚、明明白白。

(一)商品零售价格指数与居民消费价格指数的区别

我国的物价指数包括商品零售价格指数(RPI)和居民消费价格指数(CPI)，它们的调查统计过程基本相同，在案例中已有具体的介绍，在后面的拓展阅读中，对其详细的调查过程和计算方法再作补充。商品零售价格指数又简称零售物价指数，它与居民消费价格指数是两种具有独特意义的价格指数，它们的主要区别表现在：

(1)二者的观察角度不同。商品零售价格指数是从商品的卖方(商品销售者、卖者)的角度来观察物价水平的变动及其对社会经济影响；居民消费价格指数则是从买方(商品消费者、买者)的角度来观察物价水平变动及其对居民实际收入和生活水平的影响。

(2)指数包括的范围不同。这体现在三个方面：第一，购买力地区范围不同。商品零售价格指数包括外地购买力在本地购买的商品，而不包括本地购买力在外地购买的商品；居民消费价格指数与之相反，包括本地购买力在外地购买的商品，不包括外地购买力在本地购买的商品。第二，购买力本身范围不同。商品零售价格指数既包括居民购买力，也包括企事业和机关团体等社会集团购买力。而居民消费价格指数只包括居民购买部分，不包括社会集团购买部分。第三，指数包括的具体项目不同。商品零售价格指数只反映零售商品价格的变动，这些商品既有生活消费品，又有社会集团的办公用品和机电产品，如货车、客车、交通车等，但不包括服务项目；居民消费价格指数既包括生活消费品，也包括服务项目，如理发、美容、旅游、看病医疗、家电维修、子女教育费、物业管理费、有线电视费、娱乐休闲费、上网费等。

(3)权数的内容和来源不同。商品零售价格指数是用商业部门的商品零售额为权数，居民消费价格指数是用居民家庭的实际消费支出为权数。前者权数资料来源于商业报表和典型调查，后者权数资料来源于对城乡居民住户的抽样调查。

由于两种指数存在上述区别，对同一地区同一时期计算的两种指数，结果是不相同的。如 2019 年与上年比较，我国公布的物价指数中居民消费价格指数为 102. 9%，商品零售价格指数为 102. 0%。前者涨幅 2. 9%，后者涨幅 2%。

(二)物价指数为什么要以居民消费价格指数为主

我国 CPI 的编制工作开始于 1984 年，经过对 CPI 统计调查方案、计算方法的数次改革，目前，我国 CPI 的调查方法、计算公式、权数的获取等都已比较成熟，CPI 编制在世界各国中处于前列。我国 CPI 的编制方法与国际货币基金组织(IMF)等国际组织和一些国家的同行专家进行过广泛的讨论与交流，并按照 IMF 数据公布通用系统(GDDS)的要求挂在 IMF 网站上。

从 2001 年开始，我国物价指数的公布与使用从以商品零售价格指数为主改为以居民消费价格指数为主。

从 2001 年 1 月起，我国采用国际通行做法，国家统计局开始逐月编制并公布以 2000 年平均价格为基期的居民消费价格指数，替代原有的以上年同期为基期的居民消费价格指数。新的居民消费价格指数覆盖面扩大，调查的商品和服务项目由原来的 325 种增加到约 700 种，主要增加了汽车、汽油、移动电话、电脑等商品以及家庭服务收费、电话月租费、有线电视费、自有住房需缴纳的税费、车辆购买和使用维修的各种费用等。从 2006 年起，还将上网费、物业管理费、教育软件等作为新的调查项目，将其首次列入 CPI 的统计目录中，以增强物价指数的代表性。从 2011 年 1 月起，我国 CPI 开始计算以 2010 年为对比基期的价格指数序列。从 2021 年 1 月起，又开始计算以 2020 年为基期的定基 CPI。

物价指数以居民消费价格指数为主，这是我国价格统计体系的一次重大调整。为什么要改换过去几十年反映物价波动的主要统计指标？中央党校经济研究中心主任周天勇曾对这一问题作过系统分析，其主要观点概述如下：

首先，随着经济的发展，人民收入水平提高了，消费结构随之发生了重大的变化，消费支出中，以前消费的几乎是物质产品，或者物质产品消费的比重很高；后来服务消费的比重越来越大，未来也将是上升趋势。消费结构中，如食品、服装、耐用消费品等商品消费的比重随着人民生活水平的提高，其支出比重逐年下降；而房租、社区服务、教育、旅游、医疗、文化娱乐、金融保险服务、法律咨询等服务性消费比重却逐年上升。在这种情况下，还是以商品零售价格的变动为主来考察城乡居民消费价格的变动，将会以偏概全，甚至产生错觉。如某一时期，商品零售价格下降，而居民消费中服务价格上升。以前者为主判断，可能会以为居民实际收入增加，而综合考虑后者因素，能全面客观反映价格变动对居民支出和利益的影响。

其次，从国际上看，提供服务的第三产业，日益成为一国 GDP 的重要组成部分，而且比重越来越大。在观测宏观经济运行的增长速度、价格稳定和就业水平三大指标时，其价格稳定状况通常用包括服务业价格的居民消费价格指数来反映。另外，随着我国对外经济交流中服务业交流日益增多，服务业的贸易将是很重要的一个组成部分。因此，在国与国之间进行价格水平变动比较和分析时，要包括第三产业价格的变动，要以居民消费价格变动为主来衡量。而国际间的服务业贸易，更要考虑服务业价格的变动，从而调节进出口、汇率水平等这样一些重大的宏观经济格局。

最后，居民消费是再生产的一个重要环节。消费价格的变动，反映国民经济运行中总供给与总需求、货币供应水平、投资水平、就业难易等情况。国家要根据消费价格变动指标，用财政和货币政策来调节总供给与总需求的关系，利用货币供应等手段来刺激或者抑制投资，扩张就业容量或者平抑可能发生的通货膨胀，而政府宏观经济政策的基础性依据之一，就是居民消费价格指数。如果仅仅以商品零售价格变动来制定财政和货币政策，则会忽视日益扩大的服务业领域的货币供应、投资水平和就业情况，使宏观经济政策发生失误。

总之，价格统计从商品零售价格指数为主改变为以居民消费价格指数为主，是我国经济生活状况指标的一次重大改革。以居民消费价格指数来观测宏观经济运行，会更加全面、准确地反映宏观经济运行中的总供给与总需求的关系，使政府的相关政策建立在真实和客观的基础之上，使宏观经济政策更加科学化。

(三)如何正确理解居民消费价格指数

现在，人们的腰包日益鼓起来了，对通货膨胀等宏观经济指标越来越关注，加入理财大军的投资人士对CPI关注的热情更是明显升温。但是如果不了解CPI数据的内容和性质，对其很容易造成误解和误用。

第一，CPI不包括投资品和隐性消费。CPI反映的是居民购买并用于消费的商品和服务价格变动情况的宏观经济指标，反映的是消费品而不是投资品的价格变化情况，不包括房价、股价和农业生产资料。另外CPI也不包括乱收费和一些没有明码标价的隐性收费项目。

第二，CPI不是绝对价格。CPI反映的是当前的物价水平相对于过去的某一时期上涨或下降的幅度，而不是绝对价格的高低，CPI涨幅高并不意味着绝对价格高，反之亦然。例如武汉的猪肉价格由15元/公斤涨到24元/公斤，涨幅为60%；而广州的猪肉价格由18元/公斤涨到27元/公斤，涨幅为50%，虽然武汉的猪肉价格涨幅高于广州，但绝对价格却低于广州。

第三，CPI是一个平均数。使用CPI时，既要看价格总体水平的变化，也要看其内部不同类别商品价格的变动。价格总水平的上涨并不意味着所有商品和服务项目价格的全面上涨，反之亦然。例如，2007年CPI快速上涨，主要是由食品类价格大幅上涨造成的，其他类别价格的变动不是很大，水电价格相对稳定。而食品类价格的上涨主要是由粮食、油脂、肉类价格上涨所致。因此，当年CPI上涨具有明显的结构性特征。

第四，CPI并不是越低越好，特别是在经济快速发展和经济结构转型时期，较低的CPI并不利于经济的增长。这是因为如果商品和服务价格不断走低，可能使企业效益下降，从而带来就业机会减少、居民收入下降、市场消费不足等一系列问题，整个国民经济体系将陷入一种互相牵制的非良性循环之中。

(四)商品房价格的变动为什么不纳入居民消费价格指数(CPI)

从1998年我国实行商品房销售制度以来，房价逐年攀升，给购房居民带来较大的支出压力，但到目前居民消费价格指数中一直不包括房价，没有反映房价的变动。有人认为应该将房价计入CPI，否则就不能真正反映物价变动对居民生活的影响。怎样看待这个问题，具体分析一下就清楚了。

目前我国的CPI主要反映居民消费价格的变动，在分类上也包含了居民居住类价格的变动，包括建房及装修材料，租赁房房租，自有住房保养维修及管理，水、电、燃料等与居住有关的项目。对租房的人来说，其居住价格的变动是通过实际租金来体现的。对拥有自己住房的人来说，其居住价格的变动是通过虚拟租金，即一定时期居民租用住房可能要付出的租金来体现的。

无论是从实际出发，还是按照国际惯例，商品房价格都不应该直接计入CPI中。其一是考虑国民经济核算的需要。CPI统计口径必须与国民经济核算体系中的消费分类保持一致。从统计核算的角度看，对购房的人来说，其是将自己的流动资产转为固定资产，因而购买商品房通常属于投资范畴，而不属于消费行为。其二，商品房的消费与当期消费不同步，购房支出与当期实际住房消费不对等。商品房购房行为实质上是一种在短期内大量金额的集中投放，但商品房要用于今后几十年的消费。也就是说，当期的实际住房消费对应的只是整个住房的一部分(国际上通常用虚拟租金来表示)，而不是整个住房的价格。

例如，假设有 100 户居民，在某年有一户居民买了商品房，花费了 180 万元，而其他居民这一年用于住房的日常消费(水、电、煤气、物业费等)每户花了 12000 元。如果在这一年里，日常居住消费价格上涨了 2%，而商品房价格上涨了 15%，那么包括商品房在内的住房价格涨幅高达 10%以上，而事实上，这年的绝大多数居民住房日常消费价格只上涨了 2%。因此，将商品房价格变动直接纳入 CPI 统计并不合理，国际上通常也都不这样做。

试想一下，如果真的将商品住房的销售价格直接纳入 CPI 的统计范围，由于商品住房的投资性质，特别是金融投资性质，其决定因素太多(包括市场投机因素)，极易引起波动，这必将导致 CPI 的大幅波动，这对于我们观察宏观经济形势，对于政府根据 CPI 决定工资和养老金等补贴的变动等都是极其不利的。

(五)多种因素使得居民对价格变动的感受不同

经常听到人们议论说身边的物价上涨得很快，但国家统计局发布的 CPI 涨幅并不高，因而提出疑问。这种现象实际上是个体感受与总体平均状况的差别在现实中的客观必然反映。因为国家统计局公布的 CPI 是对全国各地、各类商品和服务价格的总体情况的综合反映，是通过对近千种不同的代表性商品和服务项目的价格变动进行加权平均计算出来的，反映了各类商品或服务项目的总体价格水平的平均变动情况，其中既有高档的商品或服务，也有低档的商品或服务，更多的是中档的商品或服务。所以 CPI 常常会与某个地方、某个人对某种商品价格的具体感受不一致，这是正常现象。

也有人经常反映看病贵、上学难、电信收费高，汽油价格也不断上调，但从 CPI 中的分类项目看，医疗、教育、通信、交通等涨幅似乎并不高，因而质疑 CPI 中这些项目的权重是不是偏低。这个问题也需要具体分析。我国各类消费支出在 CPI 中的构成权重(所占比重)是根据对全国 12 万户城乡居民家庭调查的实际消费支出综合确定的，反映的是总体水平、平均水平。由于各个居民家庭的消费结构及其支付模式不尽相同，每个家庭用于某类支出的比重也不同，因而对不同商品及服务价格的变动的承受能力和实际感受就会有一定差异，使得同样的价格变动对不同居民家庭的实际影响不一样。

CPI 与个体感觉之间还会在某些领域存在差异，受到具体的消费环境的影响。比如，2005 年的物价指数中，中西药品类的价格指数是 97.6%，即中西药品的总体价格是下降的，降幅为 2.4%。这是因为政府一直在采取各种措施降低药品价格。但是如果医生开药方时，增加了用药品种或提高了用药档次，或者开大处方、用进口设备诊断和治疗，特别是有些降价药品从医生处方上消失等，都会给患者带来较大的、不断上升的医疗支出。而患者支出的增加，只是医疗费用的增加，并不是药品价格的上涨。

再如，在教育支出方面，学杂费、课本费等价格变化很小，对 CPI 的影响是有限的。目前，义务教育支出的价格受到政府严格控制，但是对普通家庭来说，确实存在“择校费”以及名目繁多的辅导班等方面的支出，只是这些收费大多不太规范，难以通过正常采价渠道取得其价格资料，所以现在还没有纳入 CPI 的打算。又比如，一些较高收入者经常或定期更换手机，这无疑会增加通信方面的支出，但支出费用的上升不代表此类用品价格上升。事实上，手机等通信工具刚上市时的价格一般较高，随后就一直是下降的。汽油价格上涨虽然在 CPI 中有体现，但对 CPI 的整体影响也有限。对于大中城市的有车族来说，汽油涨价较大幅度地增加了这些居民的消费支出。但公共交通价格的涨幅并不大，对于大部分中低收入市民来说，日常的交通还是公共交通，因此汽油价格高涨对大多数无车族的影响相对有限。

消费者实际感受与 CPI 数据相差较大的原因，可以归纳为以下几个方面：

一是个体与总体的差异：居民个人消费的少数商品或服务项目价格与地区“一篮子”商品和服务项目的综合平均价格的差异。一般说来，消费者往往用较小范围的商品及服务项目价格来与统计局公布的价格指数比较，这样很可能出现差异，而且在 CPI 涉及的众多商品中，价格有涨有跌，平均起来看涨跌的程度就减缓了。例如，根据近几个月的价格指数来看，如果我们仅仅看其中的肉菜、水电燃气价格，就会感到价格在上涨；看其中的工业消费品、食用油价格，就会感到价格在下降。但是，当我们将这些商品和服务项目综合起来看，即看居民消费价格指数 CPI 时，却是略有上涨。

二是地区差异：地区之间、地区与全国平均水平的差异。全国价格指数是反映全国各地区价格总水平的综合平均变化情况，对于一般消费者来说，对其生活所在地的省、市、县，特别是居家小区附近的商场、集贸市场的商品价格变动情况了解得多一些，感受也深一些，而对其他地区的商品价格变动情况了解得少一些。全国物价指数是综合反映全国而不是反映个别地区的价格变动情况。分析某地情况时，应该用当地的价格指数。

三是时间差异：对比基期的差异。目前统计局每月 10 日左右公布上月的物价指数，按月公布的价格指数有环比指数和同比指数，它们对比的基期是上月和上年同月。一般来说，消费者比较的价格往往是近期的价格，如今天与前几天比较、本周与上周比较等。

四是个体差异：个人承受力的差异。消费者的收入水平和消费水平有差别，也会导致同样的价格变动带来不一样的实际感受。一般来说，收入和消费水平越高，消费面越宽，对价格上涨的承受力越大；反之，对价格上涨的承受力也就相对弱一些。

例如，低收入者的支出大部分集中在食品和水电燃气等基本生活用品上，而这些消费是刚性的，是不能紧缩的，当这些商品价格上涨时，就会感到价格上涨的压力很大。而高收入者的收入来源比较广，当物价上涨时，其财产性的收入也会随之增加，从而增强其对物价上涨的承受能力。

（六）物价指数的派生应用

商品零售价格指数和居民消费价格指数包含着丰富的社会经济内容，它们除了直接测定不同范围商品和服务价格变动方向和变动程度外，还可以派生出其他一些指数，用于研究相关的社会经济问题。现列举其三个方面的应用。

1. 测定通货膨胀率

通货膨胀是指货币发行过多，超过了商品流通中的正常需要，从而引起物价上涨、货币贬值的一种经济现象。对通货膨胀的测定是计算通货膨胀率，通货膨胀率最常见的计算方法是通过 CPI 来换算，计算公式为：

$$通货膨胀率(P) = 物价指数(CPI) - 1$$

可见，通货膨胀率实际上是物价指数的增长率。若 $P>0$，表明存在通货膨胀；$P<0$，则表明出现通货紧缩，即价格下跌，币值上涨。通货膨胀率偏离 100% 的数值越大，表明通货膨胀(或紧缩)的程度越大。2020 年，我国居民消费价格指数为 102.5%，则当年通货膨胀率 = 102.5% - 1 = 2.5%。

2. 测定货币购买力的变动

货币购买力是指单位货币能购买到的消费品和服务。货币购买力的变动直接由价格的变动所决定，价格上涨，则货币购买力下降；价格下降，则货币购买力上升。二者呈反方向变动。货币购买力指数是物价指数的倒数。即：

$$货币购买力指数 = 1/物价指数 \times 100\%$$

2020 年我国居民消费价格指数为 102.5%%，则同期的货币购买力指数为 1÷102.5% = 97.56%，表明我国 2020 年的人民币币值只是相当于 2019 年的 97.56%，即 2020 年的 100 元人民币只有 2019 年的 97.56 元的购买力，货币贬值了 2.44%。

3. 测定居民实际收入的变动

居民的货币收入能够买到多少生活消费品和服务，与消费价格的变动密切相关。居民实际生活水平的变动往往与货币收入水平的变动不同步。实际收入变动、货币收入变动与物价变动之间的关系，用公式表示为：

$$\begin{aligned}居民实际收入指数 &= 居民货币收入指数 \div 居民消费价格指数\\ &= 居民货币收入指数 \times 货币购买力指数\end{aligned}$$

例如，2019 年某地区职工的货币工资增长了 5.6%，而该地区居民消费价格上涨了 3%，则该地区的货币购买力指数为 1÷103% = 97.09%，职工的实际工资指数为：105.6%÷103% = 102.52% 或为 105.6%×97.09 = 102.52%。也就是说，该地区职工的货币工资、名义工资涨了 5.6%，而实际工资只涨了 2.52%，名义工资涨幅中的一部分被物价的上涨抵消了。

案例四　股价指数：股市行情的晴雨表

【案例正文】

[案例 A] 牛市开端，深沪股指齐创历史新高

2003—2005 年，当全球都在共享牛市之时，只有中国独饮守候熊市的苦酒。

2006 年末，蓦然回首，“轻舟已过万重山”，中国股市用一年的时间从 1000 点涨到了 2001 年曾经的历史高点——2245 点之上，创下中国股市的历史新高。

据《武汉晚报》2006 年 12 月 30 日报道，2006 年股市完美收官，沪指全年大涨 130%。29 日沪深股市放量大涨，沪指收盘报收于 2675.47 点，成功站稳 2600 点大关，上涨 107.88 点，涨幅 4.20%；深成指报收于 6647.14 点，涨幅 3.28%。在 2006 年最后一个交易日里，沪深股市的两根长阳线，为波澜壮阔的 2006 年大牛市画上了完美的句号。

2006 年的最后一个交易周，沪指连拉五阳，连续成功攻克 2400 点、2500 点和 2600 点三个整数大关，天天创收盘历史新高，沪指全年大涨 1514 点，涨幅达到惊人的 130.43%。

2006 年，道琼斯指数从 10700 点涨到 12000 多点，涨幅 12.15%；恒生指数从 15000 点涨至 18000 点，涨幅 20%；日经指数从 15000 点涨到 16500 点左右，涨幅 10%。但是，与 A 股相比，这些涨幅都显得太小。同期，上证指数从 1161 点涨到 2200 点之上，涨幅超过 90%。

受全国金融工作会议利好政策影响，沪深股市 2007 年 1 月 22 日出现大幅飙升行情。沪综指收盘报收于 2933.19 点，上涨 100.98 点，涨幅 3.57%；深成指报收于 8343.07 点，涨幅 3.44%，两市股指双双创下历史新高。这是沪深股市连续第八周上演红色星期一。22 日金融板块引领股指震荡上攻，仅中国银行、工商银行两只指标股的涨幅就带动沪指上扬 20 余点。距茅台过百仅隔一周，小商品城 22 日也冲过百元大关，成为近 5 年来第 2 只百元股。两市 1443 家股票上涨，仅 25 家股票下跌，涨停的个股高达 122 家。

……

时间进入 21 世纪第二个十年，最近过去的十多年，全球处于货币超发状态。2020 年在新冠肺炎疫情冲击下，全球央行大规模货币宽松，结果美股创新高、中国股市走牛。2020 年 4~12 月，纳斯达克和标普 500 指数均上涨 45%；上证综合指数、沪深 300 指数、创业板指数分别上涨 26%、41%和 59%。

（案例来源：作者综合各类资料编创。）

[案例 B] 北交所“牵出”“指数牛”

2021 年 9 月 2 日，中国证券市场的一件大事，就是北京证券交易所（以下简称“北交所”）官宣设立，这也是中国建设多层次资本市场的一个里程碑。北交所与上海证券交易所和深圳证券交易所形成三足鼎立之势，未来将与上交所和深交所错位发展。北交所的定位是服务创新型中小企业，中国版的纳斯达克的希望重新燃起。巧合的是，2021 年正好是纳斯达克市场设立 50 周年。

北交所的框架设计有许多方面与纳斯达克市场相近，比如服务创新型中小企业定位、注册制、市场分层等。这和之前的创业板、科创板等板块相比，有着明显差别。纳斯达克市场自设立以来，带动美股市场数十年的繁荣，各主要股价指数都涨了几十倍，纳斯达克指数本身涨幅超过 151 倍，年化收益率达 10.35%。如果从 2000 年互联网泡沫顶峰算起，纳斯达克指数涨了 2 倍，年化收益率为 5.66%。北交所预计也有类似效果，引领整个 A 股市场走出“指数牛”格局。

北交所正式开板之后，预计也会像纳斯达克市场设立那样带来几十年的长牛效应。其实，借鉴科创板开市两年多(截至2021年9月10日，下同)的表现，三大股指均呈现强势上涨势头。其中，沪指收涨26.64%、深成指收涨60.07%、创业板指收涨109.60%，另外，科创50指数累计收涨42.68%。因为北交所比科创板更为重要，从长期来看，北交所设立对A股市场的提振效应更大。

美国纳斯达克市场的历史经验显示，其几乎每十年就会实现“市场血液”的全面更新，引领指数长牛的主要是实现“由小到大到强”的头部公司。而头部公司阵营也并非一成不变，顺应时代的小公司可能乘风而起变身为大公司，一如20多年前的谷歌、苹果和微软等公司，也类似于十几年前阿里和腾讯等，这其实也是北交所设立带来的直接价值。

(案例来源：改编自王飞、齐永超：《北交所“牵出”“指数牛”》，《证券市场红周刊》2021年9月11日，总第2725期，第8~11页。)

【案例分析】

中国的资深股民应该对十几年前即2006—2007年突飞猛进和波澜壮阔的中国股市记忆犹新，2007年，中国的A股走出了一波超级大牛市，可能谁也没有想到2007年10月15日，上证综合指数冲到了6124点，更没有想到的是此后仅用了一年时间，股市像坐了过山车，在2008年11月7日跌至1664点，跌幅超过七成。这样的暴涨暴跌，给不少股民留下了心理阴影。

尽管如此，投资股市依然是不少人的投资选择。据有关统计，过去200年，股票的年化收益率最高，为6.6%，跑赢债券(3.6%)、短期国债(2.7%)、黄金(0.7%)和美元(-1.4%)。因此从长期来看，股市还是资金的最优选择。

2021年9月，北交所的设立，显示国家日益重视证券市场的发展，重新点燃中国的纳斯达克希望，利好创新型中小企业，预计会带来A股市场的长牛效应。

对于中国的投资者而言，指数长牛是一个非常诱人的好消息，果真如此的话，不难预见会有越来越多的人投资股市，而股市行情的“晴雨表”——股价指数也会备受青睐。那么，何为股价指数？编制股价指数的意义何在？股价指数是怎样编出来的？如何解读股价指数的计算结果？等等，不用说，这些都是统计指数研究的内容。

股价指数，是股票价格指数的简称，它是统计指数在金融证券领域里的具体应用。股价指数是反映一定时期内某一证券市场上交易的股票价格的综合变动方向和程度的动态相对数。在市场经济条件下，股票价格的波动和走向，是反映一个国家和地区经济繁荣与否的重要信息，也是影响投资者决策和行为的主要因素之一。股价指数可以衡量整个股票市场价格变动的基本趋势，人们形象地称之为股市行情的“指示器”和经济景气变化的“晴雨表”。现在，世界各国的股票市场都编有股价指数，影响较大的著名股价指数有美国的道·琼斯指数、标准·普尔股价指数、纽约证券交易所股价指数、英国《金融时报》股价指数、日本的日经平均股价指数、中国香港的恒生指数，中国的上证指数和深证指数等。世界上最早的股票价格平均数是道·琼斯工业股股票价格平均数，发表于

1981年6月。

编制股票指数的意义表现在：(1)综合反映股票市场股票价格变动的方向和程度；(2)用于分析各种股价对股票市场股价总水平的影响程度；(3)分析股价的变动趋势；(4)分析国民经济景气情况和企业经营业绩。

在股票市场上同时有许多种股票在交易，由于政治、经济、市场和心理等诸多因素的影响，各种股票价格都处于不断变化之中，而且变动方向和涨跌程度不尽相同。为了从众多股票纷繁复杂的变动中，判断和把握整个股票市场的价格变动水平和趋势，通常需要计算两个指标：股价平均数和股价指数。

股价指数是两期股价之比计算的动态相对数，必须具备基期和报告期的平均股价，并明确基准日期(简称基期)和基准点数(简称基点)。因此，在编制股价指数之前，首先要明确股价平均数、基期、基点这几个基本概念。股价平均数，它是所有上市股票价格的平均数，用以反映证券市场股票价格行市变动的一般价格水平(平均价格水平)，其计算方法用简单算术平均法或加权算术平均法。例如选择市场上有代表性的3种股票，它们在某天的收盘价分别为8元、10元、12元，则该日股票价格平均数为(8+10+12)/3=10(元)，这是用简单算术平均法计算平均股价。加权平均股价则是用每种股票的收盘价乘以各自的发行量或成交量，将所有乘积加总得到市价总值或成交总额，再除以发行总量或成交总量。如上例中，三种股票发行量分别为5000万股、3000万股、1000万股，则股价平均数为(8×5000+10×3000+12×1000)÷(5000+3000+1000)=9.11(元)。加权平均股价能反映成交量不同的股票的价格对平均股价的不同影响，即发行量或成交量大的股票价格对平均股价的影响大；反之，则小。

在编制股价指数时，被确定作为对比基础的时期，称为基期。基期可以是某一天，也可以是某一年或若干年。比如，意大利商业银行股票价格指数的基期是一年，即以某一年全年股票价格平均数作为对比的基础；标准·普尔500种工业股股价指数则以1941—1943年为基期。通常较多采用以某一天作为计算基期(简称基日)。由于股价指数是由报告期水平与基期水平对比计算的，基期的选择对指数的计算结果具有重要影响。

另一个影响指数结果的重要因素是基点，即计算股价指数的基期的基准点数(又称基期指数)。按照国际惯例，大多数股价指数的基点都设定为100点(不论基期股价平均数是多少)或1000点，如道·琼斯股价指数、香港恒生股价指数、香港远东指数和沪深300指数，也有的设定为10点(如标准·普尔500种工业股股价指数)、50点(如纽约证券交易所综合股价指数)，还有的设定为500点(如澳大利亚证券交易所普通股股价指数)等。

2007年2月26日，沪指收盘成功站上3000点大关。这里的“点”是股价指数的计算单位。在采用股价平均数和股价指数衡量股市行情变动时，作为计算单位的“点”具有不同的含义。若采用股价平均数，则“点”代表的是平均价格的单位，相当于金额概念，等同于货币单位“元”的运用，如“平均价格指数为150点”，即意味着市场上股票价格的平均水平为150元。若采用股价指数，则“点”反映的是报告期价格水平相对于基期价格水平变动的幅度，是指“百分点”或“千分点”等意。比如，基期指数定为100点，报告期指数为150点，则意味着报告期股票价格水平是基期价格水平的150%。但无论在任何场合，“点”总是衡量股票价格行情起落变动的尺度。由于世界各国的股票市场都编有若干不同的股票价格指数，其选定的基期、确定的基数不同，特别是计算方法存有差异，因此，不同股票市场的股价指数以及同一股票市场的不同股价指数，在绝对数的计算结果上是没有可比性的，不同股价指数的横向对比，通常采用涨幅。

股价指数编制的一般步骤如下：

(1)选择样本股。即根据上市公司的行业分布、经济实力、资信等级等因素，选择适当数量的有代表性的股票，作为编制指数的样本股票，样本股票可随时更换或作数量上的调整，以保持良好的代表性。如“上证180指数”就是从上市的所有A股股票中抽取具有市场代表性的180种样本股票作为计算对象，而深圳成份股指数则是从上市的所有A、B股票中抽取具有市场代表性的40家上市公司的股票作为计算对象。我国的上证综合指数和深证综合指数就是采用挂牌上市的全部股票(包括A股和B股)计算编制的。

(2)采集样本股的价格(简称采样)。采样的时间取决于股价指数的编制周期。以往的股价指数多为按天编制，采样价格为每一交易日结束时的收盘价。后来随着计算技术的发展，股价指数的编制周期日益缩短，由“天”到“时”直至“分”，采样频率由一天一次，变为全天随时连续采样。采样价格也由单一的收盘价发展为每时每刻最新的成交价或一定时间周期内的平均价。现在，为了能实时地向投资者反映股市动向，所有的股市几乎都是在股价变化的同时即时公布股价指数，即计算和传播实时指数。交易数据显示屏上的每一次闪动，就是一次数据刷新。

(3)计算股价平均数和股价指数。一般地，基期和报告期的股价平均数都采用加权算术平均法计算。首先将基期股价平均数设定为某一固定的“点”，也就是设定基准点数的具体数字(比如100点、1000点等)，并将基点作为基期指数；其次用报告期股价平均数除以基期股价平均数，并乘以基点数字，从而得到报告期的股价指数；最后由新闻媒体向社会公众公开发布。

例如，某一股市的基期平均股价102元，并设定基点为100点。2016年6月1日的收盘平均价为1734元，则该日的股价指数为(1734/102)×100(点)= 1700(点)。6月2日的收盘平均价为1751.34元，这一天的股价指数为(1751.34/102)×100(点)= 1717(点)。6月2日的股价指数比6月1日上涨了17个点(1717-1700=17)，涨幅为17/1700=1%。

股价指数是一种定基指数，以便各个时期计算出来的股价指数能够相互可比。但有时为了避免报告期与基期之间所跨时间太长而带来计算上的麻烦，常常先将报告期的股价平均数与上一期的股价平均数对比，求得环比指数，然后利用环比指数与定基指数之间的关系，换算成报告期的定基股价指数，换算式为：报告期股价指数(定基指数)= 上期股价指数(定基指数)×报告期股价指数(环比指数)。这种求股价指数的方法叫连环法。当样本和基期改变后，需要对报告期的股价指数进行调整时，也可按此法从新基期往回溯源至旧基期，以保持股价指数的可比性。

上海证券交易所编制的上证综合指数，于1991年7月15日正式公布，它以上海证券交易所第一个营业日，即1990年12月19日为基期，以在上海证券交易所挂牌上市的全部股票作为编制对象，以股票发行量为权数，按市价总额综合加权法计算。计算公式为：

$$\text{报告期股价指数}=\frac{\text{报告期市价总值}}{\text{基期市价总值}}\times 100(\text{点})=\frac{\sum p_1q_n}{\sum p_0q_n}\times 100(\text{点})$$

$$=\frac{\text{报告期股价平均数}}{\text{基期股价平均数}}\times 100(\text{点})$$

$$=\frac{\dfrac{\sum p_1q_n}{\sum q_n}}{\dfrac{\sum p_0q_n}{\sum q_n}}\times 100(\text{点})$$

公式中，p_1、p_0分别为报告期、基期的实际成交价格，q_n为股票发行量(总股本)。

从上式中，我们看到了统计的综合指数法在股价指数计算中的具体应用。

每一个投资股票的人都十分关心股市行情，行情是看涨？还是看跌？股票市场上，在同一时间里，各种股票的价格各不相同，并随时间不断变化，有的股票价格上涨，有的价格下跌。在如此纷繁变化的市场中，如果单凭某一只股票价格的变化去衡量整个股市的变化，显然是不行的。想既迅速又准确地把握整个股市的变化情况，就要会读股价指数。

例如，道·琼斯股价指数，它以1928年10月1日为基期，并令基期股价指数为100点，以后各期的股价平均数与基期股价平均数之比乘以100点，即为各期股价指数。2006年道·琼斯股价指数涨到12000点，就是表明2006年的平均股价是1928年10月1日的120倍。于是，通过股价指数，我们知道了股市行情的上涨趋势。除此之外，通过股价指数的变动，可以了解当天或几天里，股票平均价格变动的具体情况。比如说，某天上证指数开盘时为2900点，到中午涨到2958点，收盘时又涨到2987点。这表明股票平均价格中午较开盘时上涨了2%，即$\frac{2958-2900}{2900}=2\%$；收盘较开盘时上涨了3%，即$\frac{2987-2900}{2900}=3\%$。如果开盘时每股平均价格为100元，那么，中午每股平均价格为102元，收盘时则为103元。

案例五　指数体系：解析外资企业工资变动

【案例正文】

某外资企业的职工工资水平和人数资料如表8-6所示。

表 8-6　某外资企业职工工资和人数情况

类别	月薪(万元)		人数(人)		月工资总额(万元)		
	2018 年 x_0	2019 年 x_1	2018 年 f_0	2019 年 f_1	x_0f_0	x_1f_1	x_0f_1
普通职员	1.80	1.92	100	80	180	153.6	144
管理人员	2.40	3.00	20	25	48	75.0	60
合　计	—	—	120	105	228	228.6	204

要求：

(1)对该企业工资总额的变动进行因素分析，即通过 2019 年与 2018 年比较，计算分析该企业月工资总额的变动，以及月工资总额变动受两类职工工资水平变动和人数变动的影响。

(2)对该企业平均工资变动进行因素分析，即通过 2019 年与 2018 年比较，计算分析该企业平均月薪的变动，以及平均月薪的变动受两类职工月薪变动和人数变动的影响。

(案例来源：作者编创。)

【案例分析】

在实际应用中，我们不仅要知道单项指数的计算方法，而且还应该知道由若干个指数组成的指数体系，以便对相互联系的社会经济现象作更深入的分析。案例中，要求对该外资企业的工资总额变动和平均工资变动进行因素分析，这都需要借助指数体系。

首先，我们来对该企业月工资总额的变动进行计算分析。反映工资总额的变动要计算工资总额指数(用 I_{xf} 表示)，工资总额的变动是工资水平(月薪 x)变动和职工人数(f)变动两个因素共同作用的结果，因此，需要计算工资水平指数(用 I_x 表示)和职工人数指数(I_f)。比较总变动指数(I_{xf})与两因素指数(I_x 和 I_f)之间的关系，就组成如下指数体系：

$$I_{xf} = I_x \times I_f \tag{8.15}$$

展开为：

$$\frac{\sum x_1f_1}{\sum x_0f_0} = \frac{\sum x_1f_1}{\sum x_0f_1} \times \frac{\sum x_0f_1}{\sum x_0f_0} \tag{8.16}$$

对指数体系的理解，需要注意以下几点：

(1)指数体系需要由三个或三个以上的单项指数所组成，其中必有一个结果指数(如 I_{xf})，至少有两个原因指数(如 I_x 和 I_f)。

(2)在指数体系中，结果指数与原因指数之间的数量关系表现在两个方面：一是从相对量看，结果指数等于原因指数的乘积，比如，工资总额指数=工资水平指数×职工人数指数；二是从绝对量看，结果指数的分子、分母的差额等于各原因指数的分子、分母的差额之和，用公式表示为：

$$\sum x_1f_1 - \sum x_0f_0 = \left(\sum x_1f_1 - \sum x_0f_1\right) + \left(\sum x_0f_1 - \sum x_0f_0\right) \quad (8.17)$$

也就是说，企业工资总额的变动差额(增减额)，等于工资水平变动引起的增减额与职工人数变动引起的增减额之和。

(3)在加权指数体系中，为了使结果指数等于原因指数的乘积，两个原因指数中通常一个是数量指数(如职工人数指数)，另一个是质量指数(如工资水平指数)，而且各原因指数中的权数一个是报告期的，另一个则是基期的。比如，数量指数用基期权数加权，质量指数则必须用报告期权数加权，反之亦然。(8.16)式和(8.17)式是按综合指数编制的一般原则确定的一套指数体系，它也是实际分析中比较常用的一套指数体系，即：基期权数加权的数量指数和报告期权数加权的质量指数所形成的指数体系。

根据表8-6中的数据，利用指数体系，分析工资水平变动和职工人数变动对工资总额变动的影响。

$$\text{工资总额指数} = \frac{\sum x_1f_1}{\sum x_0f_0} = 228.6/228.0 = 100.26\%$$

$$\text{工资水平指数} = \frac{\sum x_1f_1}{\sum x_0f_1} = 228.6/204.0 = 112.06\%$$

$$\text{职工人数指数} = \frac{\sum x_0f_1}{\sum x_0f_0} = 204.0/228.0 = 89.47\%$$

$$\text{工资总额的实际增加额} = \sum x_1f_1 - \sum x_0f_0 = 228.6 - 228.0 = 0.6(\text{万元})$$

其中，工资水平变动引起工资总额的增加额

$$= \sum x_1f_1 - \sum x_0f_1 = 228.6 - 204.0 = 24.6(\text{万元})$$

职工人数变动引起工资总额的减少额

$$= \sum x_0f_1 - \sum x_0f_0 = 204.0 - 228.0 = -24.0(\text{万元})$$

以上计算结果综合为：

$$100.26\% = 112.06\% \times 89.47\%$$

$$0.6 = 24.6 + (-24.0)$$

计算结果表明，2019年与2018年比较，该外资企业的月工资总额增长了0.26%，增加了0.6万元，这是两个因素共同影响的结果：一是由于该企业两类职工的工资水平增长使得企业每月工资总额增长12.06%，增加了24.6万元；二是由于该企业两类职工人数的变动使得企业月工资总额下降10.53%，减少24万元。

下面，我们再来对该企业平均工资的变动进行计算分析。

企业的平均工资，即企业的人均月薪，它是对两类职工不同月薪的加权平均，权数是两类职工的人数。用公式表示即：企业平均月薪＝企业工资总额/企业总人数$=\sum xf/\sum f$。反映企业平均工资的变动，需要计算平均工资指数，用企业报告期的平均工资除以企业基期的平均工资求得，用公式表示为：

$$I_{xf}=\frac{\bar{x}_1}{\bar{x}_0}=\frac{\dfrac{\sum x_1f_1}{\sum f_1}}{\dfrac{\sum x_0f_0}{\sum f_0}}\quad（可变组成指数）\tag{8.18}$$

上式中，$\bar{x}_1=\sum x_1f_1/\sum f_1$ 表示企业报告期平均工资；$\bar{x}_0=\sum x_0f_0/\sum f_0$ 表示企业基期的平均工资 。

（8.18）式反映的是企业总的平均工资的实际变动。在这个变动中，同时包含了两类职工工资水平的变动和两类职工人数的变动，即同时包含了 x 和 f 两个因素的变动。如果要分别测定 x 或 f 的变动对企业总的平均工资变动的影响，就必须在企业报告期平均工资与基期平均工资的对比中，保持一个因素不变来观察另一个因素的变动，由此可以编制出两个因素指数。

$$I_{x}=\frac{\bar{x}_1}{\bar{x}_n}=\frac{\dfrac{\sum x_1f_1}{\sum f_1}}{\dfrac{\sum x_0f_1}{\sum f_1}}\quad（固定组成指数）\tag{8.19}$$

$$I_{f}=\frac{\bar{x}_n}{\bar{x}_0}=\frac{\dfrac{\sum x_0f_1}{\sum f_1}}{\dfrac{\sum x_0f_0}{\sum f_0}}\quad（结构影响指数）\tag{8.20}$$

上式中，$\bar{x}_n=\dfrac{\sum x_0f_1}{\sum f_1}$ 表示企业假定的平均工资。

（8.19）式将职工人数（f）固定在报告期，专门观察工资水平（x）的变动对企业总的平均工资变动的影响，称之为固定组成指数。而（8.20）式则将工资水平（x）固定在基期，专门观察职工人数的变动对企业总的平均工资变动的影响，称之为结构影响指数。以上三个指数都是反映企业平均工资变动的指数，只是它们各自包含的变动因素不同而已。这三个指数共同组成一个平均指标变动的两因素分析的指数体系，即：

$$\begin{cases}\dfrac{\bar{x}_1}{\bar{x}_0}=\dfrac{\bar{x}_1}{\bar{x}_n}\times\dfrac{\bar{x}_n}{\bar{x}_0}\\ \bar{x}_1-\bar{x}_0=(\bar{x}_1-\bar{x}_n)+(\bar{x}_n-\bar{x}_0)\end{cases}\tag{8.21}$$

上述指数体系中两个因素指数的编制，同样参照了加权综合指数的一般原则来处理权数所属的时期，即：工资水平（x）是质量指标，反映质量指标（x）的变动，将另一因素（f）固定在报告期；职工人数（f）是数量指标，反映数量指标（f）的变动，将另一因素（x）固定在基期。

依据案例中的要求（2）和表 8-6 中的数据，具体计算如下：

$$\bar{x}_1 = \frac{\sum x_1 f_1}{\sum f_1} = 228.6/105 = 2.18(\text{万元})$$

$$\bar{x}_0 = \frac{\sum x_0 f_0}{\sum f_0} = 228/120 = 1.90(\text{万元})$$

$$\bar{x}_n = \frac{\sum x_0 f_1}{\sum f_1} = 204/105 = 1.94(\text{万元})$$

从表 8-6 中可知，2019 年与 2018 年相比，普通职员和管理人员的月薪都是增长的，普通职员月薪由 1.80 千元涨到 1.92 千元，管理人员月薪由 2.40 千元涨到 3.00 千元，各类职工月薪的上涨必然拉动工资总额的上涨或推动企业平均月薪的上涨。从计算结果看，企业报告期与基期的平均月薪分别为 2.18 万元和 1.90 万元，果然企业平均月薪是上涨的，人均增加 2800 元。

$$\bar{x}_1/\bar{x}_0 = 2.18/1.90 = 114.74\%$$
$$\bar{x}_1 - \bar{x}_0 = 2.18 - 1.90 = 0.28(\text{万元})$$
$$\bar{x}_1/\bar{x}_n = 2.18/1.94 = 112.37\%$$
$$\bar{x}_1 - \bar{x}_n = 2.18 - 1.94 = 0.24(\text{万元})$$
$$\bar{x}_n/\bar{x}_0 = 1.94/1.90 = 102.11\%$$
$$\bar{x}_n - \bar{x}_0 = 1.94 - 1.90 = 0.04(\text{万元})$$

计算结果综合如下：

$$114.74\% = 112.37\% \times 102.11\%$$
$$0.28 = 0.24 + 0.04$$

计算结果表明：2019 年与 2018 年比较，该外资企业的月平均工资总额增长了 14.74%，人均月薪增加了 2800 元。这是因为两类职工工资水平提高使其增长 12.37%，增加 2400 元；因为职工人数变动使其增长 2.11%，增加 400 元。

这个案例给我们的启示是，同一资料，可以从不同角度来分析问题，可以从不同角度来建立指数体系。同样是分析工资变动，可以是分析工资总额的变动，也可以是分析平均工资的变动，这两种分析建立的指数体系是不同的，前者称为总量指标变动两因素分析的指数体系，后者称为平均指标变动的两因素分析的指数体系。

案例六　另类指数：感受的量化

【案例正文】

[案例 A] 战略性新兴产业位于较强景气区间

国家发展改革委于 2021 年 9 月 24 日召开惠企纾困专题新闻发布会。国家发展改革委高技术司副司长朱建武介绍，2021 年以来，各地区各部门多措并举加大力度，战略性新兴产业快速发展。一是产业发展总体态势持续走强。国家信息中心景气调查数据显示，三季度战略性新兴产业行业景气指数为 146.9，位于较强景气区间。二是重点行业发展持续向好。1~8 月份，计算机、通信和其他电子设备制造业，电气机械和器材制造，医药制造业增加值同比分别增长 18.0%、23.8%、30.0%。三是创新发展信心持续提升。三季度战略性新兴产业创新景气指数为 130.7，指数呈现连续提升态势。

随着国家“十四五”战略性新兴产业发展规划以及其他各领域专项规划陆续出台，战略性新兴产业发展引导支持力度还将进一步加大，产业发展预期将持续稳中向好。当然，当前全球新冠肺炎疫情形势依然严峻，国际海运价格持续维持高位，加之部分大宗商品和原材料价格大幅上涨，战略性新兴产业发展也面临挑战，特别是产业链中下游、中小企业，对价格和成本的传导消化能力相对较弱，应予以高度关注。

(案例来源：作者综合相关资料编创。)

[案例 B] 中国百名经济学家信心指数上升

国家统计局中国经济景气监测中心于 2006 年 9 月底进行的中国百名经济学家信心调查显示，2006 年三季度经济学家信心指数为 5.62(取值范围在 1~9 之间)，比今年二季度提高 0.26 点，略低于今年一季度，高于去年同期和四季度水平。

经济学家普遍认为：经济运行总体态势良好，虽仍呈偏热迹象，但热度有所降低；需求结构不太均衡，投资增长过快，出口需求旺盛，外贸顺差过大，而消费需求增长则相对比较平稳；外商直接投资呈下滑趋势；物价稳中趋升，通货膨胀压力不大；房地产价格维持上涨态势；国际原油价格持续上涨的可能性降低；人民币保持温和升值趋势；股市可望保持稳定；经济可望继续保持快速增长，增速趋于放慢。

……

从指数构成看，经济学家信心指数比二季度明显回升体现在经济学家对当前经济形势的满意程度，以及对未来经济走势的预期都出现了不同程度的上升，即期经济景气指数和预期经济景气指数分别为 5.79 和 5.46，比二季度分别提高了 0.29 点和 0.26 点，表明经济学家对宏观调控成效的认可和对经济走势比较乐观的情绪。

(案例来源：节选自潘建成、席念霞、范宝虹：《经济学家对经济走势充满信心——2006 年三季度中国百名经济学家信心调查报告》，《中国统计》2006 年 12 月，第 57~58 页。)

[案例 C] 幸福指数如何反映居民幸福感

2006 年 9 月 12 日，国家统计局负责人透露，今后我国将把“幸福指数”“社会和谐指数”纳为新的统计内容。幸福是人们对生活满意程度的一种主观感受，所谓“幸福指数”，就是衡量这种感受的主观指标，也就是幸福感。

“幸福”这样抽象的概念，竟然也可以用数字的形式表达出来?《天府早报》记者牛绍强独家对话四川省统计局副局长、总会计师胡品生，解读统计“幸福指数”如何反映居民的幸福感。

早报：把“幸福指数”正式纳入政府统计部门新的统计内容，预计还有多久?

胡品生：据我所知，早在2005年，国家统计局下属的一家研究所就在开始进行"幸福指数"课题研究，目前还没有公布研究结果，具体好久研究完成还不清楚。根据今天国家统计局长的谈话看，我想这项研究应该比较成功。成果出来后，各省统计部门将会采用这套标准进行统计。

早报：看上去很干巴巴的统计数据，到底怎样反映出人们的幸福感？

胡品生：这是一个综合考量，国家统计局的课题研究中，将有若干个指标，比如人们的收入、生活水平、健康水平、人际关系、成就感、安全感和对工作的满意度。根据这些问卷进行统计调查，综合计算得出一个人、一个地区人民的幸福指数。

早报：影响人幸福感的，哪些是重要的因素，是不是越有钱越幸福？

胡品生：一个人一个家庭的收入水平，肯定直接影响人的幸福指数的高低。但是，金钱不是唯一的原因。过去民间有一些统计也反映，农村人的幸福感比城里的人更强。上面也说过，衡量人们的幸福指数有若干个指标，还要受到人的价值观、受教育程度、习惯环境等诸多因素的影响，这样考量下来，往往会出现越穷越开心的现象。

早报：官方进行幸福指数统计的意义是什么？

胡品生：我们可以看做对社会和谐程度的综合考量。于一座城市的居民而言，在评价城市的建设成效时，不管是切实可见的修路造桥，还是不可见只可感的教育医疗、城市治安等，最终都要归结到一个问题上：居民生活是不是变得更加幸福？正是从这个意义上，相比于其他各种统计数据，城市居民的幸福感指数能更鲜活地反映一个地区、一个城市发展的成就与不足。

（案例来源：《天府早报》2006年9月13日。）

[案例D] 居民幸福和不幸福的原因

幸福感是人们对生活的一种主观感受，了解人们不幸福的根源，才能有效提升人们的幸福感，达到建设和谐社会，让所有社会成员幸福最大化的社会发展的终极目标。零点研究咨询集团自2004年首次将幸福感纳入中国居民生活质量研究，2005年，在测量中国居民幸福感的同时，增加了了解居民幸福和不幸福原因的内容。

使用粗略估算法，72.7%的城乡居民感觉生活是幸福的，该比例较上年的77%有所下降；感觉生活不幸福者比例为10.9%，较上年的8.8%略有上升。使用5级量表的赋值方法，2005年城乡居民的幸福感为3.72分，较上年(3.79分)略有下降。城市、小城镇和农村三地居民相比较而言，小城镇居民幸福感最高(3.77分)，农村居民次之(3.72分)，城市居民为3.68分。

本次调查发现，即使是在城镇地区家庭月均收入不足800元，农村地区家庭年收入不足3000元的贫困家庭中，也分别有56.4%和67%的人认为自己的生活是幸福的；而城镇地区家庭月均收入5000元以上的高收入家庭、农村地区家庭年收入5000~10000元的中等收入家庭中，却分别有6.4%和13%的人认为自己的生活不幸福。可见，财富并非幸福感的决定性因素。

调查显示，城乡居民感觉生活幸福或不幸福的原因既有共同点，又有差异性。从总体上来看，家庭和睦、身体健康、经济无忧是城乡居民幸福生活的三大源泉。在感觉生活幸福的城镇居民中，分别有52.9%和44.8%的人认为家庭和睦、家人身体健康是自己幸福的源泉；而在感觉生活幸福的农村居民中，分别有60.3%和58.2%的人因家庭和睦或家人身体健康而感到幸福。无论在城镇还是在农村地区，认为经济无忧是生活幸福的原因的人均不足三成(城镇地区28.0%，农村地区28.5%)，远低于对家庭和睦和家人身体健康的提及率。另外，城镇居民和农村居民相比较而言，更多的城镇居民会因为有朋友、有自己的兴趣爱好、有一份不错的工作而感到幸福，而更多的农村居民会因为儿女孝顺、儿女有出息而感到幸福。在谈及不幸福的原因时，分别有54.6%感觉生活不幸福的城镇居民和66.4%感觉生活不幸福的农村居民提到了贫穷。城镇居民与农村居民相比较而言，城镇居民多因为住户条件差(39.5%)、自己或家里人有人失业(38.0)、工作状况不如意(27.2%)而感到不幸福；农村居民多因为健康状况差(26.9%)、儿女问题(15.5%)、缺乏知识和技能(10.7%)感到不幸福。

(案例来源：张慧、袁岳：《2005年中国居民生活质量调查报告》，节选自《2006年：中国社会形势分析与预测》，社会科学文献出版社2005年版，第54~57页。)

【案例分析】

变量有数量变量和质量变量之分。数量变量表明的是现象的数量特征，如产量、利润、工资等；质量变量则是表明现象的属性特征，一般采用基本概念、属性特征、通行惯例、人的感知和态度等对某一现象的某一方面进行文字描述或归类判断，以达到剖析问题和解决问题的目的。案例中提到的“景气”“信心”和“幸福”等都是质量变量，质量变量又称品质变量。由于品质变量以非量化形式表现出来，其特点是外延宽，内涵广，主观性强，难以具体化，因此，品质变量统计分析的难点就在于如何对品质变量进行科学的量化。

品质变量的量化就是要对品质变量进行计量，它包括一系列科学方法和理念的运用。行业景气指数、企业景气指数、企业家信心指数、经济学家信心指数、消费者信心指数和居民幸福指数等就是这种量化的结果。另外，还有明星人气指数、生活压力指数、技术难度指数、工作能力指数、生活质量指数等，这些指数与产量指数、价格指数等常规指数的量化方法截然不同，我们不妨称之为另类指数。

企业景气指数和企业家信心指数都来源于国家统计局开展的企业景气调查。

企业景气调查是一项制度性季度调查。调查范围包括工业、建筑业、交通运输仓储和邮政业、批发和零售业、房地产业、社会服务业、信息传输计算机服务和软件业、住宿和餐饮业。调查以重点调查和抽样调查相结合的方法，选取了不同行业、不同规模、不同注册类型的样本企业2多万家。调查对象为法人企业以及依照法人单位进行统计的产业活动单位负责人。

企业景气调查采用问卷调查方式，通过对企业家或企业负责人关于当前宏观经济环境和微观经营状况的判断结果，进行量化加工整理得到景气指数，用以综合反映宏观经济发展状况和企业生产经营景气状况以及未来发展变化的趋势。

企业景气指数是根据企业家或企业负责人对本企业综合生产经营情况的判断与预期(通常为对“良好”“一般”“不佳”的选择)，并将之用适当的统计方法(如打分法、量表赋值法)量化后而计算编制的指数，用以综合反映行业的经营状况。即期景气指数和预期景气指数分别表示企业家或企业负责人对行业现状和行业未来的综合评价。

信心指数也是一个特别的经济指标，它与景气指数一样度量的是人们的看法与判断，而不是经济事实。由于信心指数代表了人们对未来的预期，所以对经济活动的影响较大。在经济研究中，信心指数分为消费者信心指数和企业家(或经济学家)信心指数。消费者信心指数通常用来反映消费者对当前经济状况的满意程度以及对未来经济走向的预期，包括对就业和家庭收入前景的预期等。企业家信心指数则是根据企业家对市场经济环境与宏观政策的认识、看法、判断和预期(通常为“乐观”“一般”“不乐观”的选择)而编制的指数，用以综合反映企业家对宏观经济环境的感受与信心。以上两种信心指数将对未来的总需求产生重要影响。

信心指数是通过随机采样方式，选定调查对象，通过从调查对象那里获得的针对一组问题的答案，赋值量化后再加权平均计算出来的。案例 B 中，2006 年 9 月底进行的中国百名经济学家信心调查显示，2006 年三季度经济学家信心指数为 5. 62，就是抽取 100 名经济学家进行问卷调查后汇总整理的结果。5. 62 这个总的信心指数是即期经济景气指数 5. 79 和预期经济景气指数 5. 46 的平均值$\left(\frac{5.79+5.46}{2}=5.62\right)$。即期经济景气指数 5. 79 本身也是平均的结果。由于这次调查的具体问卷和赋值方法不详，我们不妨按照一般方法来演示一下这个计算过程：在调查中设计了多个调查项目，包括对我国投资、消费、出口、物价、股市等的评价与分析判断，其中关于当前投资需求的评价有三个备选答案：旺盛、正常、不足。依次选择这三个答案的百名经济学家的人数所占比重分别为 53%、37% 和 10%，假如给予“旺盛”“正常”和“不足”的量化赋值(或打分)分别为 8 分、5 分、2 分，则对投资需求评价的综合得分为 $8\times0.53+5\times0.37+2\times0.10=6.29$(分)。信心指数的取值范围是 1~9 分，若平均分为 5 分，则高于 5 分为投资增长过快，等于或低于 5 分为投资增长正常或过慢。百名经济学家对投资评价的综合得分为 6. 29，说明经济学家对我国投资状况的总体评价是投资增长过快。用同样方法，依次计算出对消费、出口、物价、股市等项目的综合得分，最后对各个项目的综合得分进行加权算术平均(权数视各项目的重要程度确定)，即可得到即期经济景气指数 5. 79。预期经济景气指数同理计算。

企业景气指数和企业家信心指数，这两个景气指数反映的是各大行业在 3 个月内的平均变化。目前，景气指数的取值范围在 0~200 之间，以 100 为临界值，指数在 100 以上，反映景气状况趋于上升或改善；低于 100，反映景气状况趋于下降或衰退；等于 100，反映景气状况变化不大。

企业景气指数和企业家信心指数的优点是行业覆盖面较广、综合性较强，缺点是不如制造业采购经理指数(PMI)灵敏，因为 PMI 只反映制造业当月变化，而企业景气指数和企业家信心指数反映的是各大行业在三个月内的平均变化。

我国经济景气研究的常设机构是国家统计局中国经济景气监测中心。有关社会经济景气方面详细的统计资料，可以到《中国经济景气月报》查询，或者搜索东方财富网财经数据，从中可以找到包括各地区各行业和美国、欧元区及日本的主要经济数据，还有宏观经济景气、行业景气监测结果及企业家信心、消费者信心调查数据等。

表 8-7　2019 年第一季度至 2021 年第二季度中国企业景气指数和企业家信心指数

季度	企业景气指数			企业家信心指数		
	指数	同比±%	环比±%	指数	同比±%	环比±%
2019 年第 1 季度	126. 60	26. 60	6. 40	127. 9	27. 9	6. 60
2019 年第 2 季度	123. 20	23. 20	-3. 4	124. 1	24. 1	-3. 80
2019 年第 3 季度	123. 40	23. 40	0. 20	124. 3	24. 3	0. 20
2019 年第 4 季度	122. 80	22. 80	-0. 60	123. 6	23. 6	-0. 70
2020 年第 1 季度	88. 22	-11. 78	-34. 58	90. 86	-9. 14	32. 74
2020 年第 2 季度	109. 12	9. 12	20. 90	110. 41	10. 41	19. 55
2020 年第 3 季度	121. 15	21. 15	12. 04	122. 54	22. 54	12. 13
2020 年第 4 季度	121. 91	21. 91	0. 76	123. 44	23. 44	0. 90
2021 年第 1 季度	125. 20	25. 20	3. 29	127. 80	27. 80	4. 36
2021 年第 2 季度	123. 80	23. 80	-1. 40	126. 00	26. 00	-1. 80

数据来源：国家统计局官网，www.stats.gov.cn。

在人们的精神需求面前，人均 GDP 等“硬指标”已无法对其量化。国家统计局顺势推出了幸福指数、人的全面发展指数、地区创新指数以及社会和谐指数等一些“软性”统计内容，以适应各方面对中国经济社会协调发展，人的全面发展以及民生、人文等方面的需求。“国计”必须反映“民生”已成为时代的呼唤。从根本上讲，统计的着眼点应该与“人”，与人的生活紧密相关，应该通过数字反映人的切身感受、人的幸福、人的痛苦、人的生存质量、人的精神追求。

社会政策需要随着时代的发展而不断完善。社会政策其实就是关于“人”的政策，只有对人们生活的方方面面进行统计与分析，才能让成绩与问题都真实地浮出水面，便于政府找到问题的主要症结和解决问题的途径。例如，要想改善进城农民工的生存状况，首先需要全面统计农民工数量，调查了解他们的物质、精神需求，然后才能更有针对性地采取措施。幸福指数之类的“软性”统计指标将给政府决策提供一个全新的视野。

从国际上看，政府统计部门不仅服务经济，服务政府决策，更承担服务大众的职责。在一个国家中，统计部门是最大的资料库和信息源，是信息公开的核心部门。统计部门向社会披露与公众切身利益密切相关的数据信息，是对公众知情权的尊重和拓展。

正如案例 C 中所讲，幸福指数统计的意义“可以看做对社会和谐程度的综合考量”。仅仅用经济指标、经济数据评价一国或一地区的发展水平是不完善的，而以人为本，全面考虑人的发展，将民生、民情、民意数据化，更能体现一个国家或地区发展的整体质量。

我国对居民幸福感和幸福指数的调查，实际上从2004年就已经开始启动。2004年4月，由新华社主办的新闻杂志《瞭望东方周刊》与芝加哥教授、中欧国际工商学院行为科学研究所中心主任奚恺元教授合作，对包括北京、上海、杭州、武汉、西安、成都在内的6大城市进行了一次幸福指数测试。按幸福指数大小排序，杭州位居第一，其后分别是成都、北京、西安、上海和武汉。这次测试对象主要是中青年人，测试在各城市的闹市区展开，采取随机访问方式，目的是了解每个城市居民当前、未来和预期下一代城市居民的幸福度。每个城市选取了近200个样本，样本人群主要集中在20~50岁之间，分析时，排除了非本地居民和没有收入的居民，也就是说，样本人群属于有收入的被测试的城市本地居民。

从案例D中，我们了解到，零点研究咨询集团从2004年就首次将幸福感纳入中国居民生活质量研究之中，2005年，在测量中国居民幸福感的同时，还增加了了解居民幸福和不幸福原因的内容。

在以上这几个调查中，有一个共同的焦点，那就是“是否越有钱越幸福”？奚教授2004年的调查显示：在六大城市总体幸福度的排行榜上，市民月收入最高的上海(月平均收入2847元)、北京(月平均收入2484元)和广州(月平均收入2556元)，分别位列第三、第七和第十；而杭州(月平均收入2300元)和成都(月平均收入1515元)却排在最前面。奚教授也说：“许多人认为钱多会使他幸福，但事实并非如此。实践表明，人们最终追求的是生活的幸福，而不是更多的金钱。我们的最终目标不是最大化财富，而是最大化人们的幸福。”这也从另一方面说明，片面追求经济目标并不可取，只有经济和社会协调发展，人们才能获得真正的幸福。零点研究咨询集团的调查也表明，财富并非幸福感的决定因素。从总体上看，家庭和睦、身体健康、经济无忧是城乡居民幸福生活的三大源泉。在感觉生活幸福的城镇居民中，分别有52.9%和44.8%的人认为家庭和睦、家人身体健康是自己幸福的源泉；而在感觉生活幸福的农村居民中，分别有60.3%和58.2%的人因家庭和睦和家人身体健康而感到幸福。无论城乡，认为经济无忧是生活幸福的原因的人都不足30%。四川省的民意调查同样显示，农民的幸福感超过了城里人。

品质变量的量化与分析，是随着实践活动的需要产生和发展起来的一种新的统计方法，其研究方法在应用中不断得到丰富和发展，也需要进一步的探索和完善。对景气指数、信心指数和幸福指数的了解，让我们初步领略到了这种方法在实践中的具体应用。

案例七　综合评价指数：多项指标的大融合

【案例正文】

[案例A] 人文发展指数

联合国开发计划署公布的《2006年人文发展报告》显示，2006年世界人文发展指数(HDI)为0.741，与上年持平。其中，中国的人文发展指数为0.768，比上年的0.755提高了1.72%，居世界的位次由上年的第85位上升到第81位，前移4位，中国人文发展水平持续上升。

联合国开发计划署公布的人文发展指数是由反映人类生活质量的三大要素指标(出生时预期寿命、受教育程度、实际人均GDP)合成的一个综合指数,通常作为衡量人类发展的综合尺度。

《2006年人文发展报告》依据人文发展指数,将纳入统计的177个国家和地区人文发展水平分为三类:高人文发展水平(HDI值为0.8及以上),此类国家和地区有63个,其平均HDI值为0.923;中等人文发展水平(HDI值为0.5~0.799),此类国家和地区有83个,其平均HDI值为0.701;低人文发展水平(HDI值为0.5及以下),此类国家和地区有31个,其平均HDI值为0.427。

2006年人文发展指数排在世界前三位的国家仍是挪威、冰岛和澳大利亚。其中,挪威人文发展指数为0.965,自2001年起,挪威连续第6年排名世界榜首。排在世界第4至第10位的国家依次为:爱尔兰、瑞典、加拿大、日本、美国、瑞士和荷兰。

在预期寿命指数方面,2006年预期寿命指数最高的国家(地区)是日本,其平均预期寿命为82.2岁;中国香港特别行政区仅次于日本,位居第二,平均预期寿命为81.8岁;冰岛第三,平均预期寿命为80.9岁。

在教育指数方面,2006年教育指数最高的国家有7个,分别是挪威、澳大利亚、爱尔兰、荷兰、芬兰、丹麦和新西兰,教育指数均为0.99。

在GDP指数方面,2006年GDP指数最高的国家是卢森堡,其人均GDP为69961美元;美国位居第二,人均GDP为39676美元;爱尔兰位居第三,人均GDP为38827美元。

2006年中国人文发展指数为0.768,比上年提高了1.72%,从上年的第85位升至第81位。2006年中国人文发展指数的提高主要取决于GDP指数的增加。中国GDP指数从上年的0.65增加至0.68,增长了4.62%。此分项指数的世界排名从上年的第97位,升至今年的第91位,前移了6位。同时,中国的GDP指数也比中等发展水平的国家平均值0.65高出4.62%。中国的预期寿命指数和教育指数均与上年持平,分别为0.78和0.84。其中预期寿命指数比中等发展水平的国家平均值0.71高出9.86%,教育指数比中等水平的国家平均值0.75高出12%。

自2001年中国人文发展指数首次超过世界平均水平以来,中国人文发展指数不仅在总指数方面不断提高,在三个分项指数方面也有不同程度的提高。

据人民日报消息,联合国开发计划署2019年12月9日发布的《2019年人类发展报告》指出,中国的人文发展指数从1990年的0.501跃升至2018年的0.758,增长了近51.1%。中国的人文发展水平近年来取得了巨大进步。

联合国开发计划署驻华代表白雅婷称:“自1990年引入人文发展指数以来,中国是世界上唯一一个从‘低人文发展水平’跃升到‘高人文发展水平’的国家。”

报告显示,从1990年至2018年,中国人预期寿命从69岁提高到76岁。在此期间,中国预期受教育年限从8.8年增加到13.9年。以2011年购买力平价标准计算,中国人均国民总收入从1530美元增加到16127美元。自2000年至2018年,中国收入最底层40%人口的收入以263%的惊人速度增长,这为快速减少极端贫困做出了贡献。

白雅婷在接受人民日报记者采访时表示，精准扶贫是中国减贫的重要经验。她指出，中国能够将减贫工作细化到每个社区、每户居民，通过因地制宜的方案逐步完成总体目标，“这种‘中国经验’是全球减贫工作的重要参考”。

《人文发展报告》是联合国开发计划署主持开发的系列研究报告，关注全球最迫切的发展议题，发布各国人文发展指数排名，并提供政策建议。2019 年人类发展报告主题为“超越收入、超越平均、超越当下：21 世纪人类发展历程中的不平等问题”。

报告认为，随着人们基本生活水平差距不断缩小，世界范围内脱离贫困、饥饿和疾病的人数空前增长，而新一代不平等问题正围绕教育、科技和气候变化等领域涌现。展望未来，气候变化和技术变革将成为塑造人类发展成果的重要驱动力。

（案例来源：作者综合相关资料编创。）

[案例 B] 2020 年我国经济发展新动能指数增长 35.3%

为动态监测我国经济发展新动能变动情况，国家统计局统计科学研究所在《新产业新业态新商业模式统计监测制度》和经济发展新动能统计指标体系的基础上，采用定基指数方法测算了 2020 年我国经济发展新动能指数，并修订了 2015—2019 年历史指数数据。结果显示，2015—2020 年我国经济发展新动能指数（以 2014 年为 100）分别为 119.6、146.9、191.2、257.9、325.5 和 440.3，分别比上年增长 19.6%、22.8%、30.2%、34.9%、26.2%和 35.3%。2020 年，各项分类指数与上年相比均有提升，其中，网络经济指数增长最快，对总指数增长的贡献最大。

一、网络经济指数。2020 年，网络经济指数为 1323.6，比上年增长 54.8%，对总指数增长的贡献率为 81.7%。

二、经济活力指数。2020 年，经济活力指数为 324.1，比上年增长 17.4%，对总指数增长的贡献率为 8.4%。

三、创新驱动指数。2020 年，创新驱动指数为 239.1，比上年增长 18.1%，对总指数增长的贡献率为 6.4%。

四、知识能力指数。2020 年，知识能力指数为 163.7，比上年增长 10.0%，对总指数增长的贡献率为 2.6%。

五、转型升级指数。2020 年，转型升级指数为 150.7，比上年增长 3.6%，对总指数增长的贡献率为 0.9%。

（案例来源：国家统计局官网，www.stats.gov.cn，发布时间：2021-07-26。）

[案例 C] 湖北省居民阅读指数

2021 年 9 月 28 日，2020 年湖北省居民阅读指数在汉发布。经测算，2020 年湖北省居民阅读总指数为 70.90 点。其中，个人阅读指数为 75.83 点，公共阅读服务指数为 66.34 点。此次调查还测算出全省 17 个市州的阅读指数，武汉居于首位，宜昌、鄂州、襄阳、荆门、黄冈的居民阅读总指数也均位于 2020 年湖北省居民平均水平之上。

受湖北省委宣传部委托，中国新闻出版研究院组织实施了 2020 年度湖北省居民阅读调查项目。此次调查于2021年8月至9月开展，在采集到的居民个人阅读状况和公共阅读设施使用情况数据的基础上，综合测算出了湖北省居民阅读指数。

调查结果显示，2020年湖北省成年居民纸质图书阅读率、数字化阅读方式接触率和综合阅读率、人均纸质图书和电子书阅读量，均较上一年有所提升。其中，人均纸质图书阅读量4.71本，较2019年增加了0.26本，10年来首次高于全国平均水平；电子书人均阅读量为3.36本，较2019年增加了0.43本。

2020年湖北省成年居民人均每天手机接触时长为114.93分钟，人均每天微信阅读的时长为43.61分钟，数据均高于上年。对湖北省成年居民倾向的阅读形式的研究发现，阅读纸质读物仍然是大多数湖北成年居民倾向的阅读方式。

（案例来源：作者根据相关资料编创。）

[案例D] 企业经营综合指数

企业经营综合指数的计算过程如表8-8所示。计算结果表明，该企业报告期经营状况的综合指数为121.34%，报告期与基期相比，增长了21.34%，这表明该企业报告期的经营状况好于基期。

表8-8　某企业经营状况综合指数计算表

指标序号	指标	企业实际水平		报告期与基期之比(%)	权数(%)	加权得分(%)
		基期	报告期			
	栏号	(1)	(2)	(3)=(2)/(1)或=(1)/(2)	(4)	(5)=(3)×(4)
1	总资产报酬率(%)	3.0	3.7	123.33	14	17.27
2	产品销售率(%)	100.0	104.0	104.00	6	6.24
3	销售合同履约率(%)	92.0	98.0	106.52	5	5.33
4	资产负债率(%)	70.0	50.0	140.00	6	8.40
5	速动比率(%)	80.0	90.0	112.50	7	6.75
6	劳动生产率(元/人)	4000	4500	112.50	8	9.00
7	原材料单耗	0.7	0.6	116.77	5	5.84
8	流动资产周转率(次)	1.09	1.55	142.20	9	12.80
9	成本费用利润率(%)	4.0	6.0	150.00	9	13.50
10	商品生产经营品种完成率(%)	102.0	105.0	102.94	5	5.15
11	销售(营业)增长率(%)	112.5	123.6	109.87	9	9.89
12	技术投入比率(%)	15.0	20.0	133.33	7	9.33

续表

指标序号	指标	企业实际水平		报告期与基期之比(%)	权数(%)	加权得分(%)
		基期	报告期			
	栏号	(1)	(2)	(3)=(2)/(1)或=(1)/(2)	(4)	(5)=(3)×(4)
13	利润增长率(%)	110.4	130.7	118.39	10	11.84
14	经营状况综合指数	—	—	—	100	121.34

注：由于利润增长率和销售增长率在进行对比时不好处理，故计算时，均用其发展率。

(案例来源：作者编创。)

【案例分析】

一、关于人文发展指数

人文发展指数(Human Development Index，HDI)是由联合国开发计划署在其《1990年人的发展报告》中提出的评价社会发展和人民生活质量的指数。报告认为，20世纪90年代是人的发展时代，为此应建立考察人的发展的综合指标，该指标就是人文发展指数(HDI)，又译为人类发展指数。按照该报告的基本思想，人的发展就是扩大人们各种选择的过程，人们的选择包括三个基本方面：健康和长寿、获得知识、为提高生活水平而需要的资源。健康和长寿，用出生时的期望寿命(即从出生起人们的平均生存年龄)表示；获得知识或受教育程度用成人识字率和大中小学综合入学率表示；提高生活水平所需资源用购买力平价法计算的人均国内生产总值(人均GDP)表示，从这三个方面分别表示人们的长寿水平、知识水平和生活水平。在此基础上，用加权平均法分别计算出预期寿命指数、教育指数和人均GDP指数，再将这三个指数进行平均，即得到人文发展指数。

人文发展指数、经济发展新动能指数、阅读指数和企业经营状况综合指数都是多指标综合评价指数。多指标综合评价指数利用统计指数的基本思想和方法，将所选择的有代表性的若干个指标复合成一个指数，以便于对现象的发展状况做出综合评价。可以说，多指标综合评价指数是统计指数理论与方法在多领域里的进一步应用和发展。

多指标综合评价指数是由多个单项指标综合而成的。设所选择的几个指标分别为 x_1，x_2，…，x_n，由于各个单项指标的计量单位往往不同，指标的表现形式(绝对数、相对数或平均数)也不尽相同，数量级也可能不同，为了使其具有可比性，需要先将各项指标进行转换。指标的同质化转换，可以通过指标的无量纲化实现，即采用相应方法，消除计量单位、指标形式和数量级的影响，使指标的实际数值转化为可以综合的指标评价值。

设转换以后的各指标评价值分别为 Y_1，Y_2，…，Y_n，对各项指标评价值赋予的权数分别为 W_1，W_2，…，W_n，则综合评价指数 I 用公式表示为：

$$I = \frac{\sum_{i=1}^{n} Y_i W_i}{\sum_{i=1}^{n} W_i} \tag{8.22}$$

其中，$0 \leqslant W_i \leqslant 1$，　$\sum W_i = 1$；或者 $0 \leqslant W_i \leqslant 100$，$\sum W_i = 100$

当 $W_1 = W_2 = \cdots = W_n$ 时，就是简单综合而成的综合评价指数，用公式表示为：

$$I = \frac{1}{n}\sum_{i=1}^{n} Y_i \tag{8.23}$$

案例 A 中的人文发展指数，在计算方法上为了将预期寿命(岁)、成人识字率(%)和人均 GDP(元)综合成一个指数，由于三个指标的计量单位不同，首先要分别将它们转换成 0~1 之间的无名数。转换的计算公式为：

Y = (实际值-最小值)/(最大值-最小值)

2006 年中国人的平均预期寿命为 72 岁，世界平均预期寿命的最大值为 82.2 岁(日本)，最小值为 35.8 岁，那么我国 2006 年的预期寿命指数 = (72 - 35.8)/(82.2 - 35.8) = 0.78

这种指标转换的方法在统计上称之为极值标准化。同理，人均 GDP 也可以转换成人均 GDP 指数。

成人识字率(指 15 岁及以上人口中识字人口所占的比重，用百分比表示)和大中小学综合入学率(%)本身就是无名数，是一种指数形式，不需要转换。只需将二者加权平均，合成为教育指数即可。

2006 年中国的平均预期寿命指数、教育指数、人均 GDP 指数分别为 0.78、0.84、0.68，三个分项指数综合而成的人文发展指数为(0.78+0.84+0.68)÷3 = 0.768。显然，三个分项指数的权数是相同的，采用的是简单算术平均法求综合指数。

人文发展指数的取值范围是 0~1，数值越大，说明一个国家或地区的经济和社会发展程度越高，人民的生活质量也越高。计算人文发展指数的数据比较容易获取，计算简便，可操作性强。联合国开发计划署在每年公布的人文发展报告中，均会发布世界及 177 个国家和地区的年度人文发展指数及其三个分项指数，并将纳入统计范围的各国人文发展指数的计算结果进行排名。依据人文发展指数，人文发展水平被划分为高、中、低三类，中国处于中等发展水平之列。

二、关于我国经济发展新动能指数

案例 B 是关于我国 2020 年经济发展新动能指数的计算结果解读。培育壮大发展新动能，是我国加快产业转型升级、增强经济发展动力、推动经济高质量发展的现实需要。为了持续监测我国经济发展新动能变动情况，从 2015 年起，我国开始编制和发布经济发展新动能指数，并对统计指标不断进行完善，对编制方法不断进行改进。

经济发展新动能指数的编制，具体表现了综合指数编制的一个完整过程。

综合指数编制的基本步骤为：

(1)根据研究目的，选择若干指标，建立综合评价指标体系。我国经济发展新动能指数建立了由 39 个三级指标和 5 个二级指标组成的指标体系。

(2)收集数据，并对不同计量单位的数据进行同质化处理。我国经济发展新动能指数对基础数据同质化的方法是用指标的报告期数值除以基期数值，计算指标的发展速度。

(3)确定指标体系中各指标权数，以区分不同指标的重要性，保证综合评价的科学性。我国经济发展新动能指数的5个二级指标的权数都是0.2，意味着每个二级指标对经济发展新动能指数的影响作用是一样的。

(4)对经过同质化的指标进行汇总，计算出综合评价指数或综合评价分值。我国经济发展新动能指数先对三级指标求加权算术平均数，得到5个分类指数；再对5个分类指数进行加权算术平均，得到经济发展新动能指数。这里采用的是从下至上逐层平均的方法。

(5)分析综合评价指数，得出研究结论。2020年我国经济发展新动能指数比上年增长了35.3%，5个分类指数都有不同程度的增长，网络经济指数、经济活力指数、创新驱动指数、知识能力指数和转型升级指数分别增长了54.8%、17.4%、18.1%、10.0%和3.6%，5个分类指数对2020年我国经济发展新动能指数增长的贡献率分别为81.7%、8.4%、6.4%、2.6%和0.9%。可见，在我国经济发展新动能指数的增长中，知识能力指数和转型升级指数的贡献率居后，后期，提升我国经济发展新动能指数的关键，是提升知识能力指数和转型升级指数，补齐短板。

三、关于湖北省居民阅读指数

案例C中，2021年9月28日，2020年湖北省居民阅读指数在汉发布。湖北省居民阅读指数指标体系分为“个人阅读状况”和“公共阅读设施与服务”两大方面，共包含25项单一指标，综合反映居民的阅读水平、全民阅读公共设施建设与公共服务水平。

四、关于企业经营综合指数

案例D反映的则是多指标综合评价指数在测定企业综合经济效益或评价企业总体经营状况方面的应用。在实际工作中，我们对企业经营状况的分析，早先习惯用单项指标进行横向对比分析或纵向对比分析，没有把反映企业生产经营状况的各种重要经济指标结合起来进行总括性分析，使企业无法了解自身的综合实力及在市场竞争中的地位。再者，由于企业的各项经济指标在不同时间、不同空间水平高低不同，变化方向、变动程度也不一致，客观上造成了实际评价比较困难。例如，有的企业一项或几项指标表现较好，而别的指标表现较差；有的企业则恰好与之相反，这样企业之间的比较就无法进行总体评价。如果能将若干指标结合起来综合为一个数据，即对各个分项指标分别评分再计算总分或平均分，那么对企业生产经营状况在时空上进行总体评价就方便多了。多指标综合评价指数就是为解决这类问题应运而生的。

现对案例D中的计算表作以下几点说明：

第一，“企业报告期的经营状况好于基期”的结论是总体评价的结果，选择哪些指标参与总体评价，要结合具体企业经营特点，选择那些最能说明企业生产经营状况的主要指标。案例中的该企业选择了13个主要指标来计算综合评价指数。

第二，将该企业实际水平与上期水平对比，既达到了纵向对比的目的，又将13个计量单位不同的指标进行了转换，转换后的指标值都是百分数(%)，这样便于后一步的综合平均。13个入选指标中有11个是正指标，有2个是负指标(资产负债率、原材料单耗)。正指标数值增大，说明企业生产经营状况改善；负指标数值增大，则反映企业生产经营状况下降。对比时，如果考察指标是负指标，则要倒除。很显然这里的指标转换方法与人文发展指数的处理不同。

第三，对各项指标确定了不同的权数，权数用比重百分数表示，权数之和等于100%。权数数值的大小，体现了各指标对绩效评价结果的重要性和影响力。由于企业绩效评价主要是从出资人、投资者的角度评价企业经营状况，因此重点放在企业的财务效益状况上，该部分的指标占了较大的权重。经营综合指数是一个加权算术平均数，用公式表示为：

$$I = Y_1 W_1 + Y_2 W_2 + \cdots + Y_n W_n = \sum YW$$

式中，I 表示综合指数，Y 表示各分项指数，W 表示权数(比重形式)。

第三节　本章小结

统计指数的产生已有200多年的历史，指数理论的基本内容包括两大部分，即指数的编制方法和指数的分析方法。随着社会经济的不断发展，指数理论也在不断发展和丰富完善，其应用领域也越来越多，几乎渗透到所有的研究领域，经济的、社会的、宏观的、微观的、国情的、民生的、可测可量的事实和可感可知的体验等，都可以用指数来表达和描述。本章选取了七个案例，分别介绍了指数的理论和方法。

第一个案例《揭开指数的神秘面纱》用来明确统计指数的基本概念、指数的基本分类以及指数的特点和作用；第二个案例《加权指数：攻克指数编制的难关》主要阐明总指数的编制方法；第三个案例《物价指数：掀起你的盖头来》用来说明我国物价指数的编制方法和有关物价指数的一些热点问题；第四个案例《股价指数：股市行情的晴雨表》用来阐述股票价格指数的基本概念、编制意义、编制方法和股价指数计算结果的解读；第五个案例《指数体系：解析外资企业工资变动》用来介绍指数体系的一个具体应用；第六个案例《另类指数：感受的量化》包含了几个小案例，用来说明品质变量的指数分析方法；第七个案例《综合评价指数：多项指标的大融合》用来介绍统计指数理论在综合评价分析方法中的拓展与应用。

通过案例分析，得出如下几个结论：

(1)严格意义上的统计指数是指狭义的指数，它是总体现象的相对变动、综合变动和平均变动的代表值。凡是通过对比得到的相对数则是广义的指数。

(2)加权综合指数编制的一般原则是：数量指标综合指数，以基期的质量指标作为权数；质量指标综合指数，以报告期的数量指标作为权数。而加权平均指数，常用的是基期总值加权的算术平均指数和报告期总值加权的调和平均指数。如果有全面的统计数据，既可编制加权综合指数，也可编制加权平均指数；如没有全面数据，只能编制加权平均指数。

(3)目前我国政府发布的物价指数以居民消费价格指数为主，原来的商品零售价格指数退居次要地位。作为投资性质的商品房价格的变动和股票价格的变动没有纳入居民消费价格指数之中。居民对物价指数的感受不同是由多种因素造成的，并非物价指数的计算方法不科学。

(4)股票价格指数反映的是一定时期内某一证券市场上交易的股票价格的综合变动方向和程度，它是一个动态相对数。股票价格的波动和走向，是反映一个国家和地区经济繁荣与否的重要信息，也是影响投资者决策和行为的重要因素。股价指数可以衡量整个股票市场价格变动的基本趋势，是股市行情的“指示器”和经济景气变化的“晴雨表”。

(5)指数体系是对总体现象变动进行因素分析的基本依据。指数体系中的各个因素指数一般按照加权综合指数的一般原则编制。不论是总量指标变动的两因素分析，还是平均指标变动的两因素分析，既可以通过指数反映现象变动的方向和程度，也可以通过指数的分子、分母之差反映现象变动带来的绝对经济效果。

(6)景气指数、信心指数和幸福指数等度量的是人们的看法、感受或态度，这类统计指数也是统计理论方法研究的重要内容。

(7)综合评价指数不仅可以用于对宏观现象的综合评价(如人文发展指数、经济发展新动能指数、居民阅读指数等)，而且可以用于对微观现象的综合评价(如企业经营状况指数)。综合评价指数一般是对各个分项指标的加权算术平均或加权几何平均。

【拓展阅读】

一、商品零售价格指数的编制

商品零售价格指数又称为零售物价指数(Retail Price Index，RPI)，它是测定市场商品零售价格变动程度和趋势的一种相对数，用于分析市场商品供需和国民经济运行情况，是政府研究和制定价格政策、分配政策，加强市场管理和宏观调控的依据。

RPI 按研究的范围不同，有各省(区、市)地区 RPI 和全国 RPI；同时，无论是地区或全国的，又分别按农村和城市编制农村 RPI 和城市 RPI，以反映各地和全国城乡不同经济条件下的商品零售价格变动情况。

由于社会零售商品数以万千，而且价格处于经常变动之中，难以取得全部资料，实际工作中，只能采用抽样方法，选择代表规格品，对这些代表规格品的单项指数加权平均，计算各类商品 RPI 和全部商品的 RPI。因此，编制 RPI 必须解决商品分类、代表规格品的选择、价格采集和权数确定等问题。这个过程与 CPI 的编制基本相同。

商品零售价格指数的计算公式与居民消费价格指数相同，也是采用加权算术平均公式计算的。

现举例具体说明，见表 8-9。

表 8-9　某城市商品零售价格类指数计算表(食品类)

类别及品名	规格等级	计量单位	平均价格(元)		权数(%)	指数(%)	指数×权数(%)
			基期	本期			
(甲)	(乙)	(丙)	(1)	(2)	(3)	(4)=(2)/(1)	(5)=(4)(3)
食品大类指数					100		129.16
其中：1. 粮食中类					14	151.58	21.22

续表

类别及品名	规格等级	计量单位	平均价格(元)		权数(%)	指数(%)	指数×权数(%)
			基期	本期			
(1)细粮小类					96	151.70	145.63
	二等粳米	千克	1.81	2.80	80	154.50	123.60
	籼米	千克	1.56	2.20	20	140.50	28.10
(2)粗粮小类					4	148.96	5.59
	赤豆	千克	3.23	5.00	60	155.00	93.00
	绿豆	千克	4.36	6.10	40	139.90	55.96
2. 油脂中类					4	175.90	7.03
3. 肉禽蛋中类					25	146.90	36.72
4. 水产品中类					15	118.32	17.74
5. 鲜菜中类					10	62.75	6.23
6. 干菜中类					1	120.83	1.21
7. 鲜果中类					5	119.22	5.96
8. 干果中类					1	144.82	1.45
9. 其他食品类					6	139.21	8.35
10. 饮食业中类					19	122.40	23.25

计算步骤如下：

(1)计算各代表规格品的单项 RPI。如二等粳米的单项 RPI 为：

$$i_p = \frac{p_1}{p_0} = 2.80/1.81 = 154.50\%$$

(2)各单项指数乘以权数，加总计算得到各小类指数。如细粮的小类指数为：

$$I_p = \sum i_p w = 154.50\% \times 0.8 + 140.50\% \times 0.2 = 151.70\%$$

(3)各小类指数乘以相应的权数，加总计算得到各中类指数。如粮食中类指数为：

$$I_p = \sum i_p w = 151.70\% \times 0.96 + 148.96\% \times 0.04 = 151.58\%$$

(4)各中类指数乘以相应的权数，加总计算得到各大类指数。如食品大类指数为：

$$\begin{aligned} I_p = \sum i_p w &= 151.58\% \times 0.14 + 175.90\% \times 0.04 + 146.90\% \times 0.25 + 118.32\% \\ &\times 0.15 + 62.75\% \times 0.10 + 120.83\% \times 0.01 + 119.22\% \times 0.05 + 144.82\% \\ &\times 0.01 + 139.21\% \times 0.06 + 122.40\% \times 0.19 = 129.16\% \end{aligned}$$

(5)各大类指数乘以相应的权数，加总后得到总指数，见表 8-10。第(3)列各大类指数乘以第(2)列相应的权数，即得第(4)列；第(4)列各项加总即得到该市商品零售物价总指数123.20%。

表8-10　某城市商品零售总指数计算表

单位:%

类别及品名	权数	大类指数	大类指数×权数
总指数	100	—	123.20
(一)食品	25	129.16	32.29
(二)饮料、烟酒	15	106.53	15.95
(三)服装、鞋帽	10	118.41	11.84
(四)纺织品	3	120.70	3.62
(五)中西药品及医疗保健品	5	117.22	5.86
(六)化妆品	5	108.24	5.41
(七)书报杂志类及电子出版物	1	107.40	1.07
(八)文化办公用品	3	106.21	3.18
(九)日用品	20	118.00	23.60
(十)家用电器及音像器材	8	94.55	7.56
(十一)金银饰品	2	102.90	2.06
(十二)体育娱乐用品	2	98.40	1.97
(十三)燃料	1	131.50	1.31
(十四)建筑材料及五金电料	3	94.27	2.83
(十五)家具	1	96.58	0.97
(十六)交通、通信用品	4	92.00	3.68

表8-11　2019年湖北省商品零售价格总指数

(上年=100)

单位:%

指标名称	全省	城市	农村
商品零售价格指数	102.6	102.6	102.6
(一)食品	108.7	108.6	109.2
(二)饮料、烟酒	101.1	101.1	101.0

续表

指标名称	全省	城市	农村
(三)服装、鞋帽	101.5	101.8	100.0
(四)纺织品	101.3	101.0	102.2
(五)家用电器及音像器材	97.3	97.0	98.8
(六)文化办公用品	98.2	97.9	100.4
(七)日用品	100.4	100.3	100.9
(八)体育娱乐用品	100.8	100.9	100.2
(九)交通、通信用品	99.9	100.0	98.8
(十)家具	101.7	101.9	100.2
(十一)化妆品	101.9	102.0	101.4
(十二)金银饰品	107.7	108.0	105.4
(十三)中西药品及医疗保健用品	103.5	103.4	103.8
(十四)书报杂志及电子出版物	106.8	106.9	106.2
(十五)燃料	98.2	98.3	97.8
(十六)建筑材料及五金电料	100.8	100.7	101.4

(数据来源：国家统计局官网，www.stats.gov.cn)

(资料来源：改编自刘汉良：《统计学教程》，上海财经大学出版社1995年版，第349~354页。)

二、股价指数知多少

1. 国外主要股价指数

目前，国际上最知名的专业指数编制和发布的公司，是这四家全球性的指数公司：道·琼斯公司、标准普尔公司、摩根士丹利资本国际公司和富时公司，它们的核心指数广泛发布于全球各大媒体，为投资者所熟知。

还有一些国际著名的股价指数，诸如香港恒生指数系列(Hang Seng Index)、纽约证券交易所综合指数、日经平均数、东京证券交易所股价指数、CAC40指数等。

2. 我国的股价指数

(1)上海证券交易所的股价指数系列

上海证券交易所的股价指数系列，是由上海证券交易所编制并发布的上证指数系列，主要包括上证综合指数、上证180指数、A股指数、B股指数和分类指数。其中最早编制的是上证综合指数。上证指数系列从总体上和各个不同角度反映上海证券交易所上市证券品种价格的变动情况，可以反映不同行业的景气状况及其价格整体变动状况，为投资者投资决策提供参考。

表 8-12　上证指数系列

指数名称	基准日期(基期)	基准点数(基点)
综合指数类		
上证综合指数	1990-12-19	100
新上证综指(由 G 股计算)	2005-12-30	1000
分类指数类		
A 股指数	1990-12-19	100
B 股指数	1992-02-21	100
工业指数	1993-04-30	1358.78(基期上证综合指数收盘数)
商业指数	1993-04-30	1358.78(基期上证综合指数收盘数)
地产指数	1993-04-30	1358.78(基期上证综合指数收盘数)
公用指数	1993-04-30	1358.78(基期上证综合指数收盘数)
综合指数	1993-04-30	1358.78(基期上证综合指数收盘数)
样本指数类		
上证 180(上证成分指数)	2002-06-28	3299.06(其前身上证 30 指数在基期的收盘数)
上证 50	2003-12-31	1000
红利指数	2004-12-31	1000
180 金融	2002-06-28	1000
治理指数	2007-06-29	1000
上证 180 全收益	2002-06-28	3299.06(上证 30 指数在基期的收盘数)
上证 50 全收益	2003-12-31	1000
上证红利全收益	2004-12-31	100
180 金融全收益	2002-06-28	1000
治理指数全收益	2007-06-29	1000

(2)深圳证券交易所的股价指数系列

表 8-13　深证指数系列

指数名称	基期	基期指数(基点)
深证成分指数	1994-07-20	1000
成分 A 股指数	1994-07-20	1000

续表

指数名称	基期	基期指数(基点)
成分 B 股指数	1994-07-20	1000
深证 100 指数	2002-12-31	1000
深证新指数	2005-12-30	1107
中小板综指	2005-06-07	1000
深证综合指数	1991-04-03	100
深证 A 股指数	1991-04-03	100
深证 B 股指数	1992-02-28	100
行业分类指数		
农林牧渔指数	1991-04-03	1000
采掘业指数	1991-04-03	1000
制造业指数	1991-04-03	1000
水电煤气指数	1991-04-03	1000
建筑业指数	1991-04-03	1000
运输仓储指数	1991-04-03	1000
信息技术指数	1991-04-03	1000
批发零售指数	1991-04-03	1000
金融保险指数	1991-04-03	1000
房地产业指数	1991-04-03	1000
社会服务指数	1991-04-03	1000
传播文化指数	1991-04-03	1000
综合类指数	1991-04-03	1000
沪深 300 指数	2004-12-31	1000
深市基金指数	2000-06-30	1000
中小板指数	2005-06-07	1000
巨潮企业债指数	2002-12-31	100

(案例来源：作者编创。)

三、中部六省制造业综合竞争力比较研究

(一)引言

《中国制造 2025》提出了制造强国目标，促进制造业优化升级和提升制造业竞争

力是其核心。制造业是指对原材料(采掘业产品和农产品)进行加工或再加工以及对零部件进行装配的工业部门的总称，包含全部工业中除采掘业、电力热力燃气及水的生产和供应业之外的所有行业。按新的国民经济分类标准 GB/T4754—2011，制造业有 31 个行业大类、175 个行业中类、582 个行业小类。位于我国中部的湖北、河南、湖南、安徽、江西、山西等六省，是我国重要的制造业基地。

在湖北经济中，制造业增加值占工业增加值的 80%以上，已形成以汽车、钢铁、石化、电子、纺织、食品等为支柱的产品门类齐全的制造业产业体系。随着市场经济的加快发展，产业竞争态势日趋激烈，产业或企业发展必须在更大范围内配置资源、拓展市场，既要直面竞争，又要广泛合作。中部六省具有相似的区位优势、产业基础及发展机遇，中部六省与全国相比，在制造业方面也具有一定优势，但产业重复建设现象明显，同行业存在不良竞争，省际区划下的地方利益保护已成为影响中部制造业分工协作和资源整合的重要制约因素，六省之间的交流合作明显不够。鉴于目前中部制造业具有综合竞争力的优势行业具体有哪些，各省制造业优势行业有何共性和特性，湖北制造业的支柱行业在中部的综合竞争力表现如何等问题，还缺乏实证方面的进一步研究，因此基于湖北制造业支柱行业的现状，对中部六省相应行业的综合竞争力进行测算与比较分析，对于明晰湖北制造业支柱行业的比较优势和薄弱环节，把握湖北制造业优化升级的着力点，推进中部六省制造业的交流合作，具有重要意义。

(二)制造业综合竞争力指标体系的构建

区域产业或行业竞争力一般是在资源优势、技术创新、结构优化和制度变迁的推动下逐步形成的。产业竞争力研究的基本理论主要有 1776 年亚当·斯密提出的绝对优势理论、1871 年大卫·李嘉图提出的比较优势原理、20 世纪后迈克尔·波特的竞争优势理论等。目前，学术界计量分析产业或行业竞争力的方法很多，其评价指标体系大致分为两大类，一类是产业基础支撑，一类是产业产出效益。本文以产业产出效益为核心，利用通行的产业综合竞争力指数的计量方法，进行中部六省制造业的比较研究。在构建指标体系的过程中，依据产业竞争力评价的一般原则，从制造业的特点出发，并借鉴一些已有研究成果，同时充分考虑统计数据的综合性、可比性和可得性，设计了制造业综合竞争力指标体系。这套指标体系，包括市场占有率、总资产贡献率、主营业务收入发展率、专业化率(区位商)等四个指标(表 8-14)。这些指标相对独立，并均能反映综合竞争力的不同方面，且其数值大小与综合竞争力大小呈正相关。按照综合单一指标的常用方法，将四个指标相乘得到一个总指标，即综合竞争力指数。本文认为市场份额大、盈利能力强、发展后劲足、专业化程度高，则综合竞争力就强；综合竞争力强的行业就是优势行业。

表 8-14　制造业综合竞争力的指标体系

指标及计算公式	指标的作用
市场占有率(%) =某省某行业主营业务收入／中部同行业主营业务收入×100%	反映行业产出规模优势、市场优势

续表

指标及计算公式	指标的作用
总资产贡献率(%) =(利润总额+税金总额+利息总额)/平均资金总额×100%	反映行业全部资产的获利能力，是行业经营业绩和管理水平的集中体现，是评价行业盈利能力的核心指标
主营业务收入发展率(%) = 2013 年的主营业务收入/ 2012 年的主营业务收入×100%	反映行业发展后劲，评价行业可持续发展能力
专业化率(区位商) =某省某行业主营业务收入占该省制造业主营业务收入的比重 / 中部某行业主营业务收入占中部制造业主营业务收入的比重	判断一个行业是否构成地区专业化部门，评价行业在地区的专业化比较优势、区位优势。区位商大于 1，可以认为该行业是地区专业化部门；区位商越大专业化水平越高
(5)综合竞争力指数 =(1)×(2)×(3)×(4)	评价行业的综合竞争力，其值越大，综合竞争力越强

(三)实证结果与分析

行业规模是行业竞争力的重要基础。为此，本文选择湖北制造业 2013 年规模以上企业主营业务收入居前 10 位的大类行业，作为比较分析的代表，重点观察分析湖北在主营业务收入方面具有规模优势的 10 大行业在中部的综合竞争力。2013 年，这 10 大行业都是湖北的千亿元产业，其主营业务收入占湖北制造业主营业务收入的 70%以上，是湖北制造业的支柱行业。这 10 大行业在中部、在全国的制造业中占比也在 60%以上，对其进行重点研究，可以从总体上把握中部六省制造业综合竞争力的基本格局。

根据 2013—2014 年《中国统计年鉴》和中部各省统计年鉴提供的数据，本文以湖北制造业 10 个支柱行业为分析对象，对 2013 年中部六省制造业相应行业进行测算，得到指标体系中各指标的具体数据，再将各省同行业的综合竞争力指数从大到小排列，从而确定优势行业。

1. 市场占有率分析

从市场占有率看(表 8-15)，中部各省均有在中部占明显优势的行业，中部也有在全国占显著优势的行业。湖北有 4 个行业居中部首位：汽车制造业，黑色金属冶炼和压延加工业，化学原料和化学制品制造业，酒、饮料和精制茶制造业。河南的农副食品加工业，非金属矿物制品业，纺织业，计算机、通信和其他电子设备制造业等 4 个行业的市场占有率排中部第一。湖南的计算机、通信和其他电子设备制造业排中部第二。安徽的电气机械和器材制造业、江西的有色金属冶炼和压延加工业分别居中部之首，且具有特别突出的优势。山西的黑色金属冶炼和压延加工业稍低于湖北，居中部第二。中部在全国占显著优势的行业是有色金属冶炼和压延加工业(36.03%)，非金属矿物制品业(30.95%)，农副食品加工业(26.11%)，酒、饮料和精制茶制造业(26.03%)。

表 8-15　2013 年中部六省制造业 10 大行业市场占有率　　单位：%

	湖北	河南	湖南	安徽	江西	山西	中部	中部占全国
1. 汽车制造业	44.74	18.8	9.38	17.59	8.66	0.83	100	16.99
2. 农副食品加工业	24.99	32.01	15.46	16.1	9.19	2.25	100	26.11
3. 黑色金属冶炼和压延加工业	28.13	1.67	13.32	18.9	11.34	26.64	100	16.09
4. 化学原料和化学制品制造业	24.34	23.09	19.16	13.67	14.06	5.68	100	18.02
5. 非金属矿物制品业	15.27	43.01	14.52	11.8	13.05	2.35	100	30.95
6. 纺织业	29.55	35.66	8.81	12.98	12.35	0.65	100	17.65
7. 电气机械和器材制造业	13.56	20.93	11.51	34.67	18.35	0.98	100	17.82
8. 有色金属冶炼和压延加工业	8.79	25.75	15.94	13.12	33.33	3.07	100	36.03
9. 计算机、通信和其他电子设备制造业	17.22	30.96	19.81	13.54	11.95	6.53	100	9.80
10. 酒、饮料和精制茶制造业	31.11	30.57	13.77	12.83	6.67	5.05	100	26.03

2. 总资产贡献率分析

从总资产贡献率看(表 8-16)，中部不同行业之间盈利能力的差别较大，同行业在各省之间的盈利能力差别也较大。从总体上讲，总资产贡献率较高的行业是农副食品加工业、纺织业、非金属矿物制品业及酒、饮料和精制茶制造业，它们都是中部地区的传统产业；总资产贡献率较低的行业是黑色金属冶炼和压延加工业，有色金属冶炼和压延加工业，计算机、通信和其他电子设备制造业；汽车制造业、化学原料和化学制品制造业、电气机械和器材制造业等三个行业的总资产贡献率居中。

表 8-16　2013 年中部六省制造业 10 大行业总资产贡献率　　单位：%

	湖北	河南	湖南	安徽	江西	山西
1. 汽车制造业	16.79	18.04	11.1	9.75	18.35	1.51
2. 农副食品加工业	27.85	21.96	31.61	19.86	28.99	14.31
3. 黑色金属冶炼和压延加工业	5.46	14.11	11.03	14.24	13.4	4.54
4. 化学原料和化学制品制造业	14.56	11.85	30.84	13.67	19.71	2.33
5. 非金属矿物制品业	21.55	22.71	25.87	17.49	30.61	5.67
6. 纺织业	24.09	15.7	20.17	16.31	36.44	4.4
7. 电气机械和器材制造业	13.18	15.72	14.22	19.74	28.99	7.6

续表

	湖北	河南	湖南	安徽	江西	山西
8. 有色金属冶炼和压延加工业	7.64	7.36	25.22	8.91	22.79	4.05
9. 计算机、通信和其他电子设备制造业	7.08	13.63	27.17	11.66	24.84	4.17
10. 酒、饮料和精制茶制造业	20.28	19.91	25.17	30.00	23.85	20.65

在同行业中，江西、湖南和安徽三省表现俱佳，江西和湖南的总资产贡献率在中部地区排名第一的各有4个行业，安徽有2个行业。湖北的总资产贡献率在中部地区处于中下水平，排在中部第2、3、4、5位的行业分别有1个、3个、2个、4个，这说明在中部湖北的行业管理水平还有待进一步提高，总资产的获利能力还大有潜力可挖。

3. 发展率分析

表8-17 中部六省制造业10大行业主营业务收入发展率 单位：%

	湖北	河南	湖南	安徽	江西	山西
1. 汽车制造业	120.43	125.73	136.43	113.82	125.93	133.55
2. 农副食品加工业	123.12	118.35	112.85	113.40	124.31	116.80
3. 黑色金属冶炼和压延加工业	101.86	105.64	103.55	105.18	111.36	105.42
4. 化学原料和化学制品制造业	119.44	113.95	114.11	118.2	102.80	103.02
5. 非金属矿物制品业	130.26	122.12	126.22	120.39	122.14	101.66
6. 纺织业	117.68	117.62	110.79	112.41	125.27	130.57
7. 电气机械和器材制造业	137.92	123.2	119.31	117.32	139.07	89.13
8. 有色金属冶炼和压延加工业	121.44	111.15	114.66	116.13	118.24	104.91
9. 计算机、通信和其他电子设备制造业	121.62	139.38	148.35	132.23	123.41	112.1
10. 酒、饮料和精制茶制造业	127.83	119.78	118.00	105.63	120.79	104.66

从发展速度看(表8-17)，2013年与2012年比较，中部各省各行业的主营业务收入均有不同程度的增长(山西的电气机械和器材制造业除外)，除黑色金属冶炼和压延加工业及山西的几个行业以外，各省各行业增幅均在10%以上。非金属矿物制品业和计算机、通信和其他电子设备制造业这两个行业的增幅超过了20%(山西例外)，湖南、河南两省的计算机、通信和其他电子设备制造业增长强劲，分别达到48.35%和39.38%。湖北除了黑色金属冶炼和压延加工业外，其他9个行业均达到了17%以上的增长，增幅超过20%和30%的行业分别有5个和3个。

4. 区位商分析

表 8-18　2013 年中部六省制造业 10 大行业专业化率(区位商)

	湖北	河南	湖南	安徽	江西	山西
1. 汽车制造业	2.26	0.65	0.59	1.08	0.63	0.16
2. 农副食品加工业	1.26	1.10	0.97	0.98	0.66	0.44
3. 黑色金属冶炼和压延加工业	1.42	0.94	0.84	1.16	0.82	5.26
4. 化学原料和化学制品制造业	1.23	0.8	1.2	0.84	1.02	1.12
5. 非金属矿物制品业	0.77	1.48	0.91	0.72	0.94	0.46
6. 纺织业	1.49	1.23	0.55	0.79	0.89	0.13
7. 电气机械和器材制造业	0.69	0.72	0.72	2.12	1.33	0.19
8. 有色金属冶炼和压延加工业	0.44	0.89	0.99	0.8	2.41	0.61
9. 计算机、通信和其他电子设备制造业	0.87	1.07	1.24	0.83	0.86	1.29
10. 酒、饮料和精制茶制造业	1.57	1.05	0.86	0.78	0.48	1.00

从区位商的计算结果看(表 8-18)，中部各省均有各自独特区位优势的行业：山西的黑色金属冶炼和压延加工业(5.26)、江西的有色金属冶炼和压延加工业(2.41)、湖北的汽车制造业(2.26)、安徽的电气机械和器材制造业(2.12)、河南的非金属矿物制品业(1.48)、湖南的计算机、通信和其他电子设备制造业(1.24)，可以明显看出这些具有区位优势的行业大多数集中于资源性行业，而且大多是劳动密集型行业，其竞争优势主要是依靠自然资源的支撑，而这些自然资源又多数是不可再生资源，因此要持续保持这些行业的竞争优势，必须借助科技与创新。

5. 综合竞争力分析

现将中部六省制造业同行业的综合竞争力指数(见表 8-19)从大到小排列，选取中部同行业中位居前 3 者，作为各省在中部地区具有综合竞争力的优势行业(见表 8-20)。

表 8-19　中部六省制造业 10 大行业综合竞争力指数　　单位：%

	湖北	河南	湖南	安徽	江西	山西
1. 汽车制造业	20.45	2.77	0.84	2.11	1.26	0.00
2. 农副食品加工业	10.80	9.15	5.35	3.55	2.19	0.17
3. 黑色金属冶炼和压延加工业	2.22	0.23	1.28	3.28	1.39	6.71
4. 化学原料和化学制品制造业	5.21	2.49	8.09	1.86	2.91	0.16
5. 非金属矿物制品业	3.30	17.65	4.31	1.79	4.59	0.06
6. 纺织业	12.46	8.10	1.08	1.88	5.02	0.00
7. 电气机械和器材制造业	1.70	2.92	1.41	17.02	9.84	0.01

续表

	湖北	河南	湖南	安徽	江西	山西
8. 有色金属冶炼和压延加工业	0.36	1.87	4.56	1.09	21.65	0.08
9. 计算机、通信和其他电子设备制造业	1.29	6.29	9.90	1.73	3.15	0.39
10. 酒、饮料和精制茶制造业	12.66	7.65	3.52	3.17	0.92	1.09

表 8-20　中部六省制造业具有综合竞争力的优势行业分布表

湖北(6 个)	汽车制造业，农副食品加工业，黑色金属冶炼和压延加工业，化学原料和化学制品制造业，纺织业，酒、饮料和精制茶制造业
河南(8 个)	汽车制造业，农副食品加工业，非金属矿物制品业，纺织业，电气机械和器材制造业，有色金属冶炼和压延加工业，计算机、通信和其他电子设备制造业，酒、饮料和精制茶制造业
湖南(6 个)	农副食品加工业，化学原料和化学制品制造业，非金属矿物制品业，有色金属冶炼和压延加工业，计算机、通信和其他电子设备制造业，酒、饮料和精制茶制造业
安徽(3 个)	汽车制造业、黑色金属冶炼和压延加工业、电气机械和器材制造业
江西(6 个)	化学原料和化学制品制造业，非金属矿物制品业，纺织业，电气机械和器材制造业，有色金属冶炼和压延加工业，计算机、通信和其他电子设备制造业
山西(1 个)	黑色金属冶炼和压延加工业

数据结果表明：在 10 大行业中，一方面，各省在中部具有综合竞争力的优势行业呈现明显的共性：湖北与河南有 4 个行业相同，与湖南又有 3 个行业相同，与安徽也有 2 个行业相同；湖南与江西有 4 个行业相同。这说明湖北的 10 大支柱行业，在中部各省之间已经形成较强的市场竞争格局。

另一方面，由于受各省不同的资源条件和经营管理水平的影响，优势行业的综合竞争力又具有不同特性，各省都有一个在中部同行业中综合竞争力最强的行业，并与区位优势的表现高度一致：湖北的汽车制造业，河南的非金属矿物制品业，湖南的计算机、通信和其他电子设备制造业，安徽的电气机械和器材制造业，江西的有色金属冶炼和压延加工业，山西的黑色金属冶炼和压延加工业。同时，各省同一优势行业的综合竞争力存在较大差距，比如汽车制造业是湖北、河南和安徽的优势行业，其综合竞争力指数分别为 20.45%、2.77%和 2.11%。

湖北制造业的 10 大支柱行业，在中部同行业中综合竞争力最强、排名第 1 的共计 4 个行业，除了汽车制造业，还有农副食品加工业，纺织业，酒、饮料和精制茶制造业；在中部排名第 2、第 3 的分别是化学制品制造业和黑色金属冶炼和压延加工业；非金属矿物制品业和电气机械和器材制造业的综合竞争优势较弱，在中部排名第 4；有色金属冶炼和压延加工业和计算机、通信和其他电子设备制造业的综合竞争优势很弱，在中部排名第 5。这些特性为中部各省制造业之间的交流合作和互动共赢提供了较大空间。

(四)提升湖北制造业综合竞争力的建议

依据上述实证分析结论，提出如下建议：

1. 改造提升传统产业，实现产业高端化

尤其是要加大对汽车制造业，农副食品加工业，黑色金属冶炼和压延加工业，化学原料和化学制品制造业，纺织业，酒、饮料和精制茶制造业等六个具有综合竞争力的优势行业的改造力度，大力培育以核心技术、品牌为主的竞争优势，大力推进信息化与传统产业融合。既要提升已有产品的技术含量，又要适应市场需求，大力开发新产品，提升产品附加值，打造名优品牌。

2. 加快转型升级，实现提质增效

一是着力加大研发投入，把重点放在技术创新或工艺设计等高附加值环节上，增强企业的产品竞争实力。二是加快产业融合，构建新业态产业链。通过产业链延伸、产业转移、专业化等方式逐步整合生产经营各环节，弱化或放弃低附加值环节，实现价值增量最大化。充分利用湖北云计算、大数据等新一代信息技术的良好基础，抢抓产业互联网兴起的机遇，抢占先机推动湖北智能制造，推进制造业服务化进程。三是着力资源整合，提升集约经营水平。

3. 加强中部各省交流合作，开创多赢局面

基于中部六省制造业优势行业的不同特性，各省之间具有较大交流合作的空间，关键是要扬长避短，发挥优势，通过加强地区之间的横向和纵向合作，探寻更为有效的资源配置方式，拓宽合作领域，完善合作机制，创新合作方式，尽可能避免过度竞争，实现共同发展，开创多赢局面。

参考文献

[1]商勇. 基于投入产出视角的中部六省产业结构比较分析[J]. 产业经济，2014(10).

[2]尹艾维. 湖北制造业结构演变及竞争力变动研究[R]. 中国知网，2008.

[3]邹薇. 加快湖北工业结构升级　构建现代产业发展新体系[J]. 政策，2014(3).

（资料来源：肖丹桂：《中部六省制造业综合竞争力比较研究》，《统计与决策》2016年第24期，第116~118页。）

思考与讨论

1. 简要说明统计指数与相对数的关系。
2. 指数与指标有什么区别与联系？
3. 计算总指数为什么要引入权数？
4. 简述加权综合指数与加权平均指数的区别与联系。
5. 物价指数为什么要用加权平均指数公式计算而不用加权综合指数公式计算？
6. 为什么说股价指数是股市行情的“晴雨表”？
7. 结合本章案例，请你再列举几例统计指数在生活中的具体应用情况。

8. 某人 2015 年退休，退休金为 5000 元，已知当地物价指数(以 2010 年为固定基期)由 2015 年的 101.5%上升到 2020 年的 102.5%，如果退休金随物价指数浮动，则 2020 年其退休金是多少元？如果退休金不随物价指数浮动，2020 年其退休金的购买力是多少元？

9. 下表是 2020 年中国主要商品出口数量、金额及其增长速度数据表，要求利用指数体系，对我国 2020 年主要商品出口总额的变动进行因素分析，从总体上分析出口量的变动和出口价格的变动对出口总额的影响程度和影响绝对额。

表 8-21　2020 年中国主要商品出口数量、金额及其增长速度数据表

商品名称	单位	出口量		出口额	
		数量	比上年增长%	金额(亿元)	比上年增长%
1. 钢材	万吨	5367	-6.5	3151	-14.8
2. 鞋靴	万双	740137	-22.4	2454	-20.9
3. 箱包及类似容器	万吨	201	-34.7	1429	-23.9
4. 集成电路	亿个	2598	18.8	8056	15.0
5. 手机	万台	96640	-2.8	8647	0.4
6. 集装箱	万个	198	-17.9	508	10.5
7. 液晶显示板	万个	126747	-15.9	1370	-7.1
8. 汽车(包括底盘)	万辆	108	-13.2	1090	-3.2

数据来源：《中华人民共和国 2020 年国民经济和社会发展统计公报》，国家统计局，2021 年 2 月 28 日。

参考文献

1. 贾俊平. 统计学[M]. 清华大学出版社，2004.

2. 王晓林，王健，满向昱. 统计学[M]. 经济科学出版社，2001.

3. 刘汉良. 统计学教程[M]. 上海财经大学出版社，1995.

4. [英]迈克尔·C. 弗莱明，约瑟夫·G. 纳理斯. 商务统计精要[M]. 中信出版社，2003.

5. [美]N. 格里高利·曼昆. 经济学原理(第 3 版)[M]. 梁小民，译. 机械工业出版社，2003.

6. 徐国祥. 金融统计学(第二版)[M]. 格致出版社，上海人民出版社，2016.